中国社会科学院文库
经济研究系列
The Selected Works of CASS
Economics

中国社会科学院创新工程学术出版资助项目

数字经济与中国经济发展

理论机制及实证分析

DIGITAL ECONOMY AND CHINA'S ECONOMIC DEVELOPMENT:
Theoretical Mechanism and Empirical Analysis

蔡跃洲 著

中国社会科学出版社

图书在版编目（CIP）数据

数字经济与中国经济发展:理论机制及实证分析/蔡跃洲著.—北京:中国社会科学出版社,2023.3（2024.1重印）

（中国社会科学院文库）

ISBN 978-7-5227-1509-4

Ⅰ.①数… Ⅱ.①蔡… Ⅲ.①信息经济—关系—中国经济—经济发展—研究 Ⅳ.①F124

中国国家版本馆 CIP 数据核字（2023）第 035358 号

出 版 人	赵剑英
责任编辑	黄　晗
责任校对	韩天炜
责任印制	王　超

出　　版	中国社会科学出版社
社　　址	北京鼓楼西大街甲 158 号
邮　　编	100720
网　　址	http://www.csspw.cn
发 行 部	010-84083685
门 市 部	010-84029450
经　　销	新华书店及其他书店
印刷装订	北京君升印刷有限公司
版　　次	2023 年 3 月第 1 版
印　　次	2024 年 1 月第 2 次印刷
开　　本	710×1000　1/16
印　　张	20.5
字　　数	346 千字
定　　价	109.00 元

凡购买中国社会科学出版社图书,如有质量问题请与本社营销中心联系调换
电话:010-84083683

版权所有　侵权必究

《中国社会科学院文库》出版说明

《中国社会科学院文库》(全称为《中国社会科学院重点研究课题成果文库》)是中国社会科学院组织出版的系列学术丛书。组织出版《中国社会科学院文库》,是我院进一步加强课题成果管理和学术成果出版的规范化、制度化建设的重要举措。

建院以来,我院广大科研人员坚持以马克思主义为指导,在中国特色社会主义理论和实践的双重探索中做出了重要贡献,在推进马克思主义理论创新、为建设中国特色社会主义提供智力支持和各学科基础建设方面,推出了大量的研究成果,其中每年完成的专著类成果就有三四百种之多。从现在起,我们经过一定的鉴定、结项、评审程序,逐年从中选出一批通过各类别课题研究工作而完成的具有较高学术水平和一定代表性的著作,编入《中国社会科学院文库》集中出版。我们希望这能够从一个侧面展示我院整体科研状况和学术成就,同时为优秀学术成果的面世创造更好的条件。

《中国社会科学院文库》分设马克思主义研究、文学语言研究、历史考古研究、哲学宗教研究、经济研究、法学社会学研究、国际问题研究七个系列,选收范围包括专著、研究报告集、学术资料、古籍整理、译著、工具书等。

中国社会科学院科研局
2006 年 11 月

数字经济的核心是深度融合

（代序）

党的二十大报告强调，加快发展数字经济，促进数字经济和实体经济深度融合，打造具有国际竞争力的数字产业集群。这既是党中央的重大部署，也深刻揭示了数字经济发展的本质和内涵。从中我们可以得到这样的理解：数字经济发展的关键，并不在于这个经济形态的孤立发展。与实体经济和其他产业的深度融合，才是数字经济持续、健康、包容发展的要义所在。

国内外经验和教训都显示，数字经济是新科技革命条件下产业发展的方向，是产业结构升级优化的引擎；然而，这个经济形态也是一柄双刃剑，如果不能把握好其发展的目标取向问题，换句话说，如果不能使数字经济的发展，发挥好融合实体经济和连接相关产业的功能，便可能产生有投资无回报、有能力无功能、有产业无融合、有要素无市场，进而有水涨无船高的现象。破解这个"双刃剑效应"，至少需要从以下几个方面着眼，从理论上形成正确的认识，并用来指导政策制定和实际运行。

首先，促进产业的融合，实现同步的现代化。现代化从来都是社会经济各组成部分的整体、全面和同步的现代化。中国经济现代化具体表现在新型工业化、信息化、城镇化和农业现代化体现出来。在这"四化"过程中，信息化是连接其他各部分的枢纽，即通过数据产业化和产业数据化，新技术革命中产生的最新科技，通过数字经济的发展应用到各个产业之中。可见，数字经济与实体经济的深度融合，既是数字经济发展的核心，也是创新发展的最重要表现形式。

其次，提高资源配置效率，破解"索洛悖论"。索洛做出"处处可见计算机，唯独从统计中看不到生产率提高"这一描述，其实具有更深刻的隐喻意义。例如，在数字经济的发展中，经常产生的数字技术的硬件建设与其所发挥的效能脱节现象，无疑可以成为"索洛悖论"产生原因的典型注解。这方面通常有多种表现。可以说，任何投入大量资金并形成有形设施，却没有使产能得到充分利用的情形，譬如说有了大规模的数据中心及其算力设施，却没有与之相匹配的计算需求等，就不可避免地产生索洛效应。可见，数字技术的进步仍然需要遵循"诱致性技术变迁"（induced technological change）规律，数字经济的发展也需要遵循社会需求导向规律。

再次，推动和规范数据要素市场的发育。在数字化时代，数据成为越来越重要的生产要素，也自然要求通过市场机制进行配置。然而，这并不意味着该要素的市场可以自然而然地形成和完善。因此，不仅需要像在其他要素市场的场合那样，精心培育数据市场的发展，还应该探索数据要素市场的独特规律，如特殊的定价方式、交易规则、流动渠道和配置机制。例如，与数字经济的报酬递增性质相关，不仅产生了促进生产率提高的正面效应，还存在"赢者通吃"，从而垄断和侵权更易产生的负面效应。因此，探索和形成与数字经济特征相适应的管理体制和治理模式，不仅是打破数据壁垒、填平数字鸿沟的重要途径，也是数字经济与市场经济共生共荣的关键。

又次，促进共享发展和创新向善。数字经济融合实体经济的功能，归根结底在于其对各类产业和行业的连接性。而增强这种连接性的关键在于，数字经济企业特别是大型数字平台企业，不仅追求市场收益，还要负有社会责任，即创新向善。把数字产业化规模与产业数字化规模合计，中国信息通信研究院估算的 2021 年中国广义数字经济规模高达 45.5 万亿元，占 GDP 的比重为 39.8%；[①] 本书测算的 2018 年中国数字经济增加值占 GDP 的比重也接近 18%。然而，如果从应有的税收贡献和带动就业贡献、发挥产业融合和企业连接的功能，特别是发挥赋能传统产业转型升级的作用来看，数字经济在共享方面的成效与其规模的庞大数量级尚不对称。

---

① 中国信息通信研究院：《中国数字经济发展报告（2022 年）》，《集智白皮书》，No. 202209，2022 年 7 月。

数字经济可以说是一个受到新科技革命的规律，譬如说受"摩尔定律"支配的领域。以其令人难以置信的发展速度和无所不能的应用前景，数字经济一方面造就了大量的巨富、快富现象，另一方面被寄予了应对人口老龄化、气候变化等全球性挑战的期望。但是，现实和期望之间并不存在天然的关联性，负面效应和正面效应均难免发生。特别是，在产业之间、行业之间、区域之间、市场主体之间和群体之间，仍然存在较大的、有时还在扩大的数字鸿沟，阻碍数字技术收益的分享。只有通过政策调整和制度创新，形成一种激励相容的格局，才能使数字经济真正具有共享的性质。

最后，在保障数字安全的前提下，推动数字经济的开放与合作。党的二十大提出发展数字贸易的要求，这是数字经济发展和高水平对外开放的结合点。积极参与数字经济的国际合作，既是数字经济发挥促进开放作用的必然要求，也是与世界数字信息技术紧密接轨，保持中国始终处于该领域前沿的必需之举。这包括进行国际科研合作、加入相关的数字经济合作协定、参与国际数字治理规则的制定，以及利用数字技术特别是数字货币等手段，推动对外贸易、对外投资、区域合作以及"一带一路"建设等。

综上所述，数字经济本质上是一个经济整体有机发展的问题，而不应仅仅当作一个产业的建设问题。因此，中国经济发展赖以进行的市场配置机制和政府作用，同样适用于数字经济领域。具体来说，数字经济需要来自两个层面的保驾护航。一方面，在发展方向和行为准则方面，要以法律法规、产业政策、体制机制环境的全面配套进行规范。另一方面，在现实运行和发展的过程中，仍然要依据市场表现进行评价，以产业竞争力来筛选，用生产率和经济效益来检验。

需要指出的是，这里点到的远非关于数字经济发展的完整题目，我也没有能力给出确定的答案，而是着眼于提出自己认为重要，因而需要研究者投入其中的课题。可喜的是，蔡跃洲研究员在完成国家社会科学基金课题的基础上，著述了《数字经济与中国经济发展：理论机制及实证分析》一书，着眼于探索新发展阶段对发展方式提出的转变要求，揭示新一轮科技革命和产业革命的时代机遇，从新业态、新模式及其显现出的活力和动能出发，围绕数字经济对经济发展的影响，进行了深入的理论阐释和实证研究。可以说，对于解答数字经济发展相关的诸多问题，本书做出了有启发意义的解答。

数字经济在中国的发展方兴未艾，各学科对这个领域相关问题的研究，特别是经济学家关于数字经济规律的探索，也应该是无止境的。所以，我们不仅可以从阅读本书获得智识上的收益，也可以期待作者的进一步探讨和更新的研究成果。

是为序。

蔡　昉

2023 年 2 月

前　言

2010年以来，世界新一轮科技革命和产业变革由2008年金融危机前后的"孕育兴起"逐渐进入"加速演进"状态。其中，信息通信技术（Information and Communication Technology，ICT），特别是以互联网、4G/5G通信、大数据、云计算、人工智能为代表的新一代信息技术（New Generation of Information Technology）逐步实现大规模商业化应用，衍生出各种新业态、新模式，并催生了数字经济这一新经济形态。与此同时，中国经济于2013年前后进入新常态，经济发展面临转型升级，迫切需要寻找新动能。正如习近平总书记在2018年两院院士大会中所指出："现在，我们迎来了世界新一轮科技革命和产业变革同转变发展方式的历史性交汇期。既面临着千载难逢的历史机遇，又面临着差距拉大的严峻挑战。我们必须清醒认识到，有的历史性交汇期可能产生同频共振，有的历史性交汇期也可能擦肩而过。"数字经济代表着新一轮科技革命和产业变革的主流方向，能否发挥其支撑增长的新动能作用，直接关系到能否切实把握新发展阶段、贯彻新发展理念、构建新发展格局、实现高质量发展。

基于上述背景，本书围绕数字经济与中国经济发展的关系，从数字产业化、产业数字化、新技术新要素新基建三个不同视角，开展相关的理论探索和实证研究。

在理论探索方面，厘清数字技术和数字经济内涵，梳理数字技术/数字经济影响宏观经济高质量发展的理论机制，具体包括：（1）从数字技术的技术—经济特征出发，着眼于价值创造机制，对其内涵外延及关联事物（如数据要素、新基建等）进行辨析；按照数字产业化、产业数字化两条主线展开，提炼数字经济对经济发展（质量）的影响机制，为明确数字经济范围边界、划分"数字产业化"和"产业数字化"提供理论依据。(2) 以数字技术价值创造机制为基础，综合国民经济核算、增长核算和计量分析等工具，构建数字经济增加值规模测算方法框架。(3) 以马克思政治经济学的经济循环理论为基础，从生产、分配、交换（流通）、消费四个环节，系统梳理数字经济影响经济发展（高质量发展）的作用机制。(4) 分别针对新人工智能、数据要素和5G移动通信网络，就新技术、新要素和新基建对经济发展的影响机制进行了逐一梳理。

在实证研究方面，则以理论机制为引导，就数字经济对经济发展的影响开展定量分析，以验证相关机制，具体包括：(1) 围绕数字产业化，从行业效率、区域效率、国际竞争力等不同维度，数字部门的发展状况（质量）和新一代信息技术在提供经济增长新动能方面所发挥的作用开展定量分析。(2) 基于产业数字化和中国数字经济增加值规模测算，对中国数字经济整体状况和呈现出的行业结构性特征进行全面展示。(3) 基于专利数据，就制造业数字化转型对宏观经济高质量发展的影响进行实证分析。(4) 基于问卷调查数据，分析企业数字化转型在应对新冠疫情冲击中发挥的作用。(5) 就新人工智能技术对就业分配的冲击、数据要素市场与数据流动发展现状等进行了简要的分析和测算。

作者希望通过本书的理论和实证研究，为社会各界认识数字经济内涵本质及其影响经济发展的作用机制提供有价值的参考，并为客观评判中国数字经济运行和发展状况提供可靠的证据。

目　录

第一章　绪论 …………………………………………………………（1）
　　第一节　选题背景：新发展阶段与新科技革命 ………………（1）
　　第二节　研究的目的、意义与基本思路 …………………………（3）

第二章　数字经济内涵边界和对经济发展影响机制 ……………（7）
　　第一节　数字经济概念内涵辨析 …………………………………（7）
　　第二节　数字经济价值创造机制与边界 …………………………（9）
　　第三节　数字经济对经济发展质量的影响机制 …………………（12）

第三章　中国 ICT 产业发展质量与细分行业特征 ………………（16）
　　第一节　相关研究与本章思路 ……………………………………（16）
　　第二节　TFP 增长率测算及要素投入估算 ………………………（21）
　　第三节　数据处理及测算结果分析 ………………………………（23）
　　第四节　实证结果分析 ……………………………………………（35）
　　第五节　本章小结及建议 …………………………………………（38）

第四章　中国 ICT 制造业发展质量与区域特征 …………………（40）
　　第一节　相关研究及本章思路 ……………………………………（41）
　　第二节　数据方法与测算过程 ……………………………………（47）
　　第三节　基于测算结果的中国 ICT 制造业状况分析 ……………（56）
　　第四节　本章小结及建议 …………………………………………（61）

第五章　中国ICT产业的国际竞争力分析 (63)
 第一节　相关研究及本章思路 (63)
 第二节　理论模型与数据处理 (69)
 第三节　测算结果及分析 (74)
 第四节　本章小结及建议 (92)

第六章　新一代信息技术与中国经济增长 (96)
 第一节　新技术影响增长的理论基础 (97)
 第二节　研究思路与数据基础 (102)
 第三节　高成长企业筛选及所属行业分布 (109)
 第四节　增长综合效应与赋能机制检验 (122)
 第五节　本章小结 (127)

第七章　产业数字化增加值与数字经济结构性特征 (129)
 第一节　增长核算框架与基础数据估算 (130)
 第二节　增长核算与产业数字化增加值测算 (141)
 第三节　数字产业化细分行业及其增加值测算 (156)
 第四节　中国数字经济规模趋势与结构性特征 (161)

第八章　制造业数字化转型与高质量发展 (168)
 第一节　相关研究及本章思路 (169)
 第二节　数字技术对制造业增长的影响及其行业异质性 (173)
 第三节　数字技术对制造业增长质量的影响及机制分析 (189)
 第四节　本章小结及建议 (196)

第九章　新冠疫情冲击与数字化发展 (198)
 第一节　概念界定及相关研究 (199)
 第二节　数据来源与样本情况 (201)
 第三节　疫情防控初期企业受到的影响与冲击 (202)
 第四节　企业数字化建设现状及在疫情应对中的作用 (206)
 第五节　本章小结及建议 (212)

第十章　新人工智能技术对增长就业的影响 ……………………（216）
第一节　人工智能技术—经济特征与增长作用机制 …………（217）
第二节　人工智能对就业及收入分配的影响 …………………（224）
第三节　人工智能热潮下中国增长与就业前景展望 …………（231）
第四节　本章小结及建议 ………………………………………（239）

第十一章　数据要素对经济发展的影响 …………………………（242）
第一节　数据要素内涵与技术—经济特征 ……………………（242）
第二节　数据要素影响高质量发展的作用机制 ………………（248）
第三节　数据要素流动状况与影响因素 ………………………（255）
第四节　本章小结及建议 ………………………………………（262）

第十二章　5G 数字新基建对经济发展的影响 ……………………（266）
第一节　移动通信与经济增长关系研究 ………………………（266）
第二节　移动通信技术演进及中国的发展历程 ………………（267）
第三节　5G 技术—经济特征与增长作用机制 ………………（274）
第四节　5G 时代中国面临的机遇和挑战 ……………………（278）
第五节　本章小结及建议 ………………………………………（281）

第十三章　结语 ……………………………………………………（283）
第一节　总结性评论 ……………………………………………（283）
第二节　后续研究展望 …………………………………………（285）

参考文献 ……………………………………………………………（287）

后　记 ………………………………………………………………（311）

第一章 绪论

第一节 选题背景：新发展阶段与新科技革命

一 新发展阶段对转变发展方式的内在要求

党的十八大以来，伴随着中国特色社会主义进入新时代，中国经济也逐步由高速增长阶段转向高质量发展阶段。然而，发展阶段的转向并不代表我们已经实现了高质量发展，而是要求我们加快转变发展方式。正如习近平总书记在 2014 年 6 月 9 日两院院士大会中的讲话中所指出："……必须清醒地看到，我国经济规模很大、但依然大而不强，我国经济增速很快、但依然快而不优。主要依靠资源等要素投入推动经济增长和规模扩张的粗放型发展方式是不可持续的。……老路走不通，新路在哪里？就在科技创新上，就在加快从要素驱动、投资规模驱动发展为主向以创新驱动发展为主的转变上。"[①] 这是基于中国资源要素禀赋等各项外部约束条件做出的科学论断。

2012 年末，中国 15—59 岁劳动年龄人口为 93727 万人，比 2011 年末减少 345 万人，下降 0.6 个百分点。这是改革开放以来劳动年龄人口的首次下降，随着人口老龄化进程的加速，劳动年龄人口总量下降趋势在很长时期内基本都不可逆转。劳动年龄人口的下降意味着中国的劳动力禀赋近乎无限供给的丰裕状态已经不复存在，要素和投资规模驱动模式失去了先决条件。另外，从资源耗费来看，在国际金融危机之前的 2006 年，中国占世界 5.5% 的 GDP 却对应着 7.4% 的原油和 31% 的原煤消耗，原有发展方式面临着巨大的资源环境约束。从经济增长来看，2012 年中国 GDP 增

---

① 《习近平关于科技创新论述摘编》，中央文献出版社 2016 年版，第 28 页。

速为7.9%，自1998年以来首次跌破8%，2013年、2014年增速分别为7.8%和7.4%。自此，中国经济正式告别了持续30多年年均两位数的高速增长，开始进入以中低增长速度、结构调整优化为特征的经济新常态。新发展阶段下，把握经济新常态、实现高质量发展，核心就是要实现创新驱动发展，推动质量变革、效率变革、动力变革，提高全要素生产率，更好地满足人民日益增长的美好生活需要。

二 新一轮科技革命和产业革命的时代机遇

以数字技术和数字经济为主导的世界新一轮科技革命和产业变革恰恰为实现高质量发展提供了重要机遇。2010年前后，以云计算、大数据、3G移动通信等为代表新一代信息技术在中国和其他主要经济体中加快商业化应用，由此拉开了世界新一轮科技革命和产业变革的序幕。

在美国，亚马逊、谷歌、微软等互联网巨头自2006年开始先后推出云计算服务。在中国，阿里云、腾讯云于2009年相继成立。2010年，英国经济学人杂志（*The Economist*）出版名为"无处不在数据"（*Data, Data Everywhere*）的专刊，首次正式提出"大数据"的概念。2011年5月，麦肯锡发布报告《大数据：下一个创新、竞争和生产力前沿》，以一种商业化的方式将"大数据"概念在全球范围内广泛传播。2009年1月，中国工业和信息化部（以下简称工信部）发放3G牌照，移动互联网由此兴起。2013年12月4日，工信部正式向三大运营商发布4G牌照，中国移动、中国电信和中国联通均获得TD-LTE牌照，4G的商业化应用在为用户带来便利的同时也带来数据生成量的井喷，以往停留在实验室的Hadoop、MapReduce也有了用武之地。

在众多互联网企业加速新一代信息技术商业化应用的同时，各国政府也在积极发挥"有形之手"的力量。2008年国际金融危机爆发后，世界主要经济体都不同程度地遭受冲击。在采取一系列短期刺激政策对冲危机负面影响的同时，包括美国、中国、日本、德国、英国等在内的主要经济体纷纷面向前沿科技推出各种战略规划，重点布局以大数据、云计算、5G移动通信等为代表新一代信息技术。2009—2015年，美国连续发布和更新了三版《美国创新战略》，在大数据、人工智能、机器人、工业互联网、量子信息科学等技术领域推出多项政策规划。2011年，德国在汉诺威工业博览会第一次提出了"工业4.0"概念，并于2013年正式发布

《工业4.0》战略。而中国在2010年也出台了《国务院关于加快培育和发展战略性新兴产业的决定》，新一代信息技术被列为七大战略性新兴产业领域之一。

新一代信息技术本身就是世界科技发展的重要前沿方向，新一代信息技术相关产业作为高科技产业的代表，其发展壮大就意味着质量变革和动力变革。更为重要的是，新一代信息技术在经济社会中的广泛应用还能衍生出各种数字经济新模式、新业态，带来经济社会运行效率的整体提升。这些都为转变经济发展方式，实现高质量发展提供了新的机遇。2010年以来，主要经济体不约而同地在新一代信息技术领域加紧布局，根本目的都是能在世界新一轮科技革命和产业变革中抢占先机，为自身经济发展提供新的动力。

第二节 研究的目的、意义与基本思路

一 中国数字经济显现的强劲动能

2012年以来，与宏观经济整体的低迷形成对比，数字经济各种新业态、新模式蓬勃兴起，显现出强劲的发展活力和增长动能。

电子商务、网约租车、网络送餐等消费互联网业态不断涌现并呈现超高速增长，在匹配供需、促进消费的同时还衍生出大量新就业岗位。电子商务方面，阿里巴巴2009年首次举办"双11"促销活动时交易额仅为0.5亿元，2010年则增加到9.36亿元，而2020年"双11"购物季天猫累计销售达到惊人的4900亿元。网约租车方面，最早的易到用车成立于2010年，至今不过13年的时间，其间先后出现了摇摇招车、滴滴、快的、优步中国、神州专车、首汽约车、曹操出行等多个网约车平台。据马晔风、蔡跃洲（2021）测算，2020年全国各类网约车司机规模大约为1252万人，接受订单数为110亿—200亿单。2020年，外卖配送员总人数为775万—1100万人。网络送餐方面，自2009年4月"饿了么"成立，至今也不过十多年时间，美团于2013年底才正式上线"美团外卖"，到2019年两个平台合计的外卖送餐员数量超过730万人。

除了消费互联网以外，2015年以后制造业数字化转型和工业互联网平台建设也呈现强劲发展势头。根据多个机构的估算结果，2015年以来中国的工业互联网相关产业年均增速在15%左右，是同期GDP增速的2

倍以上；2018年相关产业规模达5500亿元左右。根据工信部公布的数据，截至2020年底，国内工业互联网平台数量有600余个，其中具备行业、区域影响力的超过80个。

另外，2020年数字经济发展更是展示出前所未有的优势。在全球经济普遍遭遇新冠疫情冲击背景下，中国经济虽保持2.3%的增速，但也远低于6%左右的预期增速。与宏观经济增速大幅下滑形成对比，与数字经济相关的各种新业态、新模式逆势成长，在复工复产、稳增长、保就业中发挥了重要支撑作用。根据2020年统计公报，全年规模以上工业中，高技术制造业增加值比上年增长7.1%，其中，集成电路产量2614.7亿块，增长29.6%；全年网上零售额117601亿元，按可比口径计算，比上年增长10.9%。

二 本研究的主要目的和意义

2021年是"十四五"开局之年，又恰逢中国共产党百年华诞。习近平总书记在庆祝中国共产党成立100周年大会上的讲话中庄严宣告："经过全党全国各族人民持续奋斗，我们实现了第一个百年奋斗目标，在中华大地上全面建成了小康社会，历史性地解决了绝对贫困问题，正在意气风发向着全面建成社会主义现代化强国的第二个百年奋斗目标迈进。"作为向第二个百年奋斗目标进军的第一个五年，"十四五"时期实现经济社会高质量发展，既是新时代中国特色社会主义建设的现实需要，又直接关系到第二个百年奋斗目标的最终实现。

自2010年以来，世界新一轮科技革命和产业变革已由最初的"孕育兴起"，经历了几年的"加速演进"，并步入"深入发展"阶段。① 在此过程中，中国的数字经济从1.0阶段的信息互联网，迅速过渡到2.0阶段的消费互联网，并逐步进入3.0阶段的工业互联网，为过去10年中国经

---

① 2013年9月30日，习近平总书记在第十八届中央政治局第九次集体学习时指出，"新一轮科技革命和产业变革正在孕育兴起，一些重要科学问题和关键核心技术已经呈现革命性突破的先兆，带动了关键技术交叉融合、群体跃进，变革突破的能量正在不断积累"。2016年5月，中共中央、国务院印发的《国家创新驱动发展战略纲要》强调"全球新一轮科技革命、产业变革和军事变革加速演进……正在重塑世界竞争格局、改变国家力量对比"。2020年10月，党的十九届五中全会建议中，相关表述为"当今世界正经历百年未有之大变局，新一轮科技革命和产业变革深入发展"。

济高质量发展注入了新的动力。

"十四五"时期乃至未来更长时期内,如何更好地把握顺应数字经济发展的规律和趋势,对于切实转变经济发展方式、推动高质量发展,为实现第二个百年奋斗目标打下坚实基础,显得至关重要。为此,本研究拟从理论上厘清数字技术和数字经济内涵,梳理数字技术/数字经济影响宏观经济高质量发展的作用机制。以理论机制为引导,从实证上就数字经济对经济发展的影响给出定量分析,验证相关机制。在此基础上,综合实证结果和调研访谈情况,就数字经济发展中遇到的瓶颈和挑战进行剖析,为"十四五"时期及今后更长时期加快数字化发展、支撑高质量发展提出对策建议。

三 研究基本思路及章节安排

根据上述研究目标,本研究将按如下思路展开。

一是理论机制梳理。第二章"数字经济内涵边界和对经济发展影响机制",拟从数字技术的相关技术—经济特征出发,着眼于价值创造机制,对其内涵、外延以及关联事物(如数据要素、新基建等)进行辨析,从数字产业化、产业数字化两条主线展开,初步厘清数字经济对经济发展(质量)的影响机制。

二是数字产业化发展状况及影响。数字产业化是数字经济的重要组成部分,其本身已形成了庞大的产业规模,在宏观经济中占据重要地位。为此,从第三章到第六章,拟以四章的篇幅,从实证层面考察中国数字产业化的现状。第三章"中国ICT产业发展质量与细分行业特征"和第四章"中国ICT制造业发展质量与区域特征"从细分行业和区域两个角度,基于全要素生产率测算,分别考察作为数字产业化主要组成部分的ICT产业自身的发展质量。第五章"中国ICT产业的国际竞争力分析",从产业国际竞争力角度考察中国ICT产业的发展质量。第六章"新一代信息技术与中国经济增长",则从新动能角度分析新一代信息技术对中国宏观经济增长的影响。

三是产业数字化发展状况及影响。产业数字化是数字技术改造传统产业、提升经济发展质量的重要落脚点,更是数字经济作为新经济形态的具体体现。产业数字化的发展对于宏观经济转型升级、实现高质量发展同样至关重要。从第七章到第九章,拟以三章的篇幅从实证层面分析中国产业数字化的发展现状及其产生的影响。第七章"产业数字化增加值与数字经济结构性特征"，主要是从测算角度提出一个"先增量后总量，先贡献度后规模"的测算方法框架，据以对产业数字化及中国数字经济规模进行测算，并分析其呈现的行业结构性特征。第八章"制造业数字化转型与高质量发展"，主要是在厘清中国制造业数字化转型与高质量发展作用机制基础上，从实证层面考察制造业数字化转型对于高质量发展的影响程度。第九章"新冠疫情冲击与数字化发展"，主要是围绕新冠疫情这一重大外部冲击事件，基于问卷调查，分析数字化发展在应对冲击、支撑增长中所发挥的作用。

　　四是数字经济相关事物对经济发展的影响。数字经济作为一种新经济形态，其在经济运行中发挥作用的机制取决于以人工智能等为代表的新一代信息技术、数据这一新关键要素以及作为各种技术应用前提的新基建。从第十章到第十二章，将以三章的篇幅，对这些关联事物所产生的影响进行探讨。第十章"新人工智能技术对增长就业的影响"，主要探讨作为新一代信息技术重要前沿方向的新人工智能技术对于高质量增长和高质量就业可能带来的影响和挑战。第十一章"数据要素对经济发展的影响"，主要探讨数据作为新关键要素对经济发展的影响以及数据要素自身发挥作用所面临流动、治理等方面的挑战。第十二章"5G数字新基建对经济发展的影响"，数字新基建是很多数字技术支撑经济发展的重要物质技术载体，因此，这一章拟以5G移动通信网络基础设施为主要对象，探讨数字新基建对宏观经济发展的影响。

　　最后，在相关理论机制和实证分析基础上，结合推进数字化发展所面临的问题挑战，提出相关的对策建议。

第二章 数字经济内涵边界和对经济发展影响机制

数字经济作为继农业经济、工业经济后的第三种经济形态，大体可以分为数字产业化和产业数字化两部分。由于二者有着不同的价值创造机制，进而对经济发展形成了不同的影响机制。其中，产业数字化对经济增长的贡献和影响，源于数字技术所具备的相关技术—经济特征，以及数字技术使用过程中大量数据要素的生成及其有效信息的提炼。

第一节 数字经济概念内涵辨析

早在1996年，加拿大商业分析师唐·塔普斯科特（Don Tapscott）便提出数字经济（Digital Economy）的概念；塔普斯科特虽然没有直接定义数字经济，但却归纳出"知识性""数字化""创新性""去中介化"等十二大特征，并将其定位为网络智能时代由ICT支撑的经济社会运行新范式（Tapscott，1996）。1998年，美国商务部发布了由Margherio等完成的研究报告《兴起的数字经济》，该报告也没有给出数字经济的定义，不过特别强调数字革命过程中IT行业、电子商务等领域的驱动作用（Margherio et al.，1998），直接影响了后续美国官方及学界对数字经济内涵的理解和界定。2000年，美国人口统计局开展的电子商务测算，将数字经济分为"支撑的基础设施""电子商务流程"和"电子商务交易"三部分，可以说与Margherio的主张完全契合（Mesenbourg et al.，2000）。而Moulton（2000）则在开篇的注释中明确将数字经济界定为"IT行业与电子商务"。《兴起的数字经济》发布之后近20年，美国商务部经济分析局（BEA）仍基本继承延续相关主张，将数字经济界定为"数字基础设施"

"数字交易系统"和"数字内容"(Barefoot et al., 2018)。

进入 21 世纪后,随着应用领域的不断拓展,数字技术/ICT 对经济社会运行的影响愈加凸显,关于数字经济内涵也涌现出更多新的理解和主张。Malecki & Moriset(2008)将数字经济定义为 ICT 在经济运行中的普遍应用,并以金字塔的形式描绘了数字经济的基本构成,即顶层"硅晶铸造和半导体产业"、第二层"计算机和通信产业"、第三层"依赖于 ICT 的制造业和服务业"、第四层"尚未实现数字化的部门",由此也间接界定了数字经济的范围边界。OECD(2011、2014)更是强调 ICT 对经济社会近乎无处不在的影响,并将数字经济基本等同于信息社会。

近年来,随着新一代信息技术的快速进步和广泛应用,数字经济的内涵及范围边界又出现一些新变化。例如,Van Ark(2016)提出"新数字经济",以突出新一代信息技术及其衍生的新模式。国际货币基金组织(IMF)的 Reinsdorf & Quirós(2018)指出,当下社会各界对"数字部门"的界定尚未达成共识,现有的国民经济行业分类尚不能有效涵盖以谷歌、阿里等在线平台为代表的新兴数字部门;广义的"数字经济"应该包括所有利用数字化数据信息的经济活动,而这几乎是对现代社会经济活动的全覆盖。

在中国,国家统计局于 2017 年 1 月试行《新产业新业态新商业模式统计分类》(以下简称"三新统计分类"),专门设置"05 互联网与现代信息技术服务",并明确将该大类全部归属于数字经济;这也是官方统计体系适应数字经济发展要求首次做出的适应性调整,初步解决了新兴数字部门的界定问题。事实上,中国各界也早已跳出"数字部门"去思考数字经济的内涵边界。逄健、朱欣民(2013)提出,广义的数字经济除 ICT 领域外还应该包括所有可以被数字化的领域,如音乐、影视、物流等。中国信息通信研究院(2017)、中国信息化百人会(2018)则在官方统计分类基础上,将数字经济的涵盖范围划分为"产业数字化"和"数字产业化"两部分。马建堂(2018)、裴长洪等(2019)、蔡跃洲(2016、2017)都从新经济形态角度看待数字经济,强调数据信息的关键要素作用。马建堂(2018)主张数字经济就是大数据经济,核心就是(利用大数据)最大限度地减少经济活动的不确定性,数据(数字)是最重要的社会资源和生产要素,数据获取、加工、计算、运用、存储等活动和过程也更为关键。裴长洪等(2019)将数字经济定位为农业经济和工业经济之后更高级的经济形态，强调数据信息及其传送是数字经济中决定生产率的关键所在。蔡跃洲（2016）认为以新一代信息技术为核心的新技术体系使得数据信息的收集、存储、处理、传播、展示发生全方位革命性变化，数据信息成为新关键要素。在此基础上，蔡跃洲（2017）又从数字技术的渗透性、替代性、协同性三大技术—经济特征出发，将数字经济划分为与数字技术直接相关的特定产业部门和融入数字元素（或信息要素）后的新型经济形态，分别对应"数字产业化"和"产业数字化"。2021年6月，国家统计局发布《数字经济及其核心产业统计分类（2021）》，在三新统计分类基础上，吸收了各方关于数字产业化和产业数字化的划分，按照数字产品制造业（01）、数字产品服务业（02）、数字技术应用业（03）、数字要素驱动业（04）、数字化效率提升业（05）五大类进行统计分类。其中，前四类被称为数字经济核心产业，基本对应于数字产业化，第五类则大致对应于产业数字化。

第二节　数字经济价值创造机制与边界

数字技术/ICT 特别是以物联网、4G/5G 通信、大数据、云计算、人工智能等为代表的新一代信息技术，是支撑数字经济相关新模式、新业态运行的物质技术基础。测算数字经济增加值规模，需要在理解内涵的基础上合理界定其范围边界。从技术—经济特征出发，分析数字技术/ICT 在价值创造中的作用机制，有助于厘清数字经济对应的增加值范围边界。

生产数字技术产品或提供数字技术服务的数字部门，其产品和服务是数字技术/ICT 在经济社会运行中发挥作用的中介和载体；数字部门生产产品或提供服务过程中所创造的价值理所当然是数字经济增加值的组成部分。数字部门既包括电子元器件、计算机制造、通信设备制造、软件和信息技术服务业等传统 ICT 产业，也涵盖数字媒体/数字出版、电子商务等新兴产业，其范围边界比较清晰，整体对应于数字产业化。其中，前者大体对应于国家统计局《数字经济及其核心产业统计分类（2021）》中的01、02 和 03，后者对应于 04；它们基本都可归属于《国民经济行业分类 2017》中的计算机、通信和其他电子设备制造业，软件和信息技术服务业及互联网和相关服务。产业数字化作为数字经济的另一个组成部分，更能体现数字经济新型经济形态的本质。而"产业数字化"实现的基础则是数字技术/ICT 作为典型的通用目的技术（General Purpose Technology，GPT）所具备的渗透性（Pervasiveness），即 ICT 能够渗透生产、消费等各种经济活动并带来经济运行方式的改变（Bresnahan 和 Trajtenberg，1992）。渗透性可以看作是数字技术/ICT 最重要的技术—经济特征，是其能在非数字部门价值创造中发挥重要作用的前提和基础。数字技术/ICT 渗透到非数字部门后，将通过替代性和协同性这两项技术—经济特征参与价值创造。

数字技术发挥作用需要以相应的数字技术产品为载体，或者说数字技术是物化于数字技术产品中的，包括硬件产品和软件产品。在供给侧，数字技术的渗透正是通过非数字部门（或者说传统产业）对数字技术产品的积累和使用来实现的，即积累数字技术资本/ICT 资本并在生产中发挥作用。从数字技术发展的历程来看，不同类型数字技术产品在发展过程中遵循着特定规律。其中，处理器芯片和存储芯片在价格和性能上遵循摩尔定律（Moore's Law），集成电路中的元件数每 18—24 个月翻一番；主干网带宽的拓展遵循吉尔德定律（Gilder's Law），每 6 个月翻一番；数字信号处理器（DSP）每秒可完成百万乘法累加操作所需功耗遵循金帆定律（Gene's Law），DSP 功耗/性能比每 10 年降低 2 个数量级（王阳元，2018）。这些规律叠加使得数字技术产品整体都长期处于价格持续快速下降态势，由此带来全社会投资和消费中数字技术产品对非数字技术产品的不断替代，非数字部门的数字技术资本/ICT 资本积累也随之不断增多（Jorgenson & Stiroh，1999；Jorgenson，2001）。ICT 资本的使用同其他非 ICT 资本一样，都能够直接贡献于产品生产或服务提供，创造价值（增加值）；例如，数字医疗影像设备，影像就是其直接生产的产品；与之类似的还有 CAD 设计、数字监测设备等。ICT 资本对增长的贡献，某种意义上是 ICT 资本对非 ICT 资本（有时也可能包括劳动力要素）替代的结果。由于硬件软件价格不断下降，而且具有稳定性、可靠性方面的优势，对其他非 ICT 资本及劳动要素的替代是顺理成章的。这部分贡献带来的增加值，可以看作是数字技术/ICT"替代效应"的贡献。

数字技术/ICT 的第三项重要技术—经济特征是其协同性（Cooperativeness/Synergy），即数字技术资本及数据要素的渗透能够增加经济活动中其他要素之间的协同性，进而提高经济运行的效率（David & Wright，1999；Bartel et al.，2007；Ketteni，2009）。协同性出现的内在机制在于，数字技术资本在使用过程中，除了直接贡献于产品生产或服务提供外，还会有一种特殊而重要的副产品，那就是以"0""1"比特形式存在的数据要素；而数据要素通过企业内部平台乃至跨企业工业互联网平台的统一收集、分析和传递，可以快速提炼出有效信息并及时传递分享到生产过程的不同环节、不同主体，以及产业链上下游关联企业，从而降低不同环节、不同主体间的信息不对称，缩短资本、劳动等其他要素相互衔接所花费的时间，减少生产投入的冗余，提高企业生产效率以及产业链整体运行效率。企业层面和产业链整体的效率提升最终将表现为更多的价值创造，这部分增加值可以看作是数字技术/ICT协同效应的贡献。在新一代信息技术大规模商业化应用之前，受数据收集、网络传输、计算处理等方面技术性能的限制，协同效应更多体现在企业内部生产经营中，特别是生产环节上；而物联网、4G/5G通信、云计算等技术的应用则将协同效应拓展到产业链上下游企业之间。而新一代信息技术带来的协同性拓展恰恰是传统制造业、服务业各种新模式、新业态得以涌现的基础。

数字技术/ICT渗透性、替代性、协同性三大技术—经济特征，通过替代效应和协同效应所实现的价值创造共同构成了数字经济"产业数字化"部分的增加值；加上数字部门即"数字产业化"所对应的增加值，便可以完整地测算出数字经济的增加值规模。据此，我们可以将数字经济范围边界划分为三部分：（1）数字部门，包括各类数字技术软硬件产品生产、数字服务提供行业及新兴数字产业；（2）数字技术资本/ICT资本在非数字部门/传统产业中发挥的替代效应；（3）数字技术资本/ICT资本使用产生数据要素、提供有效信息所发挥的协同效应。上述三部分对应的增加值可分别简称为"数字部门增加值""替代效应增加值"和"协同效应增加值"。需要说明的是，数字技术的渗透性也会作用于数字部门本身，数字部门的产品生产和服务提供同样需要使用数字技术资本/ICT资本，存在替代效应和协同效应。但是，这部分替代效应和协同效应所对应的增加值仍属于数字部门增加值的一部分（见图2.1）。

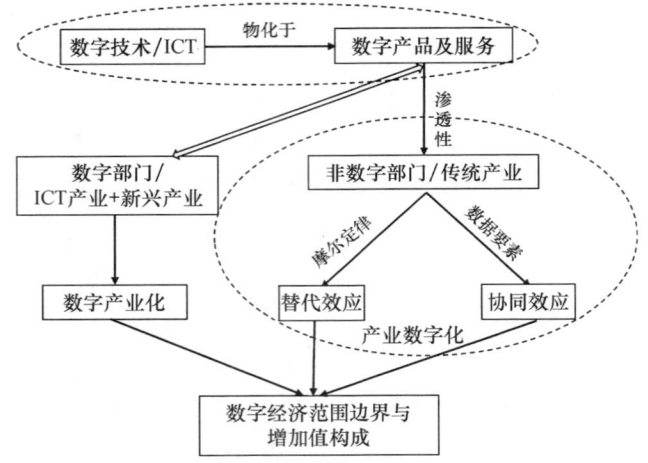

图 2.1　数字经济范围边界与价值创造机制

第三节　数字经济对经济发展质量的影响机制

一　考察经济发展质量的维度

尽管党的十九大报告已明确指出"我国经济已由高速增长阶段转向高质量发展阶段","把握新发展阶段,贯彻新发展理念,构建新发展格局,推动高质量发展"也成为全党全国上下的共识。然而,对于高质量发展的定义,或者说经济发展质量的衡量标准,无论是学术界还是国家宏观决策部门都未给出明确的界定。不过,从发展目标来讲,构建新发展格局与推动高质量发展可以算是紧密关联的一体两面。因此,考察经济发展质量,不妨从新发展格局的内涵入手,确定衡量的维度。

构建以国内大循环为主、国际国内双循环互促的新发展格局,核心是要贯通生产、分配、流通、消费各环节,实现供需的动态均衡。根据马克思政治经济学理论,人类社会经济活动可以分解为生产、分配、交换(流通)、消费四个环节;经济社会运行的本质是以生产为起点、消费为终点、分配和交换为中间环节的动态循环过程。[①] 无论是国内循环还是国

---

① "2. 生产与分配、交换、消费的一般关系"中有如下相关表述:"生产表现为起点,消费表现为终点,分配和交换表现为中间环节……我们得到的结论并不是说,生产、分配、交换、消费是同一的东西,而是说,它们构成一个总体的各个环节,也支配着其他要素。"见《马克思恩格斯全集》第 46 卷(上册),人民出版社 1979 年版,第 26—36 页。

际循环，归根结底需要畅通上述四个环节，有效对接供给和需求，加快实现宏观经济运行的动态大循环。衡量经济发展质量，可以考虑从经济循环的上述四个环节入手进行评价分析。

在供给侧生产环节，高质量发展要求实现动力变革和效率变革、提高全要素生产率。在需求侧消费环节，高质量发展意味着更好地满足人民日益增长的美好生活需要。美好生活需要的满足需要有普遍较高的收入水平作为基础，为此，要求保持高质量就业，降低收入分配不平衡。事实上，党的十九大报告中已经强调，在民生方面要提高就业质量和人民收入水平；坚持就业优先战略和积极就业政策，实现更高质量和更充分就业；坚持在经济增长的同时实现居民收入同步增长、在劳动生产率提高的同时实现劳动报酬同步提高；缩小收入分配差距。在分配环节和收入水平有保障的前提下，美好生活需要能否最大限度地得到满足，还取决于供需之间的对接匹配，而流通环节直接连接生产和消费两端，其高效运转对于美好生活需要的满足至关重要。

二 数字经济影响发展质量的主要机制

数字经济及其关联的数字技术和数据要素，能够作用于经济循环的每一个环节，从不同角度影响宏观经济发展质量，主要的作用机制大致如下（见图2.2）。

从生产环节来看，数字经济对高质量发展的影响至少有两条实现路径。一是数字产业化的发展壮大代表了技术进步和新动能。数字产业化主要由 ICT 制造业、ICT 服务业和以互联网服务为代表的新兴部门构成。以计算机设备制造、软件和信息技术服务等为代表的 ICT 制造业和 ICT 服务业，尽管业态相对传统，但作为高新技术产业的重要组成部分长期保持着快速的优化迭代，特别是大数据、云计算、新一代网络通信、人工智能为代表的新一代信息技术，在信息处理、传输、分析等各方面带来了颠覆性革命。它们的壮大会带来宏观经济整体技术水平的提升，是我们所追求的高质量发展。而以互联网服务为代表的各种新产业、新业态，作为经济社会发展的新事物，其快速成长无疑为宏观经济增长注入了新的动能。二是产业数字化带来非数字部门生产效率的提升。由于数字技术所具备的渗透性、协同性等特征，非数字部门的数字化改造，往往能够实现生产效率的提升，而这正是高质量发展的重要标志。

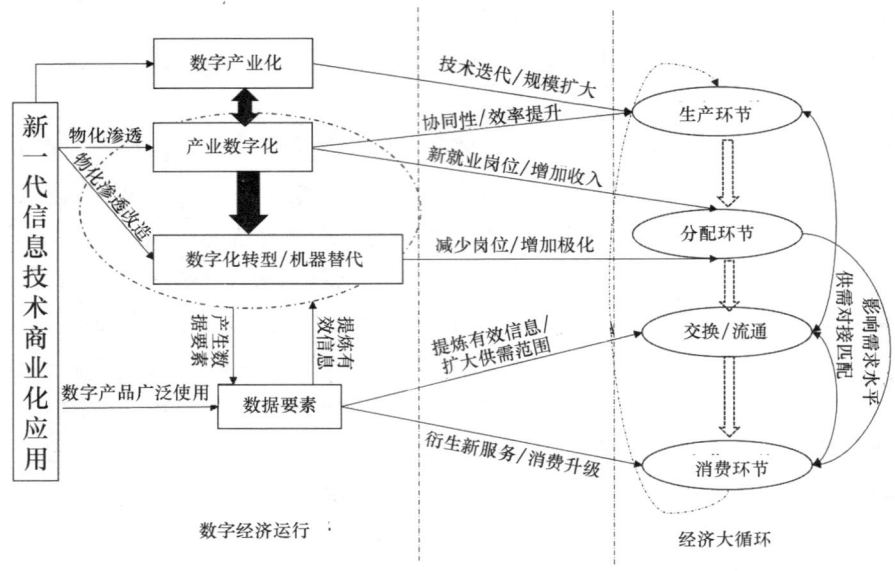

图 2.2　数字经济对经济发展质量的影响机制

从交换（流通）环节来看，数字经济衍生的各种新模式、新业态，借助数据要素中有效信息的提取，极大地降低了供需之间的信息不对称，提升供需间的匹配度。一方面，在静态中拓展了生产者和消费者可选择的范围；另一方面，在动态中借助工业互联网平台，还有望根据需求组织生产，从而使得生产环节更精准地与消费环节进行对接，并在全社会范围内减少冗余，提高配置效率。另外，流通环节所仰赖的物流体系，在数字技术的支持下，能够大幅度提高运输、配送效率。所有这些，最终都将体现为全社会资源配置效率的提升。

从消费环节来看，数字经济新模式、新业态在匹配供需，提高配置效率的同时，也创造出新的需求。诸如电商、网约车等基于互联网平台的各种服务，通过服务效率和服务质量的提升带来消费者效用的提升。而一些基于新技术、新工具、新平台衍生出的服务，则满足进入中高收入阶段后人们日益升级的消费需求，如人工智能和虚拟现实技术带来的沉浸式体验服务。

从分配环节来看，数字经济/数字技术对经济发展的影响则具有很大的不确定性。一方面，数字经济所衍生出的各种新业态、新模式，创造出很多新型的灵活就业岗位，如外卖骑手、快递小哥、网约车司机等，为提高部分劳动群体收入提供了有力支撑。另一方面，人工智能等新一代信息技术的商业化应用及传统产业的数字化转型，在某种程度上可以看作是工业革命以来自动化和机器替代进程的延续，由此带来岗位消失、结构性失业等会引发收入极化，加剧收入差距扩大。

　　需要特别指出的是，数字经济对于经济发展质量的影响，从中观和宏观层面是由数字产业化、产业数字化的发展状况决定的；而从微观层面来看，则是由数字技术的技术—经济特征、数据要素及相应的数据分析手段所决定的。

第三章 中国 ICT 产业发展质量与细分行业特征

ICT 产业是数字产业化的重要组成部分，而 ICT 产品和服务更是整个数字经济运行的物质技术基础。ICT 产业的发展质量，既能通过其较大的产业规模直接影响宏观经济发展质量，还能通过 ICT 产品和服务对其他部门（领域）的渗透，影响经济社会运行效率，进而间接影响宏观经济发展质量。为此，本章和第四章、第五章将从细分行业、区域分布、国际竞争力三个不同视角，基于定量分析考察中国 ICT 产业的发展质量。本章将运用 Jorgenson-Griliches 增长核算方法，对 1995—2016 年各细分行业全要素生产率（TFP）变化及增长来源进行测算，据以考察中国 ICT 产业的发展质量。本章的实证结果表明：（1）1995 年以来 ICT 制造业和 ICT 服务业都实现了高速增长，前者要素和投资规模驱动特征较为突出，后者增长质量较高，TFP 增长贡献率高达 57.7%；（2）2006 年前后，得益于移动互联网等的推广应用，ICT 制造业和 ICT 服务业的 TFP 增长均显著为正，并持续到 2013 年前后，2014 年中国经济进入新常态后二者增长质量有滑落迹象；（3）ICT 制造业各细分行业增长质量大多不尽如人意，2005 年以后代表价值链高端和技术应用前沿的部分行业出现向好趋势；（4）ICT 制造业最为传统的通信设备制造业和电子计算机制造业，要素和投资规模驱动特征更为显著。

第一节 相关研究与本章思路

一 ICT 产业 TFP 变动测算

ICT 产业是 ICT 资本与服务的供给源泉，通过度量 ICT 产业生产率的变动，可以观察产业发展状况，同时也能检验 ICT 资本与服务的产出效率和供给能力。从研究对象来看，现有文献中有关 ICT 产业生产率研究可以分为两大类，即 ICT 产业整体的生产率分析和 ICT 产业中细分行业的生产率分析。

Shao 和 Shu（2004）在采用 DEA-Malmquist 方法测算 14 个 OECD 国家 ICT 产业 TFP 指数基础上的实证分析表明，相较于其他产业，ICT 产业具有更强的生产能力，技术进步是其生产率增长的主要推动因素。Jorgenson & Schreyer（2013）在 SNA（2008）的基础上，将资本服务（Capital Services）纳入增长核算体系中来，单独测算了信息产业（Information Industry）1960—2007 年以及分阶段的 TFP 变化情况。除了专门针对 ICT 产业整体生产率状况的测算外，在讨论 ICT 产业与宏观经济关系、生产率悖论等问题时，也会涉及 ICT 产业整体生产率（指数）的测算，通常还会将 ICT 产业与非 ICT 产业对比。Baus et al.（2003）将所有产业划分为了 ICT 产业和非 ICT 产业（或 ICT 使用产业）两大类，并采用（增广）增长核算方法（Augmented Growth Accounting）测算两个部门的 TFP 指数；结果表明，20 世纪 90 年代中期以后，美国 ICT 产业 TFP 增长速度远高于非 ICT 产业，但经济整体生产率增长主要还是来源于非 ICT 制造业生产率的提升。Triplett & Bosworth（2004）则全面分析了 1987—2001 年包括 ICT 产业在内共 54 个行业的（劳动）生产率变化情况，并运用 Jorgenson-Griliches 增长核算框架测算出 TFP 以及 ICT 资本和非 ICT 资本对宏观经济增长的贡献度。

还有部分学者针对 ICT 产业的某个细分行业甚至某类产品，对其生产率进行测算、分解并分析生产率变化背后的影响因素。Olley & Pakes（1996）构造了考虑厂商进入退出、规模变化等因素的生产函数，刻画 ICT 设备制造业生产率变化的影响因素和机制；基于美国人口统计局企业数据的计量检验表明，生产率提升的主要原因是资本向生产力更强的企业再分配。Chun & Nadiri（2008）将美国 1978—1999 年计算机制造业的生产率增长来源分解为过程创新、产品创新和规模经济三个部分，发现过程创新的贡献度接近 50%，产品创新的贡献度约为 30%；而在 90 年代中后期，产品创新则成为 TFP 增长的主要来源，贡献度约为 46%。Aizcorbe（2002、2005a、2005b）的系列研究主要围绕美国半导体芯片产业展开。基于对 Intel 公司的分析，Aizcorbe（2002、2005a、2005b）将半导体价格与产业生产率联系在一起,并构建年限模型(Vintage Model)刻画美国半导体产业的运行模式和价格下降及摩尔定律的实现机制。Aizcorbe(2002、2005a、2005b)的研究还表明,半导体产品难以快速更新换代的主要原因是设备投入的沉没成本过高,而 AMD 半导体公司对 Intel 的竞争推动了半导体芯片生产率提升,带来产品价格下降。Lee & Johnson(2011)则利用改进的 Malmquist 指数对半导体制造业的生产率变化进行了分解,认为生产率的退化主要源于需求波动。Adams(2012)在研究磁盘驱动器产业时也将生产率与产品质量价格联系在一起,并指出企业规模、个人电脑市场规模、专利数量是推动生产率增长的重要因素。Anselmo & Ledgard(2003)充分考虑软件业的特性,从理论层面提炼出决定软件业生产率的两个因素,即可理解性和模块生产(Modules Produced)的独立性,并从生产函数、复杂性和性能三方面给出了软件业生产率测度的方法。Chou & Shao(2014)则运用 DEA-Malmquist 方法对 25 个 OECD 国家 1995—2007 年信息技术服务业的 TFP 指数进行测算分解;实证结果显示,信息技术服务业的增长明显快于其他服务业,其中,技术进步是增长的主要原因,由需求决定的规模变化对生产率提高也有促进作用,而效率变化则呈现轻微的负增长。

国内文献对 ICT 产业 TFP 增长率的研究从整体到细分部门都有所涉及。王宏伟(2009)分别从产业层次、分组层次(生产、IT 应用和非 IT)、总量层次三个方面介绍了 TFP 增长率的度量方法,通过测算发现通信设备制造、计算机制造业较高的增长率使得 ICT 制造业得到飞速发展,技术驱动效果明显。从 ICT 制造和服务两大产业链条出发,徐盈之等(2007、2009)通过 Malmquist 指数对中国这两部分的 TFP 变动进行了测算,并对地区差异趋同等进行了相关分析。杨廷干、吴开尧(2017)测算上海市服务业 TFP 时,细分出了软件和 ICT 服务业,利用 Malmquist 指数和 Tobit 模型进行了驱动因素分解和影响因素识别。另外,还有一部分文献以 ICT 上市企业为对象使用数据包络分析、随机前沿分析等方法对中国 ICT 产业整体或产业部门 TFP 增长率进行了研究。

二 TFP 增长测算方法及中国产业层面实证

TFP 其实并没有字面上表现得那么抽象,其本质就是投入产出效率,确切地说是可以观察到的所有要素投入组合的产出效率,也被称为多要素生产率（Multi-Factor Productivity，MFP），它能有效弥补劳动生产率将劳动作为唯一投入要素而带来的生产率测度偏差（Hulten，2000；Coelli et al.，2005；Syverson，2011）。由于不同要素往往对应不同量纲，综合考虑多种要素投入的产出效率必然要涉及不同量纲之间的统一，由此增加了直接测度的难度。经济学界对 TFP 的理论和测算方法探索至少可以追溯到 20 世纪 50 年代，索洛新古典增长模型中的"索洛余值"、法雷尔多投入—多产出情形的生产效率测度，都在以某种巧妙的方式解决量纲统一问题，并由此开启了 TFP 测算的两大路径，即增长核算法和生产前沿面法（Solow，1957；Farrell，1957）。

生产前沿面法的思想源头来自法雷尔。Farrell（1957）开创性地提出了在多投入—多产出的情况下，利用生产组合与等产量线的距离衡量相对技术效率的思路。在等产量线上的投入产出组合最具有技术效率，距离等产量线越远其技术效率越低。20 世纪 70 年代末，从运筹学（数学规划）和生产函数两个不同领域分别出现了数据包络分析（Data Envelope Analysis，DEA）和随机前沿分析（Stochastic Frontier Analysis，SFA）两种方法，用于测算等产量线距离对应的技术效率（Charnes et al.，1978；Aigner et al.，1977；Meeusen et al.，1977）。技术效率的测算配合 Malmquist 指数及 Shephard 距离函数的构造，最终形成了 DEA-Malmquist 法和 SFA 这两种 TFP 指数测算路径。

增长核算法的源头则是索洛新古典增长模型和索洛余值，其基本思路是将经济增长的来源分解为资本要素投入、劳动要素投入和不能用要素投入增长解释的部分，即索洛余值；由于索洛余值对应的是要素投入以外的因素，因此就可以抽象地将其看作是技术进步或 TFP 增长（Solow，1957）。在索洛余值基础上，以 Jorgenson、Griliches 为代表的经济学家不断地将各种经济因素诸如投资、国民经济核算等充实到索洛增长模型中（Jorgenson，1963；Jorgenson & Griliches，1967；Hulten，1973；Christensen & Jorgenson，1973；Griliches，1994）；而迪维西亚指数（Divisia Index）的引入使得可计量的投入要素不再局限于劳动和资本，同时还可以对投入要素进行合并分解，最终形成一套完备严谨且具有较强可操作性的增长核算框架，不妨将其称为 Jorgenson-Griliches 增长核算框架。进入 21 世纪之后，为了增长核算工作的规范性和测算结果之间的可比性，OECD 于 2001 年专门发布手册对 TFP 增长率测算的理论方法和具体操作进行了详细说明，主要涉及产出、劳动投入、资本投入三个方面的测算方法。劳动投入指劳动者提供的劳动服务数量；资本投入指资本提供的资本服务数量，将生产性资本存量（Productive Capital Stock）的估算作为相应的资本服务要素投入量。生产性资本存量的测算涉及年限效率模式和退役模式，前者是对各种资本生产能力随服务年限变化而变化的测度，后者则是对资本退役状态的设定（OECD，2009）。

近年来，一些国内文献也运用增长核算方法，对产业层面的 TFP 增长率进行测算。朱明（2016）将土地、中间投入纳入生产函数中对中国农业劳动生产率进行了测算并对其阶段性特征进行了解释。蔡跃洲、付一夫（2017）利用宏观和产业数据，在增长核算基础上将 TFP 增长进一步分解为技术效应和结构效应，以此对中国经济增长来源进行分析。李平等（2017）将服务业细分为生产性服务业和生活性服务业，通过增长核算和 TFP 指数分解，发现生产性服务业具有较高的技术进步水平，验证了其能够成为中国经济高质量增长新动能的判断；杨飞等（2018）利用世界投入产出数据库数据测算了中美两国总体和制造业的 TFP 水平，佐证了中美两国的技术水平差距在逐渐缩小的趋势。

三 文献述评及研究思路

应该说，从"索洛悖论"提出至今，经济学界对于 ICT 产业的关注至少有 30 多年的时间。但既有文献更侧重于探讨 ICT 作为一种通用目的技术对宏观经济增长的影响；相关研究更多的是围绕宏观层面的技术创新、摩尔定律、ICT 资本、TFP 变化等主题展开，对于 ICT 产业自身投入产出效率和 TFP 变化反而有所忽略。当然，2000 年以后，关于 ICT 产业自身生产率状况的研究也逐渐增多，这很大程度要归功于 ICT 渗透效应的不断显现以及 ICT 产业规模的日益壮大。

针对 ICT 产业自身生产率的研究，有的将宏观经济划分为 ICT 与非 ICT 两个部门，出于比较的目的而对 ICT 产业整体效率进行测算；有的则选取 ICT 产业中的一部分，如 ICT 制造业、ICT 服务业或者某个具体的细分行业，对其生产率状况进行测算分析。然而，对构成 ICT 产业各主要细分行业的生产率逐一测算，进而全面系统分析 ICT 产业发展状况的研究并不多见。

鉴于 ICT 产业在支撑经济高质量发展中的重要作用，同时考虑到 ICT

各细分行业间较为显著的异质性，有必要对其所涵盖主要细分行业的 TFP 进行逐一测算，以便全面系统地反映 ICT 产业整体的运行效率和发展状况。为此，本研究拟按如下思路开展。一是将 ICT 产业划分为信息技术制造业（或称 ICT 制造业）和信息技术服务业（或称 ICT 服务业），并在考虑数据可得性的基础上将 ICT 制造业进一步细分为官方统计分类中的通信设备制造业、雷达制造业、广播电视设备制造业、电子计算机制造业、家用视听设备制造业、电子器件制造业、电子元件制造业和其他制造业；而 ICT 服务业则直接对应于官方统计分类中的软件和信息技术服务业。二是根据 OECD 手册（2001、2009）相关方法并延续了蔡跃洲和张钧南（2015）、蔡跃洲和付一夫（2017）的研究思路，对 ICT 产业及细分行业的增加值、资本、劳动要素投入进行测算。三是在 Jorgenson-Griliches 增长核算框架下，估算 ICT 制造业、ICT 服务业以及制造业细分部门的 TFP 增长率。四是对测算结果进行分析，综合评价中国 ICT 产业运行效率和发展状况。

第二节　TFP 增长率测算及要素投入估算

一　TFP 增长率测算模型

本研究基本延续了蔡跃洲、张钧南（2015）的 TFP 测算思路，对引入迪维西亚指数的增长核算框架进行简化，即假设只有资本和劳动两种投入要素。以科布·道格拉斯函数作为生产函数的具体形式：

$$Y = AK^{\beta}L^{1-\beta} \qquad (3-1)$$

其中，Y 代表产出，A 代表 TFP，K、L 分别代表资本和劳动要素投入。β 表示劳动投入在总价值中的比重，或劳动产出弹性。

对式（3-1）左右两边取对数：

$$\ln Y = \ln A + \beta \ln K + (1-\beta)\ln L \qquad (3-2)$$

对式（3-2）左右两边求时间 t 的导数：

$$\frac{d\ln Y}{dt} = \frac{d\ln A}{dt} + \beta \frac{d\ln K}{dt} + (1-\beta)\frac{d\ln L}{dt} \qquad (3-3)$$

$$\frac{dY/dt}{Y} = \frac{dA/dt}{A} + \beta \frac{dK/dt}{K} + (1-\beta)\frac{dL/dt}{L} \qquad (3-4)$$

$$\frac{\dot{Y}}{Y} = \frac{\dot{A}}{A} + \beta \frac{\dot{K}}{K} + (1-\beta)\frac{\dot{L}}{L} \qquad (3-5)$$

其中，$\dot{Y}$、$\dot{A}$、$\dot{K}$、$\dot{L}$ 分别代表 dY/dt、dA/dt、dK/dt、dL/dt

那么，TFP 的增长率就可以表示为：

$$\frac{\dot{A}}{A} = \frac{\dot{Y}}{Y} - \beta \frac{\dot{K}}{K} - (1-\beta) \frac{\dot{L}}{L} \qquad (3-6)$$

将式（3-6）扩展到各细分行业部门 i：

$$\frac{\dot{A_i}}{A_i} = \frac{\dot{Y_i}}{Y_i} - \beta_i \frac{\dot{K_i}}{K_i} - (1-\beta_i) \frac{\dot{L_i}}{L_i} \qquad (3-7)$$

二 要素投入估算

在式（3-6）、式（3-7）中，TFP 的增长率可以根据产出和投入要素的变化率测算得出。因此，还需要对劳动和资本的投入规模进行估计。在要素估算的具体细节处理上，我们按照 OECD 手册（2001、2009）的相关规范，基本沿用了蔡跃洲和张钧南（2015）、蔡跃洲和付一夫（2017）的处理办法。

资本要素投入方面，第一步是估计生产性资本存量。从各细分行业固定资本形成数据入手，采用双曲线年限—效率模型［式（3-8）］和对数正态分布［式（3-9）、式（3-10）］分别刻画资本的生产能力变化情况和退役模式。

$$h_n = \frac{T-n}{T-b \cdot n} \qquad (3-8)$$

$$F_T = \frac{1}{T\sigma\sqrt{2\pi}} e^{-(\ln T - \mu)^2 / 2\sigma^2} \qquad (3-9)$$

$$\sigma = \sqrt{\ln(1+(m/s)^{-2})} \;;\; \mu = \ln m - 0.5\,\sigma^2 \qquad (3-10)$$

其中，T 表示资本服务年限，即资本从投入使用到退役的时间；n 表示当前年份；b 是函数形状的决定系数；σ 表示对数正态分布的标准差；μ 表示对数正态分布的均值；m 是对数正态分布背后的正态分布的均值，用资本的平均服务年限表示；s 是对数正态分布背后的正态分布的标准差，其取值范围一般为 $[m/4, m/2]$。

通过永续盘存法可以获得各个时刻的生产性资本存量：

$$K_{i,t}^P = \sum_{\tau=0}^{T} h_{i,\tau} \cdot F_{i,\tau} \frac{IN_{i,t-\tau}}{q_{i,t-\tau,0}} \qquad (3-11)$$

其中，$IN_{i,t}$ 表示部门 i 在 t 时期的固定资本形成额；$q_{i,t,0}$ 表示部门 i 在 t

时期固定资产的价格指数；$h_{i,t}$ 和 $F_{i,t}$ 表示上文计算的年限—效率模式和退役模式。

第二步是按照 OECD（2001、2009）的标准处理，对资本投入要素的用户成本进行估算，与资本服务的投入数量即生产性资本存量相乘可得到各产业部门资本服务要素投入的价值量，据以确定资本投入在增长核算中对应的权重系数，即 β。用户成本（用 μ 来表示）的估计由下式得到：

$$\mu_{i,t,s} = q_{i,t,s}(r_t + d_{i,t,s} - \rho_{i,t} + d_{i,t,s}\rho_{i,t}) = \mu_{i,t,0} \cdot h_{i,s} \cdot F_{i,s}$$

(3 - 12)

其中，q 为资产价格，r 为资本回报率，d 为资产折旧率，ρ 为资产价格的变化。

在劳动要素投入方面，采用劳动小时数作为数量单位。由于劳动者素质存在明显差异，因此在测算过程中考虑了不同受教育年限劳动者的劳动小时数，使用各类劳动报酬在总劳动报酬中所占的比重作为权重分类进行加总。那么，劳动要素投入的增长率就可以表示为：

$$\frac{d\ln L}{dt} = \sum_i v_i \frac{d\ln L_i}{dt}, v_i = \frac{p_i L_i}{\sum_i p_i L_i}$$

(3 - 13)

其中，L 为劳动要素投入；p_i 为第 i 种劳动投入的价格，用小时工资表示；v_i 为第 i 种劳动报酬所占的份额。另外，劳动报酬即劳动服务价值将用来确定劳动投入在增长核算中对应的权重系数即 $(1-\beta)$。

第三节 数据处理及测算结果分析

一 数据处理

（一）增加值数据

ICT 制造业（包括各细分行业部门）1995—2009 年的增加值数据来自《中国电子信息产业统计年鉴（1949—2009）》。由于 2010 年及以后年份的增加值数据未公布，因此采用增加值核算的收入法进行估算。根据《中国电子信息产业统计年鉴（2011—2016）》给出的利税、劳动报酬和折旧等相关数据加总得到各年的增加值。

软件和信息技术服务业 2001—2009 年的增加值数据来源于《中国电子信息产业统计年鉴（1949—2009）》。同时，2004 年数据与前后两年差距较大，将其视为非正常值，使用 2003 年和 2005 年数据的平均值作为代替。2010 年和 2011 年增加值数据来自相应年份的《中国电子信息产业统计年鉴（软件篇）》。2012—2016 年增加值数据根据收入法估算，利润、所得税、工资、折旧等相关数据来自各年的《中国电子信息产业统计年鉴（软件篇）》。2000 年及以前年份的数据未公布，需要进行估算。2001—2003 年软件和信息技术服务业增加值与 ICT 制造业增加值的比值基本稳定在 0.4 左右，因此假设 2000 年及以前年份的比例大致稳定，采取三年移动平均的方式估计出该比率，再乘以 ICT 制造业增加值从而得出 1995—2000 年软件和信息技术服务业增加值。需要说明的是，国家统计局公布了 2004—2015 年软件及信息技术产业的增加值数据，但是考虑到其间所遵循的统计标准[《国民经济行业分类（2002）》和《国民经济行业分类（2011）》]有所不同以及国家统计局颁布的《统计上划分信息相关产业暂行规定（2004）》还将图书馆与档案馆、新闻出版等纳入 ICT 产业，所造成的产业范围差异，因此重新进行了测算。

（二）资本要素投入

在每年固定资本形成的基础上，根据式（3-8）至式（3-10）的年限—效率模型和退役模型对资本服务的数量即生产性资本存量进行估算。

第一，各产业固定资本形成额数据的获得依据蔡跃洲、付一夫（2017）的做法，将固定资本划分为建筑物、机器设备、其他三大类，假定 ICT 制造业、ICT 服务业每年的三类固定资本形成额占总形成额的比重与投资额占总投资额的比重一致，由此推算出两个产业的三类固定资本形成额序列。同理，对于制造业细分部门的三类固定资本形成额在上述制造业形成额推算值基础上按照投资比例得出。固定资本形成数据来自《中国统计年鉴》，各产业的三类资本投资额来自《中国电子信息产业统计年鉴（1949—2009）》和各年的《中国电子信息产业统计年鉴》。

第二，本研究使用三类固定资本形成的固定资产投资价格指数，对第一步的固定资本形成额按照 2016 年为基期转换为可比价。价格指数来自《中国统计年鉴》。确定年限—效率模型和退役模式。在式（3-8）至式（3-10）中，做出假定：三类固定资本形成的 T 分别为 38 年、16 年和 20 年；b 分别为 0.75、0.5 和 0.6；$s = m/2$。在此基础上可以根据式（3-11）得到各产业的三类生产性资本存量。

第三，估算用户成本及资本服务价值量。在式（3-12）中，资产价

格 q 由资本形成价格指数表示,并可以由此推算价格变化 ρ;折旧率 d 根据几何折旧法推算;资本回报率 r 根据蔡跃洲、张钧楠(2015)的思路按照总产出、劳动投入和资本投入三者关系推算得出。最后,将生产性资本存量与用户成本相乘得到资本服务价值。

(三)劳动要素投入

本研究在蔡跃洲、付一夫(2017)工作的基础上,将数据延长至 2016 年,测算了 ICT 制造业和服务业的劳动投入数。并且根据 ICT 各细分行业工资额占总工资额的比例进行拆分得到各细分行业的劳动投入数。劳动数据来自各年的《中国电子信息产业统计年鉴》。

二 测算结果

(一)细分行业增加值及要素投入

按照前述测算思路和数据处理步骤,我们估算出 1995—2016 年 ICT 产业各细分行业的增加值、生产性资本存量、资本服务价值、劳动服务价值、劳动投入工时等相关指标的具体数据,分别列示于表 3.1 至表 3.5。

表 3.1　1995—2016 年 ICT 产业细分行业增加值估算结果

单位:亿元(当年价)

年份	ICT制造业整体	通信设备	雷达	广播电视设备	电子计算机	家用视听设备	电子器件	电子元件	其他	软件和信息技术服务
1995	767.1	195.9	26.7	5.0	89.8	82.6	143.0	112.4	111.8	315.7
1996	827.0	123.4	10.9	5.7	129.9	137.4	151.6	135.3	132.8	340.7
1997	1025.8	210.8	5.2	4.0	46.0	221.0	145.3	173.5	220.1	421.8
1998	1259.9	320.6	6.8	4.7	135.4	227.0	139.1	190.2	236.1	520.0
1999	1519.2	388.4	7.8	6.5	118.7	262.0	211.8	258.7	265.3	622.4
2000	2145.9	668.0	9.6	9.0	179.8	288.1	285.0	309.7	396.6	883.6
2001	2372.2	835.5	16.1	7.6	190.1	251.8	259.9	327.0	484.2	957.7
2002	2714.9	669.6	20.4	8.8	590.8	287.0	310.2	424.1	403.5	1161.1
2003	3545.5	823.4	24.4	12.7	1081.8	482.6	442.6	581.8	96.1	1232.4
2004	5193.0	1083.7	21.3	20.6	1556.6	569.9	545.2	846.5	549.9	1369.7
2005	6700.5	1425.0	24.2	58.8	1970.6	633.0	652.2	1290.3	646.5	1507.0
2006	8155.4	1714.3	30.8	70.3	2304.9	674.8	807.0	1734.9	818.4	1741.4

续表

年份	ICT制造业整体	ICT制造业细分行业								软件和信息技术服务
		通信设备	雷达	广播电视设备	电子计算机	家用视听设备	电子器件	电子元件	其他	
2007	9947.9	1375.9	34.4	80.5	3137.8	725.5	1346.5	2097.7	1149.7	2135.0
2008	11407.9	1917.9	47.5	94.2	2690.7	714.4	1869.8	2560.9	1512.5	2680.0
2009	12013.5	2077.1	36.5	122.5	2805.3	703.1	1952.2	2560.3	1756.5	3792.4
2010	14043.8	2098.0	64.8	154.6	2586.4	745.6	2501.1	3587.9	2305.3	5397.7
2011	15995.9	2329.7	82.7	197.5	3194.3	887.1	2841.5	3860.2	2603.2	6908.0
2012	17931.4	2699.6	99.4	285.7	3776.4	984.7	2958.8	4240.3	2886.5	8284.6
2013	19957.6	3354.9	112.9	327.6	3614.8	1066.6	3266.0	4621.7	3593.0	10536.3
2014	22392.4	3973.7	90.2	437.7	3507.0	1195.7	3542.1	5097.5	4548.6	12586.0
2015	24743.6	4779.8	97.6	497.5	3456.8	1148.7	3806.5	5583.0	5373.8	13841.3
2016	27218.0	4684.0	94.9	595.9	3534.8	1279.4	4628.3	6112.9	6287.9	15248.3

表3.2　1995—2016年ICT产业细分行业生产性资本存量估算结果

单位：亿元（当年价）

年份	ICT制造业整体	ICT制造业细分行业								软件和信息技术服务
		通信设备	雷达	广播电视设备	电子计算机	家用视听设备	电子器件	电子元件	其他	
1995	3053.2	308.1	17.3	21.1	304.3	123.7	824.0	842.0	612.8	4030.0
1996	3432.4	346.1	19.4	23.8	342.2	139.1	926.8	946.5	688.6	4535.0
1997	3819.5	384.7	21.5	26.4	380.8	154.7	1032.7	1053.3	765.5	5043.2
1998	4238.6	426.5	23.8	29.2	422.2	171.4	1147.9	1168.5	849.1	5580.6
1999	4682.3	470.2	26.3	32.3	466.8	189.5	1268.4	1290.8	937.6	6188.9
2000	5172.7	519.7	29.0	35.6	515.5	209.3	1402.4	1426.5	1034.7	6859.3
2001	5725.6	574.6	31.9	39.3	569.2	230.9	1557.2	1577.5	1145.0	7580.3
2002	6385.1	639.5	35.7	43.9	637.4	258.3	1734.7	1759.6	1276.0	8374.7
2003	7219.3	722.4	40.0	49.3	718.5	291.7	1966.9	1992.5	1438.0	9322.1
2004	8234.1	821.5	45.0	56.0	811.9	328.5	2269.3	2261.0	1641.0	11111.2
2005	9273.5	922.6	52.0	63.8	932.5	377.4	2524.1	2555.2	1846.0	12488.4
2006	11384.9	1137.3	61.0	76.0	1120.7	456.9	3136.1	3153.8	2243.2	13964.6

续表

年份	ICT制造业整体	ICT制造业细分行业								软件和信息技术服务
		通信设备	雷达	广播电视设备	电子计算机	家用视听设备	电子器件	电子元件	其他	
2007	12340.1	1219.9	64.7	82.6	1184.2	474.2	3508.5	3341.5	2464.4	15230.4
2008	14171.5	1356.1	74.3	101.2	1316.5	531.1	4015.2	3735.1	3042.1	16682.1
2009	15808.9	1505.2	79.1	115.1	1409.6	567.8	4377.3	4017.7	3736.9	18172.5
2010	18320.7	1677.8	88.9	142.4	1654.4	620.5	5040.2	4411.9	4684.7	19399.4
2011	21488.6	1846.7	105.2	178.6	1909.5	652.2	5769.8	4922.1	6104.4	20237.8
2012	24561.8	2041.6	141.4	281.8	2164.7	692.7	6322.9	5502.4	7414.5	21156.3
2013	27975.6	2326.5	163.8	363.1	2410.9	746.9	7020.9	6178.3	8765.1	22111.4
2014	31320.3	2638.8	185.0	426.5	2629.2	797.5	7730.0	6821.2	10092.2	23399.4
2015	35088.9	2971.7	212.9	494.0	2929.9	849.4	8458.5	7585.1	11587.5	25382.5
2016	39269.4	3377.8	232.5	551.5	3207.2	907.9	9301.0	8380.2	13311.4	27602.7

表3.3　1995—2016年ICT产业细分行业资本服务价值估算结果

单位：亿元（当年价）

年份	ICT制造业整体	ICT制造业细分行业								软件和信息技术服务
		通信设备	雷达	广播电视设备	电子计算机	家用视听设备	电子器件	电子元件	其他	
1995	613.9	56.1	2.8	3.6	58.4	23.3	190.3	166.5	112.9	718.3
1996	735.0	67.3	3.4	4.3	69.4	27.7	229.9	198.9	134.2	843.3
1997	811.8	74.2	3.7	4.8	76.6	30.6	254.2	219.7	148.1	930.8
1998	898.8	82.8	4.2	5.4	85.1	34.0	278.6	243.5	165.2	1040.6
1999	1019.2	94.3	4.8	6.1	96.8	38.8	314.0	276.4	188.1	1195.2
2000	1036.7	95.4	4.8	6.1	98.1	39.2	322.2	280.9	190.0	1210.2
2001	1133.4	104.6	5.3	6.8	107.3	42.9	351.0	307.0	208.6	1335.4
2002	1349.2	125.2	6.4	8.2	128.8	51.6	412.6	366.2	250.3	1596.4
2003	1653.6	153.9	7.9	9.9	157.2	63.1	506.8	449.4	305.4	1924.6
2004	1436.2	131.5	6.6	8.4	133.8	53.3	455.2	386.4	261.0	2509.7
2005	1832.7	171.1	9.1	11.3	177.7	71.3	549.6	498.9	343.8	2783.0
2006	2657.5	252.0	12.7	16.2	253.4	102.4	797.0	728.7	495.2	3186.4

续表

年份	ICT制造业整体	ICT制造业细分行业								软件和信息技术服务
		通信设备	雷达	广播电视设备	电子计算机	家用视听设备	电子器件	电子元件	其他	
2007	3635.6	340.0	16.9	22.5	338.5	133.3	1126.2	970.8	687.5	3832.7
2008	1987.2	168.8	8.2	12.9	172.6	68.2	667.5	502.4	386.8	4259.2
2009	4302.7	395.0	19.4	30.3	379.0	150.1	1254.5	1079.8	994.6	4044.1
2010	4904.1	431.2	21.9	36.7	438.7	160.3	1434.4	1159.2	1221.8	4616.6
2011	4030.1	320.6	18.0	31.5	355.1	115.3	1183.6	894.5	1111.4	5310.0
2012	5126.4	403.6	28.6	57.5	450.2	139.8	1390.8	1128.3	1527.6	5975.5
2013	5584.1	442.4	32.0	72.0	481.8	145.3	1465.1	1213.7	1731.8	7006.8
2014	5947.9	481.1	34.4	80.2	498.6	148.4	1533.7	1275.4	1896.1	8009.3
2015	6998.4	577.1	41.6	97.7	582.7	167.4	1737.6	1498.2	2296.3	8952.9
2016	7192.9	599.7	41.4	99.6	584.8	163.4	1770.1	1514.9	2419.2	9888.82

表3.4　1995—2016年ICT产业细分行业劳动服务价值估算结果

单位：亿元（当年价）

年份	ICT制造业整体	ICT制造业细分行业								软件和信息技术服务
		通信设备	雷达	广播电视设备	电子计算机	家用视听设备	电子器件	电子元件	其他	
1995	176.60	17.93	5.24	2.57	7.20	22.66	33.74	46.87	40.37	83.97
1996	198.09	21.83	5.91	2.49	9.78	25.02	35.54	52.03	45.48	102.97
1997	217.24	25.99	5.68	2.70	13.19	27.57	37.75	56.60	47.77	129.92
1998	263.06	33.39	7.06	3.22	21.06	35.88	41.51	67.26	53.68	156.40
1999	303.42	38.79	6.88	3.06	24.13	39.44	47.66	81.04	62.41	191.07
2000	401.38	57.16	7.95	3.05	40.42	53.33	59.00	103.76	76.71	239.68
2001	475.10	67.36	8.88	3.83	51.08	57.90	68.18	125.31	92.57	303.80
2002	513.47	67.40	8.75	4.22	58.82	58.29	70.49	151.90	93.61	382.43
2003	676.46	71.47	8.16	6.66	103.90	79.23	89.88	188.65	128.52	454.97
2004	896.22	88.15	8.23	9.07	155.09	95.05	123.75	250.37	166.51	543.25
2005	1180.44	115.80	8.27	16.89	206.32	118.28	160.60	355.64	198.64	662.77
2006	1524.56	149.61	9.48	19.03	286.32	141.34	208.48	458.26	252.04	805.19

续表

年份	ICT制造业整体	ICT制造业细分行业							软件和信息技术服务
		通信设备	雷达	广播电视设备	电子计算机	家用视听设备	电子器件	电子元件	其他	
2007	1817.61	199.23	11.37	24.03	364.09	156.30	268.88	573.07	220.64	1067.14
2008	2272.07	240.55	11.79	29.68	450.52	176.89	345.94	736.51	280.21	1324.09
2009	2433.33	276.68	12.48	31.62	452.75	175.59	372.58	782.95	328.68	1589.22
2010	3182.85	349.74	14.17	40.21	601.93	202.76	512.91	1020.86	440.27	1868.61
2011	3854.76	476.61	15.42	45.81	779.29	225.02	630.10	1161.42	521.10	2288.25
2012	4551.70	630.40	20.73	64.02	839.46	263.62	693.74	1306.49	733.25	2660.15
2013	5094.73	764.58	19.66	81.78	854.79	293.24	779.37	1431.63	869.68	3910.20
2014	5889.50	950.07	18.74	105.91	892.89	336.97	904.20	1620.41	1060.32	4291.90
2015	6530.20	1124.77	16.48	129.67	887.47	371.41	1006.03	1759.52	1234.84	4718.01
2016	7189.65	1314.60	13.55	155.85	867.37	406.58	1111.31	1897.36	1423.02	5168.65

表3.5　　1995—2016年ICT产业细分行业劳动投入工时估算结果

单位：小时

年份	ICT制造业整体	ICT制造业细分行业							软件和信息技术服务
		通信设备	雷达	广播电视设备	电子计算机	家用视听设备	电子器件	电子元件	其他	
1995	2300.46	233.62	68.31	33.53	93.85	295.19	439.54	610.52	525.90	1093.85
1996	2416.11	266.31	72.13	30.36	119.30	305.17	433.48	634.60	554.75	1255.94
1997	2338.03	279.74	61.08	29.05	141.92	296.69	406.33	609.15	514.08	1398.28
1998	2726.54	346.08	73.17	33.33	218.31	371.92	430.22	697.16	556.36	1620.99
1999	2984.27	381.54	67.71	30.12	237.33	387.93	468.77	797.06	613.82	1879.24
2000	3332.69	474.61	65.97	25.36	335.62	442.79	489.87	861.52	636.96	1990.06
2001	3481.54	493.63	65.06	28.04	374.30	424.65	499.62	918.25	678.38	2226.27
2002	3360.99	441.21	57.26	27.59	384.99	381.52	461.41	994.27	612.75	2503.25
2003	3941.27	416.40	47.52	38.81	605.36	461.60	523.66	1099.15	748.79	2650.78
2004	4713.18	463.56	43.29	47.70	815.61	499.87	650.81	1316.66	875.66	2856.92
2005	5320.79	521.97	37.29	76.11	929.97	533.16	723.92	1603.02	895.36	2987.39
2006	6148.01	603.32	38.22	76.74	1154.61	569.96	840.74	1848.00	1016.40	3247.05
2007	6316.27	692.33	39.50	83.49	1265.24	543.14	934.37	1991.45	766.74	3708.36
2008	6767.25	716.45	35.11	88.39	1341.85	526.85	1030.35	2193.65	834.60	3943.72

续表

年份	ICT制造业整体	ICT制造业细分行业								软件和信息技术服务
		通信设备	雷达	广播电视设备	电子计算机	家用视听设备	电子器件	电子元件	其他	
2009	6564.20	746.38	33.65	85.31	1221.36	473.67	1005.09	2112.09	886.65	4287.09
2010	6807.33	748.00	30.31	85.99	1287.37	433.66	1096.99	2183.38	941.63	3996.49
2011	6901.00	853.25	27.60	82.01	1395.13	402.84	1128.04	2079.23	932.90	4096.54
2012	6937.33	960.80	31.60	97.57	1279.43	401.78	1057.33	1991.25	1117.55	4054.38
2013	6800.14	1020.52	26.24	109.16	1140.92	391.39	1040.26	1910.86	1160.80	5219.10
2014	7131.53	1150.43	22.69	128.24	1081.19	408.03	1094.89	1962.14	1283.93	5197.01
2015	7169.17	1234.83	18.09	142.36	974.31	407.75	1104.47	1931.69	1355.67	5179.66
2016	7189.65	1314.60	13.55	155.85	867.37	406.58	1111.31	1897.36	1423.02	5168.65

注：劳动工时数是以 2016 年劳动投入价值为基准进行标准化处理后的劳动投入；劳动投入工时的价格可由劳动服务价值与劳动投入工时数相除得到，该价格以 2016 年为基准。

（二）ICT 产业细分行业 TFP 增长率

通过表 3.2 至表 3.5 中的资本、劳动要素投入数据测算结果，将增加值数据折算为 2016 年价，利用式（3-7）表示的增长核算框架，对 1995—2016 年各年度 ICT 产业（细分）行业的 TFP 增长率进行了测算，并计算不同时间段的 TFP 年平均增长率，结果见表 3.6 和表 3.7。根据增长核算结果，计算了 1995—2016 年不同时间段 TFP 对经济（增加值）增长的平均贡献度，结果见表 3.8。另外，为了方便比较，本研究也对中国宏观经济以及第二、第三产业进行了相关测算①，相关结果列示于对应表格中。

表 3.6　1995—2016 年各年度 ICT 产业细分行业 TFP 增长率测算结果

单位：%

年份	ICT制造业整体	ICT制造业细分行业								软件和信息技术服务	第二产业	第三产业	宏观
		通信设备	雷达	广播电视设备	电子计算机	家用视听设备	电子器件	电子元件	其他				
1996	1.5	-53.9	-92.7	14.6	27.9	47.4	0.1	12.8	11.4	-9.7	3.8	0.6	1.5

---

① 测算方法和过程与前文一致，相关数据来自各年的《中国统计年鉴》。

续表

年份	ICT制造业整体	通信设备	雷达	广播电视设备	电子计算机	家用视听设备	电子器件	电子元件	其他	软件和信息技术服务	第二产业	第三产业	宏观
1997	3.0	33.6	-78.9	-52.6	-20.6	32.4	-23.6	6.3	33.6	9.7	4.2	1.1	4.5
1998	-3.0	16.5	-0.4	-6.8	-26.6	-25.9	-26.4	13.9	-14.8	12.4	3.1	-0.7	1.6
1999	-1.5	-1.1	3.7	19.5	-33.3	-3.2	21.8	9.6	-8.7	8.4	1.7	-1.9	2.1
2000	-0.8	14.8	-6.6	6.4	-0.8	-27.5	-4.6	16.5	7.0	22.7	4.2	2.6	7.3
2001	-0.1	13.0	47.4	-29.1	-6.4	-16.9	-20.0	-5.2	9.3	-4.0	-0.6	0.5	4.9
2002	2.6	-29.1	22.1	4.0	100.8	9.5	5.9	12.0	-27.3	7.6	3.4	0.5	3.5
2003	-1.3	-0.5	7.6	1.6	20.6	21.4	8.1	5.3	-19.6	-7.2	-0.3	1.9	4.1
2004	-4.0	-11.7	-41.1	4.6	-12.5	-20.0	-22.2	-4.5	-19.8	-12.0	5.7	-1.6	3.5
2005	-1.0	1.2	-2.3	57.4	-4.4	-13.3	-7.2	12.3	-6.6	-5.7	-4.2	6.2	5.6
2006	-6.2	-7.6	6.7	1.8	-11.9	-13.0	-6.5	3.7	-1.1	-1.2	0.4	2.9	4.4
2007	7.6	-37.5	0.3	-0.8	17.5	2.2	34.1	6.6	27.7	1.8	0.6	4.1	4.5
2008	-0.6	22.7	29.4	1.5	-26.7	-6.7	16.4	5.5	7.5	10.9	1.8	2.4	4.8
2009	2.8	3.7	-25.1	25.3	9.7	4.6	1.8	0.9	1.5	26.6	0.7	-2.6	0.5
2010	1.5	-8.8	50.7	9.0	-21.7	3.1	8.3	23.5	5.2	24.8	2.1	3.6	6.2
2011	1.5	-3.9	17.0	15.4	8.4	17.9	0.3	2.7	-8.2	14.1	-5.9	6.3	4.3
2012	0.5	-0.1	-8.1	2.5	14.4	4.9	-3.5	2.9	-12.3	14.6	-0.8	0.2	2.0
2013	1.6	9.8	7.4	-7.4	-4.2	4.0	0.3	2.2	6.2	10.1	-3.1	0.8	1.7
2014	-1.3	0.0	-30.0	8.1	-7.4	1.8	-4.6	-0.8	6.2	13.9	2.9	-0.1	2.3
2015	-0.3	5.6	0.2	-3.6	-3.6	-10.1	-3.0	0.9	1.6	4.6	4.9	3.9	4.7
2016	0.1	-14.0	-6.1	4.5	1.8	5.4	9.8	1.9	1.5	3.3	8.0	2.9	5.5

表 3.7　1995—2016 年不同阶段 ICT 产业细分行业经济增长来源分解

单位：%

		1995—2000年	2000—2005年	2005—2010年	2010—2016年	2010—2012年	2012—2014年	2014—2016年	1995—2016年
ICT制造业整体	增加值	9.73	10.37	11.21	7.31	9.06	7.09	5.83	9.53
	资本	8.10	7.85	8.16	6.52	7.62	6.23	5.75	7.69
	劳动	1.67	2.97	1.90	0.43	0.45	0.65	0.20	1.91
	TFP	-0.04	-0.45	1.15	0.36	0.98	0.22	-0.13	-0.07

续表

		1995—2000年	2000—2005年	2005—2010年	2010—2016年	2010—2012年	2012—2014年	2014—2016年	1995—2016年
ICT制造业细分行业	通信设备 增加值	8.60	1.37	2.27	9.41	9.44	15.27	3.81	5.53
	资本	7.41	7.19	6.68	4.17	3.89	4.51	4.03	6.30
	劳动	4.08	0.56	3.08	6.01	7.56	5.82	4.49	3.54
	TFP	-2.89	-6.38	-7.49	-0.77	-2.00	4.95	-4.71	-4.31
	雷达 增加值	-51.89	1.48	13.26	1.27	18.19	-10.73	-1.53	-12.84
	资本	3.97	5.26	5.95	10.18	12.88	8.52	8.37	6.33
	劳动	-0.86	-6.37	-1.92	-5.14	0.63	-6.08	-6.85	-4.07
	TFP	-55.00	2.59	9.23	-3.77	4.67	-13.18	-3.06	-15.10
	广播电视设备 增加值	-3.06	20.43	15.47	18.48	27.41	17.11	11.46	12.70
	资本	6.75	6.48	7.05	9.56	14.81	9.28	5.26	7.87
	劳动	-2.17	9.23	1.31	5.48	3.21	7.51	5.75	3.09
	TFP	-7.64	4.72	7.11	3.44	9.38	0.32	0.45	1.74
	电子计算机 增加值	0.63	30.46	0.62	0.99	15.74	-7.72	-3.56	7.15
	资本	8.52	6.86	4.78	4.00	4.45	3.49	3.97	5.97
	劳动	4.78	8.20	3.49	-4.34	-0.44	-5.42	-6.62	4.34
	TFP	-12.67	15.40	-7.65	1.33	11.74	-5.78	-0.91	-3.16
	家用视听设备 增加值	11.01	1.76	-0.35	5.07	10.68	5.69	-0.84	4.33
	资本	5.17	4.89	4.05	2.03	1.89	2.24	1.94	3.83
	劳动	3.94	1.87	-2.54	-0.77	-2.55	0.49	-0.13	0.69
	TFP	1.90	-5.00	-1.86	3.81	11.35	2.96	-2.65	-0.19
	电子器件 增加值	1.47	3.48	22.65	6.43	5.14	4.97	9.25	8.12
	资本	9.19	9.63	10.36	6.54	7.47	6.44	5.77	8.79
	劳动	0.27	1.32	2.01	0.05	-0.66	0.61	0.28	0.98
	TFP	-7.99	-7.47	10.28	-0.16	-1.66	-2.08	3.20	-1.65
	电子元件 增加值	8.74	15.83	16.54	5.18	5.20	5.19	5.15	11.16
	资本	8.17	7.72	5.96	4.81	4.96	4.83	4.65	6.57
	劳动	1.50	4.15	2.69	-1.30	-2.54	-0.44	-0.92	2.04
	TFP	-0.93	3.96	7.89	1.67	2.78	0.80	1.42	2.55
	其他 增加值	13.43	-3.50	21.79	12.93	8.08	18.72	12.26	10.86
	资本	7.80	7.80	12.92	11.38	15.54	10.07	8.86	10.06
	劳动	0.93	2.05	-0.08	2.30	2.62	2.39	1.85	1.29
	TFP	4.70	-13.35	8.95	-0.75	-10.08	6.26	1.55	-0.49

续表

		1995—2000年	2000—2005年	2005—2010年	2010—2016年	2010—2012年	2012—2014年	2014—2016年	1995—2016年
软件和信息技术服务	增加值	19.06	6.84	20.17	15.41	17.56	19.67	9.26	15.26
	资本	7.94	10.02	5.51	4.42	3.02	3.34	5.43	5.23
	劳动	1.32	1.50	0.72	1.41	0.17	4.04	-0.09	1.23
	TFP	9.80	-4.68	13.94	9.58	14.37	12.30	3.92	8.80
第二产业	增加值	7.72	9.94	10.42	4.85	7.10	4.82	2.69	8.05
	资本	6.51	7.71	9.02	5.00	9.38	5.84	0.44	6.90
	劳动	-1.68	0.50	0.46	1.05	2.25	1.40	-0.61	0.09
	TFP	2.89	1.73	0.94	-1.20	-4.53	-2.42	2.86	1.06
第三产业	增加值	11.61	10.08	11.97	10.01	9.72	9.99	10.32	10.87
	资本	6.66	6.65	7.75	5.78	6.07	7.47	3.84	6.66
	劳动	1.30	1.20	0.64	-0.74	-1.04	-0.58	-0.62	0.59
	TFP	3.64	2.24	3.57	4.97	4.68	3.11	7.09	3.62
宏观	增加值	8.26	9.32	10.70	7.39	8.34	7.28	6.58	8.85
	资本	4.69	5.36	6.81	4.85	6.33	5.91	2.37	5.38
	劳动	0.12	-0.37	-0.35	-0.89	-1.09	-0.67	-0.90	-0.40
	TFP	3.45	4.33	4.24	3.43	3.09	2.04	5.11	3.87

表3.8　1995—2016年不同阶段ICT产业细分行业各要素贡献度

单位：%

			1995—2000年	2000—2005年	2005—2010年	2010—2016年	2010—2012年	2012—2014年	2014—2016年	1995—2016年
ICT制造业整体		增加值	100.0	100.0	100.0	100.0	100.0	100.0	100.0	100.0
		资本	83.3	75.7	72.8	89.2	84.2	87.8	98.7	80.7
		劳动	17.2	28.6	17.0	5.9	5.0	9.1	3.4	20.0
		TFP	-0.4	-4.3	10.3	4.9	10.8	3.1	-2.2	-0.7
ICT制造业细分行业	通信设备	增加值	100.0	100.0	100.0	100.0	100.0	100.0	100.0	100.0
		资本	86.2	524.8	294.3	44.3	41.2	29.5	105.7	113.9
		劳动	47.4	40.9	135.7	63.9	80.0	38.1	118.0	64.0
		TFP	-33.6	-465.7	-330.0	-8.2	-21.2	32.4	-123.7	-77.9

续表

		1995—2000年	2000—2005年	2005—2010年	2010—2016年	2010—2012年	2012—2014年	2014—2016年	1995—2016年
ICT制造业细分行业	雷达								
	增加值	100.0	100.0	100.0	100.0	100.0	100.0	100.0	100.0
	资本	-7.7	355.4	44.9	801.6	70.8	-79.4	-545.4	-49.3
	劳动	1.7	-430.4	-14.5	-404.7	3.5	56.6	446.3	31.7
	TFP	106.0	175.0	69.6	-296.9	25.7	122.8	199.1	117.6
	广播电视设备								
	增加值	100.0	100.0	100.0	100.0	100.0	100.0	100.0	100.0
	资本	-220.6	31.7	45.6	51.7	54.1	54.2	45.9	62.0
	劳动	70.9	45.2	8.5	29.7	11.7	43.9	50.2	24.3
	TFP	249.7	23.1	46.0	18.6	34.2	1.9	3.9	13.7
	电子计算机								
	增加值	100.0	100.0	100.0	100.0	100.0	100.0	100.0	100.0
	资本	1352.4	22.5	771.0	404.0	28.3	-45.2	-111.5	83.5
	劳动	758.7	26.9	562.9	-438.4	-2.8	70.3	186.0	60.7
	TFP	-2011.1	50.6	-1233.9	134.3	74.5	75.0	25.5	-44.2
	家用视听设备								
	增加值	100.0	100.0	100.0	100.0	100.0	100.0	100.0	100.0
	资本	47.0	277.8	-1157.1	40.0	17.7	39.5	-230.5	88.5
	劳动	35.8	106.3	725.7	-15.2	-23.9	8.6	14.9	15.9
	TFP	17.3	-284.1	531.4	75.2	106.2	52.0	315.6	-4.4
	电子器件								
	增加值	100.0	100.0	100.0	100.0	100.0	100.0	100.0	100.0
	资本	625.2	276.7	45.7	101.7	145.3	129.6	62.4	108.3
	劳动	18.4	37.9	8.9	0.8	-12.9	12.2	3.0	12.1
	TFP	-543.5	-214.7	45.4	-2.5	-32.4	-41.8	34.6	-20.3
	电子元件								
	增加值	100.0	100.0	100.0	100.0	100.0	100.0	100.0	100.0
	资本	93.5	48.8	36.0	92.9	95.4	93.1	90.3	58.9
	劳动	17.2	26.2	16.3	-25.1	-48.8	-8.4	-17.9	18.3
	TFP	-10.6	25.0	47.7	32.2	53.4	15.4	27.6	22.9
	其他								
	增加值	100.0	100.0	100.0	100.0	100.0	100.0	100.0	100.0
	资本	58.1	-222.9	59.3	88.0	192.3	53.8	72.3	92.6
	劳动	6.9	-58.6	-0.4	17.8	32.4	12.8	15.1	11.9
	TFP	35.0	381.4	41.1	-5.8	-124.7	33.5	12.6	-4.5

续表

		1995—2000年	2000—2005年	2005—2010年	2010—2016年	2010—2012年	2012—2014年	2014—2016年	1995—2016年
软件和信息技术服务	增加值	100.0	100.0	100.0	100.0	100.0	100.0	100.0	100.0
	资本	41.7	146.5	27.3	28.7	17.2	17.0	58.7	34.3
	劳动	6.9	21.9	3.6	9.2	1.0	20.5	-1.0	8.1
	TFP	51.4	-68.4	69.1	62.2	81.8	62.5	42.3	57.7
第二产业	增加值	100.0	100.0	100.0	100.0	100.0	100.0	100.0	100.0
	资本	84.3	77.6	86.6	103.1	132.2	121.2	16.3	85.7
	劳动	-21.8	5.0	4.4	21.6	31.7	29.0	-22.8	1.1
	TFP	37.5	17.4	9.0	-24.7	-63.8	-50.2	106.5	13.2
第三产业	增加值	100.0	100.0	100.0	100.0	100.0	100.0	100.0	100.0
	资本	57.4	65.9	64.8	57.7	62.5	74.7	37.3	61.3
	劳动	11.2	11.9	5.4	-7.4	-10.7	-5.8	-6.0	5.4
	TFP	31.4	22.2	29.9	49.7	48.2	31.1	68.7	33.3
宏观	增加值	100.0	100.0	100.0	100.0	100.0	100.0	100.0	100.0
	资本	56.8	57.5	63.6	65.6	76.0	81.3	36.1	60.8
	劳动	1.5	-4.0	-3.3	-12.0	-13.1	-9.3	-13.8	-4.5
	TFP	41.8	46.5	39.6	46.4	37.1	28.0	77.7	43.7

第四节 实证结果分析

根据表3.6、表3.7和表3.8所列示的测算结果，我们可以对1995—2016年中国ICT产业所呈现的变化趋势、结构性特征进行更为深入细致的分析探讨，并就中国ICT产业的增长发展模式做出基本判断，具体如下。

第一，1995—2016年，ICT制造业整体保持了持续高速增长，年均增速高达9.5%，明显高于同期第二产业整体8.1%的增速。但增长的动力来源主要来自要素投入特别是资本要素投入的增长，TFP对增长的贡献基本为零，属于较为典型的要素和投资规模驱动型增长。分阶段来看，只有2005—2010年、2010—2012年TFP增长对ICT制造业增长的贡献显著为正,平均增长贡献度占比都超过10%;而从具体年份来看,2007—2013年各年中,除2008年外,每年的TFP增长都显著为正,说明这段时间ICT制造业整体增长质量较高。2014年伴随着中国经济整体进入新常态,ICT制造业增长质量也随之下滑,TFP连续两年出现负增长,当然2016年情况有所好转。另外,从资本要素对增长的贡献率来看,ICT制造业整体的要素和投资规模驱动特征仍非常明显甚至有所强化,这可能跟ICT制造业资本密集和技术密集的特征有关。

第二,1995—2016年,ICT服务业呈现更为迅猛的增长势头,年均增速15.3%,大幅高于第三产业同期10.9%的水平。在增长动力来源上,TFP年均增长8.8%,对ICT服务业增长的平均贡献度高达57.7%,反映出其较高的增长质量。分阶段来看,ICT服务业表现出与ICT制造业大致相似的趋势。2000—2005年,ICT服务业也出现了TFP大幅下降的情况,但2005—2010年、2010—2016年两个阶段TFP增长分别高达13.9%和9.6%,对增长贡献度超过60%。结合ICT制造业TFP变化的增长性特征,可以认为中国的ICT产业增长质量在2006年以后出现明显改善。20世纪末,在全球互联网大潮的影响下ICT产业特别是ICT服务业成为投资的热门领域;① 2000年6月国务院颁布的《鼓励软件产业和集成电路产业发展的若干政策》则为ICT领域投资提供了政策层面支持;而2001年中国加入WTO后网络服务行业的率先开放又加速了外资进入和资本扩张②;这些因素叠加使得21世纪最初的几年ICT行业呈现要素和投资规模驱动的特征。2006年后特别是2010年前后,移动互联网、大数据、云计算等新一代信息技术加速应用,衍生出各种新模式、新业态,进而带来ICT服务业和ICT制造业增长质量的提升。当然,2015年、2016年TFP增速的明显下降,应该与中国经济整体进入新常态有关。

第三,ICT制造业中各细分行业的增长质量大多数都不尽如人意,突出表现为TFP增速普遍较低,甚至为负增长;而资本要素投入平均增速基本都在6%以上,对增长的贡献率有的甚至超过100%,要素和投资规

---

① 2001年中国互联网协会成立;2002年个人门户网站的兴起将中国带入互联网2.0时代;2003年淘宝和支付宝相继出现;中国网游市场迅猛发展。

② 根据相关规定,入世一年内逐步开放网络服务(主要是ISP);入世第二年逐步取消Internet服务的地域限制;入世第三年全面取消增值服务的地域限制。

模驱动特点非常突出。1995—2016 年，仅有"电子元件"和"广播电视设备"实现了 TFP 的正增长，年均增速分别为 2.0% 和 1.7%；"家用视听设备"和"其他"的 TFP 平均增速虽然为负，但绝对值较低，对行业增长的负向贡献度也不到 5%；而"通信设备""电子计算机""电子器件"的 TFP 增长率显著为负，对行业增长的负向贡献度都在 20% 以上；"雷达"行业无论是增加值还是 TFP 都出现大幅下降，这与其行业规模较小且经历了军工企业体制改革等因素有关。①

第四，2005 年以后代表 ICT 制造业前沿的一些细分行业，TFP 增长变化整体向好，与 ICT 制造业整体趋势基本吻合。2005—2010 年特别是 2008 年以后，"电子元件""广播电视设备""电子器件""其他""家用视听设备"等细分行业的 TFP 保持（相对）较高增速，并延续到 2013 年甚至 2014 年；2014 年、2015 年 TFP 增速出现明显下降（甚至负增长），而 2016 年则出现好转。这五个细分行业增加值规模约占 ICT 制造业的 70%，且涵盖了 ICT 制造业的很多高端领域，是 ICT 制造业高质量发展的关键。例如，中美贸易摩擦中最引人关注的芯片属于"电子器件"，而"其他"中包含的"电子工业专用设备""信息化学品"等则是芯片生产的基础。

第五，"通信设备"作为 ICT 制造业重要组成部分，增长质量相对较差，要素和投资规模驱动特征最为突出。1995—2016 年，"通信设备"TFP 年均增速为 -4.3%，对行业增长的负向贡献度高达 77.9%；同期增加值平均增速仅为 5.53%，远低于 ICT 制造业和第二产业整体水平，但营业收入年均增速却高达 23.7%，远高于增加值增速。当然，从分年度的 TFP 增长变化趋势来看，2012 年以后"通信设备"的增长质量似乎也有改善的迹象。

第六，"电子计算机"的波动性较大，经历过增加值和 TFP 的同步超高速增长，但增长质量总体来说也不尽如人意。1995—2016 年，"电子计算机"TFP 年均增速为 -3.2%，对行业增长的负向贡献度高达 44.2%。2000—2005 年，TFP 和增加值的平均增速则分别高达 30.5% 和 15.4%；

---

① 雷达军事用途较为突出，雷达行业增加值在 ICT 制造业增加值中的占比仅约 0.3%，大幅下降主要集中在 1995—1997 年；而当时军工企业正在大力推进建立现代企业制度，有一批企业关停并转。

2005—2010 年，TFP 年均增长率逆转为 -7.7%，增加值规模也出现显著下降；2010—2012 年，TFP 平均增速高达 11.7%，但近期增长质量下滑的趋势仍较为明显。上述特征主要原因在于，电子计算机制造业本身是一个技术进步很快的行业，而中国本土企业较低的技术和管理水平导致 TFP 增长总体为负；2001 年加入 WTO 后，全球计算机制造业加速向中国转移，[①] 规模扩张的同时也带来效率提升；而 2008 年以后，随着移动互联网的加速商业化应用，智能手机逐渐取代个人电脑成为最主要的终端设备，由此对产业规模和增长质量都带来负面影响；当然，云计算技术的加速推广对电子计算机制造业有着很强的拉动作用。

第五节　本章小结及建议

本章参照 OECD 手册（2001、2009）的处理规范，对 1995—2016 年中国 ICT 产业各细分行业的增加值、劳动要素投入、资本要素投入进行估算。在此基础上，运用 Jorgenson-Griliches 增长核算方法，对各细分行业的 TFP 变化情况进行测算，并对其增长来源进行分解。据此，就中国信息技术产业发展状况及模式可以得出以下判断。

第一，1995—2016 年，ICT 制造业和 ICT 服务业都实现了高速增长，但增长动力来源却存在较大差异。其中，ICT 制造业要素和投资规模驱动的特征较为突出，TFP 对增长的平均贡献接近于零；而 ICT 服务业则表现出明显的高质量增长特征，TFP 增长贡献率高达 57.7%。

第二，从 2000 年以后的 TFP 增长率变化趋势来看，ICT 制造业和 ICT 服务业遵循着相似的变化轨迹。其中，2000—2005 年，可能是受互联网泡沫和加入 WTO 的负面影响，增长质量都不尽如人意，TFP 增长率显著为负；从 2006 年前后开始，可能得益于移动互联网等新一代信息技术的加速推广应用，TFP 都实现显著的正向增长，并基本持续到 2013 年前后；2014 年中国经济进入新常态以来，二者的增长质量似乎又都有滑落的迹象。

第三，ICT 制造业各细分行业增长质量大多都不尽如人意，不过 2005

[①] 根据加入 WTO 协议规定，中国要在"入世" 3 年内取消计算机、计算机设备的关税限制。

年以后代表价值链高端和技术及应用前沿的一些行业出现增长质量向好的趋势。具体表现为2007年前后,"电子元件""广播电视设备""电子器件""其他"以及"家用视听设备"等细分行业TFP普遍呈现较快增长势头,并延续至2013年前后;2014年、2015年虽有滑落,但2016年又有所改善。

第四,ICT制造业最为传统的两个领域"通信设备"和"电子计算机",其增长的要素和投资规模驱动特征更为显著。其中,"通信设备"的要素和投资规模驱动特征尤为突出,但2013年以后似乎出现增长质量向好的迹象;而"电子计算机"虽然也有过TFP高速增长时期,但波动太大,而且由于移动终端的冲击近期增长速度与质量下滑的迹象都较为明显。

ICT产业特别是ICT制造业是数字经济发展的物质和技术基础。新时代下,把握好全球新一轮科技革命与产业变革的历史机遇,必须在保持和发挥产业规模和市场空间优势基础上,围绕提升TFP,着力转变行业发展模式、提升行业增长质量。为此,政府部门不妨考虑从以下方面提供助力:一是加大价值链高端环节和前沿领域的技术攻关力度,由科技行政管理部门牵头,针对诸如高端通用芯片、集成电路制造设备、基础软件等关键技术瓶颈主动布局,综合运用研发补贴、税收优惠、窗口指导等手段,支持企业开展重大技术创新活动。二是统筹产业区域布局,以产业政策配合市场机制,引导推动产业链上下游集聚,充分发挥溢出效应,提升企业运行效率。三是从市场监管、知识产权保护、标准建设、产业规制、人才培养等入手,优化创新环境,完善ICT产业创新生态体系。

第四章　中国ICT制造业发展质量与区域特征

21世纪以来，中国加入WTO融入全球大市场以后，凭借完整的工业体系和劳动力成本优势，迅速成为世界制造业大国。与此同时，顺应信息技术革命特别是新一轮科技革命和产业变革的趋势，ICT制造业也得到长足发展，形成了以东部沿海地区为代表的多个产业集聚区，但区域间的布局发展不平衡长期存在。随着区域间土地、劳动力等资源禀赋状况的变化，不同区域间ICT制造业的发展状况也发生变化。为此，本章将从区域分布视角，依托数据包络分析及DEA-Malmquist指数方法，对2000—2016年中国ICT制造业的运行效率和TFP变化等状况进行实证分析。实证结果表明：（1）数字经济兴起带来了中国ICT制造业的快速成长，但TFP提升不足，平均技术水平甚至出现显著负向增长；这与中国处于产业价值链中低端、以规模膨胀为主的发展模式有关。（2）2001年加入WTO为中国ICT制造业扩大市场空间、提高技术水平提供了有利契机；2005年以后梯度转移也让中西部欠发达省份获得较大技术和效率提升；二者核心都是享受了后发优势红利。（3）北京、上海、广东三地ICT制造业整体的TFP都出现明显的负向增长；京沪主要面临成本高企的不利因素，但却发挥出对周边省份的技术溢出效应；而广东则仍要归因于中低端环节的规模膨胀。提高中国ICT制造业整体技术水平和发展质量，一是要加大高端环节的研发力度；二是要统筹细分领域的梯度转移，继续挖掘利用欠发达地区的后发优势；三是要继续深化开放合作，尽可能争取国际空间；四是着力培育产业创新生态体系，提高ICT制造业整体竞争力。

第一节 相关研究及本章思路

ICT 作为典型的通用目的技术和近两次技术革命的核心支撑,早在 20 世纪 80 年代便被经济学界广泛关注。经济学界有关 ICT 的研究大体可以分为两类:一是 ICT 与经济发展,包括 ICT 对经济增长、产业结构、企业效率等的影响;二是 ICT 产业自身的发展状况和运行效率。本部分将比照上述分类对国内外相关文献进行梳理,并结合中国 ICT 产业研究现状提出本章实证的基本思路。

一 ICT 对宏观增长及微观效率的影响

自 20 世纪 80 年代开始,以个人电脑为代表的 ICT 产品在美国得到广泛应用,ICT 与经济发展关系受到美国经济学界的关注。1987 年,"索洛悖论"提出后,[1] 很多美国学者着手从实证角度考察 ICT 对经济增长和生产率的影响。Oliner & Sichel(1994)从增长核算出发测算 ICT 资本对美国经济增长和生产率的贡献,结果发现 1970—1992 年,ICT 资本对美国经济增长和劳动生产率的贡献很小,主要原因在于 ICT 资本规模相对于经济总量太小。Stiroh(1998)在划分"计算机生产部门"和"计算机使用部门"基础上,利用美国 1947—1991 年分产业数据进行了相关测算,实证结果表明:ICT 对经济增长的替代效应显著,是 20 世纪 80 年代美国经济复苏的重要原因;而在 TFP 方面,计算机生产部门显现出了很强的增长势头,而计算机使用部门则不明显。2000 年前后,美国主流文献基本达成共识,认为 ICT 在 1995—2000 年的复苏中发挥了重要作用(Jorgenson & Stiroh,1999;Jorgenson,2001;Stiroh,2002;Oliner & Sichel,2000)。当然,美国并不是唯一获益于 ICT 技术进步和 ICT 资本增长的经济体。在后期研究中,Jorgenson & Vu(2005)把研究对象拓展到全球,考察了 1989—2003 年 ICT 投资对世界经济复苏产生的影响,结果表明 ICT 投入增长主导了各国经济增长,所有地区的 ICT 投资都出现增

---

[1] 1987 年,诺贝尔经济学奖得主罗伯特·索洛在《纽约时报》撰文指出:"你可以在任何领域感受到计算机时代,唯独在生产率的统计测算中不能"(We see the computer age everywhere except in the Productivity Statistics),即著名的"索洛悖论"。

长，而发达经济体和亚洲新兴发展国家的增长更为明显。此后，国外经济学者相继对不同国家和地区的 ICT 投入与经济增长关系进行了测算，ICT 资本的正向效应得到了普遍认同（Shahiduzzaman & Alam，2014；Erumban & Das，2015；Vu，2013；APO，2014；Colecchia & Shreyer，2002；Welfens & Perret，2014；Niebel，2014）。

国内学者关于 ICT 对经济产出和生产率影响的量化研究开始于 2000 年前后。姜建强等（2002）以"索洛悖论"为出发点，就"索洛悖论"涉及的不同理论和解释进行了述评。徐升华和毛小兵（2004）在分析信息产业对经济增长直接效应和间接效应基础上，依托索洛增长模型估算技术进步、劳动投入、资本投入对中国信息产业增长的贡献度，并测算信息产业对中国经济增长的拉动作用。王宏伟（2009）借鉴 Jorgenson 相关定义将各产业划分为 ICT 生产业、ICT 应用业和非 ICT 产业三大类，测算信息产业 TFP 及其对经济增长的贡献。近年来，张之光等（2012、2014）采用参数估计和向量自回归等计量工具，测度 ICT 对中国经济的影响。蔡跃洲和张钧南（2015）依托 Jorgenson 及 OECD 的增长核算框架，对 1977—2012 年中国经济增长的来源进行细致分解，分析了 ICT 对经济增长的替代效应和渗透效应。渠慎宁（2017）利用新经济增长理论建立 ICT 对经济增长贡献的理论模型，并扩展为适合中国国情的分析框架，以此测算 ICT 的资本深化效应及其对 TFP 增长的贡献。尽管测算方法不同，但国内学者的研究结论基本一致，即充分肯定了 ICT 对于中国经济增长的贡献（北师大课题组，2001；徐升华等，2004；王宏伟，2009；周勤等，2012；孙琳琳，2012）。

在宏观层面测算分析的同时，不少国外学者也开始关注微观层面 ICT 对企业的影响，基于跨国企业微观数据，从实证层面分析影响企业 ICT 投入决策和应用效果的各类因素，探讨如何进行技术互补型投入，在完善配套的基础上充分释放 ICT 技术红利（Hollensteina，2004；Arduini et al.，2007；Haller & Siedschlag，2011；Gallego et al.，2014）。国内学者对于 ICT 配套机制的研究相对较少，而更多关注 ICT 如何渗透和影响其他产业，特别是 ICT 对制造业、金融等服务业的提升作用（王康周等，2018；余东华等，2018；贾军等，2016；田杰等，2014；谢康等，2012）。

二 ICT产业及细分行业发展的跨国比较

可能是由于 ICT 产业早期规模有限,国内外专门针对 ICT 产业及其细分行业发展状况的研究出现相对较晚。Shao & Shu(2004)在收集 1978—1990 年 14 个 OECD 国家 ICT 产业的投入、产出数据基础上,运用 DEA-Malmquist 生产率指数方法测算 ICT 产业的 TFP 指数并对其进行分解;测算结果显示,大部分国家 ICT 产业的 TFP 增长源自技术进步,技术效率变化仅仅释放了非常有限的正向效应,而规模效率则对多数被测算国家产生了负面影响。Shao & Shu(2004)还针对各国 TFP 变化所呈现的不同特征,提出了针对性的产业政策建议。随着 ICT 产业在经济发展和国际竞争中的战略意义日益凸显,发展中国家的 ICT 产业状况也得到了越来越多的关注。Mather(2007)使用 DEA-Malmquist 指数方法测算了印度 IT 软件和通信企业的 TFP 变化趋势,分析了企业 TFP 的影响因素,又将印度与其他 11 个国家和地区的 ICT 产业进行了 DEA 效率排名。分析结果指出中国台湾 DEA 效率值为 1,排名第一;印度效率值最低(0.72),当地 ICT 基础设施薄弱限制了产业的发展。此后,Mather(2009)继续使用 DEA-Malmquist 指数方法,测算对比了 45 个国家和地区 2002—2003 年和 2006—2007 年的 ICT 产业 TFP 变化,并利用回归分析验证了影响 TFP 的竞争环境因素。

还有一些实证研究针对 ICT 产业细分行业开展跨国比较。Lee & Johnson(2011)以半导体制造业为研究对象,在收集 1995—2000 年来自美国、中国台湾、日本和欧洲的 10 家半导体制造企业微观数据基础上,采用 DEA-Malmquist 指数方法对半导体制造业的生产率变化情况开展了实证分析;结果显示 1997—1998 年和 1999—2000 年的半导体制造业企业生产率进步主要源自需求波动效应(规模变化效应),而不是生产技术水平的提升。Chou & Shao(2014)同样采用 DEA-Malmquist 指数方法,利用 OECD 国家 1995—2007 年的 IT 服务业数据开展了实证分析;结果表明,与其他服务行业、服务业整体和宏观经济整体相比,OECD 各国 IT 服务业的生产率呈现显著的增长趋势;IT 服务行业既是技术进步的创新主力,也是生产率提升的主要驱动力。

三 中国 ICT 产业及细分行业的相关研究

2000 年以后，随着中国数字经济的蓬勃兴起，中国 ICT 产业及细分行业的发展状况及国际竞争力也开始受到国内外经济学者的关注。穆荣平（2000）建立了一套高技术产业国际竞争力评价指标体系，对 1996—1998 年中国通信设备制造业国际竞争力进行实证分析，指出中国通信设备制造业与发达国家相比在资源转化能力、市场化能力和技术能力、技术投入和创新活力方面存在较大差距，缺乏国际竞争力。吴灼亮（2005）使用同一套指标体系评估了 1998—2002 年通信设备制造业的竞争力，认为行业运行良好，国际竞争力不断增强，但竞争优势依然集中于中、低端产品，细分行业需要加大研发投入，建立和巩固自身竞争优势和特色地位。

除了基于指标体系的综合评估外，更多学者还是倾向于从效率和生产率测度角度对中国 ICT 产业及其细分行业的发展状况开展实证分析。董晓辉等（2010）利用 1996—2007 年中国电子信息产业投入—产出的分省面板数据，运用 DEA-Malmquist 指数方法对 ICT 产业 TFP 变动进行了分析；分析结果显示 2001—2006 年，产业 TFP 表现出较强的增长趋势，而在 1996—2001 年明显下滑，反映了电子信息产业生产率增长机制的不稳定性。许多学者尝试利用企业微观数据，对中国 ICT 产业及其细分行业的发展态势和运行效率进行实证分析（李双杰等，2003；肖岳峰等，2006；袁晓玲等，2009；Chen 等，2011；浦正宁等，2014）。其中，Chen 等（2011）、浦正宁等（2014）都是在收集整理 ICT 产业上市公司数据基础上，通过 DEA-Malmquist 指数方法，对中国 ICT 产业整体的 TFP 变化进行测算和分解。Chen 等（2011）所收集数据跨度较短，仅涵盖 2005—2007 年；其分析结果表明，中国 IT 企业大多面临管理、技术和规模的低效率，普遍存在知识资本缺失、R&D 人力资本缺失、专有技术和专利不足等问题，中小企业规模也难以支撑 RD 活动所需要的规模经济。浦正宁等（2014）则对 2005—2011 年中国 ICT 产业 TFP 指数进行了测算和分解。浦正宁等（2014）的实证结果表明，2005—2011 年中国 ICT 产业的 TFP 指数整体虽然呈现稳定上升态势，但 TFP 增长主要依赖规模效率变化指数，且细分行业之间的技术进步效率差异较大。

在关于 ICT 细分行业的研究领域，中国学者大多将 ICT 产业划分为 ICT 服务业和 ICT 制造业，分别进行测度和分析。在 ICT 服务业类别中，原毅军等（2009）利用非参数 Malmquist 生产率指数方法测算了 1997—2005 年中国各省份包括信息传输、计算机服务和软件业在内的生产性服务业的 TFP，认为中国生产性服务业依然保持粗放型增长模式，整体 TFP 呈现负增长。相对而言，信息传输、计算机服务和软件业的 TFP 高于其他生产性服务行业；在区域差异方面，东部地区 TFP 下降速度远低于中西部地区。徐盈之等（2009）的研究聚焦中国信息服务业，利用非参数 Malmquist 生产率指数方法测算了 1997—2006 年信息服务业 TFP 变动和区域差异，并运用趋同理论深入分析了区域差异演变规律、内在机制及影响因素。

徐盈之等（2007）将电子及通信设备制造业定义为信息制造业，使用基于 DEA 的非参数 Malmquist 指数方法研究了 1996—2005 年中国各地区信息制造业的 TFP 变动、区域差异及影响因素。研究结果表明全国平均信息制造业 TFP 增长维持了 8.6% 的高水平，大规模研发投入带来的技术进步是 TFP 增长的主要动力；而纯技术效率水平并不理想，反映出实际生产过程未能发挥应有的资源和技术潜力，限制了 TFP 提升。东、中、西部之间的 TFP 增长存在显著差异，各地区在分解后的技术进步指数、规模效率指数和纯技术效率指数中呈现明显的地域差异，且技术效率指数存在收敛趋势。王开良等（2017）首先通过 DEA 方法测算了中国 30 个省份的电子信息制造效率，并在此基础上利用面板 Tobit 回归分别构建了全国、东部、中部与西部电子信息制造业效率影响因素模型，结果显示环境因素对于各区域效率确实发挥了不同的影响。刘芹等（2018）基于 2009—2015 年中国 25 个省份的面板数据，使用 DEA-Malmquist 指数方法测算了电子及通信设备制造业的 TFP，并重点研究了产业集聚对其 TFP 的影响。

另外，中国台湾地区由于在半导体集成电路细分领域所具备的显著优势，也备受经济学界关注。Lu 和 Hung（2010）选取了 48 家台湾集成电路企业，包括 17 家设计企业、10 家制造企业和 21 家封装测试企业，使用 DEA 方法对企业运行效率进行测算，并分析了效率影响因素以及产业价值链分布对企业竞争力的影响。Chang 和 Chen（2008）采用了 DEA 松弛变量分析方法，测算了台湾一家印刷电路板制造企业内部的上、下游生产流程效率表现，并将分析结果应用于优化企业内部的资源分配和外包决策。

四 既有研究述评及实证研究思路

总体来说，国内外经济学人对于 ICT 的研究更多聚焦于 ICT 对经济增长和 TFP 的影响；由于早期 ICT 产业规模有限，专门聚焦于 ICT 产业及其细分行业发展状况的研究则相对较少。当然，2000 年前后，随着 20 世纪 90 年代中期第一次互联网热潮和数字经济的正式兴起，ICT 产业的重要性日益凸显，其运行效率开始受到关注，相关研究才逐步推出。而有关中国 ICT 产业及细分行业的既有研究也大致开始于 2000 年。

既有研究从效率评价和 TFP 测算入手开展实证分析，为把握中国 ICT 产业及细分行业的发展状况提供了有力支撑，但在以下几个方面仍存在改进空间：（1）专门聚焦 ICT 制造业自身的实证研究略显不足，ICT 制造业是数字经济发展的物质基础，随着产业互联网发展的深入推进，其基础性作用将进一步强化，因此，ICT 制造业发展质量，包括运行效率、技术进步等都值得深入研究。（2）涵盖的时间跨度较短，短的只有 2—3 年，长的不过 5—6 年，无法有效展示中国 ICT 制造业在不同阶段的发展质量和动态发展趋势。（3）区域划分有待完善，既有研究或者直接将省级行政区划作独立的决策单位进行效率评价，或者按照传统的东、中、西部进行区域划分；前者没有充分考虑不同省份之间 ICT 产业发展的巨大差异，也使得 DEA-Malmquist 指数方法失去了决策单元基本同质的假设前提，并容易产生测算上的偏差；而后者则忽略了东部地区内部长三角、珠三角、京津冀区域集聚的特征。

鉴于 ICT 制造业在数字经济发展中的基础性作用，本章的实证研究仍将聚焦于 ICT 制造业的发展状况，特别是体现发展质量的技术进步和运行效率，开展相关的测算分析。第一，采用数据包络分析方法测算 2000—2016 年各年全国各省份 ICT 制造业的相对效率和排名；并根据产业集聚情况将各省份划分为不同区域，进而识别和分析不同区域 ICT 制造业发展的趋势特征。第二，采用 DEA-Malmquist 生产率指数方法测算各省份 ICT 制造业及产业整体的 TFP 指数并进行指数分解。第三，在 TFP 指数测算分解基础上，分析 ICT 产业效率变化趋势，结合指数分解结果分析可能原因，从整体及区域分布角度展示评价中国 ICT 产业的发展状况，为提升 ICT 产业发展质量提供实证方面的依据。

在测算过程中，我们将结合前述讨论的改进方向进行更为细致的设计和处理,具体如下:(1)以不同的区域作为考察对象或决策单元,既识别不同区域间的效率差异,又对中国 ICT 制造业整体的 TFP 指数、技术进步等进行测度。(2)基于决策单元同质性和区域可比性考虑,在省级行政区划层面,将规模过小、地域相近、特征相似的省份进行合并,以减少决策单元间指标规模差距过大可能带来的效率测算误差。(3)在东、中、西部基础上,将区域板块细分出长三角、珠三角和京津冀,并分析各区域板块内部不同省市发展的差异。(4)实证研究的时间跨度扩大为 2000—2016 年,以期对中国数字经济兴起以来 ICT 制造业的变化趋势和特征等有一个全景式的把握。

第二节 数据方法与测算过程

一 DEA 非参数效率评价及生产率测算分解

DEA 是解决多投入、多产出情形下同类决策单元(Decision Making Unit,DMU)相对效率排名的运筹学方法(线性规划方法)。其基本思想是通过参与评价的决策单元构造生产前沿面,以生产前沿面为基准比较各决策单元的相对效率。在经济学中,这种依托生产前沿面进行效率测算的思想最早可以追溯到 20 世纪 50 年代 Farrell(1957)的相关研究。Farrell(1957)注意到微观企业多投入、多产出的特征,认为劳动生产率仅关注了劳动力而忽略其他投入,显然不是一个令人满意的测算方法。为了实现更为客观的测算,Farrell(1957)借助"两种投入、一种产出"情形下的等产量线,进行效率测度。其核心思想是:等产量线代表最高技术水平的生产前沿面,前沿面上的投入产出组合在技术上最具效率;其他组合距离等产量线越近,相对的技术效率越高。由于多投入、多产出情形下生产前沿面的函数形式不易刻画,Farrell(1957)的上述测度思想在很长时间都未得到有效应用,直到 20 世纪 70 年代末,Charnes 等(1978)提出了适用于规模报酬不变(Constant Returns to Scale,CRS)情形的 DEA 模型。此后,Banker 等(1984)对模型进行了改造,使之适用于规模报酬变化(Variable Returns to Scale,VRS)情形;结合这两个模型又可以进一步测算出规模效率(Scale Efficiency)。

需要补充的是,Farrell(1957)的前沿面测度思想恰恰对应于数学上距离函数(Distance Function)概念;而 DEA 线性规划求解得到的相对效率值，其倒数正好是距离函数值。DEA 效率值测算（或距离函数求解）对应的线性规划问题如下：

$$(D_O^t - CRS) \begin{cases} [D_O^t(\vec{x}_0^t, \vec{y}_0^t)]^{-1} = Max_{\varphi,\lambda}\varphi \\ s.t. \ -X_{m \times n}^t \vec{\lambda}_{n \times 1} + \vec{x}_0^t \geq 0_{m \times 1} \\ Y_{s \times n}^t \vec{\lambda}_{n \times 1} + 0_{s \times 1}\varphi \geq \varphi \vec{y}_0^t \\ \varphi > 0, \lambda_j \geq 0, j = 1, 2, \cdots, n \end{cases} \quad (4-1)$$

$$(D_O^t - VRS) \begin{cases} [D_O^t(\vec{x}_0^t, \vec{y}_0^t)]^{-1} = Max_{\varphi,\lambda}\varphi \\ s.t. \ -X_{m \times n}^t \vec{\lambda}_{n \times 1} + \vec{x}_0^t \geq 0_{m \times 1} \\ Y_{s \times n}^t \vec{\lambda}_{n \times 1} + 0_{s \times 1}\varphi \geq \varphi \vec{y}_0^t \\ \sum_{j=1}^n \lambda_j = 1 \\ \varphi > 0, \lambda_j \geq 0, j = 1, 2, \cdots, n \end{cases} \quad (4-2)$$

式（4-1）和式（4-2）中，X、Y 分别表示由所有决策单元投入、产出向量组成的矩阵；n、m 和 s 分别代表决策单元、投入指标和产出指标的个数；t 和 φ 分别代表生产时期和相对效率值，最终求解的是在 t 时期、第 0 个决策单元 $(\vec{x}_0^t, \vec{y}_0^t)$ 的相对效率值；下标 O 表示效率值的测算是以产出为导向的，即给定相同的投入（组合），通过产出的大小进行效率比较。

DEA 解决了单个时点（或给定时间段）决策单元投入产出效率的测算问题。将 DEA 效率测算与 Malmquist 指数相结合，在连续时点 DEA 效率测算基础上，利用前后时点的效率值构造 Malmquist 指数，便可以测算出决策单元及被考察对象整体的效率变化情况，即 DEA-Malmquist 全要素生产率指数（以下简称"TFP 指数"）；通过代数变换并考虑不同规模报酬情形，又可以将 TFP 指数进一步分解成技术变化指数、技术效率变化指数、规模效率变化指数（Caves、Christensen 和 Diewert，1982；Fare 等，1994、1997）。指数构造及分解的相关表达式如下：

$$M_O(\vec{x}^{t+1}, \vec{y}^{t+1}, \vec{x}^t, \vec{y}^t) = \left[\left[\frac{D_O^t(\vec{x}^{t+1}, \vec{y}^{t+1})}{D_O^t(\vec{x}^t, \vec{y}^t)} \right] \left[\frac{D_O^{t+1}(\vec{x}^{t+1}, \vec{y}^{t+1})}{D_O^{t+1}(\vec{x}^t, \vec{y}^t)} \right] \right]^{\frac{1}{2}}$$

$$(4-3)$$

式（4-3）刻画了 $t+1$ 期投入产出组合 $(\vec{x}^{t+1}, \vec{y}^{t+1})$ 相对于 t 期投入

产出组合 ($\vec{x}^t, \vec{y}^t$) 的生产率变化。若 M_O 值大于 1，则表明从 t 期到 $t+1$ 期 TFP 出现了正向变化。其中，$D_O^t(\vec{x}^t, \vec{y}^t)$ 代表 t 期投入产出组合的距离函数，可由式（4-1）、式（4-2）计算而得。

式（4-3）还可以做进一步的代数变换如下：

$$M_O(\vec{x}^{t+1}, \vec{y}^{t+1}, \vec{x}^t, \vec{y}^t) = \left[\left[\frac{D_O^t(\vec{x}^{t+1}, \vec{y}^{t+1})}{D_O^t(\vec{x}^t, \vec{y}^t)}\right]\left[\frac{D_O^{t+1}(\vec{x}^{t+1}, \vec{y}^{t+1})}{D_O^{t+1}(\vec{x}^t, \vec{y}^t)}\right]\right]^{\frac{1}{2}}$$

$$= \frac{D_O^{t+1}(\vec{x}^{t+1}, \vec{y}^{t+1})}{D_O^t(\vec{x}^t, \vec{y}^t)} \times$$

$$\left[\left[\frac{D_O^t(\vec{x}^{t+1}, \vec{y}^{t+1})}{D_O^{t+1}(\vec{x}^{t+1}, \vec{y}^{t+1})}\right]\left[\frac{D_O^t(\vec{x}^t, \vec{y}^t)}{D_O^{t+1}(\vec{x}^t, \vec{y}^t)}\right]\right]^{\frac{1}{2}} \quad (4-4)$$

式（4-4）中第一项代表技术效率变化指数，第二项则代表技术变化指数。利用式（4-1）和式（4-2）可以分别计算出规模报酬不变和规模报酬变化两种情形下的效率值和 TFP 指数。据此可以将规模报酬变化（VRS）情形下的 TFP 指数进一步分解出规模效率指数。

$$M_O(\vec{x}^{t+1}, \vec{y}^{t+1}, \vec{x}^t, \vec{y}^t) = TECHCH \times EFFCH$$

$$= TECHCH \times PEFFCH \times SCH \quad (4-5)$$

式（4-5）中的 TECHCH、EFFCH、PEFFCH、SCH 分别代表技术变化指数、技术效率变化指数、纯技术效率变化指数和规模效率变化指数。式（4-1）至式（4-5）将是本章后续测算分解的主要依据。

二 决策单元及数据指标

DEA 方法的分析对象是同类型的 DMU，同类型的 DMU 的判定需要满足以下三个特征：一是具有同样的目标和任务；二是具有同样的投入和产出指标；三是处于相同的外部环境（杨国梁等，2013）。本章拟通过不同区域 ICT 制造业的效率及 TFP 指数测算来考察中国 ICT 制造业的发展质量及呈现的区域特征；出于数据可得性等原因，我们以西藏、香港、台湾和澳门以外的 30 个省级行政区划作为考察对象和 DMU 设定的基础。① 然而，通过考察中国省份级别的 ICT 制造业产业规模可知（见图 4.1），内

---

① 西藏、香港、台湾和澳门由于数据缺失较多且经济社会环境等都与其他省份存在较大差异，没有被列入考察范围。

蒙古、吉林、黑龙江、海南、云南、甘肃、青海、宁夏、新疆 9 个省份 ICT 制造业的体量非常小。从各省份主营业务收入累计占比来看，9 个省份各自占比约 1‰，与其他省份体量相差 1 个甚至 2 个数量级，不具有可比性，不适合单独作为 DMU 进行处理。

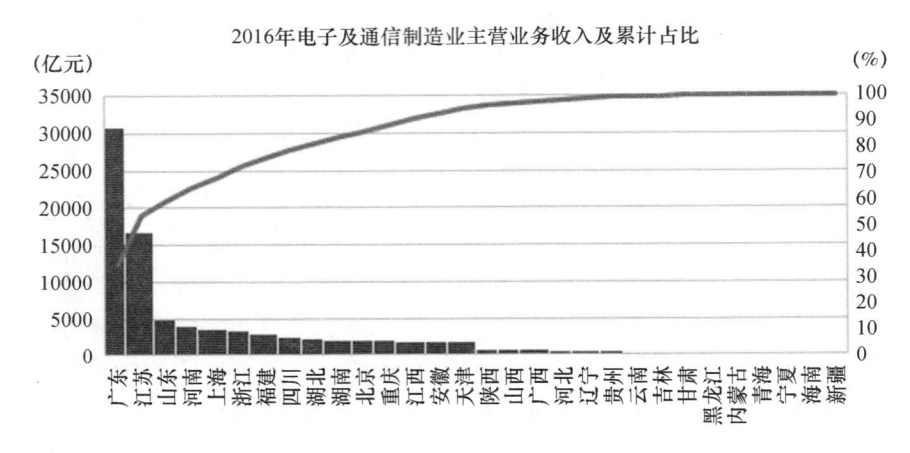

图 4.1　2016 年中国 30 个省份 ICT 制造业规模

资料来源：《中国高技术产业统计年鉴（2017）》。

为解决上述可比性问题，可以采用两种数据处理方法：一是直接剔除上述 9 个省份，对其余 21 个省份进行效率测算和排名；二是将内蒙古、吉林、黑龙江与辽宁合并为"东北"DMU，将云南合并到贵州作为"云贵"DMU，将甘肃、青海、宁夏、新疆与陕西合并为"西北"DMU，再将海南与广西合并为"琼桂"DMU。省份合并的方法解决了 DMU 体量差距悬殊的问题，同时，由于被合并省份在经济、社会等方面具有相似特征，该处理方法也具有足够的合理性。例如，"东北"四省地理环境相似、自然资源丰富，同时面临产业结构落后等老工业基地的困境，而"琼桂"二省少数民族人口多、工业基础相对较差、旅游业资源丰富等。在两种数据处理的基础上，分别进行了 DEA 相对效率测算，结果基本一致，这也从侧面反映出体量过小的省份确实与其他省份不属于同类型 DMU。为了更加全面地展示中国 ICT 制造业的发展态势，本章以第二种省份合并处理方法为主，将效率测算对象最终确定为 21 个 DMU。

在投入产出指标选择方面，ICT 制造业作为高技术产业，其生产投入主要包括资本投入、劳动力投入和研发投入,而产出测量需要既能反映生产数量又能反映经营效益(或运行质量)。据此,结合数据的可获得性,我们将 ICT 制造业的边界范围设定为《中国高技术产业统计年鉴》(2001—2017 年)和《中国统计年鉴》(2001—2017 年)中的电子和通信设备制造业;以"新增固定资产""从业人员平均人数""R&D 经费内部支出"作为资本、劳动和研发投入指标,分别设为 X1、X2 和 X3;以"利润总额"和"新产品销售收入"作为两个产出指标,分别设为 Y1 和 Y2。

选取 2000—2016 年中国 30 个被测度省份的相关统计数据后,按照上述方法进行省份数据合并,得到了 21 个 DMU 的原始测算数据。由于通货膨胀或通货紧缩会造成价格相关数据出现与行业运行效率无关的变化,需要通过价格平减来消除这些影响。为此,我们采用以 2000 年为基年的工业生产者购进价格指数对与价格相关的投入指标"新增固定资产"和"R&D 经费内部支出"进行了价格平减;采用以 2000 年为基年的工业生产者出厂价格指数对产出指标"利润总额"和"新产品销售收入"进行平减。DEA 测算中使用的投入、产出指标、数据处理和原始数据来源的具体信息汇总于表 4.1。

表 4.1　　　　效率测算指标的数据处理和原始数据来源

指标名称	数据处理	数据来源
X1. 资本投入	2000—2016 年新增固定资产(亿元)/以 2000 年为基年的工业生产者购进价格指数	《中国高技术产业统计年鉴》(2001—2017 年)、《中国统计年鉴》(2001—2017 年)
X2. 劳动力投入	2000—2016 年从业人员平均人数	
X3. 研发投入	2000—2016 年 R&D 经费内部支出(万元)/以 2000 年为基年的工业生产者购进价格指数	
Y1. 利润总额	2000—2016 年利润总额(亿元)/以 2000 年为基年的工业生产者出厂价格指数	
Y2. 新产品销售收入	2000—2016 年新产品销售收入(亿元)/以 2000 年为基年的工业生产者出厂价格指数	

三　效率值及 TFP 指数测算结果

在上述 DMU 及指标设定基础上,依据式(4-1)至式(4-5),利用 R 语言计算环境下的 Productivity 软件包编程,对 2000—2016 年各年 21

个省级 DMU 的 ICT 制造业投入产出（相对）效率进行测算；并对 ICT 制造业在不同阶段的 TFP 指数进行测算和分解。有关测算和分解结果整理成表4.2、表4.3、表4.4。

表4.2 2000—2016年中国各省份ICT制造业相对效率值及排名

省份	2000	排名	2001	排名	2002	排名	2003	排名	2004	排名	2005	排名
北京	1.000	1	1.000	1	1.000	1	1.000	1	1.000	1	0.420	3
天津	1.000	1	1.000	1	1.000	1	1.000	1	1.000	1	1.000	1
河北	0.246	15	1.000	1	1.000	1	0.652	14	1.000	1	0.393	6
山西	1.000	1	1.000	1	1.000	1	1.000	1	1.000	1	1.000	1
东北	0.218	18	0.212	19	0.573	13	0.518	16	0.204	17	0.085	21
上海	0.882	7	0.996	5	0.793	9	0.823	6	0.437	9	0.308	9
江苏	0.481	10	0.635	13	0.515	14	0.729	7	0.401	10	0.217	13
浙江	0.423	12	0.750	9	1.000	1	0.710	8	0.230	16	0.173	17
安徽	0.503	8	0.384	15	0.226	21	0.703	9	0.728	5	0.274	11
福建	0.477	11	0.730	10	1.000	1	0.863	5	0.314	12	0.412	4
江西	0.405	14	0.860	6	0.332	17	0.285	20	0.174	18	0.138	18
山东	0.486	9	0.527	14	0.501	15	0.571	15	0.274	14	0.220	12
河南	1.000	1	0.771	7	0.741	10	0.683	11	0.300	13	0.186	16
湖北	0.420	13	0.660	12	0.707	12	0.701	10	0.158	20	0.208	14
湖南	1.000	1	0.382	16	1.000	1	1.000	1	0.602	6	0.361	7
广东	0.225	17	0.230	18	0.331	18	0.513	17	0.330	11	0.204	15
琼桂	0.225	16	0.328	17	0.246	19	0.373	19	0.554	7	0.085	20
重庆	0.164	19	0.689	11	1.000	1	0.679	12	0.478	8	0.328	8
四川	0.997	6	0.760	8	0.732	11	0.672	13	0.243	15	0.409	5
云贵	0.135	20	0.149	20	0.362	16	0.434	18	0.046	21	0.306	10
西北	0.123	21	0.135	21	0.242	20	0.208	21	0.165	19	0.104	19
省份	2006	排名	2007	排名	2008	排名	2009	排名	2010	排名	2011	排名
北京	0.794	4	1.000	1	1.000	1	1.000	1	1.000	1	1.000	1
天津	1.000	1	1.000	1	0.665	13	0.954	6	0.818	11	1.000	1
河北	0.732	6	1.000	1	1.000	1	1.000	1	0.853	10	0.695	14
山西	1.000	1	1.000	1	1.000	1	0.498	18	1.000	1	1.000	1

续表

省份	2006	排名	2007	排名	2008	排名	2009	排名	2010	排名	2011	排名
东北	0.468	11	0.577	6	0.895	6	0.610	14	1.000	1	1.000	1
上海	0.378	14	0.281	17	0.247	21	0.531	16	0.664	16	0.600	18
江苏	0.372	15	0.486	7	0.781	10	0.725	11	0.690	14	0.603	17
浙江	0.489	10	0.413	9	0.553	16	0.502	17	0.647	17	0.697	13
安徽	0.550	7	0.355	13	0.807	9	0.804	8	0.520	20	0.571	19
福建	0.841	3	0.252	19	0.484	18	1.000	1	0.770	12	0.755	11
江西	0.266	19	0.371	12	0.677	13	0.560	15	0.521	19	0.747	12
山东	0.270	18	0.394	10	0.663	14	0.790	9	0.687	15	0.856	8
河南	0.114	21	0.265	18	0.756	11	0.132	20	0.329	21	0.393	21
湖北	0.345	16	0.302	14	0.846	7	0.970	5	1.000	1	0.843	9
湖南	0.767	5	0.119	21	0.261	20	0.361	19	1.000	1	0.874	7
广东	0.422	13	0.440	8	0.535	17	0.618	12	0.856	9	0.606	16
琼桂	0.282	17	0.376	11	0.831	8	0.925	7	1.000	1	1.000	1
重庆	0.454	12	0.177	20	1.000	1	1.000	1	0.937	8	1.000	1
四川	0.522	8	0.768	5	1.000	1	0.733	10	0.609	18	0.777	10
云贵	0.511	9	0.296	15	0.649	15	0.614	13	1.000	1	0.615	15
西北	0.168	20	0.288	16	0.411	19	0.111	21	0.700	13	0.444	20

省份	2012	排名	2013	排名	2014	排名	2015	排名	2016	排名
北京	1.000	1	0.857	7	1.000	1	1.000	1	1.000	1
天津	1.000	1	1.000	1	1.000	1	1.000	1	1.000	1
河北	0.318	19	0.505	17	0.813	13	0.596	16	0.523	20
山西	1.000	1	0.381	19	1.000	1	1.000	1	0.642	19
东北	0.929	5	0.866	6	1.000	1	0.545	17	0.785	15
上海	0.697	11	0.788	9	1.000	1	0.670	12	0.897	12
江苏	0.431	17	0.634	12	0.715	15	0.654	13	0.928	10
浙江	0.574	14	0.962	5	0.945	11	0.959	8	0.999	8
安徽	0.852	7	0.845	8	0.965	10	0.866	10	0.805	14
福建	0.917	6	0.576	13	0.545	17	0.512	19	0.850	13
江西	0.383	18	0.543	15	0.750	14	0.503	20	0.677	17
山东	0.764	9	0.781	10	0.913	12	0.907	9	0.909	11
河南	0.209	21	1.000	1	1.000	1	1.000	1	1.000	1

续表

省份	2012	排名	2013	排名	2014	排名	2015	排名	2016	排名
湖北	0.451	16	0.365	20	0.388	21	0.452	21	0.663	18
湖南	0.608	13	0.561	14	0.499	19	0.600	14	0.686	16
广东	0.748	10	1.000	1	1.000	1	1.000	1	1.000	1
琼桂	1.000	1	1.000	1	1.000	1	1.000	1	1.000	1
重庆	0.610	12	0.477	18	1.000	1	1.000	1	0.955	9
四川	0.833	8	0.518	16	0.516	18	0.512	18	1.000	1
云贵	0.533	15	0.767	11	0.655	16	0.854	11	0.468	21
西北	0.264	20	0.303	21	0.485	20	0.596	15	1.000	1

表 4.3　2000—2016 年不同阶段 ICT 制造业全国平均 TFP 指数及分解

阶段	TFP 指数	TECHCH	EFFCH	PEFFCH	SCH
2000—2005	0.9512	1.0813	0.8797	1.0000	0.8797
2005—2010	1.0470	0.8583	1.2198	0.9993	1.2206
2010—2016	1.0198	0.9617	1.0604	1.0000	1.0604
2000—2016	1.0052	0.9628	1.0440	0.9998	1.0442

注：TECHCH、EFFCH、PEFFCH、SCH 分别代表技术变化指数、技术效率变化指数、纯技术效率变化指数和规模效率变化指数。

表 4.4　2000—2016 年不同阶段各省份 ICT 制造业 TFP 指数及分解

| 省份 | 2000—2005 年平均 ||||| 省份 | 2005—2010 年平均 |||||
	TFP	TECHCH	EFFCH	PEFFCH	SCH		TFP	TECHCH	EFFCH	PEFFCH	SCH
北京	0.812	0.966	0.841	0.841	1.000	北京	1.169	0.982	1.190	1.190	1.000
天津	1.166	1.166	1.000	1.000	1.000	天津	0.877	0.849	1.033	1.045	0.989
河北	1.099	1.000	1.098	1.099	0.999	河北	1.196	1.064	1.124	1.115	1.009
山西	1.188	1.188	1.000	1.000	1.000	山西	1.003	0.843	1.190	1.189	1.001
东北	0.811	0.980	0.828	0.826	1.002	东北	1.196	0.958	1.248	1.267	0.985
上海	0.938	1.157	0.811	0.875	0.927	上海	0.922	0.896	1.029	1.048	0.981
江苏	0.947	1.110	0.853	1.006	0.848	江苏	1.151	0.844	1.364	1.119	1.219
浙江	0.898	1.073	0.837	0.836	1.001	浙江	1.346	0.986	1.365	1.362	1.002
安徽	0.937	1.058	0.886	0.892	0.993	安徽	1.016	0.874	1.162	1.154	1.007

续表

省份	2000—2005 年平均					省份	2005—2010 年平均				
	TFP	TECHCH	EFFCH	PEFFCH	SCH		TFP	TECHCH	EFFCH	PEFFCH	SCH
福建	1.088	1.121	0.971	0.971	1.000	福建	0.893	0.911	0.980	1.015	0.966
江西	0.878	1.090	0.806	0.807	0.998	江西	1.377	1.081	1.274	1.304	0.977
山东	0.965	1.131	0.853	0.909	0.939	山东	1.210	0.928	1.304	1.302	1.001
河南	0.665	0.930	0.715	0.715	1.000	河南	1.400	0.892	1.570	1.570	1.000
湖北	0.869	1.000	0.868	0.868	1.000	湖北	1.013	0.988	1.025	1.025	1.000
湖南	0.900	1.104	0.816	0.819	0.996	湖南	1.170	0.973	1.202	1.144	1.051
广东	0.964	0.983	0.980	1.062	0.923	广东	0.983	0.759	1.295	1.015	1.275
琼桂	0.770	0.935	0.824	0.824	1.000	琼桂	1.120	0.804	1.393	1.393	1.000
重庆	1.166	1.015	1.149	1.149	1.000	重庆	0.958	0.838	1.143	1.126	1.016
四川	0.920	1.099	0.837	0.836	1.001	四川	1.469	1.094	1.343	1.264	1.062
云贵	1.303	1.106	1.178	1.167	1.009	云贵	1.055	0.835	1.263	1.282	0.985
西北	0.919	0.950	0.967	0.938	1.031	西北	1.757	0.941	1.867	1.906	0.979
全国	0.951	1.081	0.880	1.000	0.880	全国	1.047	0.858	1.220	0.999	1.221

省份	2010—2016 年平均					省份	2000—2016 年平均				
	TFP	TECHCH	EFFCH	PEFFCH	SCH		TFP	TECHCH	EFFCH	PEFFCH	SCH
北京	0.953	0.953	1.000	1.000	1.000	北京	0.967	0.967	1.000	1.000	1.000
天津	0.996	0.963	1.034	1.021	1.013	天津	1.006	0.984	1.022	1.022	1.001
河北	0.972	1.054	0.922	0.926	0.995	河北	1.085	1.039	1.044	1.043	1.001
山西	0.832	0.896	0.929	0.929	1.000	山西	0.997	0.964	1.034	1.034	1.000
东北	0.957	0.996	0.960	0.960	1.000	东北	0.975	0.978	0.997	1.002	0.996
上海	1.041	0.990	1.051	0.998	1.053	上海	0.966	1.009	0.957	0.971	0.986
江苏	1.001	0.953	1.051	1.000	1.051	江苏	1.030	0.963	1.069	1.040	1.028
浙江	1.000	0.930	1.075	1.027	1.047	浙江	1.065	0.995	1.071	1.054	1.016
安徽	1.118	1.039	1.075	1.084	0.992	安徽	1.021	0.987	1.034	1.037	0.997
福建	0.996	0.979	1.017	1.002	1.014	福建	0.989	1.000	0.989	0.996	0.993
江西	1.080	1.034	1.045	1.084	0.964	江西	1.093	1.068	1.024	1.045	0.979
山东	1.078	1.029	1.048	1.015	1.032	山东	1.080	1.026	1.052	1.063	0.990
河南	1.278	1.062	1.204	1.204	1.000	河南	1.060	0.959	1.105	1.105	1.000
湖北	0.939	1.006	0.934	0.939	0.995	湖北	0.938	0.998	0.940	0.942	0.998
湖南	0.934	0.994	0.939	0.954	0.985	湖南	0.994	1.022	0.973	0.963	1.010

续表

省份	2010—2016 年平均					省份	2000—2016 年平均				
	TFP	TECHCH	EFFCH	PEFFCH	SCH		TFP	TECHCH	EFFCH	PEFFCH	SCH
广东	0.945	0.921	1.026	1.000	1.026	广东	0.964	0.882	1.092	1.025	1.065
琼桂	1.076	1.076	1.000	1.000	1.000	琼桂	0.975	0.932	1.047	1.047	1.000
重庆	1.014	1.011	1.003	1.008	0.995	重庆	1.042	0.951	1.096	1.092	1.004
四川	1.088	1.002	1.086	1.075	1.010	四川	1.137	1.064	1.069	1.044	1.024
云贵	0.869	0.986	0.881	0.881	1.000	云贵	1.061	0.969	1.094	1.097	0.998
西北	1.130	1.065	1.061	1.061	1.000	西北	1.222	0.984	1.242	1.238	1.003
全国	1.020	0.962	1.060	1.000	1.060	全国	1.005	0.963	1.044	1.000	1.044

第三节 基于测算结果的中国 ICT 制造业状况分析

一 ICT 制造业的发展质量及趋势

2000—2016 年，在互联网和数字经济热潮的拉动下，中国 ICT 制造业规模呈现快速增长趋势。根据《中国高技术产业统计年鉴》（2001—2017 年）的相关数据，2000 年中国 ICT 制造业的主营业务收入为 5871.1 亿元，到 2016 年已增长 13.9 倍，达 87304.7 亿元，年均增长 18.7%。

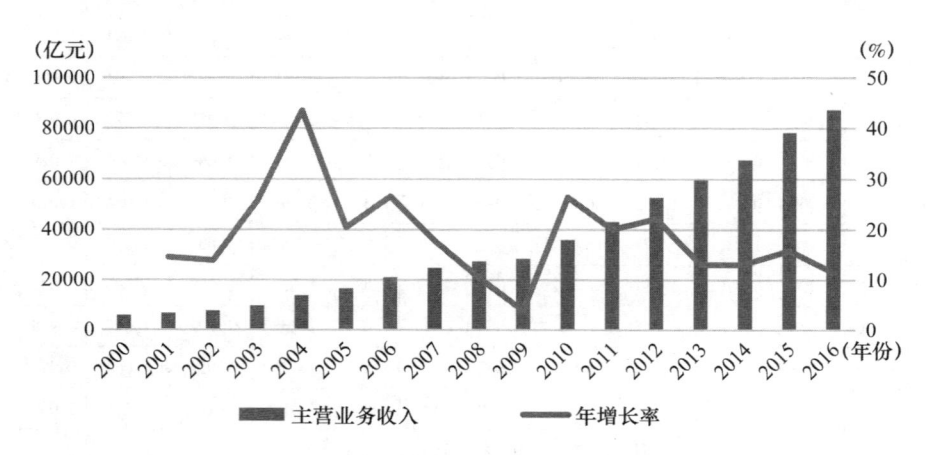

图 4.2 中国 ICT 制造业规模发展趋势

资料来源：《中国高技术产业统计年鉴》（2001—2017 年）。

然而，产业规模快速膨胀的同时，中国 ICT 制造业发展质量并没有取得与之匹配的成就，甚至存在很大的隐忧。从表 4.3 列示的 TFP 指数测算结果可以看出，2000—2016 年，中国 ICT 制造业的年均 TFP 增速仅为 0.52%。从 TFP 指数分解结果来看，仅有的 0.52% 的增速也主要源于规模效率保持的较大增速，而纯技术效率水平基本保持不变；至于技术变化甚至出现较大幅度的负增长，年均增长 -3.7%。事实上，中国 ICT 制造业发展质量堪忧的状况还可以从产业增加值率数据中得到印证。从表 4.5 可以看出，2000—2016 年，中国 ICT 制造业的增加值率虽然在加入 WTO 后也经历了一段上升期，但 2010 年后出现大幅下降，2016 年相比 2000 年下降超过 5.3 个百分点。这意味着中国 ICT 制造业整体的附加值在下降，在全球产业价值链中仍处于中低端环节。

表 4.5　　2000—2016 年中国 ICT 制造业规模及增加值率情况

单位：亿元，%

年份	增加值	产值	增加值率	年份	增加值	产值	增加值率
2000	2145.9	5871.1	36.5	2009	12013.5	28465.5	42.2
2001	2372.2	6723.6	35.3	2010	14043.8	35984.4	39.0
2002	2714.9	7658.7	35.4	2011	15995.9	43206.3	37.0
2003	3545.5	9627.1	36.8	2012	17931.4	52799.1	34.0
2004	5193.0	13819.2	37.6	2013	19957.6	59688.8	33.4
2005	6700.5	16646.2	40.3	2014	22392.4	67584.2	33.1
2006	8155.4	21068.8	38.7	2015	24743.6	78310.0	31.6
2007	9947.9	24823.6	40.1	2016	27218.0	87304.7	31.2
2008	11407.9	27409.9	41.6				

注：(1) 产值数据取自《中国高技术产业统计年鉴》(2001—2017 年) 中的主营业务收入；(2) 增加值数据引自蔡跃洲、牛新星 (2019) 的测算结果。

分阶段来看，中国 ICT 制造业在不同时期的增长质量呈现较为显著的差异，具体来说有以下阶段性特征：(1) 2000—2005 年，ICT 制造业整体效率出现下降，但技术进步却非常显著；尽管 TFP 出现负增长，但技术变化方面却有高达 8.13% 的年均增长，TFP 下降主要源于技术效率特别是规模效率的下降；而且这段时期的增加值率也有明显提升。(2) 2005—

2010年，ICT制造业整体效率有较大幅度提升，TFP指数年均增长4.7%，但TFP提升主要来自技术效率特别是规模效率的提升，而技术变化指数反而出现较大幅度的负增长；同期的增加值率也稳定在较高水平。（3）2010—2016年，尽管TFP指数仍保持年均近2%的增长，但技术变化指数负增长的状况仍在继续，TFP提升的主要驱动力还是规模效率的提升；而同期增加值率则出现持续显著下降。

二 ICT制造业的区域特征及差异

2000—2016年，中国ICT制造业规模快速壮大的同时，不同区域间ICT制造业的运行效率和TFP指数也出现较大分化，产业区域分布也呈现一些新的特征。

一是21个省份DMU的相对效率具有明显的区域板块特征。其中，以京津冀为核心的华北地区各省份DMU的效率排名靠前且较为稳定；以上海、江苏、浙江为核心的长三角地区及整个华东地区各省份DMU的效率排名普遍不靠前，与该地区经济发展水平相比存在较大落差；以广东为核心的珠三角及整个中南地区2010年以前效率排名比较靠后，但此后广东、湖南、琼桂等排名迅速上升；以重庆为代表的西南地区及东北地区省份DMU排名波动较大，而西北地区的排名则长期靠后。

二是ICT制造业TFP变化呈现较为明显的区域板块特征。其中，华北地区、东北地区和中南地区各省份TFP水平相对平稳，年均增长率较低甚至呈现负增长；而华东地区、西南地区和西北地区各省份TFP大多保持了较高的年均增速。

三是21个省份DMU中仅有12个实现了正向的TFP增长。其中，西北、四川、江西最为突出，年均增长率分别为22.2%、13.7%和9.3%；此外，河北、山东、浙江、云贵年均增长率也在6%以上。从TFP指数分解来看，这7个省份中，江西、四川、河北、山东的技术变化呈现正向增长，其余省份的TFP增长均来自"技术效率"的贡献；21个省份DMU中真正实现正向"技术变化"的仅有6个，另外两个是湖南和上海，但它们的TFP年均增长为负。

四是北京、上海、广东作为三大科技创新中心，其ICT制造业TFP却出现明显的负增长，年均增速分别为-3.3%、-3.4%和-3.6%。从TFP指数分解来看，上海的负增长源于负向的技术效率变化，北京、广东的负增长则主要源于负向的技术变化;广东的技术效率特别是规模效率增长非常显著,而北京的技术效率则保持不变。

三 ICT制造业发展状况的再分析

2000—2016年中国ICT制造业在运行效率、发展质量、区域分化、变化趋势等呈现的上述状况,可以从重大经济社会事件、区域产业发展阶段、城市功能定位等角度给出以下可能的解释。

第一,中国ICT制造业发展具有较为典型的规模膨胀特征,发展质量则不尽如人意,TFP增长缓慢,技术变化呈负向增长。规模膨胀特征的形成具有一定的必然性。一方面,互联网和数字经济热潮为ICT制造业的快速增长提供了充足的国内外需求;另一方面,中国在ICT制造业领域处于技术劣势,2001年中国加入WTO正式融入全球价值分工体系后,凭借低劳动成本优势能够占据的只有技术门槛和附加值较低的环节。当然,规模的膨胀也使中国ICT制造业得以进入规模报酬递增阶段,实现规模效率的不断增长。

第二,分阶段来看,中国ICT制造业仅在2000—2005年实现了较为显著的正向技术变化(进步)。一个可能的解释是,2001年中国正式加入WTO后,国外资本和较先进技术得以大量进入中国,并在短期内推动了中国ICT制造业整体技术水平的迅速提升。而此后以中低端环节为主的规模膨胀必然拉低了产业整体的平均技术水平,加上ICT领域技术创新的复杂度高,导致持续处于负向技术变化状况。

第三,在省份DMU层面,TFP正向增长的仅有7个,最突出的反而是属于中西部欠发达地区的西北、江西和四川。这应该与ICT制造业在东、中、西部的梯度转移有较大关联;中西部地区原有技术水平和产业基础较弱,在承接东部地区转移过程中,形成了一定的后发优势,能够在相对更高的技术和规模起点上进行产业发展。事实上,从表4.4可以看出,这三个省份TFP增长主要出现在2005—2010年、2010—2016年这两个阶段,而2000—2005年的TFP则均为负增长。

第四,以北京为核心的华北地区相对效率排名稳定在前列,但北京的TFP(主要是技术水平)却呈现较为明显的负增长;这与北京作为全国科技创新策源地的定位有一定关联。长期以来,北京由于结构转换、成本高企等原因,制造业不断外迁,但研发环节则被尽量保留;从表4.6可以看出，2000—2016 年，产值规模占全国的比重由 11.22% 大幅下降为 2.36%，但研发投入占比几乎不变。企业研发投入加上公立高校院所的大量基础性研究所带来的巨大技术溢出效应容易为周边省市所享受，从而提高其投入产出效率；而北京自身由于产出规模相对缩小，平均的效率水平和技术水平反而被拉低。

第五，以上海、江苏、浙江为核心的华东地区各省份大多能实现 TFP 的正向增长与区域市场化程度较高等因素应该有着重要的关联。以江苏、浙江为代表的长三角相关省份民营企业众多、市场化程度相对较高，微观企业强化管理提高效率的动力和压力充足，加上规模膨胀速度较快，最终体现为技术效率上非常显著的正向增长，江苏、浙江、江西、安徽等都具有这种特征。需要指出的是，江苏、浙江等长三角省份的技术水平普遍变化不大甚至呈负增长，这应该还是源于产业价值链分布偏向低端环节，在迅速扩张过程中反而拉低了整体技术水平。

第六，广东相对效率排名靠后，TFP 也呈现负增长，与它作为 ICT 制造业规模最大的省份且拥有深圳这个全国科创中心的地位似乎很不匹配；出现这种反差的原因可能还在于产业价值链低端环节的集聚伴随规模的快速膨胀，反而拉低整体的技术水平，进而影响了 TFP 增长。对照表 4.6 可以看出，2016 年广东 ICT 制造业规模占全国比重超过 1/3，比 2000 年有相当幅度的提升，规模膨胀特征尤为明显；与长三角类似，珠三角浓厚的市场意识加上规模迅速扩张确实能够带来技术效率和规模效率的提升，但整体技术水平也会因为低端环节的迅速扩张而被快速拉低。

表 4.6　2000 年与 2016 年各省份 ICT 制造业产值、R&D 规模及全国占比

单位：亿元，%

排名	2000 年 省份	产值 规模	产值 占比	R&D 规模	R&D 占比	2016 年 省份	产值 规模	产值 占比	R&D 规模	R&D 占比
1	广东	1837.50	31.30	28.01	41.23	广东	30802.26	35.28	806.56	45.65
2	江苏	700.90	11.94	3.77	5.55	江苏	16751.71	19.19	196.10	11.10
3	上海	693.08	11.80	8.41	12.38	山东	4926.73	5.64	75.70	4.28
4	北京	658.47	11.22	2.13	3.14	河南	4086.96	4.68	22.98	1.30
5	天津	524.65	8.94	5.48	8.06	上海	3528.78	4.04	77.41	4.38

续表

排名	2000年 省份	产值 规模	产值 占比	R&D 规模	R&D 占比	2016年 省份	产值 规模	产值 占比	R&D 规模	R&D 占比
6	浙江	267.24	4.55	2.24	3.29	浙江	3442.77	3.94	137.10	7.76
7	福建	208.72	3.56	1.36	1.99	福建	2881.25	3.30	76.71	4.34
8	山东	207.22	3.53	3.07	4.52	四川	2596.98	2.97	56.94	3.22
9	东北	192.71	3.28	2.04	3.00	湖北	2351.26	2.69	65.44	3.70
10	四川	181.15	3.09	1.16	1.70	湖南	2072.52	2.37	30.20	1.71
11	西北	105.08	1.79	5.53	8.14	北京	2063.74	2.36	53.78	3.04
12	湖北	74.99	1.28	3.19	4.69	重庆	1988.93	2.28	18.77	1.06
13	河南	53.60	0.91	0.55	0.80	江西	1958.05	2.24	17.87	1.01
14	湖南	41.37	0.70	0.07	0.11	安徽	1796.00	2.06	42.62	2.41
15	安徽	40.62	0.69	0.05	0.08	天津	1744.42	2.00	27.05	1.53
16	河北	34.08	0.58	0.24	0.35	西北	997.71	1.14	24.61	1.39
17	江西	12.83	0.22	0.16	0.24	山西	786.66	0.90	3.98	0.23
18	云贵	11.91	0.20	0.15	0.22	东北	714.14	0.82	14.62	0.83
19	琼桂	11.51	0.20	0.05	0.08	琼桂	664.08	0.76	1.72	0.10
20	重庆	9.62	0.16	0.29	0.43	河北	621.77	0.71	12.72	0.72
21	山西	3.89	0.07	0.00	0.00	云贵	527.97	0.60	4.14	0.23

第四节 本章小结及建议

本章以 DEA 和 DEA-Malmquist 指数方法为基础，在对省份数据进行整理的基础上，就 2000—2016 年各省份 ICT 制造业的相对效率、TFP 指数进行测算分解。为把握数字经济兴起以来中国 ICT 制造业发展质量、区域特征等状况提供了实证层面参考依据。基于测算结果及相关分析大致可以得到以下判断。

第一，伴随数字经济的兴起，中国 ICT 制造业得以迅速发展，但产业体量快速增长的同时，发展质量并不尽如人意；发展模式以规模膨胀为主，整体 TFP 略有提升，（平均）技术水平甚至出现较为显著的负向增长。发展质量不高的根源在于中国 ICT 制造业的技术水平与美、日、欧等发达经济体存在较大差距，数字经济兴起和加入 WTO 为产业规模的迅速扩大提供了市场空间，但技术基础决定了中国在全球价值链分布中仅占据中低端环节。

第二，2001 年加入 WTO 为中国 ICT 制造业的发展提供了重大机遇，在扩大市场空间的同时，也让更多较为先进的生产技术进入中国，并在短期内迅速提升了中国 ICT 制造业的整体技术水平；但后发优势（红利）消耗完毕后，技术上的差距使得中国 ICT 制造业的发展很快回到以规模膨胀为主的模式。

第三，2005 年以后，伴随着 ICT 制造业在东、中、西地区的梯度转移，欠发达省份借助后发优势也能获得较大的技术红利，为提升其 ICT 制造业的 TFP 水平，进而推动全国 ICT 制造业 TFP 的增长提供支撑。

第四，作为中国三大科技创新中心，北京、上海、广东（深圳）三地的 ICT 制造业并未取得与之地位相匹配的 TFP 提升，甚至都呈现显著的负增长。其中，北京和上海的技术溢出效应带动了周边省份 TFP 的提升，它们自身的负增长则可归因于企业为应对高成本保留研发环节而将制造环节外迁等；至于广东则主要还是价值链低端环节扩张影响了整体的 TFP 水平。

当前，伴随 5G、NB-IoT 等新一代信息技术的加速商业化应用，ICT 制造业作为互联网和数字经济发展的物质技术基础，其重要性正日益凸显。提高 ICT 制造业发展质量，特别是提高技术水平和 TFP，将直接影响到国家核心竞争力。结合前述实证基础上的相关判断，应考虑从以下方面入手提高中国 ICT 制造业的技术水平、TFP 和发展质量。一是引导企业加大对 ICT 制造业高端环节的研发投入和技术攻关，支持东部沿海发达省份率先向产业价值链中高端环节升级跃迁，不断缩小与国外的技术差距。二是统筹好 ICT 制造业细分领域和环节的梯度转移，充分利用中西部欠发达地区的后发优势，在产业区域重新布局过程中淘汰技术水平和效率水平较低的产能，通过结构性调整推动中国 ICT 制造业发展质量的提升。三是排除中美贸易摩擦的负面干扰，深化 ICT 制造业及整个数字经济领域的开放合作，为中国 ICT 制造业的发展和创新争取尽可能多的国际空间。四是培育产业创新生态体系，在产业集聚基础上，围绕北京、上海、广东等创新高地的龙头企业，推动上下游企业的深度合作，打造自主可控的产业生态链条，提升中国 ICT 制造业整体竞争力。

第五章　中国 ICT 产业的国际竞争力分析

　　从 20 世纪 50 年代半导体集成电路诞生，到 70 年代第一款微型处理器和个人电脑出现，再到 20 世纪末的互联网浪潮和 21 世纪初移动互联网、大数据、云计算等新一代信息技术的加速应用，ICT 产业始终保持高速发展态势，已形成庞大的产业生态体系。作为数字经济发展的物质技术基础，一国 ICT 产业竞争优势和技术含量不仅决定了该国 ICT 产业在全球产业价值链中的地位，更直接影响该国数字化转型进程和数字经济发展潜力。为此，本章将从国际比较的视角，利用 2000—2014 年世界投入产出数据，基于贸易增加值的显示性比较优势指数及技术含量水平测算，对中国 ICT 制造业和 ICT 服务业的国际竞争力进行定量分析。实证结果表明：中国的 ICT 制造业具有显著比较优势，ICT 服务业则处于比较弱势地位，两者比较优势都有强化趋势；ICT 制造业的国内技术含量、国内技术含量指数排名上升明显，ICT 服务业的国内技术含量、全部技术含量排名较低，国内技术含量指数排名有所上升，两个行业技术含量在全球的排名处于中下水平；与国内部分制造业和服务业相比，ICT 产业在国内技术含量指数上存在显著差距；ICT 服务业的国内技术含量指数显著高于制造业，在高端技术环节具有一定的竞争优势。现阶段，应发挥比较优势背后的国内产业链条完备和超大规模市场优势，着力提升 ICT 产业国内技术含量。

第一节　相关研究及本章思路

一　出口产品技术含量与国际竞争力测度方法

　　20 世纪 80 年代以来，ICT 的发展、关税水平的显著下降以及国际贸易和投资环境的改善，使得资本和生产要素在国际间的转移加速，最终促成了基于国际化垂直分工的全球产业链革命（王直等，2015）。全球价值链不断深化和加工生产工序广泛空间分布使得中间产品进出口成为国际贸易主要形式。因而最终产品价值不仅包含最终生产国或出口国附加值，还包含中间产品附加值。传统贸易总值核算已不能准确衡量各国产品价值贡献，贸易增加值（Trade in Value Added，TiVA）核算应运而生。而所谓的"比较优势指数测算"也在此过程中得以不断改进。由 Balassa 提出的显示性比较优势（Revealed Comparative Advantage，RCA）指数在早期国际贸易研究中被广泛应用于衡量出口比较优势（Balassa，1965）。RCA 指数是指一国某产品出口额占该国总出口额的比重除以该产品全球出口额占全球所有产品总出口额的比重。当 RCA 指数大于 1 时，表示一国某出口产品具有显示性比较优势；当 RCA 指数小于 1 时，表示一国某出口产品表现出显示性比较劣势。但是，RCA 指数仅从贸易总值角度来衡量比较优势，忽视了该产品隐含在该国其他部门的出口以及该产品可能包含的国外价值，从而使 RCA 指数存在误导性（Koopman et al.，2014；王直等，2015；Johnson & Noguera，2012；张杰等，2013）。因此，一些学者从贸易增加值的视角对 RCA 指数进行改进，构建新 RCA 指数，即基于贸易增加值的 RCA（RCA Based on Value Added Exports，RCA_VA）指数；其构造与 RCA 指数基本一致，是一国某出口产品增加值占该国总出口增加值的比重除以该产品全球出口增加值占全球所有产品出口增加值的比重（Koopman et al.，2014；田开兰等，2017）。Koopman 等（2014）、王直等（2015）通过对具体行业新旧 RCA 指数测算对比，发现传统 RCA 指数与新 RCA 指数存在显著差别，并进一步指出基于 RCA_VA 指数的优越性。至今，RCA_VA 指数在国内研究中已得到广泛应用，主要集中在对中国制造业、服务业等国际竞争力分析（戴翔，2015a、2015b；乔小勇等，2017a、2017b；蒋为等，2018）。基于 RCA_VA 指数考虑了产品间接出口，能够剔除来源于国外的产品增加值和重复计算值，较为准确地衡量一国出口比较优势。

无论是基于出口额计算的 RCA 指数还是 RCA_VA 指数，衡量的都只是出口国在某个产业（产品）上的相对比较优势，即被测度产业（产品）相对该国其他产业（产品）的优势，归根结底只能在一定程度上间接反映一国特定产业（产品）的国际竞争力。而出口产品技术含量才是一国产业国际竞争力最直接、最关键的决定因素。因此，为更加全面客观地分析评价一国特定产业的国际竞争力，有必要对其出口产品的技术含量进行有效测度，而"技术复杂度"（Sophistication）正是一个较好的衡量指标。事实上，（出口）产品的技术复杂度已经被广泛应用于分析产品技术水平及结构变化，通常技术复杂度越高，相应产品的技术含量就越高。最初，某一产品的技术复杂度被定义为该产品所有出口国家人均 GDP（或 GNI）加权平均值，权重为各国某产品出口额占该产品世界总出口的比重（关志雄，2002；Lall et al.，2006）。然而，这种处理方法会低估出口小国对产品技术含量的影响。为了解决这一问题，相关学者对权重的设定形式进行修正，将绝对比重变为相对比重，即用 RCA 指数作为权重（Rodrik，2006；Hausman et al.，2007）。该测算方法暗含的一个假设是，收入水平和技术含量水平呈正相关关系，即高收入国家出口产品的技术含量也更高（黄永明、张文洁，2012；沈玉良、彭羽，2018）。倪红福（2017）则主张，以劳动生产率（行业增加值除以行业劳动人数）表示的人均收入是衡量产品技术含量的较好指标①。Lall 等（2006）认为，该方法测算出的技术复杂度虽然能够反映出全球分工体系下生产分散化的特点，但会高估一国出口产品的技术含量；因为作为权重的 RCA 指数是根据出口贸易额计算而得，其中包含了中间产品投入价值，相当于将一国中间投入产品的技术含量贡献也一并计入其出口产品中。这也是在全球价值链分工体系不断深化下该方法的一大缺陷。为解决这一问题，姚洋和张晔（2008）首次提出"国内技术含量"（Domestic Technological Contents，DTC）的概念，利用投入产出表和中间产品进出口比例来扣除进口中间产品对最终产品的技术贡献。他们将直接消耗系数作为投入品的权重以反映投入品对最终产品的贡献，但由于进口品的间接贡献并没有被剔除，国内技术含量还是会被高估。倪红福（2017）又对上述测算方法进行了改进，并借鉴贸易增加值、碳排放等核算原理和思路，从生产工序角度出发，在考虑行业异质性基础上利用全球投入产出模型对中国整体以及各行业 1995—2011 年的技术含量进行了测算。

---

① 当然，其在文末也提出了用行业劳动生产率来表示各国最后生产工序的技术含量具有改进余地。在数据可获得的基础上，使用 TFP 或者其他指标更科学。

二　中国 ICT 产业国际竞争力研究

中国具有巨大的 ICT 产品及服务需求，同时也是全球 ICT 产品和服务最为重要的供给方。重庆、苏州、东莞等电子信息产业基地，在全球 ICT 产业链中都有着举足轻重的作用。例如，2019 年重庆市笔记本电脑产量约占全球产量的 40%；[①] 2018 年东莞智能手机出货量约占全球的 26%。[②] 对于 ICT 这种产业链条长、产品附加值高的产业来说，产业规模与国际竞争力并不完全等同，甚至存在较大背离。鉴于 ICT 在信息社会和数字经济时代的重要性，中国 ICT 产业庞大规模背后的国际竞争力备受学术界和产业界的关注。

ICT 产业主要包括 ICT 制造业和 ICT 服务业两大类，但两者存在显著差异（牛新星、蔡跃洲，2019）。从行业异质性角度出发，研究产业技术含量和比较优势时将 ICT 制造业和 ICT 服务业分开考察更为合理，现有研究大多也是这样处理的。戴翔（2015a、2015b、2016）的一系列研究中利用 WIOD 数据对中国制造业和服务业 RCA_VA 指数进行了测算；他们的研究虽然没有专门针对 ICT 产业，但其涉及电气和光学仪器制品业、邮政与通信业的相关测算。[③] 乔小勇等（2017a、2017b）利用 WTO 和 OECD 联合发布的 TiVA 统计数据分析中国制造业和服务业及细分行业在全球价值链中的发展现状、趋势和特征；他们在研究过程中测算了电子与光学设备、ICT 服务业的 RCA_VA 指数。尽管上述研究使用的数据来源、涉及年份不尽相同，但得到的关于中国 ICT 制造业和 ICT 服务业国际竞争力的判断基本一致。总体来说，中国在全球 ICT 产业中具有很高的参与度，但就产业竞争力而言，在全球价值链中的地位同发达国家相比还有较大差距。

ICT 制造业由于资本技术密集性更高、数据可获得性更好等原因，常常作为典型产业出现在国际贸易竞争力研究中。关志雄（2002）在考察 20 世纪 90 年代亚洲各国竞争地位相对变化时，对中国和日本以 ICT 为主

[①] 资料来源：http://www.cq.chinanews.com/news/2020/0522/39-8224.html。

[②] 资料来源：东莞市电子信息产业协会，http://www.dgdia.com.cn/show-27-1292-1.html。

[③] WIOD 在 2013 年公布的数据中，在产业划分上将邮政、通信、ICT 服务等合并为一类，即邮政与通信业，在 2014 年公布的数据中则将软件与 ICT 服务单独列示。

的各种产品进行了出口附加值指数测算。Rodrik（2006）在研究中国进出口贸易政策时，测算了以 RCA 指数为权重的技术复杂度，用来衡量中国电子消费品的比较优势和竞争力。Koopman（2014）、田开兰等（2017）则利用改进的 RCA 指数分析中国电子信息制造业的国际竞争力。Assche & Gangnes（2010）同样利用 RCA 指数作为权重计算中国电子产品的技术含量，在此基础上考察了中国电子产品在全球价值链中的变动趋势；结果显示中国电子产品的复杂度并没有明显提升。

国内机构和学者针对中国 ICT 产业细分行业的技术复杂度和产业竞争力测算得到大致相似结论。国家发改委宏观经济研究院课题组（2009）测算了中国计算机、通信设备、家用电子电器等七个细分电子信息产业的产品贸易竞争力指数；结果表明中国电子信息产业具有良好成长性，但仍处于"高端产业、低端环节"的状态。陈立敏和侯再平（2012）则用以 RCA 指数占全部选定国家的比重为权重的加权人均收入来衡量通信设备、电子处理及办公设备、集成电路和电子元器件技术复杂度；测算结果显示，中国电子通信设备产业长期处于进口高技术含量产品、出口低技术含量产品的"技术逆差"状态。另外，还有部分文献以智能手机为考察对象，从微观角度分析全球高度分工模式下的增加值贸易，测度中国产品技术复杂度（Xing、Detert，2015；沈玉良、彭羽，2018）。

三 既有研究评述及后续研究思路

从既有文献来看，在 ICT 产业比较优势的相关研究中，很大比例都是以 RCA_VA 指数为主要工具。而产业层面技术含量的测度则大多使用劳动生产率的加权平均值为衡量指标。当然，不同研究在权重确定上有着不同的选择，随着权重确定方法的不断改进和完善，技术含量测度结果也更加合理准确。

需要特别指出的是，尽管 RCA_VA 指数和技术含量测算都被用于衡量产业国际竞争力，两者之间却存在本质差异。RCA_VA 指数是出口内含国内增加值的相对比值，反映的是一国特定产业/产品在国际市场中的相对比较优势；在出口增加值测算基础上考察产业竞争力容易高估那些低技术含量产品/产业的竞争力。因为出口增加值是产品贸易中的最终收入，从收入法核算角度可以分为劳动报酬、资产折旧、税收和营业利润四个部分；如果一国出口产品增加值中的劳动报酬部分比例较高，即大部分增加值由大量低技能劳动力创造，导致的结果就是 RCA_VA 指数可能会很高，但实际上出口产品的技术含量却比较低（倪红福，2017）。技术含量的测算基础是劳动生产率或生产率，而技术水平恰恰是决定生产率最为重要的因素，因此以劳动生产率为基础的测算方法可以间接衡量技术水平的高低。这两种方法是从不同角度对产品竞争优势和全球价值链参与程度进行衡量，可以分别看作产品竞争力"量"和"质"的体现。世界各国经济发展历史经验表明，在工业化推进过程中，伴随劳动力成本上升及人口红利消退，一国出口产品的成本竞争优势会不断衰减，依靠劳动力创造增加值的发展模式将难以为继，唯有以技术进步为支撑的产品在国际中才具备持久竞争性。因此，考察产品或产业国际竞争力，需要从上述两方面综合评价。

另外，前述相关研究测算过程中的一些具体处理细节也值得推敲。例如，不少测算采用的都是 WIOD 2013 年版数据，该数据集在行业划分时将 ICT 制造相关产业与电气设备制造合并在一类；这意味着对 ICT 制造业进行相关测算时存在行业识别范围过大的问题，测算结果必然存在偏误。[①] 另外，以往研究大多都以 ICT 制造业作为考察对象，而针对 ICT 服务业的研究则相对较少。随着大数据、移动物联、云计算等新一代 ICT 大规模商业化应用，ICT 服务业规模和重要性已不可忽视。

为能够对中国 ICT 产业国际竞争力做出更加全面客观的评价，本章从行业异质性角度出发拟将 ICT 产业划分为 ICT 制造业和 ICT 服务业两大类，对其分别进行测算分析。在测算方法上，显示性比较优势主要采用以出口增加值核算为基础的 RCA_VA 指数；而在技术含量测算上，则基于全球投入产出和生产工序的角度展开。利用 WIOD 2016 年公布数据计算中国 ICT 制造业和 ICT 服务业的 RCA_VA 指数和技术含量，观察其变化情况，并与其他国家 ICT 产业以及中国其他行业的测算结果进行比较。

---

① WIOD 公布的 2013 年数据中，ICT 制造包含在"电气与光学设备制造"（Electricaland Optical Equipment）中。该大类总共包括 ISIC rev.3 中的 30—33 代码项，为办公室、会计和计算机械的制造（30），未另分类的电力机械和装置的制造（31），无线电、电视和通信设备与装置的制造（32）和医疗器械、精密仪器和光学仪器、钟表的制造（33）。

第二节 理论模型与数据处理

一 理论模型

在传统的投入产出理论模型中有：

$$X = AX + Y, X = (I-A)^{-1}Y = BY, B = (I-A)^{-1} \quad (5-1)$$

其中，B 为 Lenotief 逆矩阵。

将传统模型（5-1）扩展到全球投入产出情形中，G 个国家（$i,j = 1,2,\cdots,G$）和 N 个行业（$s,r = 1,2,\cdots,N$），用块矩阵表示如下：

$$\begin{bmatrix} X_1 \\ X_2 \\ \vdots \\ X_G \end{bmatrix} = \begin{bmatrix} A_{11} & A_{12} & \cdots & A_{1G} \\ A_{21} & A_{22} & \cdots & A_{2G} \\ \cdots & \cdots & \ddots & \cdots \\ A_{G1} & A_{G2} & \cdots & A_{GG} \end{bmatrix} \begin{bmatrix} X_1 \\ X_2 \\ \vdots \\ X_G \end{bmatrix} + \begin{bmatrix} Y_{11} + Y_{12} + \cdots + Y_{1G} \\ Y_{21} + Y_{22} + \cdots + Y_{2G} \\ \vdots \\ Y_{G1} + Y_{G2} + \cdots + Y_{GG} \end{bmatrix}$$

$$= \begin{bmatrix} I-A_{11} & -A_{12} & \cdots & -A_{1G} \\ -A_{21} & I-A_{22} & \cdots & -A_{2G} \\ \cdots & \cdots & \ddots & \cdots \\ -A_{G1} & -A_{G2} & \cdots & I-A_{GG} \end{bmatrix} \begin{bmatrix} Y_{11} + Y_{12} + \cdots + Y_{1G} \\ Y_{21} + Y_{22} + \cdots + Y_{2G} \\ \vdots \\ Y_{G1} + Y_{G2} + \cdots + Y_{GG} \end{bmatrix}$$

$$(5-2)$$

其中，A_{ij} 表示两国行业之间的直接消耗系数矩阵，即：

$$A_{ij} = \begin{bmatrix} a_{ij}^{11} & a_{ij}^{12} & \cdots & a_{ij}^{1N} \\ a_{ij}^{21} & a_{ij}^{22} & \cdots & a_{ij}^{2N} \\ \cdots & \cdots & \ddots & \cdots \\ a_{ij}^{N1} & a_{ij}^{N1} & \cdots & a_{ij}^{NN} \end{bmatrix} \quad (5-3)$$

另外，对一国 i 生产最终产品的需求分为两部分，即 Y_{ii} 和 $Y_{ij}(i \neq j)$，前者表示国内需求，后者表示 j 国对国 i 的需求。

将式（5-2）展开，得到：

$$X_i = A_{i1}X_1 + A_{i2}X_2 + \cdots + A_{ii}X_i + \cdots + A_{iG}X_G +$$
$$Y_{i1} + Y_{i2} + \cdots + Y_{ii} + \cdots + Y_{iG} \quad (5-4)$$

式（5-4）表明在全球投入产出模型中，一国投入产出的均衡状况仍满足"产出=中间使用+最终使用"。一国 N 个部门与其他国家进行交易,每个部门的商品既可以作为最终产品用于消费,也可以作为中间产品用于生产,即对最终产品用于消费和生产的行为既可以发生在国内,也可以发生在国外。

从"产出=中间投入+增加值"的角度,可得出一国 i 产业的增加值系数矩阵,即:

$$V_i = u\left(I - \sum_{j}^{G} A_{ji}\right) \tag{5-5}$$

其中, u 为 N 阶列向量,向量元素都为1。式(5-5)等价于"增加值/总产出"的计算方法。

那么,可以得到全球增加值系数矩阵,即:

$$V = \begin{bmatrix} V_1 & 0 & \cdots & 0 \\ 0 & V_2 & \cdots & 0 \\ \cdots & \cdots & \ddots & \cdots \\ 0 & 0 & \cdots & V_G \end{bmatrix}, V_i = \begin{bmatrix} v_i^1 & 0 & \cdots & 0 \\ 0 & v_i^2 & \cdots & 0 \\ \cdots & \cdots & \ddots & \cdots \\ 0 & 0 & \cdots & v_i^N \end{bmatrix} \tag{5-6}$$

其中, v_i^N 表示第 i 个国家第 N 个产业的增加值系数。

行业增加值随着中间使用而分配到其他行业中,也内含来自其他行业的贡献。那么,一单位产出所内含的直接和间接增加值份额矩阵记为 VAS,即增加值乘子:

$$VAS = V + VA + VAA + \cdots = V(I - A)^{-1} = VB \tag{5-7}$$

$$VB = \begin{bmatrix} V_1 B_{11} & V_1 B_{12} & \cdots & V_1 B_{1G} \\ V_2 B_{21} & V_2 B_{22} & \cdots & V_2 B_{2G} \\ \cdots & \cdots & \ddots & \cdots \\ V_G B_{G1} & V_G B_{G2} & \cdots & V_G B_{GG} \end{bmatrix} \tag{5-8}$$

$V_i B_{ii}$ 表示来自国内的增加值所占份额, $V_j B_{ji}(j \neq i)$ 表示来自国外的增加值所占份额。

通过增加值乘子,可以计算出一国出口国内附加值,即:

$$VBS\_E = VBE = \begin{bmatrix} E_{V_{11}} & E_{V_{12}} & \cdots & E_{V_{1G}} \\ E_{V_{21}} & E_{V_{22}} & \cdots & E_{V_{2G}} \\ \cdots & \cdots & \ddots & \cdots \\ E_{V_{G1}} & E_{V_{G2}} & \cdots & E_{V_{GG}} \end{bmatrix} \tag{5-9}$$

其中，

$$E = \begin{bmatrix} E_1 & 0 & \cdots & 0 \\ 0 & E_2 & \cdots & 0 \\ \cdots & \cdots & \ddots & \cdots \\ 0 & 0 & \cdots & E_G \end{bmatrix}, E_i = \begin{bmatrix} E_{G1} & 0 & \cdots & 0 \\ 0 & E_{G2} & \cdots & 0 \\ \cdots & \cdots & \ddots & \cdots \\ 0 & 0 & \cdots & E_{GN} \end{bmatrix} \quad (5-10)$$

式（5-9）中 E_V_{ii} 表示 i 国出口内含的本国增加值，$E\_V_{ji}(j \neq i)$ 表示 i 国出口内含的来自外国的增加值，则式（5-9）的对角线元素表示各国各行业出口所内含的国内增加值①。因此通过此数值可以计算 i 国 s 行业 RCA_VA 指数，即：

$$RCA_i^s\_VA = \frac{e_{vi}^s / \sum_i^N e\_v_i^s}{\sum_i^G e\_v_i^s / \sum_i^G \sum_s^N e\_v_i^s} \quad (5-11)$$

其中，$e\_v_i^s$ 表示 i 国 s 行业出口所内含的国内增加值，$\sum_i^N e\_v_i^s$ 表示 i 国所有行业出口内含的国内增加值之和，$\sum_i^G e\_v_i^s$ 表示 s 行业全球范围内的出口所内含国内增加值之和，$\sum_i^G \sum_s^N e\_v_i^s$ 表示全球所有产业的出口内含国内增加值之和。

根据倪红福（2017）技术含量测算方法，产品全部技术含量是中间消耗品和最后生产工序所含技术含量的加权平均值。首先，i 国生产产品 s 所用中间产品的技术含量由全球投入产出表中的直接消耗系数与该中间产品全部技术含量的乘积求得。与 Timmer（2016）计算一国中间进口品数量总和时的思路一致，上述计算包含中间产品、中间产品的中间产品等生产过程，以此类推，即产品 s 生产的各个工序。其次，最终生产工序的技术含量以劳动生产率表示。那么，中间产品与最终生产工序技术含量的权重根据直接消耗系数和增加值系数分别表示。最后，考虑生产工序的技术含量测度在传统投入产出模型中可以找到原型，即完全消耗系数的计算过程。用公式表示为：

---

① 田开兰等在计算基于贸易增加值的 RCA 指数时，将式（5-9）中的 **V** 除对角矩阵以外的元素设置为 0，以表示一国出口的国内增加值，与本章采用的方法等价。

$$t\_all_i^s = \sum_{j,r} a_{ji}^{rs} \cdot t\_all_j^r + v_i^s \cdot t\_final_i^s$$

$$= \sum_{j,r(j \neq i)} a_{ji}^{rs} \cdot t\_all_j^r + \sum_{r(r \neq s)} a_{ii}^{rs} \cdot t\_all_i^r + a_{ii}^{ss} \cdot t\_all_i^s + v_i^s \cdot t\_final_i^s$$

(5-12)

其中，t_all 表示全部技术含量，t_final 表示最后生产工序的技术含量。从式（5-12）得出，i 国 s 产业的全部技术含量可以分为四个部分：与国外产业相关联的技术含量、与国内其他产业相关联的技术含量、与国内自身产业相关联的技术含量、该产业最终生产工序的技术含量。用矩阵表示为：

$$T\_ALL = (V' \otimes T\_FINAL)(I - A)^{-1}$$
$$= (V' \otimes T\_FINAL) B$$
$$= \left[\sum_j VTF_1 \cdot B_{j1} \quad \cdots \quad \sum_j VTF_i \cdot B_{ji} \quad \cdots \quad \sum_j VTF_G \cdot B_{jG} \right]$$

(5-13)

其中，V' 为各国各行业增加值系数列向量；T_FINAL 为各国各行业最终生产工序的列向量。$\otimes$ 表示 Hadamard 乘积，即两个列向量的对应元素对应相乘，VTF_i 表示国家 i Hadamard 乘积结果组成的矩阵。T_ALL 表示全部技术含量列向量。$\sum_j VTF_i \cdot B_{ji}$ 表示国家 i 各行业全部技术含量组成的矩阵。

由式（5-13）可得：

$$t\_all_i^{rs} = \sum_r vtf_i^r \cdot b_{ii}^{rs} + \sum_{i \neq j} \sum_r vtf_j^r \cdot b_{ji}^{rs} \quad (5-14)$$

国内技术含量作为全部技术含量的一部分，是指全部来自国内生产工序的技术含量，包括产品自身消耗以及国内其他产业消耗。则 i 国 s 产业的国内技术含量用公式表示为：

$$t\_dome_i^s = \sum_r vtf_i^r \cdot b_{ii}^{rs} \quad (5-15)$$

而国内技术含量指数则表示为：

$$t\_index_i^s = \frac{t\_dome_i^s}{t\_all_i^s} \quad (5-16)$$

通过式（5-11）、式（5-14）至式（5-16），可以计算出中国 ICT 制造业和 ICT 服务业 RCA_VA 指数、全部技术含量、国内技术含量以及国内技术含量指数。通过测算结果总结中国 ICT 制造业和 ICT 服务业的竞争优势和技术含量变化趋势，分析两个行业在全球价值链中的地位。

二 数据来源及处理

本章测算所使用的数据来自 WIOD 2016 年公布的世界投入产出表和社会经济账户表（Socio-Economic Accouts）。较之 2013 年公布的数据，2016 年版 WIOD 对国家（地区）和行业进行了扩充和细化。2016 年版 WIOD 主要包括 28 个欧盟国家和 15 个其他国家（地区），与 2013 年相比增加了俄罗斯、韩国和瑞士。这些国家（地区）的数据质量较高、数据可获得性较强，并且它们的 GDP 之和占到世界经济的 85% 以上，在很大程度上可以代表全球整体情况。另外，用"rest of the world"表示未列示国家（地区），WIOD 将其视为一个整体，而没有讨论其内部的贸易情况 (Timmer et al., 2016)。2016 年数据库依据 ISIC REV.4 分类标准划分了 56 个行业，较 2013 年多出 21 个。本章选择的 ICT 制造业和 ICT 服务业在 WIOD 中的代码为"r17"和"r40"，即"Manufacture of computer, electronic and optical products"和"Computer programming, consultancy and related activities; information service activities"。根据 ISIC REV.4 分类标准，两者包括的行业如表 5.1 所示。

表 5.1　　　　　　ICT 制造业和 ICT 服务业分类[①]

制造（26 计算机、电子和光学产品制造）		服务
2610 电子元件和电子板的生产	62 计算机程序设计、咨询及相关活动	6201 计算机程序设计活动
2620 计算机和外部设备的制造		6202 计算机咨询服务和设施管理活动
2630 通信设备的制造		6209 其他 ICT 和计算机服务活动
2640 电子消费品的制造	63 信息服务	6311 数据处理、存储及相关活动
2651 测量、检验、导航和控制设备的制造		6312 门户网站
2652 仪表的制造		6391 新闻机构的活动
2660 放射、电子医疗设备制造		6399 其他信息服务
2670 光学仪器和摄影器材的制造		
2680 电磁和光学介质制造		

① 表中数字表示 ISIC REV.4 行业代码。

从表 5.1 可以看出，本章所研究的 ICT 产业包含具体行业范围较广。实际上，现有文献对 ICT 产业范围界定并没有形成一致看法。出于不同研究目的，存在从狭义到广义不同程度的细分行业识别。一个较为狭义的定义认为 ICT 产业是以 ICT 为基础，从事 ICT 的研究开发、ICT 相关设备制造以及提供 ICT 服务的产业。而本章中 ICT 制造业包含了电磁和光学相关设备器材制造，ICT 服务业包含了新闻机构活动。

本章研究时间跨度为 2000—2014 年。在测算过程中，增加值率系数、Leontief 逆矩阵通过世界投入产出表计算得到，出口额来自各个国家（地区）的投入产出表，计算劳动生产率所使用的劳动人数来自社会经济账户。

第三节 测算结果及分析

一 RCA_VA 指数测算结果及分析

中国及部分国家 ICT 制造业和 ICT 服务业 RCA_VA 指数测算结果见表 5.2、表 5.3。

表 5.2　中国及部分国家 ICT 制造业 RCA_VA 指数测算结果

年份	中国	德国	法国	英国	日本	韩国	美国
2000	1.32	0.85	0.83	0.05	1.95	2.85	1.55
2001	1.50	0.88	0.89	0.07	1.91	3.02	1.39
2002	1.63	0.86	0.85	0.13	1.89	3.32	1.36
2003	1.94	0.89	0.77	0.14	1.90	3.38	1.41
2004	2.20	0.88	0.83	0.12	1.89	3.54	1.33
2005	2.28	0.88	0.87	0.14	1.87	3.51	1.33
2006	2.39	0.84	0.89	0.16	1.89	3.53	1.31
2007	2.39	0.95	0.81	0.23	1.98	3.71	1.28
2008	2.41	0.93	0.81	0.23	1.87	3.94	1.37
2009	2.40	0.80	0.74	0.19	1.81	4.03	1.28
2010	2.58	0.76	0.69	0.21	1.77	3.81	1.21
2011	2.52	0.81	0.72	0.20	1.87	4.28	1.18
2012	2.56	0.75	0.68	0.23	1.89	3.74	1.18

续表

年份	中国	德国	法国	英国	日本	韩国	美国
2013	2.59	0.75	0.65	0.22	1.97	3.77	1.11
2014	2.54	0.72	0.61	0.23	2.00	3.55	1.07

表 5.3　中国及部分国家 ICT 服务业 RCA_VA 指数测算结果

年份	中国	德国	法国	英国	日本	韩国	美国
2000	0.14	0.91	0.28	0.20	0.45	0.08	0.62
2001	0.12	0.98	0.31	0.31	0.19	0.07	0.64
2002	0.11	1.16	0.32	0.27	0.16	0.08	0.70
2003	0.11	1.05	0.31	0.28	0.30	0.10	0.72
2004	0.13	1.02	0.29	0.29	0.26	0.11	0.74
2005	0.13	0.97	0.31	0.34	0.17	0.14	0.73
2006	0.18	0.94	0.28	0.47	0.20	0.17	0.64
2007	0.25	0.86	0.26	0.70	0.18	0.17	0.55
2008	0.29	0.91	0.28	1.18	0.16	0.14	0.56
2009	0.28	0.97	0.41	1.17	0.18	0.09	0.54
2010	0.30	1.00	0.44	1.84	0.16	0.11	0.49
2011	0.33	1.03	0.65	1.93	0.17	0.13	0.52
2012	0.33	1.09	0.72	2.07	0.16	0.15	0.53
2013	0.34	1.15	0.74	2.27	0.12	0.18	0.52
2014	0.28	1.20	0.74	2.36	0.11	0.21	0.54

从表 5.2、表 5.3 来看，中国 ICT 制造业和 ICT 服务业 RCA_VA 指数在数值上具有明显差异。中国 ICT 制造业 RCA_VA 指数数值都在 1 以上，并且自 2004 年起大于 2，最高时接近 2.60；而 ICT 服务业 RCA_VA 指数数值则偏低，最高为 2013 年的 0.34。根据 RCA_VA 指数表示的含义来看，中国 ICT 制造业具有比较显著的比较优势，而 ICT 服务业则竞争力较差，处于弱势地位。从整体变化情况来看，无论是 ICT 制造业还是 ICT 服务业，其 RCA_VA 指数虽偶有波动，但基本保持上升趋势，表明两个产业的出口竞争力逐渐加强。另外，两个产业 RCA_VA 指数下降时间点为

2009年和2014年：2009年下降主要是受到2008年国际金融危机的影响；2014年下降则可能是中国正式进入经济发展新常态的国内环境所致。

从国际比较视角来看，美国、日本、韩国ICT制造业历年的RCA_VA指数都大于1，表现出比较优势。中国ICT制造业RCA_VA指数在2001年开始大于美国，同时伴随着美国RCA_VA不断下降的趋势。美国拥有高通、德州仪器和格罗方德等顶尖企业，在ICT制造领域具有集团竞争优势，但去工业化还是对其制造业竞争力带来负面影响。日本RCA_VA指数则相对稳定，维持在1.8—2，在2003年被中国超过。日本ICT产业中的优势主要集中在技术含量较高的芯片原材料和信息化学品方面。韩国表现极为强势，韩国RCA_VA指数基本保持在3以上，最高为2011年的4.28。韩国是全球ICT制造业特别是芯片制造高地，以三星、海力士为代表的整合器件制造商（IDM）拥有全球领先的技术实力和产能。英、德、法三国ICT制造业RCA_VA指数一直小于1，三国处于竞争相对弱势地位。其中，德、法两国RCA_VA指数相似，英国则相对较低。以上国家在竞争优势上表现各不相同，中国上升趋势明显，竞争优势要高于日本和美国，但低于比较优势更为突出的韩国。

从所列举国家的ICT服务业RCA_VA指数测算结果来看，情况并不乐观。大多数国家RCA_VA指数小于1，韩国甚至基本在0.2以下，中国自2007年以来基本维持在0.3左右。德国在2010年之后开始展现出比较优势，英国则在2008年之后RCA_VA指数大于1，并在2014年达到2.36，可以说英国ICT服务业已极具竞争优势。美国、日本RCA_VA指数呈现明显的下降趋势，特别是日本较为明显，其RCA_VA指数在2014年仅为0.11。英国在2008年国际金融危机之后表现强劲，呈现逐年递增趋势，反映出英国在服务导向型发展模式方面的优势。美国整体水平并不突出，其主要问题在于出口中ICT服务业增加值相对于美国整体来说较小，最高为2014年的0.014，而英国达到了0.061。中国ICT服务业RCA_VA指数数值低于美、英、德、法，高于日、韩。从2005年开始，中国ICT服务业RCA_VA指数上升，这是因为2006年之后新一代ICT加速应用，衍生出各种新模式、新业态，进而带来ICT服务业增长质量和竞争力的提升（牛新星、蔡跃洲，2019）。除上述国家外，印度ICT服务业表现异常突出，从测算结果来看，印度的数值一度达到10以上，表现出非常明显的比较优势，这也符合印度作为软件外包大国的特点；从WIOD

提供的出口总额数据来看,其 ICT 服务业出口额占全球的比重在最高时为 2010 年的 23%,2011 年以后有所下降,但也维持在 15.4% 的平均水平。

二 技术含量测算结果及分析

(一) ICT 产业技术含量及指数的国际比较

表 5.4 至表 5.6 给出了中国及部分国家 ICT 制造业国内技术含量、全部技术含量和国内技术含量指数数值和排名情况。

表 5.4　中国及部分国家 ICT 制造业国内技术含量及排名

年份	中国		德国		法国		英国		日本		韩国		美国	
2000	3.61	40	55.9	11	58.24	9	40.96	18	101.82	2	48.08	16	101.6	3
2001	3.97	38	50.8	11	58.37	7	36.18	17	86.77	4	38.69	16	92.52	2
2002	4.23	39	57.25	9	66.23	7	40.12	19	85.19	4	45.32	16	103.34	3
2003	3.99	42	71.87	11	81.83	8	41.08	19	93.06	5	47.62	18	123.36	3
2004	4.44	42	85.25	10	97.13	8	52.63	18	102.04	5	55.68	17	131.39	3
2005	4.85	42	85.73	11	97.21	8	60.83	17	99.16	7	62.85	16	141.27	3
2006	5.60	42	86.94	13	97.67	8	67.06	17	91.28	11	68.88	16	147.7	4
2007	6.65	42	102.15	11	109.5	8	71.79	17	88.13	15	75.05	16	154.98	4
2008	8.41	41	103.32	12	115.06	7	70.27	18	96.22	14	57.06	19	163.89	3
2009	9.72	39	87.77	12	109.25	7	72.41	18	98.79	10	54.51	21	179.8	2
2010	11.01	38	92.94	11	104.59	10	68.95	19	107.14	9	69.83	18	201.49	2
2011	11.81	38	101.05	12	112.71	10	70.33	20	112.58	11	72.29	17	200.42	2
2012	13.04	37	91.07	12	109.61	8	76.14	16	106.48	9	76.23	15	209.46	2
2013	14.38	37	95.56	12	112.68	7	84.89	17	87.12	16	88.56	14	213.89	2
2014	16.21	23	98.97	10	115.21	8	94.04	13	79.64	17	89.71	15	219.61	2

注:国内技术含量的单位为千美元/人;每个国家对应两列数据,左列数据表示相关指标测算数值,右列表示排名,以下表格排列相同,不再赘述。

表 5.5　中国及部分国家 ICT 制造业全部技术含量及排名

年份	中国		德国		法国		英国		日本		韩国		美国	
2000	15.87	41	75.06	13	77.65	11	62.55	20	106.91	4	72.71	16	109.28	3
2001	15.16	41	69.93	14	75.93	9	56.25	20	91.51	4	57.42	19	99.02	3

续表

年份	中国		德国		法国		英国		日本		韩国		美国	
2002	16.67	41	75.52	15	82.93	9	60.51	21	90.62	5	65.01	19	109.4	3
2003	20.05	41	92.96	12	100.14	9	65.03	21	98.72	10	69.34	20	129.58	3
2004	24.16	41	108.82	10	118.49	8	79.05	19	108.48	11	78.26	21	139.04	3
2005	24.19	41	112.3	12	121.41	9	88.76	18	106.79	15	85.7	22	149.48	4
2006	24.76	42	117.4	12	123.66	11	97.57	17	100.03	16	91	21	156.14	4
2007	29.06	41	134.17	11	136	10	104.12	18	98.24	20	96.93	21	164.36	5
2008	31.81	42	140.86	11	145.67	10	109.09	18	108.96	19	85.01	25	173.77	5
2009	27.39	42	115.92	14	135.39	8	102.9	20	107.78	17	78.47	25	185.37	2
2010	28.69	42	122.07	13	135.44	10	108.83	20	117.97	16	96.91	24	207.63	2
2011	30.03	42	135.28	13	146.93	11	117.08	19	124.67	16	105.58	24	207.78	3
2012	28.48	42	123.26	13	141.46	7	116.45	16	117.49	14	108.19	19	216.14	2
2013	29.31	42	125.57	13	146.72	9	118.42	15	98.82	21	115.24	17	221.4	2
2014	31.53	42	126.14	13	146.18	9	125.44	14	91.76	23	113.33	17	226.95	2

注：全部技术含量的单位为千美元/人。

表 5.6　中国及部分国家 ICT 制造业国内技术含量指数及排名

年份	中国		德国		法国		英国		日本		韩国		美国	
2000	0.23	34	0.74	10	0.75	9	0.65	17	0.95	1	0.66	16	0.93	3
2001	0.26	33	0.73	11	0.77	8	0.64	16	0.95	1	0.67	14	0.93	3
2002	0.25	35	0.76	10	0.80	8	0.66	17	0.94	2	0.70	12	0.94	1
2003	0.20	36	0.77	10	0.82	8	0.63	17	0.94	2	0.69	15	0.95	1
2004	0.18	35	0.78	10	0.82	7	0.67	17	0.94	2	0.71	13	0.94	1
2005	0.20	35	0.76	11	0.80	9	0.69	17	0.93	2	0.73	13	0.95	1
2006	0.23	33	0.74	13	0.79	8	0.69	17	0.91	2	0.76	11	0.95	1
2007	0.23	35	0.76	13	0.81	7	0.69	16	0.90	3	0.77	10	0.94	1
2008	0.26	33	0.73	11	0.79	8	0.64	19	0.88	3	0.67	17	0.94	1
2009	0.35	33	0.76	13	0.81	8	0.70	15	0.92	3	0.69	17	0.97	1
2010	0.38	32	0.76	12	0.77	10	0.63	20	0.91	4	0.72	15	0.97	1
2011	0.39	33	0.75	10	0.77	8	0.60	22	0.90	4	0.68	17	0.96	1
2012	0.46	27	0.74	12	0.77	8	0.65	17	0.91	4	0.70	15	0.97	1

续表

年份	中国		德国		法国		英国		日本		韩国		美国	
2013	0.49	26	0.76	10	0.77	9	0.72	18	0.88	4	0.77	8	0.97	1
2014	0.51	23	0.78	10	0.79	9	0.75	15	0.87	5	0.79	8	0.97	1

从表 5.4 可看出，中国 ICT 制造业国内技术含量基本呈现上升趋势，特别是在 2003 年之后，从 2003 年的 3.99 千美元/人增长到 2014 年的 16.21 千美元/人，平均增速达到 13.6%。从表 5.5 可以看出，中国 ICT 制造业全部技术含量在 2008—2009 年出现明显下降，并以此为分界点前后呈现两个阶段：前一阶段从 2001 年的 15.16 千美元/人增长到 2008 年的 31.81 千美元/人，年平均增长率为 11%；2009 年之后增长较为缓慢，且在 2012 年出现下降，直到 2014 年才恢复到 2008 年水平。从排名来看，中国 ICT 制造业国内技术含量排名有所提升，主要体现在 2008 年之后，特别是在 2014 年较上年提高 14 个名次，而全部技术含量排名则一直靠后。国内技术含量指数作为国内技术含量和全部技术含量的比值展现出与后两者不同特点的变化趋势。在 2004 年以后，由于中国 ICT 制造业国内技术含量增速快于全部技术含量，国内技术含量指数呈现明显增长，从 2004 年的 0.18 增加到 2014 年的 0.51；并且国内技术含量指数排名要优于全部技术含量和国内技术含量排名，基本稳定在第 33 名左右，在 2012 年之后进入前 30 名，2014 年为第 23 名，已达到所有国家的中游位置（见表 5.6）。

2001—2004 年中国 ICT 制造业全部技术含量的增长快于国内技术含量，这导致国内技术含量指数有所下降。中国加入 WTO 后，ICT 制造业将中国的劳动力优势与跨国公司技术相结合，开始参与全球分工体系中，不断提升自身产业规模，这在初期阶段表现为国外技术含量的增加（邹昭晞，2014）。从贸易数据来看，电子信息产品进口额从 2001 年的 591 亿美元增加到 2004 年的 1810 亿美元，年平均增速达到 46%，其中每年超过 50% 的进口产品用于进料加工及装配。进口贸易额的快速增长必然会带来大量国外技术含量。而从 2005 年开始，国内技术含量指数的增加说明国内技术含量占全部技术含量的比重在上升，体现出中国 ICT 制造产业自身的技术升级，加入 WTO 后的技术引进和"干中学"效应逐渐显现。另外，2009 年和 2012 年中国 ICT 制造业国内技术含量指数有相对明显的提高。受 2008 年国际金融危机影响,2009年除美国外其他列举国家的全部技术含量都有不同程度下降,而中国国内技术含量有所提升,使得国内技术含量指数上升明显。同理,2012年则可能是受到欧债危机最严峻形势的影响。

总体来看,与其他主要国家相比,中国ICT制造业的技术水平较低,各个指标都显示出较大差距。例如,2014年全部技术含量、国内技术含量分别是美国的14%和7%,是日本的34%和20%。国内技术含量方面,德国、法国和日本基本维持在100千美元/人左右,而中国最高仅为16.21千美元/人,甚至低于所列举其他国家2000年的水平。与国内技术含量相比,中国的全部技术含量与其他国家的差距要小,但2014年的数值依然小于其他国家2000年的水平。就技术含量指数而言,中国最高时为0.51,而其他大部分列举国家基本维持在0.7左右,美国最高甚至达0.97,日本也基本在0.9以上[1]。从排名来看,在WIOD列出的43个国家(地区)中,中国的全部技术含量排名一直倒数,而国内技术含量的排名则相对较好。这说明:一方面,各个国家(地区)全部技术含量数值分布与国内技术含量相比较为集中,这由产品技术演进的特性决定;另一方面,相较于43个国家(地区)中本章未列举的部分,中国ICT制造业在技术上具有一定竞争优势。

表5.7至表5.9给出了中国及部分国家ICT服务业国内技术含量、全部技术含量和国内技术含量指数数值和排名情况。中国ICT服务业国内技术含量自2003年以来一直保持增长趋势,从2003年的5.51千美元/人到2014年的22.81千美元/人,年平均增速为14.4%。中国ICT服务业全部技术含量2008—2009年有所下降,除此之外,其他两个阶段都稳步上升,2000—2008年的年平均增长率为6.7%,2009—2014年的年平均增长率为6.5%。中国ICT服务业国内技术含量指数表现出与国内技术含量较为一致的变化趋势,即自2004年以来一直保持增长趋势,从0.32上涨到0.75。从排名来看,中国ICT服务业国内技术含量和全部技术含量基本维持在第40名左右;国内技术含量指数2000—2006年一直维持在第42名,2007年开始有所上升,2014年上升到第35名。

---

[1] 从表中可以看出,虽然日本ICT制造业全部技术含量和国内技术含量排名都只处于中上游水平,但是国内技术含量指数却很高,这说明日本生产的ICT产品在技术含量构成上国内占比较高,进一步表明日本在制造业的技术优势和在产业价值链上的竞争能力。

中国 ICT 服务业国内技术含量在 2003 年出现下降，由 2002 年的 6.67 千美元/人下降到 2003 年的 5.51 千美元/人，这也是 2000—2014 年国内技术含量唯一一次下降。这次下降在很大程度上受到了中国加入 WTO 的影响。根据相关规定，中国在加入 WTO 一年内逐步开放网络服务（主要是 ISP）；第二年逐步取消 Internet 服务的地域限制；第三年全面取消增值服务的地域限制。网络服务行业率先开放加速了外资进入和资本扩张，国外产品作为中间产品在生产过程中以及作为最终产品在服务过程中直接挤占了国内技术空间，从而导致中国 ICT 服务业国内技术含量出现下降。与之相反，中国 ICT 服务业全部技术含量在 2001—2004 年快速增长，反映出加入 WTO 之后国外产品和技术的快速进入。2006—2012 年，中国 ICT 服务业国内技术含量经历了快速增长，特别是 2006 年和 2007 年，增速分别达到了 23.4% 和 32.3%，除去 2009 年，其他年份也都在 11% 以上。中国 ICT 服务业全部技术含量在 2007—2011 年增长较快，除去 2008 年，其他年份都在 10% 左右。结合来看，中国 ICT 服务业在 2006—2012 年技术积累较快，这是因为 2006 年特别是 2010 年前后，移动互联网、大数据、云计算等新一代 ICT 加速应用，衍生出各种新模式、新业态，进而带来中国 ICT 服务业国内技术升级。

与所列示的其他国家相比，中国 ICT 服务业技术含量仍然具有明显差距。2014 年，中国 ICT 服务业全部技术含量和国内技术含量分别为美国的 20.8% 和 16.2%，日本的 31.1% 和 24.2%。并且，2014 年中国 ICT 服务业全部技术含量和国内技术含量作为研究时间段内的最大值却不及其他国家 2000 年的水平。就国内技术含量指数来看，中国在 2014 年达到 0.75，接近韩国，但与日、美等国仍有一定差距。[①] 当然，中国 ICT 服务业国内技术含量指数处于增长状态，与其他国家的差距将会进一步缩小。

表 5.7　　中国及部分国家 ICT 服务业国内技术含量及排名

年份	中国		德国		法国		英国		日本		韩国		美国	
2000	5.07	40	60.29	12	75.27	5	56.17	14	110.65	2	49.58	21	82.65	3

---

① 需要说明的是，希腊的 ICT 服务业国内技术含量方面比美国、日本表现更优异。按照 WIOT 数据和测算结果，希腊从 2005 年起国内技术含量一直排名第一，国内技术含量指数排名也稳居前三，全部技术含量指数排名在第 10—20 名。

续表

年份	中国		德国		法国		英国		日本		韩国		美国	
2001	5.90	40	61.85	10	74.03	5	54.85	16	98.37	2	41.73	24	84.97	3
2002	6.67	40	66.53	10	80.36	6	62.32	14	96.79	2	46.27	22	86.66	3
2003	5.51	40	76.68	13	99.42	4	72.85	15	101.72	3	49.53	25	90.23	8
2004	6.08	41	84.60	14	112.90	3	90.93	12	105.81	5	50.06	26	92.99	11
2005	6.37	41	86.47	14	116.99	3	90.22	12	99.91	8	56.62	25	102.33	6
2006	7.86	41	88.45	14	122.93	3	95.38	11	91.10	13	59.81	25	103.64	6
2007	10.40	41	103.81	14	136.93	3	106.16	11	89.12	19	60.87	26	116.93	7
2008	12.14	41	111.36	14	148.92	4	101.39	17	102.59	16	52.66	30	118.89	9
2009	13.31	40	102.76	14	139.99	3	87.27	18	107.66	11	47.13	32	123.11	7
2010	15.12	40	97.51	15	134.37	4	89.28	18	114.63	11	51.73	29	130.66	6
2011	17.15	40	112.55	12	140.31	6	95.59	18	123.87	10	52.53	31	134.10	8
2012	19.12	40	104.05	14	129.82	7	92.97	17	126.63	8	53.93	27	139.59	4
2013	21.02	40	114.12	12	133.68	7	90.68	19	106.28	15	58.76	28	137.46	5
2014	22.81	40	117.75	11	133.76	7	99.80	16	94.29	18	62.41	23	140.93	5

注：国内技术含量的单位为千美元/人。

表5.8　中国及部分国家ICT服务业全部技术含量及排名

年份	中国		德国		法国		英国		日本		韩国		美国	
2000	14.36	40	65.86	13	79.79	8	62.26	18	111.82	2	56.22	23	85.30	4
2001	14.42	40	67.38	13	78.78	8	60.84	18	99.50	2	46.59	24	86.98	3
2002	16.02	39	71.59	13	84.66	9	68.12	17	97.99	2	51.22	23	88.43	7
2003	16.56	39	83.56	14	104.14	5	79.54	18	103.13	7	54.72	26	92.18	12
2004	18.93	39	92.64	18	118.62	6	98.07	14	107.61	11	56.16	28	95.13	16
2005	19.53	40	95.93	18	124.22	6	98.95	16	102.01	13	63.03	28	104.88	11
2006	19.55	40	99.08	17	130.74	4	105.22	14	93.63	19	67.22	27	106.15	12
2007	22.29	40	114.59	17	144.61	6	116.33	16	91.94	22	69.68	29	120.20	14
2008	24.15	40	126.25	15	158.81	6	114.59	18	105.9	21	63.52	32	122.87	17
2009	22.15	40	112.92	16	147.47	5	98.48	20	109.85	17	56.88	34	126	11
2010	24.42	40	108.68	18	143	6	103.36	20	117.36	15	65.01	30	134.27	10
2011	26.93	40	125.03	16	150.42	8	111.78	20	127.04	14	68.56	30	138.65	11

续表

年份	中国		德国		法国		英国		日本		韩国		美国	
2012	27.33	40	116.81	16	140.04	9	107.99	20	129.75	11	70.49	29	143.79	7
2013	28.80	40	125.24	15	144.67	8	104.96	20	109.35	19	73.36	27	142.09	9
2014	30.29	40	127.62	14	143.7	9	111.79	19	97.41	20	75.74	25	145.30	7

注：全部技术含量的单位为千美元/人。

表 5.9　中国及部分国家 ICT 服务业国内技术含量指数及排名

年份	中国		德国		法国		英国		日本		韩国		美国	
2000	0.35	42	0.92	7	0.94	4	0.90	10	0.99	1	0.88	14	0.97	3
2001	0.41	42	0.92	9	0.94	4	0.90	11	0.99	1	0.90	13	0.98	3
2002	0.42	42	0.93	7	0.95	4	0.91	10	0.99	1	0.90	13	0.98	2
2003	0.33	42	0.92	9	0.95	4	0.92	10	0.99	1	0.91	13	0.98	2
2004	0.32	42	0.91	11	0.95	4	0.93	8	0.98	1	0.89	13	0.98	2
2005	0.33	42	0.90	12	0.94	4	0.91	10	0.98	1	0.89	13	0.98	2
2006	0.40	42	0.89	11	0.94	5	0.91	10	0.97	3	0.89	14	0.98	2
2007	0.47	41	0.91	13	0.95	5	0.91	12	0.97	3	0.87	18	0.97	2
2008	0.50	41	0.88	15	0.91	8	0.88	14	0.97	2	0.83	21	0.97	4
2009	0.60	38	0.91	11	0.95	5	0.89	14	0.98	2	0.83	27	0.98	3
2010	0.62	38	0.90	12	0.94	5	0.86	20	0.98	2	0.80	27	0.97	3
2011	0.64	38	0.90	12	0.93	7	0.86	17	0.98	2	0.77	29	0.97	3
2012	0.70	35	0.89	13	0.93	6	0.86	17	0.98	2	0.77	28	0.97	4
2013	0.73	35	0.91	11	0.92	8	0.86	16	0.97	2	0.80	26	0.97	3
2014	0.75	35	0.92	10	0.93	6	0.89	14	0.97	3	0.82	24	0.97	2

（二）中国 ICT 产业技术含量及指数的跨部门比较

表 5.10 至表 5.12 列示了中国 ICT 产业具有代表性的部分行业全部技术含量、国内技术含量和国内技术含量指数的排名情况。

WIOD 2016 年公布的世界投入产出表和社会经济账户表（Socio-Economic Accouts）按照 ISIC REV.4 分类标准重组形成 56 个行业。本章对 56 个行业进行了相关测算并列举了部分具有代表性的行业测算结果。根据 ISIC REV. 4 分类标准，表 5.10 至表 5.12 中行业简称对应的具体行业名称如下：农牧业（A01）为"作物和牲畜生产、狩猎和相关服务活动"；采掘（B）为"采矿和采石"；食饮烟（C10－C12）为"食品的制造（C10）；饮料的制造（C11）；烟草制品的制造（C12）"；纺服革（C13－C15）为"纺织品的制造（C13）；服装的制造（C14）；皮革和相关产品的制造（C15）"；木编（C16）为"木材、木材制品及软木制品的制造（家具除外）、草编制品及编织材料物品的制造"；纸制（C17）为"纸和纸制品的制造"；印记媒（C18）为"记录媒介物的印制及复制"；化学（C20）为"化学品及化学制品的制造"；非金属（C23）为"其他非金属矿物制品的制造"；基本金属（C24）为"基本金属的制造"；金属品（C25）为"金属制品的制造，但机械设备除外"；信息制造（C26）为"计算机、电子产品和光学产品的制造"；电力设备（C27）为"电力设备的制造"；通用设备（C28）为"未另分类的机械和设备的制造"；汽车制造（C29）为"汽车、挂车和半挂车的制造"；电燃蒸气（D35）为"电、煤气、蒸气和空调的供应"；建筑（F）为"建筑业"；批发（G46）为"批发贸易，但汽车和摩托车除外"；零售（G47）为"零售贸易，汽车和摩托车除外"；路管运输（H49）为"陆路运输与管道运输"；水运（H50）为"水上运输"；空运（H51）为"航空运输"；仓储（H52）为"运输的储藏和辅助活动"；住宿餐饮（I）为"食宿服务活动"；电信（J61）为"电信"；信息服务（J62－J63）为"计算机程序设计、咨询及相关活动（J62）；信息服务活动（J63）"；金融服务（K64）为"金融服务活动，保险和养恤金除外"；不动产（L68）为"房地产活动"；组织管理（N）为"行政和辅助活动"；教育（P85）为"教育"；医疗工作（Q）为"人体健康和社会工作活动"。

表 5.10　　　　2000—2014 年中国部分行业全部技术含量排名

行业	2000	2001	2002	2003	2004	2005	2006	2007	2008	2009	2010	2011	2012	2013	2014
农牧业（A01）	41	41	41	41	41	41	41	41	41	41	41	41	41	41	41
采掘（B）	42	42	42	42	42	42	42	42	42	42	42	42	42	42	42

续表

行业	2000	2001	2002	2003	2004	2005	2006	2007	2008	2009	2010	2011	2012	2013	2014
食饮烟（C10－C12）	42	42	42	42	42	42	42	42	42	42	42	42	42	41	41
纺服革（C13－C15）	42	42	42	42	40	41	42	42	42	42	41	42	42	41	41
木编（C16）	40	41	41	41	41	41	41	41	41	41	41	41	41	41	41
纸制（C17）	42	42	42	42	42	42	42	42	42	41	41	41	41	41	41
印记媒（C18）	41	42	42	41	41	41	41	41	41	41	40	41	41	40	40
化学（C20）	42	42	42	42	40	42	42	42	42	42	42	42	42	42	41
非金属（C23）	41	42	42	42	41	42	42	42	42	42	42	42	42	41	41
基本金属（C24）	41	42	42	39	41	41	42	41	40	41	41	41	41	41	41
金属品（C25）	42	42	42	42	42	42	42	42	42	42	42	42	41	40	40
信息制造（C26）	41	41	41	41	41	41	41	42	42	42	42	42	42	42	42
电力设备（C27）	41	42	42	41	42	41	42	41	41	41	41	41	41	41	41
通用设备（C28）	42	42	43	42	42	43	43	43	42	43	43	43	42	42	42
汽车制造（C29）	42	42	43	42	43	43	43	42	42	42	42	42	42	41	41
电燃蒸气（D35）	41	41	41	41	41	42	42	42	42	42	42	42	42	41	41

续表

行业	2000	2001	2002	2003	2004	2005	2006	2007	2008	2009	2010	2011	2012	2013	2014
建筑（F）	41	41	41	40	40	41	42	42	42	42	42	42	42	42	41
批发（G46）	41	41	41	41	41	42	42	42	42	41	41	41	41	41	41
零售（G47）	40	40	40	40	40	42	42	42	42	41	41	41	41	41	41
路管运输（H49）	43	43	43	43	43	43	43	43	43	42	42	42	42	41	41
水运（H50）	41	41	42	42	41	42	43	42	42	42	41	42	42	42	41
空运（H51）	42	42	42	42	40	41	42	42	42	42	42	42	42	42	41
仓储（H52）	42	41	41	41	40	41	41	41	41	41	41	41	41	41	41
住宿餐饮（I）	42	42	42	42	42	42	42	41	41	41	41	41	41	41	41
电信（J61）	40	40	40	41	41	41	41	41	41	42	42	42	42	42	41
信息服务（J62-J63）	40	40	39	39	39	40	40	40	40	40	40	40	40	40	40
金融服务（K64）	40	40	39	43	43	43	43	42	42	42	42	41	41	41	41
不动产（L68）	38	38	38	39	39	41	41	41	41	41	41	40	40	40	40
组织管理（N）	41	40	39	39	39	40	41	41	41	41	41	41	41	41	40
教育（P85）	40	41	41	41	41	41	42	42	42	41	41	41	41	41	41
医疗工作（Q）	41	41	42	41	40	40	41	41	41	41	41	41	41	41	41

表 5.11　　　　2000—2014 年中国部分行业国内技术含量排名

行业	2000	2001	2002	2003	2004	2005	2006	2007	2008	2009	2010	2011	2012	2013	2014
农牧业（A01）	40	40	41	41	41	41	42	41	41	41	41	41	41	41	40
采掘（B）	41	41	41	41	41	42	42	41	41	42	41	42	42	41	41
食饮烟（C10 – C12）	41	41	42	42	42	42	42	42	42	42	42	42	42	40	40
纺服革（C13 – C15）	42	41	41	42	42	42	42	42	42	42	40	40	40	40	39
木编（C16）	41	40	41	42	42	42	42	42	42	41	41	41	41	39	38
纸制（C17）	42	41	42	42	42	42	42	42	41	42	41	42	41	40	40
印记媒（C18）	41	41	41	41	41	41	41	41	41	41	41	41	40	39	38
化学（C20）	41	41	41	41	41	42	41	40	39	40	40	39	37	36	35
非金属（C23）	42	41	42	42	42	42	42	42	41	41	41	41	40	40	38
基本金属（C24）	40	39	38	38	38	37	39	38	37	36	33	33	33	31	31
金属品（C25）	40	38	38	39	39	40	40	40	40	40	39	39	36	34	33
信息制造（C26）	40	38	39	42	42	42	42	42	41	39	38	38	37	37	36
电力设备（C27）	40	37	37	40	40	40	40	40	40	39	38	39	37	36	36
通用设备（C28）	39	38	37	39	40	40	40	41	41	42	39	40	38	38	37
汽车制造（C29）	41	40	39	40	42	42	41	42	41	40	37	36	33	33	29

续表

行业	2000	2001	2002	2003	2004	2005	2006	2007	2008	2009	2010	2011	2012	2013	2014
电燃蒸气（D35）	41	39	40	41	41	41	41	40	40	42	41	41	39	41	37
建筑（F）	42	42	42	42	42	42	42	42	42	42	41	42	41	39	38
批发（G46）	42	41	41	42	42	42	42	42	42	42	41	41	41	41	41
零售（G47）	41	40	40	42	42	42	42	42	42	42	41	41	41	41	41
路管运输（H49）	41	42	42	42	42	42	42	42	42	42	40	40	40	38	37
水运（H50）	42	42	42	42	42	42	42	42	42	42	41	41	39	38	37
空运（H51）	42	42	42	42	42	42	42	42	41	42	40	41	41	38	39
仓储（H52）	41	41	41	42	42	41	42	41	41	41	41	41	41	41	41
住宿餐饮（I）	41	41	42	42	42	42	42	41	41	41	41	41	41	41	41
电信（J61）	40	40	40	42	42	42	42	42	42	42	42	42	42	42	41
信息服务（J62－J63）	40	40	40	40	41	41	41	41	41	40	40	40	40	40	40
金融服务（K64）	37	37	38	42	43	43	43	42	41	41	41	40	40	40	40
不动产（L68）	38	38	38	39	39	41	41	40	41	40	41	40	40	40	40
组织管理（N）	40	39	40	41	42	42	42	42	42	42	41	40	39	38	38
教育（P85）	41	41	41	41	41	42	42	42	42	41	41	41	41	40	39
医疗工作（Q）	40	40	41	41	41	41	41	41	41	41	41	41	41	41	40

表 5.12　2000—2014 年中国部分行业国内技术含量指数排名

行业	2000	2001	2002	2003	2004	2005	2006	2007	2008	2009	2010	2011	2012	2013	2014
农牧业（A01）	36	35	38	41	42	40	37	35	30	28	30	26	20	18	13
采掘（B）	31	30	31	35	37	36	34	31	30	32	30	32	25	24	23
食饮烟（C10-C12）	33	33	33	35	39	37	35	33	33	29	29	27	18	16	11
纺服革（C13-C15）	35	33	34	38	40	41	35	32	30	29	28	27	21	16	11
木编（C16）	37	33	36	37	39	41	37	37	36	32	32	31	26	24	20
纸制（C17）	34	33	34	37	38	39	36	33	33	31	30	31	25	23	20
印记媒（C18）	33	32	31	36	37	38	38	36	33	31	30	32	28	26	22
化学（C20）	35	34	34	38	37	36	34	30	29	27	25	24	21	18	15
非金属（C23）	34	33	38	40	40	39	35	35	29	29	27	27	23	21	19
基本金属（C24）	26	24	24	26	27	26	23	19	17	18	17	18	16	15	13
金属品（C25）	33	32	32	33	34	33	32	31	28	25	25	25	22	20	15
信息制造（C26）	34	33	35	36	35	35	33	35	33	33	32	33	27	26	23
电力设备（C27）	33	32	33	33	34	33	30	31	28	27	27	25	22	24	19
通用设备（C28）	33	28	29	32	32	31	31	29	28	28	26	26	24	23	19
汽车制造（C29）	30	28	27	29	32	33	30	30	26	20	16	17	12	12	12

续表

行业	2000	2001	2002	2003	2004	2005	2006	2007	2008	2009	2010	2011	2012	2013	2014
电燃蒸气（D35）	34	35	35	36	37	34	32	31	28	33	35	33	26	26	21
建筑（F）	39	38	41	41	41	41	40	37	37	35	33	33	30	28	25
批发（G46）	42	41	43	43	43	42	42	42	41	40	36	36	27	26	24
零售（G47）	41	40	42	43	43	43	43	43	40	39	35	35	31	29	29
路管运输（H49）	32	33	34	38	39	38	34	32	26	23	25	22	18	17	12
水运（H50）	33	33	36	36	38	37	34	30	30	29	28	28	24	22	20
空运（H51）	35	35	35	39	38	38	37	37	31	34	32	32	28	26	24
仓储（H52）	41	40	42	43	43	43	41	41	40	41	40	40	32	32	31
住宿餐饮（I）	38	35	38	42	42	42	41	40	38	37	33	32	29	27	24
电信（J61）	42	40	39	42	42	43	43	41	41	40	39	34	33	29	27
信息服务（J62-J63）	42	42	42	42	42	42	42	41	41	38	38	38	35	35	35
金融服务（K64）	24	26	31	39	40	41	38	35	36	35	34	33	24	19	16
不动产（L68）	34	32	30	36	39	41	39	37	37	36	34	31	28	29	28
组织管理（N）	33	34	33	43	43	43	41	39	38	33	34	34	29	24	22
教育（P85）	42	42	42	42	42	42	43	43	43	42	42	42	37	37	34
医疗工作（Q）	37	35	38	37	39	39	38	39	38	36	36	35	33	32	30

第一，从全部技术含量排名来看，所有列示行业都处于末端，绝大部分年份都在第 40 名以后。第二，国内技术含量排名表现要好于全部技术含量，部分行业进入前 40 名。其中，基本金属表现较为突出，研究时间段内排名呈上升趋势，并在 2014 年上升到第 31 名，较 2000 年提升 9 个名次。另外，金属品、信息制造、电力设备、通用设备和汽车制造等制造业呈现的排名变化规律基本一致，在 2003—2008 年有所下降，而 2009 年之后稳步上升，2014 年全部进入前 37 名，其中汽车制造上升到第 29 名。而服务业国内技术含量则相对较差，只有运输类行业和组织管理业在 2013 年以后排名在第 38 名左右，而其他行业都在第 40 名之后。第三，国内技术含量指数排名情况要好于全部技术含量和国内技术含量排名。仅就 2014 年来说，有 8 个行业排进前 15 名，所有行业都在前 35 名之内。总体来看，基本所有的行业技术含量指数排名都呈上升趋势，部分在 2003—2008 年出现波动。另外，第一产业和第二产业的测算结果要优于第三产业。特别是基本金属和汽车制造两个行业，2008 年之后处于前 20 名内，并且排名呈上升趋势。第三产业中的运输行业和金融服务业比较突出，其中路管运输、金融服务在 2014 年排名分别达到了第 12 名和第 16 名。

信息制造与电力设备、通用设备和汽车制造相比，全部技术含量、国内技术含量排名差别较小，都处于低位，但是国内技术含量指数信息制造要明显落后于后三者。这说明，相较于其他主要工业制造业，中国 ICT 制造业对国外技术依赖过多，国内技术并未起到主导作用，未来还有很大升级空间。ICT 服务业与其他服务业在全部技术含量和国内技术含量方面排名都比较靠后，国内技术含量指数排名上存在差异。2006 年以后，各服务业国内技术含量指数排名都有所上升，其中住宿餐饮、电信、金融服务、组织管理增长都在 15 个名次左右，而信息服务业增长为 6 个名次，名次增幅差距明显。从 2014 年的排名来看，其与电信业相差 8 个名次，与金融服务业相差 19 个名次，排名差距也较大。尽管中国 ICT 服务业取得了进步，但在提升产品的国内技术含量上仍有很大提升潜能。

三 中国 ICT 制造业与 ICT 服务业的对比

ICT 制造业和 ICT 服务业虽然都依托于 ICT，两者在产品生产和消耗过程中相辅相成，但本质上存在明显的行业异质性。从发展模式上来看，中国的 ICT 制造业属于较为典型的依靠要素投入和投资规模驱动增长的行业，ICT 服务业的增长则主要依靠 TFP（牛新星、蔡跃洲，2019）。从对外贸易模式来看，ICT 制造业属于出口导向型，经过多年发展已具备相当的规模优势。中国的服务业长期受到进入管制和竞争限制的保护（江小涓，2011），直到加入 WTO 关于服务业开放的相关条款正式公布后，服务业的对外政策改革才正式开始，成为服务业发展转折点（孙浦阳等，2018）。其中，《中华人民共和国服务贸易具体承诺减让表》中对 ICT 服务相关产业的市场准入限制和国民待遇限制条件基本上都是"没有限制"，ICT 服务业也开始进入对外贸易的增长阶段。[①]

根据本章测算的 RCA_VA 指数，中国 ICT 制造业和 ICT 服务业展现出不同优势。在出口竞争力方面，ICT 制造业具有比较优势，2010 年以后维持在 2.5 以上，竞争力提升明显；而 ICT 服务业则处于相对弱势，RCA_VA 指数最高仅为 0.33，但整体呈上升趋势。ICT 制造业出口竞争力要明显好于 ICT 服务业，主要有两方面原因：一是对外贸易政策不同；二是中国 ICT 服务业的兴起得益于 20 世纪 90 年代末 21 世纪初的互联网浪潮，起步时间晚、产业规模有限导致产品竞争力弱。从技术含量来看，ICT 制造业的国内技术含量和国内技术含量指数排名要高于 ICT 服务业，但它们全部技术含量的世界排名相差不大，基本都在第 40 名左右。中国 ICT 制造业各指标排名增长要快于服务业。因此，无论是实际竞争力还是成长性，ICT 制造业的情况都要好于 ICT 服务业。不过，中国 ICT 服务业各年的国内技术含量数值要大于制造业，并且差距有扩大的趋势，在两者全部技术含量数值相差不大的年份，ICT 服务业国内技术含量指数也明显高于 ICT 制造业。

第四节 本章小结及建议

本章利用 WIOD 2016 年公布的数据对中国 ICT 制造业和 ICT 服务业 2000—2014 年的出口比较优势和技术含量进行了测算。其中，出口比较优势使用 RCA_VA 指数进行衡量，技术含量测算则包括全部技术含量、

[①]《中华人民共和国服务贸易具体承诺减让表》中的 ICT 服务相关产业包括计算机及相关服务、软件实施服务和数据处理服务三个方面。

国内技术含量和国内技术含量指数。在测算结果基础上，分析了中国 ICT 制造业和 ICT 服务业比较优势、技术含量的变化趋势和特点，并与具有代表性的国家以及国内其他行业进行对比。主要结论如下。

第一，从出口比较优势来看，中国 ICT 制造业明显优于 ICT 服务业。中国 ICT 制造业的 RCA_VA 指数数值都在 1 以上，并且 2004 年开始大于 2，2010 年以后维持在 2.5—2.6，具有显著的比较优势。而 ICT 服务业的 RCA_VA 指数数值则偏低，最高时为 2013 年的 0.34，处于比较弱势地位。从趋势来看，ICT 制造业和 ICT 服务业的 RCA_VA 指数都基本呈现上升态势，出口比较优势逐渐加强。

第二，中国 ICT 制造业的出口比较优势要高于日本和美国，而低于韩国。中国 ICT 服务业 RCA_VA 指数数值低于美、英、德、法，高于日本、韩国。其中，英、德两国 ICT 服务业具有较为显著的比较优势，而其他国家都处于相对弱势地位。

第三，同全球 ICT 产业领先的主要国家相比，中国 ICT 制造业和 ICT 服务业的技术水平都明显落后，从技术含量的各个指标来看都显示出较大差距。ICT 制造业的国内技术含量、国内技术含量指数上升明显，2014 年上升到第 23 名，而全部技术含量的排名则长期处于参与排名国家的末位。中国 ICT 服务业的国内技术含量、全部技术含量排名也比较靠后，但其国内技术含量指数排名有所上升。相比 ICT 制造业，中国 ICT 服务业在国内技术含量、全部技术含量、国内技术含量指数的排名都相对靠前。

第四，中国 ICT 制造业与电力设备、通用设备和汽车制造相比，在全部技术含量、国内技术含量排名上差别较小，都处于低位，但是在国内技术含量指数上相对落后。ICT 服务业情况相似，其与住宿餐饮、电信、金融服务、组织管理等服务业相比，国内技术含量指数差距明显。

第五，ICT 制造业和 ICT 服务业之间也有明显区别。中国 ICT 制造业具有出口竞争优势，但 ICT 服务业各年的国内技术含量数值要大于 ICT 制造业，并且差距有扩大的趋势。另外，即使在两者全部技术含量数值相差不大的年份里，ICT 服务业的国内技术含量指数也明显高于 ICT 制造业。

尽管受数据限制，本章测算仅覆盖至 2014 年，但上述"出口比较优势较强、技术含量较低，ICT 服务业技术含量高于 ICT 制造业"等主要判断大致能反映中国 ICT 产业"整体大而不强，核心技术受制于人，ICT 服务业依靠模式创新带动状况相对较好"的基本格局。面对不确定性不断增大的国际外部环境，中国 ICT 产业迫切需要提升核心技术的竞争力。对应本章的语境就是着力提高 ICT 产业的技术含量特别是国内技术含量。而中国 ICT 产业所具备的国际竞争优势（出口比较优势），如能合理利用，完全能够有效支撑自主创新能力的提升。中国在 ICT 产业的比较优势来自完善的制造业生态体系和超大规模国内市场。美国在高端芯片等 ICT 产业核心技术环节的禁售乃至封锁，短期内固然会对中国 ICT 产业乃至数字经济发展进程造成负面冲击，但从中长期来看也为国内众多 ICT 高科技中小企业发展壮大提供了难得的市场机遇。ICT 产业特别是 ICT 制造业具有前端锁定后端的技术—经济特征，先发者的马太效应尤为明显。以集成电路为例，在其中上游各环节，由于上下游厂商经过多年磨合已形成稳定的技术关联和协同，正常情况下后进入者往往很难切入专业细分市场。当国内厂商获得市场机会后，既能在应用中不断迭代优化其产品，又能获得市场利润支持后续进一步的研发投入，进而形成良性循环。基于此，提出如下政策建议。

第一，提升中国 ICT 制造业国内技术水平，实现其在全球价值链中由低端向高端的跨越。摆脱 ICT 制造业低端锁定，要积极推进产业结构升级，提升价值链高端环节和前沿领域的技术创新能力，加强高端产业对国内产业链条的支撑作用。特别是在核心电子器件、高端芯片等"卡脖子"领域，发挥新型举国体制的优势，持续加大研发投入和技术攻关力度，加快科技成果转化；鼓励产业链各环节领军企业组建创新联合体，通过联合设立工厂、布局产线等方式带动中小企业创新活动，形成集聚效应。

第二，夯实数字服务软实力。中国在电子商务以及大数据、人工智能等新型数字技术领域与其他发达国家差距较小，在某些方面具有一定的竞争优势。在软件外包服务承接能力基础上，应积极探索融合新型数字技术的数字服务外包业务。在软件和信息技术服务产业具有优势的领域精耕细作，掌握更多先进技术。同时，利用好国内市场优势，充分挖掘国内消费投资对数字服务的需求潜力。

第三，形成稳定的 ICT 产业链。ICT 产业具有超长的产业链条和庞大的产业生态体系。ICT 产业链稳定是 ICT 产业发展和构建产业生态体系的基础。统筹推进 ICT 产业补齐短板和锻造长板，加强薄弱环节扶持力度，引导优势环节健康发展。另外，政府主管部门要因势利导，利用政府部门对产业整体的信息优势，为国内 ICT 产业链各环节企业的对接提供引导和撮合服务。

第四，积极寻求国际合作。面对新冠疫情和中美贸易摩擦，中国 ICT 产业特别是集成电路产业面临巨大风险。为此，中国应积极寻求国际合作，建立良好的国际沟通渠道。同欧美国家特别是美国展开对话沟通，借助《区域全面经济伙伴关系协定》（RCEP）达成的契机深化中日韩合作，与某些领域具有比较优势的日韩实现 ICT 产业上下游的协同互补。

第六章 新一代信息技术与中国经济增长

根据创新经济学、发展经济学的相关理论和工业革命以来的历史经验，特定领域的重大技术变革将引致新兴产业快速成长，带来主导产业的接续更替，实现新旧动能转换（库兹涅茨，1989；罗斯托，2001；Freeman & Perez，1988；Freeman，2002；Perez，2010）。以新一代信息技术为代表的战略性新兴产业瞄准新一轮科技革命的制高点，应该成为新动能分布的主要领域和动力变革重要阵地，具体可以通过产业机制和赋能机制推动和支撑经济发展动力变革。从直观感受来讲，2010年以来，伴随大数据、云计算、3G/4G/5G等新一代信息技术的商业化应用，催生了诸如网约车、共享单车、手机支付等新模式新业态，为中国经济发展注入了新的活力。

实证层面对上述机制的检验和佐证面临行业数据缺失的障碍。为此，本章收集1.5万家样本企业，通过文本分析挖掘，比照《战略性新兴产业分类（2018）》重新划分样本企业行业归属。在此基础上，筛选高成长企业，将其行业分布与新一代信息技术细分行业对比，并构造表征新一代信息技术的代理变量，就其与省域经济增长及TFP的关系进行计量检验。实证表明：虽然战略性新兴企业在样本企业中占比仅为30%左右，但筛选出的高成长企业60%以上都归属于战略性新兴产业；高成长企业中又有60%—70%属于新一代信息技术产业及数字创意产业；面板分析结果显示，新一代信息技术对省域经济增长有着明显的促进作用，但并不能提升TFP；新一代信息技术已成为促进中国经济发展动力变革的重要支撑，但主要是通过产业机制实现的；未来应着力进行生产组织、设施完善、人员培训等方面的适应性改造，发掘新一代信息技术赋能机制方面的潜力。

第一节　新技术影响增长的理论基础

一　技术革命、经济长周期及主导产业更替

发展经济学和经济史学相关理论指出:"起飞之后的经济增长,只能由一系列主导部门来支撑,因为每一个主导部门过一段时间注定要减速(罗斯托,2001)";"……任何时期一国经济中具有强大动力的先导部门总是经济迅速增长的焦点,他们通过各种链条带动了经济中其他方面的增长(库兹涅茨,1989)"。因此,从中观产业层面来讲,经济新动能应集中于那些正处于高增长阶段或增长爆发前夜的各种新兴产业,即上述"先导部门"和新的"主导部门"。

从创新经济学及技术革命视角来看,新兴产业和先导部门的出现是周期性技术革命(或科技革命)推动的结果,也是推动经济增长(发展)的重要动力来源。早在20世纪30年代末,熊彼特便发现工业革命以后世界经济增长呈现50—60年的周期性变化。[①] 弗里曼、佩雷兹等熊彼特的追随者对技术革命进行了界定,指出当多个关联的通用目的技术(General Purpose Technology,GPT)领域同时或相继出现激进式创新时通常会引发技术革命(Dosi,1982;Bresnahan and Trajtenberg,1992;Perez,2010;Lipsey et al.,2005)。他们还发现,工业革命以来,已经确定发生的5次技术革命同样呈现周期性特征;[②] 两次技术革命出现的间隔也在50年左右。[③] 在发生时间上,技术革命与经济长周期之间存在耦合,即几乎每一

---

① 苏联农业经济学家康帝拉季耶夫于1926年利用英国、法国、美国的统计资料,也提出了一个类似的、跨度为48—60年的长周期概念。熊彼特与康帝拉季耶夫的研究截止到20世纪20年代末,后续的长周期仍然存在的,但是跨度似乎缩减到40年左右,为简便起见不妨将熊彼特经济周期(或康帝拉季耶夫周期)简称为"经济长周期"。

② 这五次技术革命分别是:(1)18世纪六七十年代,以斯密顿水车、珍妮纺纱机、阿克莱特水力织布机等为标志,开启了工业革命的序幕;(2)18世纪末到19世纪30年代,以瓦特蒸汽机的广泛应用和利物浦—曼彻斯特铁路线开通为标志,将人类社会带入蒸汽和铁路时代;(3)19世纪70年代,以钢铁、电力及重型机械等为代表的第三次技术革命将人类社会带入钢铁和电气时代;(4)20世纪初,以石油化学、汽车制造为代表开启了石油与汽车时代;(5)20世纪六七十年代,以英特尔公司微处理器发布为标志宣告了信息时代的到来(Freeman & Perez,1988;Freeman,2002;Perez,2010;Mathew,2013)。

③ 确切地说,前三次技术革命的间隔也在50年左右,到了后两次间隔时间则有所缩短,大约为40年;与之相对应,经济长周期的跨度也有缩减的趋势。

轮技术革命的标志性事件都会在上一轮经济长周期的下降阶段出现，比新一轮经济长周期的起点（及上升阶段）提前10—20年（Kondratiev，1935；Schumpeter，1939；Perez，2010；Mathew，2013）。技术革命周期和经济长周期之间的规律性耦合有其内在的微观基础。每一次技术革命都是对既有技术体系和经济均衡的颠覆性冲击；每一个社会成员和微观主体面对冲击时都有一个适应的过程。有的微观主体在原有技术体系下没有太多的既得利益和沉没成本，能够积极拥抱新的技术体系；更多的微观主体则是原有技术体系的既得利益者，在新一轮技术革命萌芽阶段，出于维护自身利益的考量会本能地进行抵制。这样新技术体系从出现到全面推广应用，需要经历一段相当长的接受和适应过程；而一旦跨越了社会成员接受的临界点，便会引发大规模的投资需求，全社会要素资源向新技术领域大量集聚，生活消费方式也将发生重大变化并引发新需求，从而使经济进入新一轮经济长周期的繁荣和上升阶段（Kondratiev，1935；Schumpeter，1939；Mathew，2013）。

Castellacci（2004）从熊彼特创新理论出发对经济长周期上升阶段的微观机制进行了类似分析。Castellacci（2004）主张，经济长周期的上升阶段是技术革命带来的新产品、新过程从创新者向其他企业和部门扩散的时期。随着模仿者群体（Swarm ofImitators，Bandwagon of Imitations）的全面出现，需要更多的投资和工人；于是出现乘数效应，对经济的整体作用也迅速增强。Castellacci（2004）进一步指出，经济长周期的上升阶段同时也是经济结构出现激进变化（Radical Change）的时期；随着新技术的扩散，新兴的产业部门逐渐成为（新的）主导，而原有的（主导）产业部门则逐步衰退。工业革命以来的五次技术革命，每一次基本上都遵循着上述新旧主导产业接续更替的规律。纺织、煤炭、铁路、钢铁、电力、石化、汽车、芯片等先后成为新的主导产业，为不同长周期的经济繁荣提供增长新动能（见表6.1）。

表6.1　　　　工业革命以来历次经济长周期与技术革命

	历次经济长周期	历次技术革命	
		标志性事件	主导技术体系
1	上升期：（1786—1787）—（1810—1817） 下降期：（1810—1817）—（1843—1851）	1771年阿克莱特水力织机；斯密顿水车等	以机械、水力、运河体系等为核心，机械替代手工，并引发工业革命

续表

	历次经济长周期	历次技术革命	
		标志性事件	主导技术体系
2	上升期：（1843—1851）—（1870—1875） 下降期：（1870—1875）—（1890—1897）	1829年利物浦—曼彻斯特铁路试验线通车	以蒸汽机、煤炭、铁路、电报为核心的技术体系，开启蒸汽与铁路时代
3	上升期：（1890—1897）—（1914—1920） 下降期：（1914—1920）—（1939—1950）	1875年卡内基转炉钢厂在匹兹堡建成	以钢铁、电力、电机、电话等构成的技术体系，开启钢铁与电气时代
4	上升期：（1939—1950）—（1968—1974） 下降期：（1968—1974）—（1984—1990）	1908年第一台福特T型车从底特律工厂下线	以石油、石化、内燃机、汽车等为核心的技术体系，开启石油与汽车时代
5	上升期：（1984—1990）—（2008—2010） 下降期：（2008—2010?）—2020s?	1971年英特尔公司发布第一款微处理器	以微电子、计算机、信息通信等技术为核心，开启信息时代

资料来源：综合 Kondratiev（1935）、Schumpeter（1939）、Perez（1985）、Lipsey 等（2005）、Perez（2010）、Mathew（2013）等文献整理而得。

2010年以来加速演进的世界新一轮科技革命本质上是以（移动）互联网、大数据、人工智能等新一代信息技术为核心，涵盖新能源、新材料、生物等关联通用目的技术（GPT）的第六次技术革命。根据此前五次技术革命与经济长周期相互耦合以及主导产业接续更替的内在规律，以新一代信息技术为代表的战略性新兴产业，应成为中国乃至全球的接续主导产业，并为中国经济增长提供新动能。2010年10月，《国务院关于加快培育和发展战略性新兴产业的决定》出台，其初衷就是要顺应世界新一轮科技革命和产业变革的趋势、抢占经济科技制高点。

2012年，中国经济增速开始出现明显下降，2014年正式进入经济新常态，寻找增长新动能、实现新旧动能转换对于保持宏观经济中高速增长、实现两个一百年奋斗目标显得尤为迫切。以新一代信息技术为代表的战略性新兴产业各细分行业，能否如理论预期的那样真正成为中国经济增长的新动能，有必要从实证层面进行检验和佐证。

根据前面梳理，新一代信息技术及其他（战略性）新兴产业各细分行业实现快速成长是其发挥增长新动能作用最为直接的机制（见图 6.1）。考察各细分行业的增长情况，可以对上述机制进行验证。另外，新一代信息技术和其他战略性新兴产业涵盖面较广，每个细分行业在发展阶段、市场需求、产业规模等方面存在较大差异。有的细分行业虽然长期来看有着良好的发展前景和潜力，但产业化尚处于萌芽状态，短期内在支撑宏观经济增长方面很难发挥主导作用；而有的细分行业由于种种原因，企业运营及产业规模已呈现爆发式增长态势，短期内即有望成长为经济增长的重要动力来源。识别出那些已经显现出高成长势头并有望进入快速增长阶段的新动能细分行业，对于政府决策部门精准施策、改善调控、保持较高经济增速显得尤为重要。

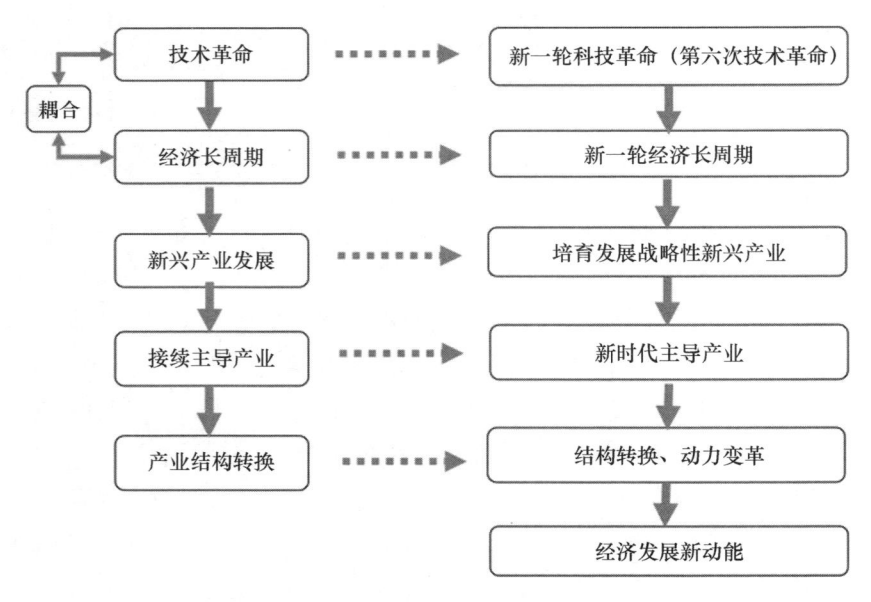

图 6.1　技术革命、战略性新兴产业与经济新动能传导机制

二　新一代信息技术的增长作用机制

无论是既有的创新经济学、增长经济学等相关理论，还是有关（传统）ICT 与经济增长的实证分析，都预示着新一代信息技术能够为中国经济乃至全球经济的高质量发展和动力变革提供支撑。从既有文献梳理可以看出，新一代信息技术支撑动力变革的作用机制将主要来自两个方面，即

产业机制和赋能机制。产业机制体现的是技术革命和创新发展的一般规律;作为世界新一轮科技革命和产业变革(或者说第六次技术革命)的核心,归属于新一代信息技术领域的相关细分行业有望在商业化进程加速过程中实现产业规模的快速增长,进而成长为接续主导产业,为宏观经济增长提供有力支撑。而赋能机制则是由 ICT 渗透性、协同性等技术—经济特征所决定的;其核心在于新一代信息技术渗透于其他(传统)产业领域后所带来的效率提升,最终也将表现为产业增加值和宏观 GDP 的增长,而基于效率提升的增长恰恰是高质量发展和动力变革的核心诉求。①

然而,自 2010 年《国务院关于加快培育和发展战略性新兴产业的决定》出台并界定新一代信息技术以来,新一代信息技术作为增长新动能支撑动力变革和高质量发展,基本还是停留在理论机制层面的推断。迄今为止,学术界还鲜有定量方面的实证研究去验证分析新一代信息技术对经济增长的作用机制及影响程度。这背后很重要的一个原因就是与新一代信息技术相关的数据严重缺失。

新一代信息技术通过产业机制推动经济发展动力变革的重要标志就是其相关产业(或细分行业)出现超常增长,有望在短期内迅速成长为接续主导产业。如果能够获取新一代信息技术及其细分行业的产值、增加值、从业人员等相关数据,通过这些指标近年来的增长速度很容易做出判断。而且依托这些数据,也能够采用相应的计量方法分析新一代信息技术与经济增长(或效率提升)之间的关系,从而对赋能机制以及产业机制这两种机制的综合效应进行验证。实施上述检验的重要前提是,能够收集到新一代信息技术产业及其细分行业的相关数据。然而,现行官方统计体系从未提供过新一代信息技术产业及其内部细分行业的统计指标。② 这背后的根源在于,现行的国民经济行业分类本质上是历次技术革命的产物,适应工业文明成熟期的经济社会形态,而新一代信息技术及其他战略性新

---

① 当然,新一代信息技术的替代性对于传统产业的增长也会带来贡献,但严格来讲这种作用机制不应划归于赋能机制。

② 尽管国家统计局于 2018 年 11 月发布了《战略性新兴产业分类 2018》,将包括新一代信息技术在内的战略性新兴产业比照现行统计分类模式,划分为九大类,共 40 个细分行业。但是,就整个战略性新兴产业而言,官方统计也仅在 2016—2019 年的统计公报中给出了近几年"工业战略性新兴产业增加值"的增速数据,至于新一代信息技术等战略性新兴产业各大类别及其细分行业的数据根本无法获取。

兴产业，其领域及行业划分则是适应新一轮科技革命和产业变革要求设定的；两种分类标准存在较大差别；在既有的国民经济行业分类体系下核算新一代信息技术等新兴产业的相关数据，存在较大难度。近年来，微观层面的各种数据资源日益丰富，这为我们绕开官方统计体系行业数据缺失的现实障碍提供了可能。

第二节　研究思路与数据基础

一　高成长企业与新动能细分行业识别

（一）新动能细分行业与高成长企业的内在关联

受行业统计数据缺失的限制，我们无法通过产业规模或增加值等增速来直接识别新动能细分行业。考虑到企业的成长是其所属行业实现增长的微观基础，我们拟从微观企业数据分析入手，间接识别出作为增长新动能的细分行业。

由技术革命和收入水平提升所引致的需求结构变化，其发生过程非常迅速；因为需求侧主要由消费者意愿所决定，而意愿的转换可以在瞬间完成。而产业结构顺应需求结构变化做出的适应性调整，其过程则要远为缓慢。毕竟各类要素的组织动员、生产性资本的积累以及组织架构和运行模式的形成，都需要较长的时间。另外，消费者需求的结构性变化为生产者（供给侧）所感知也是一个循序渐进的过程。在需求结构发生转变的初期，往往只有少数非常敏锐的企业能够迅速捕捉并及时在生产经营策略上做出相应调整；通过这部分先行者的示范和带动，才会有更多企业意识到需求结构变化，从而在更大范围内推动供给结构或者说产业结构的适应性调整。

在上述过程中，那些能够快速捕捉到需求结构变化的企业，面对转变初期迅速形成的巨大市场需求，通过加大资金、人力、研发等要素投入，往往会取得超常规的快速发展；进而带动并形成新兴产业或新型业态，成为宏观经济的新动能。从另一个角度来看，那些呈现高速成长势头的企业在行业归属上会有很大一部分属于新动能行业。这也是后续开展新动能细分行业识别的重要依据。

（二）产业分布识别困境及本章识别思路

在产业数据可获得前提下，对各细分行业发展状况和变化趋势进行分析研判不失为一条更直接的识别路径。王礼恒等（2016）构建了一套评价新兴产业成熟度的指标体系，主要是从产品成熟度和市场成熟度两方面综合考察新兴产业的成熟度；其中，产品成熟度包括技术成熟度和制造成熟度；而市场成熟度则考察产业的市场规模、市场结构（集中度）及其市场潜力。利用产品成熟度来衡量产业的成长性或增长潜力在操作上也有较大难度，毕竟对于产品成熟度的衡量存在较大主观性。

从市场成熟度来评价产业成熟度，虽然可以将评价指标集中于产值、就业、利润、研发投入等较为客观的指标，但是要达到评价新兴产业领域各细分行业的目标，在数据获取上存在非常直接的现实障碍。现行可获得官方统计数据的国民经济行业分类则主要是历次技术革命和产业革命的产物。而包括战略性新兴产业在内的潜在经济新动能领域，其细分行业划分标准更多是适应新一轮科技革命和产业变革要求设定，迄今尚未公布官方统计数据。① 这意味着从行业本身入手，评价以战略性新兴产业为主的相关领域细分行业及是否具备经济新动能特征，在数据收集环节存在操作上的现实困难。

识别高成长细分行业的一条可行路径是从高成长企业筛选入手，通过被筛选企业的行业分布状况，大致推断出短期内具有高成长潜力、有望成为新动能的相关细分行业。相比产业成熟度判别路径，从既有的快速成长企业中识别经济新动能的可能范围、收集数据信息更为可行，所采集数据信息与既定目标之间的关联也较为直接。正是基于高成长企业与高成长行业的上述内在关联，本章对以战略性新兴产业为主的相关领域高成长细分行业识别的基本思路是：（1）从企业相关数据指标收集整理和分析入手，利用文本挖掘及相应统计分析手段筛选出不同评判标准下的高成长企业；（2）根据高成长企业的行业领域归属，推断以战略性新兴产业为主的相关领域中具有高成长态势的细分行业，并将其识别为新动能（细分）行业。

二 高成长企业的特征及筛选标准

由于后续高成长细分行业识别的基础是高成长企业筛选，因此，厘清

---

① 以战略性新兴产业为例，官方资料中仅在 2016 年的统计公报中首次给出了"工业战略性新兴产业增加值增长 10.5%"，细分行业数据根本无法获取。

高成长企业特征并设定筛选标准至关重要。欧美学者特别是欧盟及北欧学者在这方面开展了较多具有参考价值的研究。

（一）高成长企业的主要特征

早在20世纪90年代，Birch 和 Medoff（1994）等给出了一个较为具体的高成长企业界定标准，即必须在一定期间内取得至少20%的销售增长率，且基年收益至少达到10万美元。此后，学者们虽提出了不同的界定标准，但各个标准之间并无本质上差别，大致来说包括以下主要特征：（1）高增长率，但所采用衡量指标和高增长标准存在差异；（2）较长持续时间，通常是3—5年，以减少由于增长率短期波动而造成的误选或遗漏；（3）一定的规模，以剔除特别小规模企业初期由偶然因素而获得高速增长的情形（Delmar & Roslagsvägen，1997；Garnsey et al.，2006；Shepherd & Wiklund，2009）。

（二）高成长企业的衡量指标

可用于考察企业成长状况的指标包括资产、就业、市场份额、物质投入、利润、销售额等几乎所有反映企业投入产出状况的财务指标或经营指标；其中又以销售额和就业两个指标最为常用。

Hoy 等（1992）认为，如果只选一个指标衡量企业成长的指标，应首选销售额。销售额指标具有很多优点，如数据容易获得、适用于各类企业等。当然，销售额本身也有其局限性。一是销售额对通货膨胀和汇率的敏感度较低，这会影响其名义增长率的真实性，从而降低其作为测度基准的效果。二是销售额增长需要企业运营取得一定成效后才会显现；而企业的资产和就业人数增长往往先于销售额增长，因此用总资产规模或就业人数有时能更准确地预测企业发展趋势。就业是标准化、可比较的数据指标，能提供反映企业扩张比率和方向，且基本不受通货膨胀的影响。就业指标能较好地反映劳动密集型企业和知识型企业的真实增长情况，不足之处在于，它比较容易受劳动生产率提高和垂直一体化的影响，无法反映生产率提升情形下的企业增长。

实证中一些文献还根据需要构造了若干复合性指标，对指标增长的测度形式给出了更多不同选择，如 Birch 系数、对数增长指数、复合年度增长率等。对于某个具体指标来说，可以有两种方式衡量其增长情况。一是绝对增加量，如新增就业岗位数量；二是相对增长速度，如吸纳就业增速。Birch（1987）则构造了一个包含上述两方面信息的 Birch 系数。

$$m = (E_{i,t} - E_{i,t-1})\left(\frac{E_{i,t}}{E_{i,t-1}}\right) \quad (6-1)$$

式（6-1）中，$E_{i,t}$ 是企业 i 在 t 时点的雇佣人数；从式（6-1）可以看出，Birch 系数所选用的基础指标仍是就业；但是将就业数量的绝对增加和相对增长速度两方面因素都一并予以考虑，所包含的就业增长信息更为全面。当然，Birch 系数的缺陷在于，据此计算出的系数值，其所表达的增长状况变得更为抽象，难以据此给出直观的评判。

Schreyer（2000）使用对数增长指数来衡量企业成长情况。对数增长指数与一般的算术增长率本质上是一致的。

$$\log(g_{i,t}) = \log\left(\frac{S_{i,t}}{S_{i,t-1}}\right) = \log(S_{i,t}) - \log(S_{i,t-1}) \quad (6-2)$$

从式（6-2）可以看出，对数增长指数无非就是在原有指数计算基础上两边取对数。Coad 和 Holzl（2010）认为，采用对数增长率在计量分析过程中受异方差的影响较小，在实证中使用较为广泛。当然，经过对数变换后，也存在表达和评判不够直观的问题。

为了避免单个年份增长的波动，实证中还会采用复合年度增长率。例如，Barringer 等（2005）运用复合年度增长率指标来计算高成长企业，并将 3 年复合年度增长率超过 80% 的企业定义为高成长企业，3 年复合年度增长率低于 35% 的企业称为低成长企业。

（三）高成长企业的量化标准

考察指标确定后，通过设定相应的量化标准，便可以筛选出高成长企业。既有量化标准大致可以分为两类，一类是直接给出特定考察指标绝对增长率的阈值，增长率超过该阈值的便属于高成长企业。另一类是在给定企业样本中，选择一定比例增长率排名最高的企业作为高成长企业。当然，阈值或比例的设定都存在一定的差异。

在绝对增长率阈值设定方面，Birch 和 Medoff（1994）提出的标准是一定时期年销售额增长 20% 以上。Fischer 等（1997）则更为具体地设定，连续 5 年销售额增长 20% 以上。Acs 等（2008）的标准是 4 年内销售额翻一番，大致相当于连续 4 年销售额年增长 20%。Autio 等（2000）提出的标准是连续 3 年销售额增长 50% 以上。Ahmad 和 Gonnard（2007）、Deschryvere（2008）针对就业指标给出了类似的阈值和标准，即就业人数 3 年内每年增长 20% 以上，或 4 年左右大致翻一番；另外，还附加了"初始员工 10 人以上"的前提条件。

在实证研究中，也很多采用增长率相对排名作为界定标准。Davidsson 和 Henrekson（2002）将其所用数据库中平均每年绝对就业增加数排名前 10% 的企业视为高成长企业。Holzl 和 Friesenbichler（2010）则将样本企业中销售额增长前 10% 的企业作为高成长企业。Daunfeldt 等（2010）、Bjuggren 等（2010）、Vanacker（2009）都将高成长企业定义为就业增长速度排名前 1% 的企业。Daunfeldt 等（2010）还采用增加值、生产率和销售作为识别高成长企业的标准。

综合以上文献设定的标准可以看出，虽然在绝对增长率的具体数值上存在差别，但将特定考察指标在 3—5 年内每年保持 20% 增长率或 4 年翻一番作为筛选高成长企业的标准，已经为大多数学者所认同。至于具体的指标，可以是销售额、就业人数以及其他常用的企业财务经营指标。相对排名的设定，存在较大弹性，从排名前 1% 到前 10% 情形都有，这可能主要与样本数量有关。如果样本数量非常大，以排名前 1% 作为标准更便于数据处理；而在样本数量较小情形下，则可以考虑选择排名前 10% 的企业。

需要指出的是，除了绝对增长速度或相对增长速度的设定外，对于高成长企业的筛选往往还会加上初始规模方面的限制，例如，初始销售额大于 10 万美元、初始人员规模大于 10 人或 50 人。这种限制有利于纠正筛选结果过于集中于小微企业而形成的偏差。毕竟，规模过小的企业，偶然出现的一笔订单或业务便能实现销售、人员、利润等指标的快速增长，从而释放出关于企业及所属产业成长性的错误信息。

三　高成长细分行业识别步骤及数据基础

（一）识别步骤

根据前文提出的识别思路，以战略性新兴产业为主相关领域中的高成长细分行业识别将从高成长企业筛选入手；对被筛选企业的行业分布进行分析，便能大体判断出战略性新兴产业等领域内部哪些细分行业具备高成长态势、有望在短期内成为经济新动能。具体的识别步骤如下。

第一，企业成长性指标选取。企业是对市场需求变化最为敏感的主体，对于那些潜在的高成长行业，敏锐的企业家往往会提前布局，从资金、人力、研发等不同方面配置资源，进而率先实现企业资产规模和销售收入等方面快速增长。因此，那些在员工人数、总资产、销售收入、净利润等指标出现超常规增长的企业，其所处行业往往具有很大的增长潜力，不妨以此作为判别企业成长性的主要指标。

第二，高成长企业标准设定。借鉴欧美学者增长率相对排名的做法，选取几个不同时期各指标增长率排名前1%的企业作为高成长企业筛选的初步标准；并考虑被初步筛选企业相关指标增长率水平的实际大小，对筛选范围进行相应的缩小或扩大。具体的考察期间分别是2013—2017年、2015—2017年两个时间段。

第三，高成长企业筛选。根据设定的高成长企业标准，对收集的样本企业进行整理分析，分指标、分时期筛选出（潜在的）高成长企业。

第四，高成长细分行业分布识别。对不同指标、不同时期下被筛选出的高成长企业所属具体细分行业的分布情况进行分析；综合考虑所有被筛选出的样本企业的行业分布集中度，将那些在不同指标、不同期间均出现较多高成长企业的行业确定为具备高成长态势的细分行业。

（二）数据基础

高成长企业筛选所依据的原始数据主要来自万得数据库中的上市公司、新三板以及产权交易企业数据，涵盖了来自主板、中小板、创业板、新三板的上市公司以及各地产权交易所挂牌交易企业共计30万家企业。

由于准入和监管的要求，主板、中小板、创业板、新三板的上市公司和挂牌交易企业提供了更为翔实的数据资料，包括财务数据和企业经营基本信息等，且有一定时期内连续的数据信息。考虑到高成长企业筛选过程中，需要考察较长的时间跨度以减少各种偶然因素带来的冲击，加上对数据质量的考量，最终将微观企业样本的选择锁定在上市公司（含主板、中小板、创业板）和新三板及其他挂牌交易企业，最终从30万家企业中初步筛选出14514家企业作为后续实证分析的基础数据。需要指出的是，无论是中小板、创业板还是新三板，上市公司或挂牌交易企业通常都具有创新创业相关属性，企业经营范围很多也属于战略性新兴产业，因此，这部分企业涉足的领域最有可能成为高成长行业，为支撑中国经济增长提供新动能。这也是选择这部分企业作为考察对象的另一项重要因素。

还有一点需要特别说明的是，由于企业挂牌或上市的时间不同，不同企业所能够获取的数据序列长短并不一致，部分企业有连续5年以上的数据，部分企业仅有3年甚至2年的数据，这意味着如果直接考察5年期平均增长率，则最后剩下的样本数据将不足 14514 家。另外，不同企业所能收集到的数据指标的齐备程度也不同，其中，员工总数、资产总计、销售收入/营业收入、营业利润的数据相对来说比较齐全。基于上述原因，在识别高成长企业时将主要依据员工总数、营业收入、资产总计、营业利润这 4 个指标的增长率；在考察期限方面，则分别考察 5 年期（2013—2017 年）和 3 年期（2015—2017 年）两个时间段平均增长情况。

在高成长企业筛选基础上分析高成长细分行业分布状况，需要对企业所属细分行业进行恰当分类。收集到的样本企业数据，包含了企业经营范围等信息，并按照现行统计核算体系标准给出行业分类信息。然而，这种行业分类并不能完全满足识别潜在高成长行业的需要。一方面，潜在高成长行业很多都属于新兴产业，现行以工业革命为基础的行业分类并不能完全覆盖企业所属的细分产业部门；另一方面，很多企业特别是中小企业，营业执照列示的经营范围往往涵盖多个行业部门，其主营业务也会经常发生重大调整，而原有的行业分类信息根本无法全面反映这些情况。

为了提高对潜在高增长行业识别的准确性，以《战略性新兴产业分类（2018）》口径为基础将战略性新兴产业分成九大类、40 个细分行业作为主要划分标准[1]，利用文本分析等数据挖掘手段对每个样本企业的经营范围进行分析；据以对其所属行业重新进行分类，并打上相应的分类标识。当然，重新分类过程也结合既有的企业行业分类信息辅助判断，涵盖

---

[1] 国家统计局《战略性新兴产业分类（2012）》中分为节能环保产业、新一代信息技术产业、生物产业、高端装备制造产业、新能源产业、新材料产业、新能源汽车产业七大产业；国家发展改革委内部统计时曾将"新能源汽车"合并至"新能源"。2018 年公布的分类又将"新能源"和"新能源汽车"拆分，并且增加"数字创意产业"和"相关服务业"两大类，具体又细分为下一代信息网络产业；电子核心产业；新型软件和新型信息技术服务；互联网与云计算、大数据服务；人工智能；智能制造装备产业；航空装备产业；卫星及应用产业；轨道交通装备产业；海洋工程装备产业；先进钢铁产业；先进有色金属材料；先进石化化工新材料；先进无机非金属材料；高性能纤维及制品和复合材料；前沿新材料；新材料相关服务；生物医药产业；生物医学工程产业；生物农业及相关产业；生物质能产业；其他生物业；新能源汽车整车制造；新能源汽车装置、配件制造；新能源汽车相关设施制造；新能源汽车相关服务；核电产业；风能产业；太阳能产业；生物质能及其他新能源产业；智能电网产业；高效节能产业；先进环保产业；资源循环利用产业；数字创意技术设备制造；数字文化创意活动；设计服务；数字创意与融合服务；新技术与创新创业服务；其他相关服务，共 40 个细分行业。

战略性新兴产业以外的相关领域。① 上述企业行业归属的重新分类既是后续实证工作得以开展的关键,也是本章研究的重要创新点。重新分类后的样本企业,归属于非战略性新兴产业的企业占绝大多数,共计9829家,占比为67.7%;归属于战略性新兴产业的企业有4685家,占比为32.3%,其中,新一代信息技术产业有2567家,占比为17.7%。更为详细的行业归属分布情况见表6.2。

表6.2　　　　　　样本企业重新归类后的行业分布状况

	战略性新兴产业									非战略性新兴产业	企业总数
	①	②	③	④	⑤	⑥	⑦	⑧	⑨	合计		
数量（家）	2567	624	510	261	240	235	109	106	33	4685	9829	14514
占比（%）	17.7	4.3	3.5	1.8	1.7	1.6	0.8	0.7	0.2	32.3	67.7	100

注:①、②、③、④、⑤、⑥、⑦、⑧、⑨分别代表新一代信息技术产业、数字创意产业、生物产业、节能环保产业、高端装备制造产业、相关服务业、新能源产业、新材料产业和新能源汽车产业。

第三节　高成长企业筛选及所属行业分布

一　基于员工总数的高成长企业筛选及行业分布

按照前文所述的筛选步骤,对样本企业的员工总数增长率情况进行了简单的统计分析,并从中筛选出每个时间段增长率排名前1%的企业。

由于员工总数的数据完整性相对最差,5年连续的企业只有4444家,而近三年连续的企业相对较多,有10634家。其中,被筛选企业详细信息及在战略性新兴产业九大类、40个细分行业中的分布情况见表6.3和图6.2。

---

① 对于那些在行业归属上无法划归到上述40个细分行业的企业,我们也会在挖掘其经营范围等相关信息后,将其归类于各传统产业。

表 6.3　　　分年度筛选后的员工总数高增长企业基本信息

	2013—2017 年			2015—2017 年		
	完整数据企业样本		被筛选企业样本数（家）	完整数据企业样本		被筛选企业样本数（家）
	数量（家）	占比（%）		数量（家）	占比（%）	
新一代信息技术	601	13.5	10	1830	17.2	31
高端装备制造	127	2.9		421	4.0	4
新材料	185	4.2	1	383	3.6	2
生物	52	1.2	4	168	1.6	3
新能源汽车	56	1.3	1	140	1.3	1
新能源	29	0.7		152	1.4	
节能环保	32	0.7	5	86	0.8	6
数字创意	26	0.6	6	76	0.7	9
相关服务业	11	0.2	3	23	0.2	10
战略性新兴企业小计	1119	25.2	30	3279	30.8	66
合计	4444	100	45	10634	100	106
最高增长率（%）	4.39		—	33.22		—
增长率中位数（%）	1.32			1.78		
最低增长率（%）	0.92		—	1.16		—

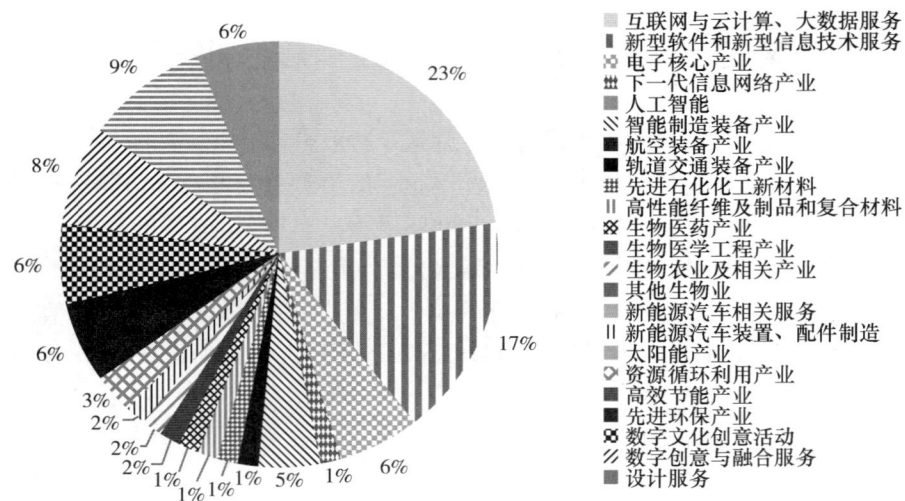

图 6.2　2015—2017 年员工总数增长较高企业战略性新兴产业细分行业分布

考虑到被筛选出的企业整体的员工总数增长率偏低,两个时间段的增长率中位数均在 1%—2%;不妨缩小筛选范围,挑选出那些两次被选中的企业,以及 2015—2017 年增长率在 3% 以上的企业。由于少量高增长企业在行业归属上不能划归战略性新兴产业,还需要对这些企业重新进行分类。经过上述二次筛选后的企业有 1/3 左右属于新一代信息技术产业,同时数字创意产业和相关服务业占比也相对较高。战略性新兴产业以外的行业包括食品加工、物流仓储、园林绿化等。

综合表 6.3、图 6.2 以及二次筛选企业的行业分布情况,对 2015—2017 年员工总数增长突出企业的行业分布可以大致做出如下判断:(1) 就业增长较高的被筛选企业 60% 以上分布于战略性新兴产业;归属战略性新兴产业的企业中,约 47% 属于新一代信息技术产业,加上属于数字创意产业的企业,合计占比则超过 60%;相关服务业也占据较大份额。(2) 从战略性新兴产业细分行业来看,互联网与云计算、大数据服务及新型软件和新型信息技术服务在所有归属战略性新兴企业中占比约 40%,新技术与创新创业服务、数字创意与融合服务、数字文化创意活动、电子核心产业、先进环保产业和其他相关服务占比也相对较大。(3) 智能装备制造产业、资源循环利用产业、生物医药产业、生物农业及相关产业、太阳能产业、下一代信息网络产业等细分行业都有企业归属。(4) 生物质能产业、人工智能、先进有色金属材料、核电产业、高效节能产业、数字创意技术设备制造等细分行业则无一企业归属。(5) 战略性新兴产业以外,员工总数高增长企业涉及的行业领域主要包括物流仓储、园林绿化、房地产等。

二 基于资产总计的高成长企业筛选及行业分布

同前面员工总数类似,根据资产总计增长率排名情况,对 1.5 万家样本企业进行了相应的筛选,并对被筛选企业在战略性新兴产业领域中的分布情况进行了统计,见表 6.4 和图 6.3。

表 6.4   分年度筛选后的资产总计高增长企业基本信息

	2013—2017 年			2015—2017 年		
	完整数据企业样本		被筛选企业样本数(家)	完整数据企业样本		被筛选企业样本数(家)
	数量(家)	占比(%)		数量(家)	占比(%)	
新一代信息技术	1685	16.7	43	2525	17.7	53

续表

	2013—2017 年			2015—2017 年		
	完整数据企业样本		被筛选企业样本数（家）	完整数据企业样本		被筛选企业样本数（家）
	数量（家）	占比（%）		数量（家）	占比（%）	
高端装备制造	384	3.8	1	611	4.3	4
新材料	373	3.7		495	3.5	
生物	163	1.6	7	247	1.7	9
新能源汽车	138	1.4	4	229	1.6	1
新能源	146	1.4	1	229	1.6	2
节能环保	83	0.8	2	108	0.8	1
数字创意	71	0.7	17	99	0.7	11
相关服务业	19	0.2	8	33	0.2	18
战略性新兴企业小计	3062	30.3	83	4576	32.1	99
合计	10090	100	101	14270	100	143
最高增长率（%）	13.36		—	33.89		—
增长率中位数（%）	2.01		—	2.41		—
最低增长率（%）	1.5		—	1.78		—

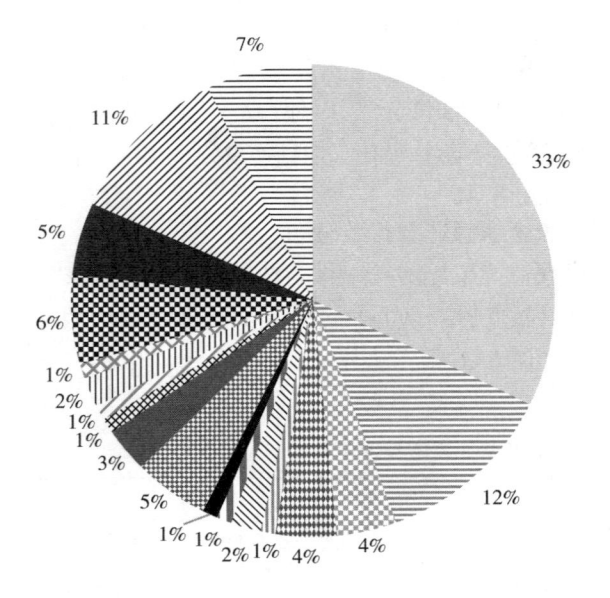

图 6.3 2015—2017 年资产总计增长较高企业战略性新兴产业细分行业分布

在二次筛选中，挑选出那些两次均被选中以及2015—2017年增长率超过5%的企业，并对少量没有划归战略性新兴产业的高增长企业重新分类。经过二次筛选后的企业有将近1/2的属于新一代信息技术产业，并涉及数字创意产业、相关服务业以及生物产业等。

综合表6.4、图6.3和二次筛选企业的行业分布情况，对2015—2017年资产总计增长突出企业的行业分布可大致做出如下判断：（1）资产总计增长较高企业有70%—80%归属于战略性新兴产业；归属战略性新兴产业的企业中，50%以上属于新一代信息技术产业，加上属于数字创意产业的企业，合计占比约70%；属于相关服务业以及生物产业的企业也占据较大比重。（2）从战略性新兴产业细分行业来看，互联网与云计算、大数据服务及新型软件和新型信息技术服务占40%以上，新技术与创新创业服务、其他相关服务、生物医药产业、数字文化创意活动和数字创意与融合服务占比也相对较多。（3）下一代信息网络产业、电子核心产业、生物医学工程产业、航空装备产业、太阳能产业等细分行业都有企业归属。（4）轨道交通装备产业、海洋工程装备产业、先进有色金属材料、先进石化化工新材料、生物质能产业、新能源汽车相关服务、先进环保产业、高效节能产业、设计服务等细分行业无一企业归属。（5）在战略性新兴产业以外，资产总计指标高增长企业涉及的行业领域还包括物流仓储、园林绿化。

三　基于营业收入的高成长企业筛选及行业分布

根据营业收入/销售收入增长率排名情况，对1.5万家样本企业进行了相应的筛选，并对被筛选企业在战略性新兴产业领域中的分布情况进行统计，见表6.5和图6.4。

表6.5　　　　分年度筛选后的营业收入高增长企业基本信息

	2013—2017年			2015—2017年		
	完整数据企业样本		被筛选企业样本数（家）	完整数据企业样本		被筛选企业样本数（家）
	数量（家）	占比（%）		数量（家）	占比（%）	
新一代信息技术	1668	16.7	40	2517	17.7	49
高端装备制造	383	3.8		609	4.3	5

续表

	2013—2017 年			2015—2017 年		
	完整数据企业样本		被筛选企业样本数（家）	完整数据企业样本		被筛选企业样本数（家）
	数量（家）	占比（%）		数量（家）	占比（%）	
新材料	364	3.6	5	490	3.4	5
生物	159	1.6	11	248	1.7	24
新能源汽车	138	1.4	—	228	1.6	2
新能源	142	1.4	—	225	1.6	1
节能环保	80	0.8	4	108	0.8	5
数字创意	68	0.7	16	98	0.7	18
相关服务业	19	0.2	8	33	0.2	9
战略性新兴企业小计	3021	30.2	84	4556	32.0	118
合计	9998	100	100	14226	100	143
最高增长率（%）	42.74		—	4796.88		—
增长率中位数（%）	10.10		—	59.98		—
最低增长率（%）	7.37		—	38.57		—

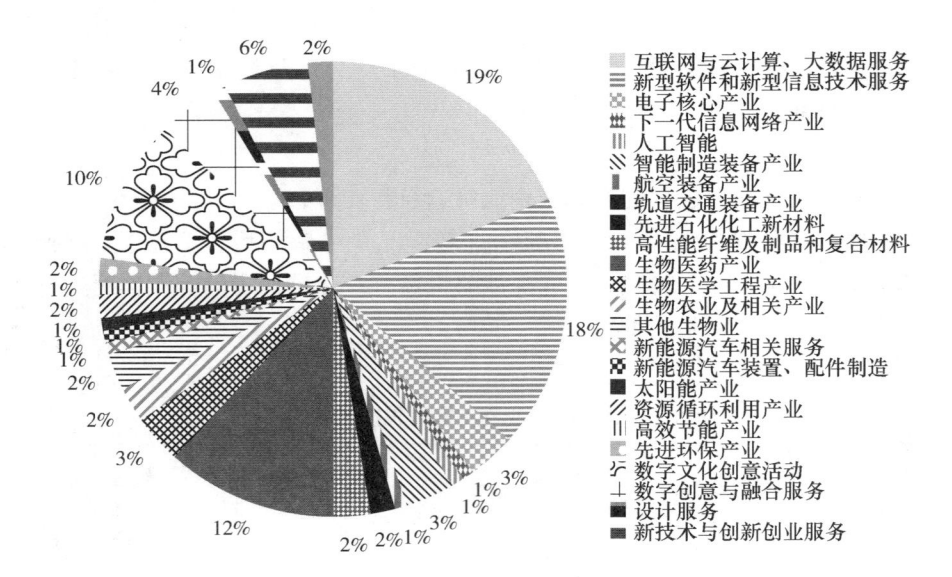

图 6.4　2015—2017 年营业收入增长较高企业战略性新兴产业细分行业分布

同其他指标一样,也进行了二次筛选,挑选出那些两次均被选中以及 2015—2017 年平均增长率超过 100% 的企业,并对少量没有划归战略性新兴产业的高增长企业重新分类。二次筛选后的企业 40% 以上属于新一代信息技术产业,20% 左右属于生物产业,数字创意产业和相关服务业也占 25% 左右。

综合表 6.5、图 6.4 和二次筛选企业的行业分布情况,对 2015—2017 年营业收入增长突出企业的行业分布可以大致做出如下判断:(1)营业收入增长较快的企业有 80% 以上可以归属于战略性新兴产业;归属于战略性新兴产业的企业中,40% 以上属于新一代信息技术产业,加上属于数字创意产业的企业,合计占比约 60%;生物产业和相关服务业也占据较大比重。(2)从战略性新兴产业细分行业来看,互联网与云计算、大数据服务及新型软件和新型信息技术服务占 40% 左右,生物医药产业和数字文化创意活动占比也较大。(3)新技术与创新创业服务、数字创意与融合服务、电子核心产业和智能制造装备产业等细分行业都有企业归属。(4)轨道交通装备产业、先进有色金属材料、生物质能产业、智能电网产业、数字创意技术设备制造等细分行业无一企业归属。(5)在战略性新兴产业以外,营业收入高增长企业涉及的行业领域主要包括机械制造。

四 基于营业利润的高成长企业筛选及行业分布

根据营业利润增长率排名情况,对 1.5 万家样本企业进行了相应的筛选,并对被筛选企业在战略性新兴产业领域中的分布情况进行了统计,见表 6.6 和图 6.5。

表 6.6　　　　分年度筛选后的营业利润高增长企业基本信息

	2013—2017 年			2015—2017 年		
	完整数据企业样本		被筛选企业样本数(家)	完整数据企业样本		被筛选企业样本数(家)
	数量(家)	占比(%)		数量(家)	占比(%)	
新一代信息技术	1663	16.6	27	2525	17.7	32
高端装备制造	381	3.8	2	611	4.3	4
新材料	371	3.7		495	3.5	3

续表

	2013—2017 年			2015—2017 年		
	完整数据企业样本		被筛选企业样本数（家）	完整数据企业样本		被筛选企业样本数（家）
	数量（家）	占比（%）		数量（家）	占比（%）	
生物	162	1.6	3	248	1.7	11
新能源汽车	136	1.4		229	1.6	1
新能源	144	1.4	1	229	1.6	
节能环保	82	0.8	3	108	0.8	5
数字创意	70	0.7	7	99	0.7	10
相关服务业	19	0.2	5	33	0.2	5
战略性新兴企业小计	3028	30.3	48	4577	32.1	71
合计	10005	100	73	14271	100	109
最高增长率（%）	11.84		—	28.06		—
增长率中位数（%）	3.91		—	9.03		—
最低增长率（%）	2.97		—	6.38		—

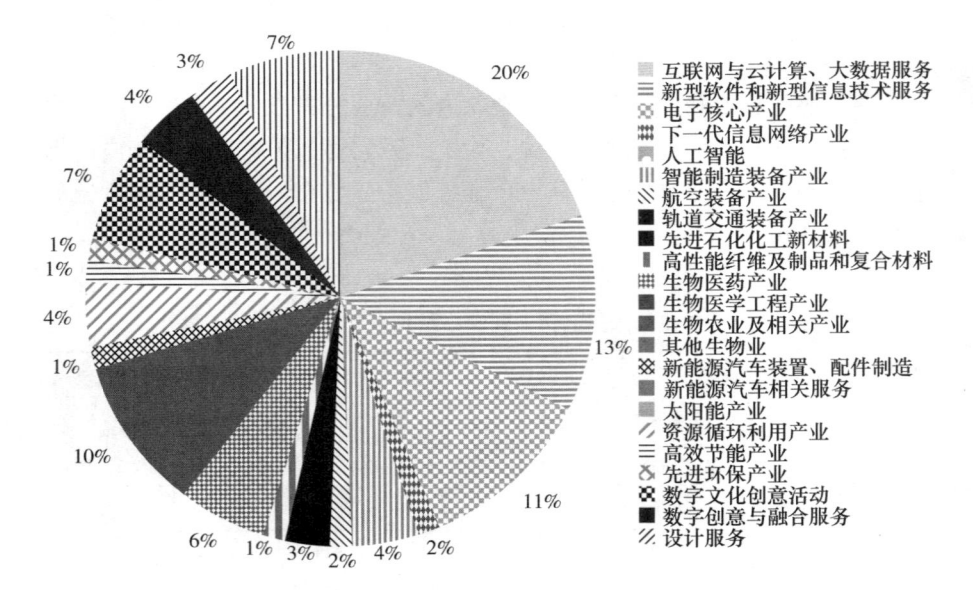

图 6.5　2015—2017 年营业利润增长较高企业战略性新兴产业细分行业分布

同样对营业利润指标下的企业进行二次筛选，挑选出那些两次均被选中以及 2015—2017 年增长率超过 10% 的企业，并对少量没有划归战略性新兴产业的高增长企业重新分类。经过二次筛选后的企业 1/3 以上属于新一代信息技术产业；其余企业的产业分布涉及战略性新兴产业的数字创意产业和生物产业，以及物流仓储业、机械制造业等。

综合表 6.6、图 6.5 和二次筛选企业的行业分布情况，对 2015—2017 年营业利润增长突出企业的行业分布可以大致做出如下判断：（1）营业利润增长较快的企业 65% 左右属于战略性新兴产业；归属于战略性新兴产业的企业中，约 45% 属于新一代信息技术产业，加上属于数字创意产业的企业，合计占比为 60%—70%；属于生物产业的也占据相当比重。（2）从细分行业来看，属于互联网与云计算、大数据服务和新型软件及新型信息技术服务的企业占战略性新兴企业的 33%；属于电子核心产业的占比为 11%，生物农业及相关产业占比为 10%；数字文化创意活动、新技术与创新创意服务也有相对可观的比例。（3）先进石化化工新材料、智能制造装备产业、数字创意与融合服务、资源循环利用产业等细分行业也都有企业归属。（4）人工智能、轨道交通装备产业、先进有色金属材料、生物医学工程产业、新能源汽车相关服务等细分行业无一企业归属。（5）战略性新兴产业以外，营业利润高增长企业涉及的行业领域主要包括机械制造和物流仓储。

五 高成长企业细分行业分布小结

根据前面不同财务指标增长率所筛选出的高成长企业及其行业归属，将不同识别指标下高成长企业的行业分布、排名等情况进行对比，可以形成表 6.7、表 6.8 和表 6.9。

表 6.7 基于不同指标增长率的被筛选企业战略性新兴产业大类分布情况

2015—2017 年	员工总数 占比（%）	排名	资产总计 占比（%）	排名	营业收入 占比（%）	排名	营业利润 占比（%）	排名
新一代信息技术产业	47.0	1	53.1	1	41.5	1	45.1	1
高端装备制造产业	6.1	5	4.1	5	4.3	5	5.7	6
新材料产业	3.0	7	0.0	9	4.3	6	4.2	7

续表

2015—2017 年	员工总数 占比（%）	排名	资产总计 占比（%）	排名	营业收入 占比（%）	排名	营业利润 占比（%）	排名
生物产业	4.5	6	9.2	4	20.3	2	15.5	2
新能源汽车产业	1.5	8	1.0	7	1.7	8	1.4	8
新能源产业	0.0	9	2.0	6	0.8	9	0.0	9
节能环保产业	9.1	4	1.0	8	4.3	7	7.0	4
数字创意产业	13.6	3	11.2	3	15.2	3	14.1	3
相关服务业	15.2	2	18.4	2	7.6	4	7.0	5
战略性新兴企业小计	100.0	\	100.0	\	100.0	\	100.0	\

2013—2017 年	员工总数 占比（%）	排名	资产总计 占比（%）	排名	营业收入 占比（%）	排名	营业利润 占比（%）	排名
新一代信息技术产业	33.4	1	51.8	1	47.7	1	56.2	1
高端装备制造产业	0.0	8	1.2	7	0.0	7	4.2	6
新材料产业	3.3	6	0.0	9	5.9	5	0.0	8
生物产业	13.3	4	8.5	4	13.1	3	6.3	4
新能源汽车产业	3.3	7	4.8	5	0.0	8	0.0	9
新能源产业	0.0	9	1.2	8	0.0	9	2.1	7
节能环保产业	16.7	3	2.4	6	4.8	6	6.3	5
数字创意产业	20.0	2	20.5	2	19.0	2	14.5	2
相关服务业	10.0	5	9.6	3	9.5	4	10.4	3
战略性新兴企业小计	100.0	\	100.0	\	100.0	\	100.0	\

表 6.8　基于不同指标增长率的被筛选企业战略性新兴产业细分行业分布情况

2015—2017 年	员工总数 数量（家）	占比（%）	资产总计 数量（家）	占比（%）	营业收入 数量（家）	占比（%）	营业利润 数量（家）	占比（%）
下一代信息网络产业	1	1.5	4	4.1	1	0.8	1	1.4
电子核心产业	4	6.1	4	4.1	4	3.4	8	11.3
新型软件和新型信息技术服务	11	16.7	12	12.3	21	17.8	9	12.7

续表

2015—2017年	员工总数 数量（家）	员工总数 占比（%）	资产总计 数量（家）	资产总计 占比（%）	营业收入 数量（家）	营业收入 占比（%）	营业利润 数量（家）	营业利润 占比（%）
互联网与云计算、大数据服务	15	22.8	32	32.7	22	18.7	14	19.7
人工智能			1	1.0	1	0.8		
智能制造装备产业	2	3.0	2	2.0	4	3.4	3	4.3
航空装备产业			1	1.0	1	0.8	1	1.4
卫星及应用产业								
轨道交通装备产业	1	1.5						
海洋工程装备产业								
先进钢铁产业								
先进有色金属材料								
先进石化化工新材料	1	1.5			2	1.7	2	2.8
先进无机非金属材料	1	1.5						
高性能纤维及制品和复合材料	1	1.5			3	2.6	1	1.4
前沿新材料								
新材料相关服务								
生物医药产业	1	1.5	5	5.1	14	11.9	4	5.6
生物医学工程产业	1	1.5	3	3.1	4	3.4		
生物农业及相关产业	1	1.5	1	1.0	3	2.6	7	9.9
生物质能产业								
其他生物业					3	2.6		

续表

2015—2017 年	员工总数 数量（家）	占比（%）	资产总计 数量（家）	占比（%）	营业收入 数量（家）	占比（%）	营业利润 数量（家）	占比（%）
新能源汽车整车制造								
新能源汽车装置、配件制造	1	1.5	1	1.0	1	0.8	1	1.4
新能源汽车相关设施制造								
新能源汽车相关服务					1	0.8		
核电产业								
风能产业						0.8		
太阳能产业			2	2.0	1			
生物质能及其他新能源产业								
智能电网产业								
高效节能产业					1	0.8	1	1.4
先进环保产业	4	6.1			2	1.7	1	1.4
资源循环利用产业	2	3.0	1	1.0	2	1.7	3	4.2
数字创意技术设备制造								
数字文化创意活动	4	6.0	6	6.1	12	10.2	5	7.0
设计服务					1	0.8	2	2.8
数字创意与融合服务	5	7.6	5	5.1	5	4.3	3	4.3
新技术与创新创业服务	6	9.1	11	11.2	7	5.9	5	7.0
其他相关服务	4	6.1	7	7.2	2	1.7		
战略性新兴产业细分行业合计	66	100.0	98	100.0	118	100.0	71	100.0

表 6.9　基于不同指标被多次选中企业及更高增长率企业行业归属情况

单位：家

行业大类	员工总数	资产总计	营业收入	营业利润
新一代信息技术产业	10	13	25	14
高端装备制造产业	1	1		2
新材料产业	1		4	2
生物产业	1	3	12	4
新能源汽车产业	1	1		1
新能源产业				
节能环保产业	1		3	3
数字创意产业	4	4	8	6
相关服务业	3	5	7	2
机械制造	1		1	2
食品加工	2			
物流仓储	3	1		1
园林绿化	2	1		
房地产	2			
合计	32	29	60	37

从表 6.7 至表 6.9 可以看出，近 3 年来高成长企业在细分行业的分布状况主要呈现以下特点。

第一，从大的行业类别来看，呈现高成长态势的企业主要集中在战略性新兴产业的新一代信息技术产业、数字创意产业、相关服务业和生物产业等几类；当然，在战略性新兴产业的高端装备制造、新材料和新能源汽车产业中也都有分布。

第二，在战略性新兴产业 40 个细分行业中，高成长企业分布最多的是互联网与云计算、大数据服务及新型软件和新型信息技术服务，其他较多的细分行业还包括数字创意与融合服务、数字文化创意活动、生物医药产业等。

第三，在战略性新兴产业以外，园林绿化、物流仓储以及传统产业中的机械制造、食品加工等，也有相当数量高成长企业分布，具备较大的增长潜力。

第四节　增长综合效应与赋能机制检验

这里在微观企业数据行业划分基础上，构造相关指标作为新一代信息技术产业的代理变量，运用面板数据就新一代信息技术与中国省域经济增长、省域TFP之间的关系进行分析；从实证层面对新一代信息技术支撑动力变革的增长综合效应及赋能机制做进一步检验。

一　模型构造及数据来源

（一）增长综合效应检验模型

根据新古典增长模型，影响增长的因素包括要素投入（资本、劳动）和TFP，其中TFP主要和市场开放度、科技投入及金融深化等有关。基于此模型，需要从劳动、资本和TFP等方面选取指标，从而构建相关计量模型。考虑到本部分实证的目标是考察新一代信息技术产业是否为经济增长提供了动力支撑，因此，我们将构造新一代信息技术产业的代理变量作为解释（省域）经济增长的核心变量。前文在筛选时选取了战略性新兴产业的员工总数、资产总计、营业收入和营业利润四个指标，考虑到资产总计本身可能作为GDP的一部分，而营业收入中的产值中有一部分也是属于增加值，这些都会带来内生性。为此，我们最终选取各省份新一代信息技术产业员工总数占比作为核心解释变量。

在其他代理变量选取上，以（省域）GDP增加值增长率（记为"$gdpg$"）作为被解释变量；将城镇就业人员对数（记为"lne"）作为劳动投入要素的指标，全社会固定资产投资额对数（记为"lnq"）作为资本投入要素的指标。考虑到科技研发投入、市场开放度以及包括融资在内的制度性因素，会通过知识创造、知识传播等途径影响技术进步和TFP，进而间接影响经济增长，我们选择研究与试验发展经费投入强度（记为"$rdinput$"）、地方财政科技支出对数（记为"lnk"）、大专及以上学历就业占比（记为"$dzzb$"）、进出口占GDP的比重（记为"$jckzb$"）、外商投资总额对数（记为"lnf"）、金融业增加值占GDP的比重（记为"$finzb$"）作为控制变量。

全国各省份经济发展差异明显，可能存在不随时间而变化的遗漏变量，因此选用固定效应模型。此外，考虑到异方差和自相关的存在，为避免高估回归结果,将采用聚类稳健标准差替代默认的普通标准差。据此,我们构建了 GDP 增长率与新一代信息技术相关变量、控制变量和固定效应的面板数据模型,基本计量模型如下:

$$gdpg_{i,t} = \alpha_0 + \beta_1 ICT + \sum_{j=2}^{n} \beta_j X_{i,t} + \mu_i + \varepsilon_{i,t} \quad (6-3)$$

式(6-3)中,i 为省份,t 为年份,α_0 为常数项,$gdpg_{i,t}$ 表示实际 GDP 的增长率,X 表示控制变量:劳动、资本及全要素投入,ICT 则表示战略性新兴产业中新一代信息技术产业的相关指标。

(二)赋能机制检验模型

赋能机制如果存在将体现为 TFP 的变化。当然,影响 TFP 增长的因素众多,除了新一代信息技术可能发挥的协同性作用外,至少还包括知识创造、知识传播、知识运用、制度等,很难罗列穷尽。在此,我们仍以"新一代信息技术产业员工总数占比"作为核心解释变量,同时选取研发投入、进出口总额、外商投资总额和大专及以上就业占比等作为控制变量,构造面板分析模型如下:

$$tfp_{i,t} = \alpha + \beta_1 ygzsp_{i,t} + \sum_{j=2}^{n} \beta_j X_{i,t} + \varepsilon_{i,t} \quad (6-4)$$

式(6-4)中,i 为省份,t 为年份,α 为常数项,$tfp_{i,t}$ 表示各省份不同时期的 TFP 指数,X 表示影响 TFP 增长的控制变量:研发投入、进出口总额、外商投资总额和大专及以上就业占比,$ygzsp$ 则表示战略性新兴产业中新一代信息技术产业的员工总数占比。

(三)数据来源及相关指标说明

式(6-3)(增长综合效应检验)、式(6-4)(赋能机制检验)所涉及的数据指标,原始数据主要来自国家统计局、中国统计年鉴、中国科技统计年鉴、中国劳动统计年鉴及 Wind 数据库。其中,核心变量"新一代信息技术产业员工总数占比"为构造指标,而省域 TFP 指数则来自郑世林和张美晨(2019)的测算结果。

由于香港、澳门、台湾、青海、甘肃和西藏的核心变量指标缺失(值为零),我们在进行增长综合效应时将其删去,最终形成了包含 28 个省份的面板数据。在进行赋能机制检验时,由于被解释 TFP 指数缺失了海南,且四川和重庆作为一个整体进行测算,最终形成了包含 26 个省份的面板数据。两个检验所涉及的变量指标见表 6.10。

表 6.10　　　　　　　　　实证检验涉及变量指标描述

指标	含义	指标	含义
gdpg	（省域）GDP 增加值增长率	tfp	省域 TFP 指数
ygzsp	新一代信息技术产业员工总数占比	jckzb	进出口占 GDP 的比重
rdinput	研究与试验发展经费投入强度	lnj	进出口占比对数
lnk	地方财政科技支出对数	lnf	外商投资总额对数
lnr	研发投入对数	finzb	金融业增加值占 GDP 的比重
lnq	全社会固定资产投资额对数	dzzb	大专及以上学历就业占比
lne	城镇就业人员对数		

二　增长综合效应检验结果分析

依据式（6-3）确定的以 gdpg 作为被解释变量、ygzsp 作为核心解释变量计量模型，我们运用省级面板数据，进行了回归分析，相关的 8 组回归结果列示于表 6.11。

表 6.11　　　　　　　　增长综合效应省域面板数据分析结果

解释变量	(1)	(2)	(3)	(4)	(5)	(6)	(7)	(8)
ygzsp	12.009 (0.028)	10.906 (0.033)	12.994 (0.024)	11.861 (0.030)	12.769 (0.023)	11.631 (0.025)	10.627 (0.031)	11.294 (0.029)
lnq	0.397 (0.760)	0.356 (0.804)	0.414 (0.751)	0.373 (0.767)	0.387 (0.769)	0.290 (0.842)	0.242 (0.866)	0.148 (0.918)
lne	−5.102 (0.537)	−4.823 (0.559)	−5.373 (0.524)	−5.085 (0.545)	−5.974 (0.495)	−5.673 (0.510)	−5.387 (0.523)	−5.832 (0.497)
lnf	−0.280 (0.506)	−0.416 (0.425)	−0.207 (0.615)	−0.344 (0.502)				
jckzb					0.143 (0.158)	0.170 (0.105)	0.184 (0.083)	0.168 (0.101)
rdinput		1.520 (0.449)		1.498 (0.481)		1.477 (0.471)		1.479 (0.467)
lnk								0.356 (0.461)

续表

解释变量	(1)	(2)	(3)	(4)	(5)	(6)	(7)	(8)
finzb	-96.859 (0.008)	-99.834 (0.006)	-92.013 (0.009)	-95.170 (0.007)	-97.572 (0.003)	-104.423 (0.003)	-110.796 (0.002)	-107.762 (0.002)
dzzb			-0.065 (0.398)	-0.062 (0.432)	-0.065 (0.397)	-0.064 (0.422)		
_cons	43.388 (0.315)	40.697 (0.345)	45.246 (0.305)	42.508 (0.333)	48.281 (0.294)	45.340 (0.314)	43.317 (0.324)	47.666 (0.289)
F 统计量	4.53	5.16	4.20	4.89	4.30	4.06	4.22	3.97
观测值	110	110	110	110	110	110	110	110

在表 6.9 列示的模型（1）中，选取外商投资总额的对数和金融业增加值占 GDP 的比重作为影响 TFP 的因素；模型（2）中加入研究与试验发展经费投入强度作为影响 TFP 的另一个因素；模型（3）在模型（1）的基础上加入大专及以上就业占比；模型（4）在模型（1）的基础上同时加入研究与试验发展经费投入强度和大专及以上学历就业占比，进一步检验回归结果的稳健性。

为了进一步检验模型的稳健性，模型（5）至模型（8）中，用进出口占 GDP 的比重替代外商投资总额对数，在保证核心解释变量新一代信息技术产业员工总数占比、城镇就业人员对数、全社会固定资产投资额对数不变的情况下，模型（5）用金融业增加值占 GDP 的比重和大专及以上学历就业占比作为 TFP 的代理变量；模型（6）在模型（5）的基础上加入研究与试验发展经费投入强度；模型（7）在模型（6）的基础上去掉大专及以上学历就业占比；模型（8）在模型（7）的基础上用地方财政科技支出对数替代研究与试验发展经费投入强度。

从结果可以看出，核心解释变量均在 5% 的水平上显著，且系数为正，说明新一代信息技术对省域经济增长有较为显著的促进作用。从而进一步印证了，新一代信息技术已经成为中国经济动力变革的重要支撑。

至于面板数据分析涉及的其他解释变量，上述回归结果也基本符合中国经济运行现状。例如，全社会固定资产投资额对数、研究与试验发展经费投入强度、地方财政科技支出对数，其系数均显著为正。城镇就业人员对数系数为负，主要源于这几年就业总人数的负增长，在我们以往进行增长核算分解时,近年来劳动力对增长的贡献也为负。而金融业增加值占 GDP 的比重显著为负,某种程度上可以看作是前几年金融领域"脱实入虚"的结果。

三 赋能机制检验结果分析

依托式(6-4)及相关数据,以省域 TFP 指数为被解释变量,新一代信息技术代理变量为核心变量,进行面板数据分析。考虑到新一代信息技术应用后协同效应很难在当前即刻产生,被解释变量分别使用 TFP 指数的一阶和二阶滞后变量,相关回归结果见表 6.12。

表 6.12　　　　　赋能机制省域面板数据分析结果

解释变量	被解释变量 tfp			
	一阶滞后		二阶滞后	
$ygzsp$	-1.447 (0.016)	-1.265 (0.030)	-1.949 (0.018)	-2.151 (0.013)
$\ln r$	0.167 (0.002)	0.182 (0.014)	0.234 (0.020)	0.164 (0.028)
$\ln f$		-0.087 (0.190)	-0.159 (0.075)	
$\ln j$	-0.675 (0.113)			-0.082 (0.129)
$dzzb$	0.001 (0.718)	0.001 (0.890)	0.005 (0.365)	0.005 (0.367)
_cons	0.182 (0.551)	0.059 (0.871)	-0.136 (0.774)	0.161 (0.685)
prob > chi2	0.0009	0.0013	0.0072	0.0108
观测值	102	102	76	76

从表 6.12 可以看出,无论是一阶滞后还是二阶滞后的省域 TFP 指数,新一代信息技术产业员工总数占比都有显著的影响,但是回归系数却为负。这意味着新一代信息技术在短期内对 TFP 指数会产生负面影响,即降低 TFP。这意味着现阶段:(1)新一代信息技术对动力变革的支撑作

用，即前述增长综合效应，主要是依靠产业机制来实现的，其赋能机制尚未有效发挥；（2）新一代信息技术推广应用过程中也存在"索洛悖论"。

"索洛悖论"存在的重要原因在于，ICT 在应用渗透传统产业的初始阶段，与 ICT 资本相配套的组织结构、设施还不完善，工人技能培训尚不到位，在特定时间内甚至有可能降低生产率。当然，既有的实证结果表明，经过大约 5 年或更长时间的匹配和适应后，ICT 对生产率的正向作用能够得以显现。对于新一代信息技术而言，实证中的负向结果还源于统计核算上的低估；例如，平台经济出现带来的消费者剩余，在核算中并不能体现增加值（GDP）的增加。

第五节　本章小结

本章着眼于中国加快培育经济新动能的现实需要，在综合发展经济学、创新经济学相关理论基础上，利用微观企业数据开展了经济新动能细分行业识别的实证研究。本章主要的创新点体现为三方面：一是综合发展经济学、创新经济学中技术、产业和增长三者关系的相关主张，梳理了技术革命、主导产业更替与经济动能转换之间的内在关联和作用机制，为后续将战略性新兴产业特别是新一代信息技术产业确定为当前培育经济新动能主要方向提供了理论支撑。二是在实证方面，克服了现行统计体系尚未提供新兴产业行业数据的现实障碍，在对 14514 家样本企业数据进行文本挖掘和统计分析基础上，筛选高成长企业并考察其细分行业分布状况，从而间接识别出经济新动能所属的细分行业；这从某种意义上也算是产业和宏观研究中实证方法及范式的新尝试。三是在微观数据挖掘处理基础上，构造代理变量，运用省级面板数据，从计量角度进一步检验和印证新一代信息技术作为经济增长新动能的判断。根据实证结果可以得到以下基本判断。

第一，从行业分布的大方向上看，虽然战略性新兴企业在样本企业中的占比在 30% 左右，但近三年的高成长企业有 60% 以上都归属于战略性新兴产业，涉及所有九大领域。该结果从实证上印证了基于发展经济学、创新经济学相关理论所做出的判断，即战略性新兴产业代表了未来经济新动能的主要方向。

第二，归属于战略性新兴产业的高成长企业中，有 40%—50% 属于新一代信息技术产业,加上数字创意产业合计占比为60%—70%。该结果表明,新一代信息技术产业及数字创意产业等数字部门将成为中国经济实现动能转换和动力变革的重要阵地,也间接印证了新一代信息技术在新一轮科技革命中所处的核心地位,新一代信息技术也已经成为中国经济增长的新动能。

第三,基于微观数据指标构造基础上的计量分析结果显示,新一代信息技术对省域经济增长有着明显的促进作用,从另一个侧面再次印证了新一代信息技术作为中国经济增长新动能的判断。

第四,高成长企业在战略性新兴产业内部40个细分行业间的分布存在很大分化,主要涉及互联网与云计算、大数据服务,新型软件和新型信息技术服务,数字文化创意活动,新技术与创新创业服务,生物医药产业等。这主要是由各细分行业在技术成熟度、产业成长阶段等方面差异所决定的。这些细分行业已具备高成长态势和增长新动能特质,可以作为近期政策层面扶持关注的重点。

第七章 产业数字化增加值与数字经济结构性特征

根据第二章的分析,从价值创造视角来看,数字经济可以分为数字产业化和产业数字化两大部分。后者是由数字技术所具备的渗透性、替代性、协同性三大技术—经济特征所决定的。这些技术—经济特征,既是经济社会数字化转型、新业态新模式涌现的源泉,也是产业数字化增加值测算的难点所在。为此,本章将从三大技术—经济特征入手,综合运用增长核算和计量分析等工具,提出一个"先增量后总量,先贡献度后规模"的测算方法框架,据以对中国产业数字化部分对应的增加值规模进行测算。同时,本章还参照国家统计局数字经济相关统计分类,对数字产业化对应的增加值规模一并予以估算。据此,可以从总体规模和结构性特征两方面反映出中国数字经济发展的基本状况。最终的测算结果表明:(1)1993—2018年,中国数字经济增加值年均增长17.72%,2018年达157761.53亿元,占全年GDP的17.16%,是中国经济增长的重要支撑。(2)1993年以来,产业数字化和数字产业化两部分贡献的增加值均保持快速增长,2018年两部分规模分别为8.5万亿元和7.3万亿元。(3)ICT渗透效应总体发挥还很不充分,产业数字化在传统行业增加值中平均占比仅为9.74%,17个细分行业有6个占比在5%以下,仅4个占比超过平均水平,加大ICT对传统行业渗透应成为加快数字经济发展的重要方向。(4)数字产业化方面,ICT制造业、软件和信息技术服务业作为数字经济的基础将长期处于主体地位并保持高速增长;以电子商务、数字媒体等为代表的新兴部门快速增长,是未来发展的重点。

第一节　增长核算框架与基础数据估算

一　Jorgenson-Griliches 增长核算框架

增长核算是在索洛新古典增长模型及"索洛余值"基础上，由乔根森（Dale W. Jorgenson）、格瑞里奇斯（Zvi Griliches）、赫尔腾（Charles R. Hulten）、戴瓦特（W. E. Diewert）等引入国民收入核算、投资理论、指数理论等逐步形成的用于分解 GDP（或行业增加值）增长来源的测算方法（Solow, 1957；Jorgenson, 1963；Jorgenson & Griliches, 1967；Hulten, 1973；Diewert, 1976）。由于乔根森和格瑞里奇斯在增长核算框架形成中发挥的关键性作用，不妨将其称为"Jorgenson-Griliches 增长核算框架"。依托该增长核算框架，可以将经济增长（行业增长）归因于资本、劳动、TFP 等不同因素，因此，增长核算不仅成为分析增长源泉的重要依据，更是测算 TFP 指数（或增长率）的主要方法之一。21 世纪以来，Jorgenson-Griliches 增长核算框架得到广泛认同，OECD 还专门发布手册以规范资本估算和增长核算的具体细节，包括对资本存量和资本服务的区分、资本生产能力的估算等（OECD, 2001、2009）。Jorgenson-Griliches 增长核算框架的核心模型如下：

$$\frac{\dot{A}}{A} = \frac{\dot{Y}}{Y} - \sum_j v_j \frac{\dot{X}_j}{X_j} \qquad (7-1)$$

或转化为：

$$\frac{d\ln A}{dt} = \frac{d\ln Y}{dt} - \sum_j v_j \frac{d\ln X_j}{dt} \qquad (7-1a);$$

$$\frac{d\ln Y}{dt} = \frac{d\ln A}{dt} + \sum_j v_j \frac{d\ln X_j}{dt} \qquad (7-1b)$$

式（7-1）、式（7-1a）、式（7-1b）中，Y, X, A 分别代表产出（向量）、投入（向量）和 TFP；加上时间微分符号后的 $\dot{Y}, \dot{X}, \dot{A}$ 为相应变量的变化情况；而 $\frac{\dot{A}}{A}, \frac{\dot{Y}}{Y}, \frac{\dot{X}}{X}$ 代表各变量在一定时间内的增长率，v_j 则表示各要素投入在总价值中所占份额。

上述公式还可拓展到每一个细分行业部门 i，即：

$$\frac{\dot{A}_i}{A_i} = \frac{\dot{Y}_i}{Y_i} - \sum_j v_i^j \frac{\dot{X}_i^j}{X_i^j} \qquad (7-2)$$

二 ICT 资本及其他要素投入估算

根据 OECD（2001）手册的相关标准，参照蔡跃洲和张钧南（2015）、蔡跃洲和付一夫（2017）中关于资本要素投入、劳动要素投入估算的具体做法，按照前述划分的 18 个行业特别是剔除掉 ICT 制造业和 ICT 服务业的 17 个传统行业，分行业估算 1978 年以来历年的要素投入。在具体估算过程中进行以下特殊处理：（1）将资本要素拆分为 ICT 资本和非 ICT 资本两大部分，分别进行生产性资本存量（Productive Capital Stock）的估算作为相应的"资本服务"要素投入。（2）作为资本服务的生产性资本存量不同于一般财务意义上的存量资本，将按照 OECD（2001）的标准，在确定生产能力的年限—效率模式和退役模式基础上进行测算，而后者的测算通常进行简单的永续盘存即可。（3）在劳动要素投入估算中，延续了 OECD（2001）的思路以及蔡跃洲和张钧南、蔡跃洲和付一夫的基本做法，以劳动小时作为衡量劳动要素投入的数量单位，并充分考虑劳动者教育程度分布情况；不同教育程度劳动者的工资与劳动时间数据来源于中国人民大学的中国综合社会调查（CGSS）项目与北京师范大学的中国家庭收入调查（CHIP）；全国劳动者教育程度分布数据来源于中国劳动统计年鉴与 Barro 和 Lee（2010）的世界各国教育分布数据库。（4）按照 OECD 的标准处理，对投入要素的用户成本进行估算，进而得到各行业部门 ICT 资本服务、非 ICT 资本服务及劳动服务等要素投入的价值量，据以确定增长核算中各要素对应的权重系数，即式（7-1）、式（7-2）中的 v_j。

按照上述原则进行数据收集和处理，最终估算出各细分行业 1978—2018 年各年的 ICT 生产性资本存量、非 ICT 生产性资本存量和劳动工时作为 ICT 资本服务、非 ICT 资本服务和劳动服务三种要素投入数量，[①] 并

[①] 资本要素投入是指资本服务，确切地说生产性资本存量的服务时间如机器小时才能算是资本要素的投入数量。然而，我们很难像劳动要素那样通过调查获得机器小时的数据。因此，此处暗含一个假定，"机器小时（或资本要素工作小时）与生产性资本存量之间存在一个固定的比例关系"；这个固定比例不妨借用标准化处理的方式设定为 1∶1，这样在具体核算中就将估算的生产性资本存量作为投入数量。

估算出其相应价值。结果见表 7.1 至表 7.7。

三 行业部门划分

《国民经济行业分类（2017）》将国民经济划分为农林牧渔业、采矿业、制造业等 20 个门类，门类之下又细分为 97 个大类。以门类划分为基础，综合考虑数据收集，将下属大类较多的制造业等门类进行拆分，将服务业相关门类进行合并。最终划分出 18 个行业及其对应门类/大类代码如下：农业（A）；采矿业（B）；食品加工业（C13—C16）；纺织及生活用品制造业（C17—C24）；炼焦、煤炭及石油加工业（C25）；化学工业（C26—C29）；非金属矿物制品业（C30）；金属产品制造业（C31—C33）；机械设备制造业（C34—C40）；其他制造业（C41—C43）；电力、热力、燃气及水的生产和供应业（D）；建筑业（E）；运输仓储邮政业（G）；商业与餐饮业（F、H）；金融与保险业（J）；房地产业（K）；信息传输、软件和信息技术服务业（I）；其他服务业（L-T）。

在归并基础上，将机械设备制造业中的计算机、通信和其他电子设备制造业，信息传输、软件和信息技术服务业划分为数字部门，对应于数字产业化。其中计算机、通信和其他电子设备制造业简称 ICT 制造业，信息传输、软件和信息技术服务业则是 ICT 服务业。

按照前述 18 个行业的整体分类，剔除数字部门后的传统产业可划分为 17 个行业部门，即农业；采矿业；食品加工业；纺织及生活用品制造业；炼焦、煤炭及石油加工业；化学工业；非金属矿物制品业；金属产品制造业；非 ICT 机械设备制造业；其他制造业；电力、热力、燃气及水的生产和供应业；建筑业；运输仓储邮政业；商业与餐饮业；金融与保险业；房地产业；其他服务业。[①]

[①] 本研究将电子商务也认定为数字部门。在下文计算替代性和协同性时，主要利用 ICT 制造业、ICT 服务业数据计算 ICT 生产性资本存量和服务价值。一方面，我们认为这两个行业是 ICT 资本服务的主要来源；另一方面，电子商务、电信的增加值中仍然包含自身行业的替代性和协同性。

第七章 产业数字化增加值与数字经济结构性特征　133

表 7.1　1990 年以来部分年份分行业 ICT 资本服务投入数量估算

单位：亿元（2012 年可比价）

细分行业	1990年	1995年	2000年	2005年	2010年	2011年	2012年	2013年	2014年	2015年	2016年	2017年	2018年
农林牧渔	0.2	0.6	2.7	16.5	199.8	241.5	248.9	250.9	254.5	263.6	278.2	292.8	305.3
采矿业	2.8	11.1	18.6	63.3	118.3	155.3	198.7	262.2	345.1	432.4	533.2	660.7	801.5
食饮烟	1.3	3.3	5.2	26.5	113.0	145.7	173.8	203.3	235.8	270.6	307.9	344.8	379.6
纺服革	3.3	11.3	32.3	118.9	342.7	412.5	459.3	531.7	635.6	757.0	903.4	989.0	1041.1
焦煤油	0.3	2.0	5.2	17.0	88.3	101.2	91.9	87.8	92.5	101.6	120.2	155.1	197.5
化学工业	2.0	6.3	15.7	100.1	287.1	358.0	398.4	457.5	541.8	640.4	761.1	924.1	1140.7
非金属矿	0.9	3.3	8.5	48.5	80.5	112.6	159.4	236.0	341.0	465.3	605.6	779.5	982.8
金属矿物	3.9	18.1	24.6	98.6	671.5	768.1	699.6	647.0	641.7	692.9	797.0	948.5	1129.3
非ICT机械	153.8	487.8	1215.2	4903.3	11028.3	13372.2	15230.6	15613.4	16274.8	16874.6	16065.6	16374.4	20599.9
其他制造	3.7	6.3	6.0	16.4	62.6	76.8	75.7	80.0	92.1	107.5	131.2	171.8	223.8
电气水	2.2	8.4	16.8	66.8	246.3	312.1	363.3	454.4	590.0	762.6	965.3	1218.2	1511.6
建筑业	7.2	27.9	52.3	309.1	1368.4	1919.7	2634.8	3656.4	4973.9	6483.9	8160.5	10110.4	12274.6
交运邮	7.8	21.5	26.4	74.2	389.2	568.2	857.8	1188.0	1545.1	1900.4	2256.9	2611.7	2955.0
商业饮食	7.8	17.9	82.7	213.8	466.8	588.5	718.5	883.6	1083.4	1279.7	1502.2	1922.2	2533.8
金融保险	11.8	24.9	82.6	156.1	760.0	1263.4	2121.7	2992.4	3826.7	4567.0	5232.9	6310.2	7843.8
房地产业	0.6	1.8	4.5	11.5	120.9	184.9	274.5	376.7	489.1	603.4	721.0	904.3	1163.4
其他服务	21.5	62.8	235.4	1415.6	2032.6	2819.4	4061.7	5490.7	7021.8	8235.5	9519.8	11886.0	15216.1
机械设备	189.2	840.1	1885.4	7058.3	15599.4	18313.9	19121.2	20011.4	21186.1	20154.1	20288.2	22959.7	25945.0
软件信息	8.9	25.4	76.0	558.5	1020.7	2051.3	4094.9	6464.2	8997.6	11315.5	13635.1	16113.3	18549.5

134　数字经济与中国经济发展：理论机制及实证分析

续表

细分行业	1990年	1995年	2000年	2005年	2010年	2011年	2012年	2013年	2014年	2015年	2016年	2017年	2018年
总计	275.2	1092.9	2580.9	10369.7	23968.2	30393.0	36754.1	44274.1	52893.8	59033.4	66719.7	79314.1	94226.7

注：(1) 本表中的 ICT 资本服务投入是按照 OECD (2001, 2009) 规范估算的 ICT 生产性资本存量；(2) 表中细分行业对应于第二节的 18 个行业分类，非对名称进行了简化；(3) 非 ICT 机械指的是机械设备各制造业中剔除掉 ICT 制造业后的部分；(4) ICT 制造业和"软件与信息技术服务业"也存在替代效应和协同效应，但由于这两个行业属于数字部门，行业增加值均归属于数字经济增加值，在后续核算中只需关注数字部门以外的其他 17 个细分行业。

表 7.2　1990 年以来部分年份分行业 ICT 资本服务价值估算

单位：亿元（2012 年可比价）

细分行业	1990年	1995年	2000年	2005年	2010年	2011年	2012年	2013年	2014年	2015年	2016年	2017年	2018年
农林牧渔	0.1	0.4	1.7	9.1	109.3	113.5	109.4	102.1	97.4	97.0	97.0	97.7	97.3
采矿业	1.7	8.1	12.2	35.0	64.7	73.0	87.4	106.7	132.0	159	186	220.6	255.5
食饮烟	0.8	2.4	3.4	14.7	61.8	68.5	76.4	82.7	90.2	99.5	107.4	115.1	121.0
纺服革	2.0	8.2	21.1	65.7	187.5	193.9	202.0	216.3	243.1	278.4	315.1	334.1	342.2
焦煤油	0.2	1.5	3.4	9.4	48.3	47.5	40.4	35.7	35.4	37.4	41.9	51.8	63.0
化学工业	1.2	4.6	10.3	55.4	157.1	168.3	175.2	186.1	207.3	235.5	265.5	308.5	363.7
非金属矿	0.5	2.4	5.6	26.8	44.1	52.9	70.1	96.0	130.5	171.1	211.3	260.2	313.3
金属矿物	2.3	13.2	16.1	54.5	367.4	361.0	307.6	263.2	245.5	254.8	278.0	316.6	360.0
非 ICT 机械	93.9	356.3	795	2711.7	6034.5	6284.7	6697.2	6352	6225.8	6205.6	5604.1	5466.2	6567.8
其他制造	2.3	4.6	3.9	9.1	34.2	36.1	33.3	32.5	35.2	39.5	45.8	57.3	71.4
电气水	1.3	6.1	11.0	36.9	134.8	146.7	159.8	184.8	225.7	280.4	336.7	406.7	481.9

第七章 产业数字化增加值与数字经济结构性特征　135

续表

细分行业	1990年	1995年	2000年	2005年	2010年	2011年	2012年	2013年	2014年	2015年	2016年	2017年	2018年
建筑业	4.4	20.4	34.2	171.0	748.8	902.2	1158.5	1487.5	1902.7	2384.5	2846.6	3375.1	3913.5
交运邮	4.8	15.7	17.3	41.1	212.9	267.1	377.2	483.3	591.0	698.9	787.3	871.9	942.1
商业饮食	4.7	13.1	54.1	118.2	255.4	276.6	316.0	359.5	414.4	470.6	524.0	641.7	807.9
金融保险	7.2	18.2	54.0	86.3	415.8	593.8	933.0	1217.4	1463.9	1679.5	1825.4	2106.5	2500.8
房地产业	0.4	1.3	2.9	6.3	66.2	86.9	120.7	153.2	187.1	221.9	251.5	301.9	370.9
其他服务	13.1	45.8	154.0	782.9	1112.2	1325.1	1786.0	2233.8	2686.1	3028.6	3320.8	3967.8	4851.3
机械设备	115.4	613.6	1233.6	3903.4	8535.7	8607.2	8407.9	8141.3	8104.5	7411.7	7077.0	7664.6	8272.0
软件信息	5.4	18.6	49.7	308.9	558.5	964.1	1800.6	2629.9	3441.9	4161.3	4756.3	5379.0	5914.1
总计	167.9	798.3	1688.6	5734.7	13114.9	14284.3	16161.4	18012.1	20233.9	21709.6	23273.6	26477.1	30041.9

注：(1) 本表是在用户成本测算基础上得到的ICT资本服务价值，用于后续增长核算过程中确定权重；(2) 其他同表7.1。

表7.3　1990年以来部分年份分行业非ICT资本服务投入数量估算

单位：亿元（2012年可比价）

细分行业	1990年	1995年	2000年	2005年	2010年	2011年	2012年	2013年	2014年	2015年	2016年	2017年	2018年
农林牧渔	1331	2090	3398	5652	13234	17129	21876	27336	33730	41404	49422	61104	75048
采矿业	5470	8621	14104	23975	47364	53455	59631	64850	69080	68644	65289	68071	69980
食饮烟	2762	4391	7278	12702	28156	33613	40213	47236	54701	59945	64030	72906	82169
纺服革	4157	6619	11007	19461	39066	46186	54237	62493	71283	77542	82105	92185	102552
焦煤油	1185	1885	3132	5520	10552	11566	12529	13396	14170	13605	12820	13108	13245
化学工业	5083	8103	13506	24026	49388	57871	67742	77432	87027	91745	93678	103286	112474

续表

细分行业	1990年	1995年	2000年	2005年	2010年	2011年	2012年	2013年	2014年	2015年	2016年	2017年	2018年
非金属矿	2181	3474	5777	10129	25480	31481	37851	43762	49805	53210	54807	61329	67605
金属矿物	5082	8108	13542	24354	46471	52867	60005	66451	72502	73665	72880	77820	82048
非ICT机械	6239	9928	16458	29096	76000	94147	114069	132242	151273	162013	165853	169693	173533
其他制造	558	879	1434	2404	5449	6581	7876	9161	10584	11664	12372	14049	15782
电气水	9982	15826	26187	46267	78998	84894	90877	95909	101632	102756	103193	107338	110999
建筑业	1251	1965	3201	5386	10151	12036	14024	15478	17000	18306	19002	20835	22557
交运邮	16802	26364	42866	71950	131942	145846	159228	171201	184915	193641	199752	212768	225501
商业饮食	4102	6435	10448	17412	35990	42319	50055	58431	67527	65870	71821	80032	88085
金融保险	176	280	462	808	1659	2009	2436	3004	3583	3984	4273	4976	5747
房地产业	30871	48268	77998	128374	241162	278552	321192	365090	408952	442581	469666	521641	574943
其他服务	23588	36955	59968	100364	183061	207014	234065	262241	295572	327045	360155	402355	448415
机械设备	7839	12505	20837	36736	89114	109756	132225	154020	175821	189394	196983	221739	246100
软件信息	2192	3513	5922	10909	16475	16922	17491	17828	18633	18834	19173	19660	20126
总计	124614	196279	321066	546431	1053710	1210096	1383552	1555318	1736516	1853834	1951423	2155203	2363377

注：(1) 同表7.1。

表7.4　1990年以来部分年份分行业非ICT资本服务价值估算

单位：亿元（2012年可比价）

细分行业	1990年	1995年	2000年	2005年	2010年	2011年	2012年	2013年	2014年	2015年	2016年	2017年	2018年
农林牧渔	79.7	258.7	403.2	773.6	2105.7	2789.6	3421.4	4374.3	5238.4	6743.1	8265.1	10148.6	12616.6

第七章　产业数字化增加值与数字经济结构性特征　137

续表

细分行业	1990年	1995年	2000年	2005年	2010年	2011年	2012年	2013年	2014年	2015年	2016年	2017年	2018年
采矿业	357.6	1148.7	1825.2	3510.7	8101.5	9408.0	9833.8	10818.6	11143.4	11418.6	11116.2	14267.3	15374.1
食饮烟	218.6	687.9	1132.0	2129.8	5351.0	6597.3	7148.6	8395.1	9375.8	10409.7	11469.2	14399.1	16566.4
纺服革	338.1	1061.3	1756.4	3327.8	7518.6	9251.5	9811.6	11299.9	12461.1	13695.9	15060.2	18248.8	20662.8
焦煤油	93.8	295.3	487.4	930.4	2022.3	2295.3	2245.0	2404.1	2463.2	2385.1	2320.8	2901.8	3055.1
化学工业	420.1	1317.0	2187	4144.8	9712.1	11873.7	12504.8	14259.2	15481.6	16377.9	17330.5	22190.0	24891.6
非金属矿	177.4	557.0	921.8	1731.5	4974.5	6416.7	6943.8	7998.3	8780.5	9413.9	10009.6	13695.8	15693.5
金属矿物	427.1	1336.9	2229.2	4271.9	9102.7	10749.0	10969.6	12117.2	12766.2	13045.4	13362.9	16668.6	18126.6
非ICT机械	525.8	1640.8	2714.3	5090.7	15087.9	19513.6	21169.9	24420.1	26991.3	28991.4	30822.8	32654.3	34485.8
其他制造	36.2	116.3	184.1	347.9	934.5	1159.9	1301.4	1539.4	1725.9	1967.5	2154.7	2739.1	3179.3
电气水	739.9	2344.7	3827.2	7422.4	14418.4	15945.9	15660.1	16601.0	17034.1	17597.8	18275.2	19620.6	20527.4
建筑业	74.5	242.2	377.5	732.7	1622.0	1941.3	2159.6	2438.7	2598.1	2949.5	3135.3	3691.9	4110.9
交运邮	978.9	3189.9	4949.4	9661.9	20478.8	22867.5	24171.7	26665.9	27984.7	30998.7	32749.4	35603.6	38476.2
商业饮食	238.1	776.0	1201.4	2328.3	5647.1	6733.3	7686.1	9194.4	10327.1	10726.3	12031.6	16135.9	18719.6
金融保险	12.7	40.4	65.5	125.8	301.3	370.9	410.9	504.3	577.6	660.3	725.8	947.4	1120.0
房地产业	1628.0	5377.1	8141.2	15961.0	34452.0	39614.8	45521.0	53653.2	58450.2	68323.8	74093.2	85897.1	97559.2
其他服务	1313.5	4306.4	6615.2	13013.0	27356.7	31027.9	34416.9	39761.8	43612.9	51577.1	58258.5	61652.7	69286.3
机械设备	660.7	2066.7	3436.4	6427.5	17691.3	22748.8	24539.5	28441.7	31371.3	33891.0	36608.2	48987.3	56266.2
软件信息	197.8	615.5	1040.9	2004.8	3279.5	3450.4	3167.2	3195.2	3216.6	3281.7	3464.8	3244.0	3259.7
总计	7993.0	25738.0	40781.0	78846.0	175070.0	205242.0	221913.0	253662.0	274609.0	305463.0	330431.0	391039.5	439491.6

注：(1) 同表7.1，表7.2。

表 7.5　　　　　　　　1977—2018 年劳动总投入估算结果

年份	数量	价值	价格	年份	数量	价值	价格
1977	203776.35	1884.54	0.01	1998	297661.76	44329.20	0.15
1978	207708.01	2121.79	0.01	1999	300549.03	47165.80	0.16
1979	212408.88	2352.63	0.01	2000	281493.34	52282.40	0.19
1980	217955.70	2618.77	0.01	2001	273918.47	57575.70	0.21
1981	223705.74	2803.51	0.01	2002	274200.93	64524.40	0.24
1982	228614.55	3035.10	0.01	2003	271472.68	71722.30	0.26
1983	232890.72	3381.81	0.01	2004	276499.62	80898.42	0.29
1984	237978.16	4066.65	0.02	2005	272428.67	93023.51	0.34
1985	243493.19	5059.73	0.02	2006	278324.75	106210.40	0.38
1986	248811.70	5735.73	0.02	2007	288096.19	127588.90	0.44
1987	254364.87	6695.27	0.03	2008	290581.19	150067.19	0.52
1988	259578.53	8307.30	0.03	2009	292043.97	166469.00	0.57
1989	263957.12	9333.21	0.04	2010	265331.31	190044.90	0.72
1990	267562.12	10197.81	0.04	2011	259793.98	221458.20	0.85
1991	269143.87	11833.77	0.04	2012	255599.50	255599.50	1.00
1992	270490.58	14696.70	0.05	2013	251405.02	289526.93	1.15
1993	272188.87	18173.40	0.07	2014	247210.54	313116.06	1.27
1994	274415.51	25206.00	0.09	2015	243018.00	339048.09	1.40
1995	277155.13	32087.40	0.12	2016	238824.00	365759.67	1.53
1996	293028.76	37085.80	0.13	2017	234630.00	423268.03	1.80
1997	291880.52	41856.60	0.14	2018	233879.43	475027.44	2.03

注：（1）本表中列示的是宏观整体劳动投入数据；（2）数量为以 2012 年价值为基准进行标准化处理后的劳动工时投入；（3）价值为每年的劳动者报酬（单位：亿元），用于后续计算劳动投入所占份额；（4）价格是以 2012 年为基准的价格指数。

表7.6　1990年以来部分年份分行业劳动工时投入估算

细分行业	1990年	1995年	2000年	2005年	2010年	2011年	2012年	2013年	2014年	2015年	2016年	2017年	2018年
农林牧渔	164507	145149	149736	122573	101289	92727	87477	79418	77506	75594	73681	71487	70227
采矿业	9984	8789	6146	7628	8648	8949	8629	7142	6202	5263	4323	3370	2457
食饮烟	2754	3619	2791	2829	3088	3445	3624	3665	3699	3663	3676	3665	3692
纺服革	6052	7948	6110	6487	6105	6452	6680	7279	7026	6995	7100	7012	7082
焦煤油	1014	1333	1025	1050	905	930	880	784	896	853	845	861	859
化学工业	4957	6515	5031	5015	5037	5514	5424	5796	5765	5662	5741	5700	5739
非金属矿	1809	2378	1839	1829	1644	1870	1873	1862	1933	1889	1895	1898	1907
金属矿物	5167	6789	5235	5392	5034	5122	5198	5181	5345	5241	5256	5260	5287
非ICT机械	12701	16501	11062	9952	12372	13512	12752	13766	13056	12747	13046	12836	12771
其他制造	549	721	556	575	526	558	430	398	480	436	438	449	444
电气水	2201	3354	4479	5487	5164	4950	4792	5059	4934	4928	4974	4926	4975
建筑业	6758	10420	8620	9799	12209	15778	17717	22946	22275	20979	22067	21688	21721
交运邮	8209	9739	10329	9465	8940	8667	8463	9008	9043	8838	8963	8913	8963
商业饮食	9390	13132	9159	8002	7975	9163	9815	10230	9999	10015	10081	9992	10096
金融保险	1438	3376	5355	7750	11323	11297	11189	9817	10011	10339	10056	10095	10231
房地产业	411	951	1470	2167	2622	2967	3047	3507	3655	3803	3951	4083	4269
其他服务	28137	34101	48328	60212	65372	60232	59469	55110	55260	55527	52333	52128	52612
机械设备	13805	18133	13993	14229	16842	18488	18232	20808	19794	19611	20071	19747	19941
软件信息	421	709	1290	1941	2609	2684	2660	3395	3389	3382	3375	3355	3379
总计	267562	277155	281493	272429	265331	259794	255600	251405	247211	243018	238824	234630	233879

注：(1) 本表的劳动投入是以2012年为基准进行标准化处理后的工时数；(2) 其他同表7.1。

表 7.7　1990 年以来部分年份分行业劳动服务价值估算结果

单位：亿元（2012 年可比价格）

细分行业	1990 年	1995 年	2000 年	2005 年	2010 年	2011 年	2012 年	2013 年	2014 年	2015 年	2016 年	2017 年	2018 年
农林牧渔	6270	16805	27811	41854	72549	79044	87477	91461	98169	105465	112843	128961	142636
采矿业	381	1018	1141	2605	6194	7629	8629	8225	7856	7342	6621	6080	4990
食饮烟	105	419	518	966	2212	2937	3624	4221	4685	5110	5630	6611	7499
纺服革	231	920	1135	2215	4373	5500	6680	8382	8899	9759	10873	12650	14384
焦煤油	39	154	190	358	648	792	880	903	1135	1191	1293	1554	1744
化学工业	189	754	934	1712	3608	4700	5424	6675	7302	7899	8792	10283	11656
非金属矿	69	275	342	624	1177	1594	1873	2144	2448	2636	2902	3424	3872
金属矿物	197	786	972	1841	3605	4366	5198	5966	6770	7312	8049	9488	10738
非ICT机械	484	1910	2055	3398	8862	11518	12752	15854	16537	17785	19980	23156	25938
其他制造	21	84	103	196	377	476	430	458	608	608	670	811	902
电气水	84	388	832	1874	3699	4220	4792	5826	6249	6876	7618	8886	10106
建筑业	258	1206	1601	3346	8745	13450	17717	26425	28214	29269	33795	39125	44117
交运邮	313	1127	1918	3232	6403	7388	8463	10374	11453	12330	13727	16078	18205
商业饮食	358	1520	1701	2732	5712	7811	9815	11781	12665	13972	15439	18026	20505
金融保险	55	391	995	2646	8110	9630	11189	11306	12680	14425	15400	18212	20779
房地产业	16	110	273	740	1878	2530	3047	4039	4629	5306	6051	7365	8671
其他服务	1072	3948	8976	20560	46823	51344	59469	63466	69992	77468	80148	94038	106859
机械设备	526	2099	2599	4858	12063	15760	18232	23963	25071	27361	30739	35624	40501
软件信息	16	82	240	663	1869	2288	2660	3910	4292	4718	5169	6052	6863
总计	10198	32087	52282	93024	190045	221458	255600	289527	313116	339048	365760	423268	475027

注：（1）本表数据基于表 7.3 和表 7.4 的价格及劳动工时数核算而得，用于分行业增长核算中计算劳动投入所占份额；（2）其他同表 7.1。

第二节　增长核算与产业数字化增加值测算

一　中国经济增长核算

以要素投入估算为基础，根据要素投入在总价值中的份额确定要素权重系数，进而在式（7-1）、式（7-2）设定的增长核算框架中对宏观经济整体和前文划分的各细分行业部门，分别开展增长核算。在估算出 ICT 资本服务、非 ICT 资本服务、劳动服务等要素投入增长和 TFP 增长的基础上，结合各要素权重对宏观和行业增长进行分解，估算宏观和行业增长中各因素的贡献度。其中，1977 年以来中国经济增长整体的来源分解情况见表 7.8。

表 7.8　　　　1977 年以来不同阶段中国经济增长来源分解

单位：%

年份	宏观增长来源分解					不同因素增长贡献度				
	GDP	TFP	ICT 资本	非 ICT 资本	劳动	GDP	TFP	ICT 资本	非 ICT 资本	劳动
1977—1980	8.63	3.80	0.07	3.44	1.32	100	44.01	0.82	39.85	15.32
1980—1985	10.11	5.41	0.04	3.38	1.28	100	53.51	0.39	33.44	12.66
1985—1990	7.63	2.86	0.04	3.66	1.06	100	37.48	0.55	48.03	13.94
1990—1995	11.57	6.88	0.28	4.03	0.39	100	59.45	2.40	34.82	3.33
1995—2000	8.27	3.55	0.27	4.29	0.16	100	42.92	3.25	51.92	1.92
2000—2005	9.33	4.30	0.82	4.56	-0.36	100	46.14	8.76	48.94	-3.83
2005—2010	10.71	4.39	0.54	6.04	-0.26	100	40.96	5.09	56.36	-2.40
2010—2015	7.58	2.75	0.59	5.15	-0.90	100	36.23	7.75	67.87	-11.85
2015—2018	6.49	2.88	0.50	3.76	-0.65	100	44.40	7.65	57.91	-9.96
1977—2018	9.06	4.16	0.36	4.32	0.22	100	45.97	3.93	47.71	2.40

注：根据式（7-1）、式（7-1a）、式（7-1b），增长核算的分阶段 GDP 增速是利用期末与期初比值取自然对数后近似计算而得，与利用几何平均计算的 GDP 增速会有细微偏差。

在细分行业的增长核算中，我们的测算范围既包括数字部门以外的 17 个细分行业，也包括属于数字部门的 ICT 制造和软件、信息技术服务。

各细分行业部门 1990 年以来部分年份的 TFP 增长和要素投入增长情况估算结果见表 7.9、表 7.10、表 7.11、表 7.12。

表 7.9　　　　　1977 年以来不同阶段分行业 TFP 增长估算

单位：%

细分行业	1977—1980 年	1980—1985 年	1985—1990 年	1990—1995 年	1995—2000 年	2000—2005 年	2005—2010 年	2010—2015 年	2015—2018 年	1977—2018 年
农林牧渔	2.28	2.54	4.74	7.23	1.21	7.22	5.98	2.71	-9.56	3.33
采矿业	8.19	6.77	1.80	10.18	6.30	4.46	0.20	-4.72	0.96	3.72
食饮烟	6.12	4.81	0.95	9.78	-2.09	-1.19	-2.05	-0.70	0.51	1.65
纺服革	7.11	5.70	0.68	3.28	1.85	0.61	-0.55	-7.78	1.42	1.09
焦煤油	5.75	4.28	-1.00	-0.43	14.88	-8.53	5.95	4.69	5.43	3.24
化学工业	5.97	4.60	0.50	2.98	3.40	-0.30	0.18	-3.22	1.05	1.51
非金属矿	5.56	4.27	0.77	5.39	-9.43	5.80	-3.16	-4.80	-2.71	0.07
金属矿物	6.06	4.56	-0.65	6.89	-5.82	9.63	2.64	1.95	3.80	3.06
非 ICT 机械	5.98	7.93	-1.15	6.38	5.02	-5.18	1.41	-10.81	-1.84	0.74
其他制造	6.21	5.77	30.57	8.32	11.07	2.74	-7.86	-3.31	-3.64	5.95
电气水	2.98	1.89	-0.27	7.11	6.88	0.35	-6.88	2.50	-0.59	1.58
建筑业	9.82	9.16	10.80	8.23	7.37	4.40	7.10	-3.59	3.48	6.27
交运邮	2.73	3.75	6.00	0.87	3.84	0.71	-2.84	1.08	0.88	1.90
商业饮食	-2.24	21.16	2.71	7.13	9.56	4.68	5.14	1.28	3.44	6.39
金融保险	-1.58	15.35	12.94	-7.25	-3.27	-2.22	10.87	11.05	1.56	4.57
房地产业	-1.29	3.25	6.58	4.29	0.21	1.30	2.92	-2.57	-0.42	1.82
其他服务	5.63	4.28	-1.38	8.05	7.99	6.19	4.09	7.36	1.89	5.01
机械设备	7.02	5.79	-0.42	5.10	5.61	-1.56	0.48	-7.55	-0.11	1.41
软件信息	/	/	/	4.88	22.44	-6.21	12.57	1.67	4.69	6.81
宏观	3.79	5.41	2.83	6.92	3.41	4.28	1.52	-2.09	1.03	3.07

利用表 7.2、表 7.4、表 7.7 估算的要素投入价值可以确定出细分行业增长过程中各投入要素的权重，结合表 7.9、表 7.10、表 7.11、表 7.12 中的 TFP 增长和要素增长，可以进一步估算出各细分行业每年增长中 TFP 及各要素的贡献度。其中，1990 年以来部分年份"ICT 资本"对各细分行业增长贡献度见表 7.13。

第七章　产业数字化增加值与数字经济结构性特征　143

表 7.10　1990 年以来部分年份分行业 ICT 资本服务增长估算

单位：%

细分行业	1990 年	1995 年	2000 年	2005 年	2010 年	2011 年	2012 年	2013 年	2014 年	2015 年	2016 年	2017 年	2018 年
农林牧渔	9.92	38.48	30.34	27.49	44.72	20.86	3.07	0.81	1.44	3.58	5.52	5.25	4.27
采矿业	-2.63	53.45	17.33	36.24	27.23	31.26	27.96	31.96	31.61	25.30	23.29	23.93	21.30
食饮烟	-2.35	33.49	17.05	42.08	43.05	28.88	19.31	16.97	16.02	14.76	13.77	11.99	10.09
纺服革	-1.81	45.37	17.95	47.14	30.34	20.36	11.34	15.76	19.55	19.10	19.35	10.78	7.25
焦煤油	-1.28	65.70	27.75	18.36	35.44	14.53	-9.14	-4.48	5.39	9.80	18.36	28.98	27.35
化学工业	-0.51	41.78	24.68	34.35	38.21	24.71	11.27	14.83	18.43	18.21	18.84	21.43	23.44
非金属矿	-0.75	48.41	11.11	48.04	32.11	39.80	41.63	48.06	44.48	36.44	30.16	28.71	26.07
金属矿物	-1.64	58.00	13.64	42.05	39.92	14.38	-8.92	-7.51	-0.83	7.98	15.03	19.00	19.06
非 ICT 机械	1.30	78.84	18.34	29.73	17.31	21.25	13.90	2.51	4.24	3.68	-4.79	1.92	25.81
其他制造	-4.39	18.10	3.85	31.10	44.85	22.65	-1.41	5.65	15.25	16.64	22.10	30.89	30.30
电气水	-3.22	52.69	24.09	37.37	40.03	26.71	16.41	25.05	29.85	29.25	26.59	26.20	24.08
建筑业	2.48	45.61	21.00	38.02	43.69	40.28	37.25	38.77	36.04	30.36	25.86	23.89	21.41
交运邮	-3.89	40.07	-4.45	29.02	37.84	46.01	50.96	38.50	30.06	23.00	18.76	15.72	13.14
商业饮食	-2.54	29.61	5.45	2.17	25.72	26.08	22.09	22.98	22.60	18.12	17.38	27.96	31.82
金融保险	-3.44	27.03	46.66	21.65	52.82	66.25	67.93	41.04	27.88	19.34	14.58	20.59	24.30
房地产业	-1.86	41.65	30.81	19.35	64.74	52.85	48.46	37.24	29.85	23.37	19.49	25.41	28.65
其他服务	-3.24	41.40	25.77	31.59	17.69	38.71	44.06	35.18	27.89	17.29	15.60	24.86	28.02
机械设备	-4.61	59.79	28.57	22.43	21.05	17.40	4.41	4.66	5.87	-4.87	0.67	13.17	13.00
软件信息	-4.08	42.10	14.06	23.51	35.57	100.96	99.63	57.86	39.19	25.76	20.50	18.18	15.12
宏观	-4.01	54.97	26.25	24.44	25.17	26.81	20.93	20.46	19.47	11.61	13.02	18.88	18.80

表 7.11　1990 年以来部分年份分行业非 ICT 资本服务增长估算

单位：%

细分行业	1990 年	1995 年	2000 年	2005 年	2010 年	2011 年	2012 年	2013 年	2014 年	2015 年	2016 年	2017 年	2018 年
农林牧渔	6.68	11.54	9.37	12.12	20.62	29.43	27.71	24.96	23.39	22.75	19.37	23.64	22.82
采矿业	6.60	11.54	9.67	14.09	13.44	12.86	11.55	8.75	6.52	-0.63	-4.89	4.26	2.80
食饮烟	6.41	11.48	9.92	14.55	17.42	19.38	19.64	17.46	15.81	9.59	6.82	13.86	12.71
纺服革	6.38	11.49	10.12	15.37	13.76	18.23	17.43	15.22	14.07	8.78	5.88	12.28	11.25
焦煤油	6.42	11.53	10.07	13.90	9.99	9.61	8.33	6.93	5.78	-3.99	-5.78	2.25	1.04
化学工业	6.37	11.52	10.23	15.01	14.95	17.18	17.06	14.30	12.39	5.42	2.11	10.26	8.90
非金属矿	6.38	11.49	9.96	13.31	22.59	23.55	20.24	15.61	13.81	6.84	3.00	11.90	10.23
金属矿物	6.35	11.53	10.38	16.03	12.49	13.76	13.50	10.74	9.11	1.60	-1.07	6.78	5.43
非ICT机械	6.37	11.43	10.14	21.99	18.81	23.88	21.16	15.93	14.39	7.10	2.37	2.32	2.26
其他制造	6.60	11.49	9.45	13.68	19.13	20.78	19.68	16.31	15.53	10.20	6.07	13.56	12.33
电气水	6.48	11.58	10.23	15.73	9.70	7.46	7.05	5.54	5.97	1.11	0.43	4.02	3.41
建筑业	6.69	11.60	9.61	12.59	16.47	18.57	16.52	10.37	9.84	7.68	3.80	9.64	8.27
交运邮	6.70	11.59	9.57	12.74	14.39	10.54	9.18	7.52	8.01	4.72	3.16	6.52	5.98
商业饮食	6.70	11.56	9.45	13.02	16.42	17.59	18.28	16.73	15.57	-2.45	9.04	11.43	10.06
金融保险	6.52	11.61	10.12	13.26	19.43	21.09	21.27	23.32	19.26	11.18	7.26	16.46	15.49
房地产业	6.78	11.60	9.32	11.52	14.82	15.50	15.31	13.67	12.01	8.22	6.12	11.07	10.22
其他服务	6.74	11.62	9.57	12.67	14.78	13.08	13.07	12.04	12.71	10.65	10.12	11.72	11.45
机械设备	6.34	11.46	10.03	14.64	21.07	23.16	20.47	16.48	14.15	7.72	4.01	12.57	10.99
软件信息	6.27	11.59	10.74	14.07	4.65	2.71	3.36	1.93	4.52	1.08	1.80	2.54	2.37
宏观	6.62	11.57	9.71	13.30	14.84	14.84	14.33	12.41	11.65	6.76	5.26	10.44	9.66

第七章 产业数字化增加值与数字经济结构性特征   145

表 7.12　1990 年以来部分年份分行业劳动服务增长估算

单位：%

细分行业	1990年	1995年	2000年	2005年	2010年	2011年	2012年	2013年	2014年	2015年	2016年	2017年	2018年
农林牧渔	8.71	5.69	-8.54	-5.26	-11.79	-8.45	-5.66	-9.21	-2.41	-2.47	-2.53	-2.98	-1.76
采矿业	-6.41	0.32	-11.72	7.61	-7.15	3.49	-3.58	-17.23	-13.16	-15.15	-17.85	-22.04	-27.10
食饮烟	-10.38	-1.93	-7.52	1.76	-6.28	11.55	5.20	1.14	0.92	-0.98	0.35	-0.30	0.74
纺服革	-10.37	-2.06	-7.31	5.64	-7.79	5.68	3.53	8.97	-3.48	-0.44	1.50	-1.23	1.00
焦煤油	-10.39	-1.86	-7.98	4.92	-9.21	2.76	-5.33	-10.92	14.35	-4.79	-1.04	1.99	-0.30
化学工业	-10.38	-1.90	-7.47	-0.13	-7.02	9.46	-1.62	6.86	-0.55	-1.78	1.40	-0.71	0.68
非金属矿物	-10.38	-1.93	-7.23	-1.44	-6.49	13.78	0.13	-0.58	3.81	-2.26	0.29	0.18	0.44
金属矿物	-10.38	-1.97	-7.37	2.76	-8.56	1.75	1.50	-0.33	3.16	-1.93	0.27	0.08	0.52
非ICT机械	-10.37	-2.01	-10.35	-7.36	-2.77	9.21	-5.62	7.95	-5.16	-2.37	2.34	-1.61	-0.51
其他制造	-10.37	-2.03	-7.07	1.73	-10.44	6.10	-22.89	-7.65	20.67	-9.13	0.42	2.65	-1.21
电气水	-13.82	7.94	-0.66	-0.45	-9.75	-4.14	-3.19	5.57	-2.47	-0.11	0.92	-0.96	1.00
建筑业	-21.42	-6.50	-7.42	6.34	-3.50	29.23	12.28	29.52	-2.92	-5.82	5.18	-1.72	0.15
交运邮	-2.84	-2.80	-2.51	-2.98	-10.28	-3.05	-2.35	6.43	0.39	-2.26	1.41	-0.56	0.57
商业饮食	-20.84	-3.20	-11.53	-5.31	-7.22	14.89	7.12	4.22	-2.25	0.15	0.66	-0.88	1.03
金融保险	-4.82	-6.99	1.93	4.93	-4.48	-0.22	-0.96	-12.26	1.97	3.28	-2.74	0.39	1.34
房地产业	1.75	1.13	1.32	4.55	-3.23	13.17	2.67	15.12	4.22	4.05	3.89	3.34	4.57
其他服务	0.81	-7.31	1.29	2.05	-9.39	-7.86	-1.27	-7.33	0.27	0.48	-5.75	-0.39	0.93
机械设备	-10.37	-2.01	-7.13	0.38	-2.60	9.78	-1.39	14.13	-4.87	-0.92	2.34	-1.61	0.98
软件信息	9.26	-1.78	5.99	4.54	-6.43	2.89	-0.90	27.64	-0.20	-0.20	-0.20	-0.59	0.72
宏观	1.37	1.00	-6.34	-1.47	-9.15	-2.09	-1.61	-1.64	-1.67	-1.70	-1.73	-1.76	-0.32

表 7.13　1992 年以来部分年份 ICT 资本对各细分行业增长贡献度

单位：%

细分行业	1992 年	1995 年	2000 年	2005 年	2010 年	2011 年	2012 年	2013 年	2014 年	2015 年	2016 年	2017 年	2018 年
农林牧渔	0.13	0.04	-1.27	5.19	6.15	2.57	0.38	0.10	0.22	0.46	0.86	-0.50	-0.74
采矿业	0.36	0.86	0.93	0.67	0.69	0.63	-1.11	-23.25	-1.98	-0.92	-1.83	1.34	-5.42
食饮烟	0.26	0.30	0.43	1.53	2.59	1.11	1.20	1.08	0.92	1.37	1.04	0.76	0.28
纺服革	0.38	1.58	-15.45	6.81	6.00	8.63	-104.84	14.84	5.86	34.99	7.57	1.34	0.40
焦煤油	0.47	1.66	0.32	0.57	3.45	1.69	-1.65	-0.67	0.59	1.93	2.92	3.59	1.83
化学工业	0.18	1.10	0.76	3.19	3.12	2.44	2.03	2.24	2.13	4.23	3.09	2.24	1.21
非金属矿	0.16	1.53	-0.38	2.04	1.74	1.92	4.00	5.38	5.10	9.19	6.64	4.64	2.13
金属矿物	0.23	3.38	1.11	2.49	13.55	2.49	-2.26	-1.49	-0.12	1.84	2.66	2.55	1.26
非 ICT 机械	-1.85	70.28	36.88	105.32	16.95	169.83	-58.36	-25.21	58.59	-10.08	-70.80	-3.64	55.73
其他制造	2.40	2.21	0.31	4.61	18.68	15.19	-0.11	1.68	113.09	7.31	-94.81	5.25	2.66
电气水	0.13	0.55	0.29	1.10	4.78	4.31	0.47	3.87	-10.46	31.02	41.51	5.08	19.76
建筑业	0.96	5.20	7.10	9.39	20.99	16.98	19.23	19.71	19.29	37.16	27.55	17.36	25.90
交运邮	0.42	5.38	-0.07	0.82	4.15	4.58	7.69	5.98	4.87	5.00	4.52	2.70	12.51
商业饮食	0.51	1.55	1.42	0.60	4.01	4.20	3.41	3.78	3.60	4.36	4.18	6.51	22.74
金融保险	6.87	9.83	33.61	6.75	20.66	28.63	33.80	23.60	21.33	9.73	29.17	36.23	122.09
房地产业	0.01	0.11	0.09	0.05	0.60	0.91	1.25	0.71	1.22	0.57	0.39	0.69	1.54
其他服务	0.46	1.70	1.55	4.59	4.76	6.52	6.21	6.72	5.81	2.78	2.93	14.14	5.62
机械设备	3.66	78.88	34.99	43.86	30.08	98.67	1841.55	50.37	20.14	-77.12	2.17	12.62	-133.87
软件信息	-4.19	10.26	1.49	38.23	10.43	59.69	102.89	56.32	62.59	83.82	81.57	34.92	77.98
宏观	0.75	5.72	5.09	6.54	7.73	8.48	8.18	7.95	8.40	5.36	6.11	8.28	8.57

注：个别行业，个别年份出现了贡献度畸高的情况，原因在于该年份行业增长率接近于 0，而 ICT 生产性资本的增长又较为显著。

二 ICT替代效应测算

在前述增长核算中，我们估算出 1977 年以来各年各细分行业增长中 ICT 资本的贡献度（部分见表 7.13）。利用公开的 GDP 平减指数，将所有的增加值数据换算成某一年份的可比价格（比如 2012 年）。利用各行业可比的增加值数据和 ICT 资本的增长贡献度，可以推算出每个年份各行业增长所对应的增加值数额以及 ICT 资本贡献部分对应的增加值数额。该测算过程不妨用以下式（7-3）进行刻画。

$$\Delta VA_{i,t}^{ICT} = (VA_{i,t} - VA_{i,t-1}) \cdot GC_{i,t}^{ICT} \qquad (7-3)$$

其中，VA 代表增加值（Value Added），GC 代表对增长的贡献度（Growth Contribution）；下标 i 和 t 则分别代表细分行业和时间（年份），上标则是参与贡献的要素（或因素）。

表 7.14　　1990—2000 年宏观及各行业 ICT 资本占比一览

单位：%

细分行业	1990年	1991年	1992年	1993年	1994年	1995年	1996年	1997年	1998年	1999年	2000年
农林牧渔	0.01	0.01	0.01	0.02	0.02	0.03	0.04	0.05	0.06	0.07	0.08
采矿业	0.05	0.04	0.05	0.06	0.09	0.13	0.14	0.14	0.13	0.12	0.13
食饮烟	0.05	0.04	0.04	0.05	0.06	0.08	0.08	0.07	0.07	0.07	0.07
纺服革	0.08	0.07	0.08	0.09	0.13	0.17	0.21	0.26	0.27	0.27	0.29
焦煤油	0.03	0.03	0.03	0.04	0.07	0.11	0.12	0.13	0.13	0.14	0.17
化学工业	0.04	0.04	0.04	0.04	0.06	0.08	0.09	0.09	0.10	0.10	0.12
非金属矿	0.04	0.04	0.04	0.05	0.07	0.10	0.12	0.15	0.15	0.15	0.15
金属矿物	0.08	0.07	0.07	0.10	0.16	0.22	0.23	0.21	0.19	0.18	0.18
非 ICT 机械	2.41	2.07	1.76	1.98	2.97	4.68	6.39	6.79	6.48	6.43	6.88
其他制造	0.66	0.56	0.58	0.60	0.67	0.71	0.66	0.60	0.50	0.44	0.42
电气水	0.02	0.02	0.02	0.03	0.04	0.05	0.06	0.06	0.06	0.06	0.06
建筑业	0.58	0.55	0.61	0.78	1.08	1.40	1.47	1.46	1.42	1.46	1.61
交运邮	0.05	0.04	0.04	0.05	0.06	0.08	0.09	0.09	0.08	0.07	0.06
商业饮食	0.19	0.17	0.18	0.20	0.24	0.28	0.49	0.75	0.83	0.81	0.79
金融保险	6.26	5.46	5.69	6.21	7.27	8.19	8.55	8.75	9.85	11.84	15.17
房地产业	0.00	0.00	0.00	0.00	0.00	0.00	0.00	0.00	0.00	0.00	0.01
其他服务	0.09	0.08	0.08	0.10	0.13	0.17	0.22	0.28	0.31	0.34	0.39

续表

细分行业	1990 年	1991 年	1992 年	1993 年	1994 年	1995 年	1996 年	1997 年	1998 年	1999 年	2000 年
机械设备	2.36	2.00	2.05	2.84	4.48	6.29	6.95	6.99	6.89	7.19	8.30
软件信息	0.40	0.34	0.36	0.42	0.57	0.72	0.95	1.19	1.24	1.23	1.27
宏观	0.22	0.19	0.20	0.26	0.40	0.55	0.63	0.66	0.66	0.69	0.80

选定一个 ICT 对传统产业 i 的渗透几乎可以忽略不计的年份作为起始年份；进而将传统产业 i 在该年份增加值 $VA_{i,0}$ 中数字经济替代效应和协同效应所对应数额 $VA_{i,0}^S$ 和 $VA_{i,0}^C$ 都近似设定为 0。① 在 20 世纪 90 年代中期美国互联网热潮兴起之前，ICT 对于传统产业的渗透几乎可以忽略不计；表 7.14 中的数据也大致能够印证这一点。1993 年之前，生产性资本存量（资本服务）中 ICT 资本占比维持在 0.2% 左右；细分行业中除机械设备制造和金融保险外，占比基本都在 0.5% 以下。② 因此，不妨以 1992 年作为式（7-3）中的起始年份，对应的 t 为 0。将收集整理的各细分行业每年的增加值（2012 年不变价）、ICT 资本增长贡献度等数据代入式（7-3），可以估算出 1993 年以后每年各细分行业增长中替代效应贡献所对应的增加值数额。由于起始年份的增加值中数字经济成分几乎为零，因此估算出的 1993 年细分行业增长中替代效应贡献所对应的增加值数额就等于该年度行业增加值中 ICT 替代效应所对应的增加值数额。据此我们可以用式（7-4）逐年测算 1992 年以后各年各行业增加值中 ICT 替代效应所对应的数额。

$$VA_{i,t}^S = \sum_{j=1}^{t} \Delta VA_{i,t}^{ICT}, VA_{i,0}^S = 0, VA_{i,1}^S = \Delta VA_{i,1}^{ICT} \quad (7-4)$$

将收集和估算得到的宏观及细分行业增加值、贡献度等数据代入式（7-3）和式（7-4），可以估算出 1993 年以来各年各细分行业中 ICT 替代效应所对应的增加值（2012 年可比价）；利用 GDP 平减指数又可进一步换算成名义值（当年价），见表 7.15。

---

① 根据前面的分析，替代效应和协同效应都是在 ICT 渗透性特征基础上形成的。在渗透性可以忽略不计的初始年份，产业增加值中 ICT 替代效应和协同效应所对应的数字经济增加值均设定为 0。

② 即使在美国，互联网的真正推广也是在 1993 年 11 月以后。当时，网景公司（Netscape）的前身发布马赛克浏览器，大众才有了更便捷的上网途径。

表 7.15 1993 年以来部分年份各细分行业 ICT 替代效应增加值测算结果

单位：亿元（名义值）

细分行业	1993 年	1995 年	2000 年	2005 年	2010 年	2011 年	2012 年	2013 年	2014 年	2015 年	2016 年	2017 年	2018 年
农林牧渔	0.18	1.02	6.44	50.25	637.94	783.10	815.38	836.07	851.10	864.45	895.63	950.59	996.66
采矿业	1.04	8.01	16.28	68.95	139.14	179.24	213.99	257.92	307.32	347.78	392.77	454.95	523.18
食饮烟	0.47	3.71	7.38	42.59	159.76	202.79	231.58	258.86	284.99	308.70	336.84	371.81	403.91
纺服革	1.54	11.51	45.97	165.31	436.66	520.73	559.93	606.06	657.73	705.17	765.93	827.79	878.58
焦煤油	0.24	1.92	6.05	20.80	115.95	139.45	133.20	131.88	138.15	147.97	171.01	213.74	265.98
化学工业	0.64	4.41	14.57	108.19	291.35	360.17	391.51	429.14	473.57	518.20	576.85	661.66	765.40
非金属矿	0.57	4.22	12.68	55.33	100.15	130.13	164.16	212.88	271.98	334.63	405.08	488.05	580.05
金属矿产物	1.84	14.57	20.51	89.55	685.59	810.33	785.46	771.44	777.18	808.92	884.08	1004.42	1140.30
非 ICT 机械	20.85	329.97	988.06	3898.93	8372.31	10086.70	11011.55	11355.05	11654.16	11804.78	11831.86	12405.11	13620.42
其他制造	1.79	9.85	9.61	77.87	296.84	357.77	363.36	381.35	411.27	440.43	487.62	567.87	662.26
电气水	0.32	2.49	6.36	33.96	110.84	137.65	155.37	185.38	225.00	268.49	318.70	386.53	460.02
建筑业	5.32	38.34	89.19	589.23	2399.81	3177.91	3864.41	4575.67	5401.87	6257.39	7174.06	8365.45	9580.16
交运邮	1.45	8.91	12.48	43.84	211.83	298.68	413.73	527.74	639.89	737.43	840.20	964.02	1078.43
商业饮食	3.52	19.60	173.98	601.20	1333.25	1656.06	1893.19	2154.36	2433.73	2676.59	2969.93	3527.58	4225.81
金融保险	15.89	74.07	296.09	506.53	1790.32	2767.84	4114.41	5439.00	6580.58	7497.85	8421.56	9976.62	11871.19
房地产业	0.07	0.43	1.34	4.18	48.76	75.79	106.43	136.57	166.56	192.14	220.94	270.66	334.55
其他服务	3.15	20.71	117.09	913.20	1490.57	1978.69	2567.18	3197.40	3804.60	4221.86	4727.30	5740.18	6969.05
合计	58.89	553.74	1824.07	7269.90	18621.06	23663.22	27784.84	31456.78	35079.69	38132.78	41420.35	47177.04	54355.95

三 TFP 增长与 ICT 协同效应估算

（一）ICT 协同效应估算步骤

根据前文的理论分析和测算思路，ICT 协同效应的作用体现为 TFP 增长，是 TFP 增长的一部分；而 TFP 增长又是 GDP 和行业增加值增长的来源之一。因此，要测算 ICT 协同效应所对应的增加值，需要完成以下步骤：（1）估算 TFP 对 GDP（或增加值）增长贡献度；（2）估算 ICT 协同效应对 TFP 增长贡献度，进而得到 ICT 协同效应对 GDP（或增加值）增长贡献度；（3）采用与前述 ICT 替代效应类似的方法，以 1992 年为起始年份，推算出 ICT 协同效应对应的增加值。ICT 协同效应对应增加值的测算可用以下公式表示：

$$\Delta VA_{i,t}^{C} = (VA_{i,t} - VA_{i,t-1}) \cdot GC_{i,t}^{C} = (VA_{i,t} - VA_{i,t-1}) \cdot GC_{i,t}^{CTT} \cdot GC_{i,t}^{TFP} \quad (7-5)$$

$$VA_{i,t}^{C} = \sum_{t} \Delta VA_{i,t}^{C}, VA_{i,0}^{C} = 0, VA_{i,1}^{C} = \Delta VA_{i,1}^{C} \quad (7-6)$$

式（7-5）、式（7-6）中，$GC_{i,t}^{C}$、$GC_{i,t}^{CTT}$、$GC_{i,t}^{TFP}$ 分别代表第 t 期第 i 个细分行业中 ICT 协同效应对增加值增长的贡献度、ICT 协同效应对 TFP 增长的贡献、TFP 对增加值增长的贡献度；$\Delta VA_{i,t}^{C}$ 为行业增长的增加值中 ICT 协同效应所对应的增加值，$VA_{i,t}^{C}$ 则为行业增加值中 ICT 协同效应所对应的增加值。

（二）ICT 协同效应对增加值增长贡献

在前面的增长核算中，我们已经估算出各细分行业 1977 年以来的 TFP 增长数据，据此可得到 TFP 对增加值增长的贡献度，部分年份的估算结果见表 7.16。

表 7.16　1977 年以来不同阶段 TFP 对各细分行业增长贡献度

单位：%

细分行业	1977—1980 年	1980—1985 年	1985—1990 年	1990—1995 年	1995—2000 年	2000—2005 年	2005—2010 年	2010—2015 年	2015—2018 年	1977—2018 年
农林牧渔	23.84	29.50	61.31	132.12	46.46	146.18	88.62	44.61	748.48	57.81
采矿业	85.30	79.56	29.28	74.09	68.77	35.29	2.16	103.49	322.79	50.27
食饮烟	64.13	55.26	14.16	55.38	-69.20	-17.87	-20.92	-6.65	4.66	17.89

续表

细分行业	1977—1980年	1980—1985年	1985—1990年	1990—1995年	1995—2000年	2000—2005年	2005—2010年	2010—2015年	2015—2018年	1977—2018年
纺服革	74.33	66.02	11.85	30.20	31.81	7.44	-6.98	-501.92	15.14	14.85
焦煤油	59.97	49.89	-19.80	-5.65	72.39	8762.43	39.05	57.81	51.09	34.41
化学工业	62.45	52.96	7.83	27.24	38.46	-3.80	1.64	-52.65	10.23	17.24
非金属矿	58.24	48.92	11.15	39.96	266.61	40.82	-29.17	-62.86	-25.65	0.78
金属矿物	63.20	53.10	-12.53	46.21	1250.64	53.12	21.96	23.27	35.65	31.83
非ICT机械	69.08	79.71	-32.23	43.48	56.64	-96.92	9.07	840.75	-6531.17	9.84
其他制造	66.03	62.71	85.21	52.02	72.70	27.96	-247.12	-45.77	-43.76	45.59
电气水	31.07	21.95	-3.67	43.76	42.32	3.37	-451.67	38.63	-20.10	17.49
建筑业	98.26	90.02	156.21	47.55	116.61	46.60	50.11	-42.33	50.63	62.02
交运邮	41.34	43.50	46.68	10.28	34.03	9.04	-45.72	15.52	15.50	22.39
商业饮食	309.08	95.21	97.96	48.42	102.38	57.37	41.38	13.62	62.13	63.93
金融保险	-29.11	78.21	65.71	-84.06	-49.08	-40.07	55.45	85.45	40.08	38.10
房地产业	-18.15	29.33	43.93	32.11	2.18	11.60	19.27	-27.64	-4.07	15.70
其他服务	56.75	50.45	-24.70	55.06	48.87	46.28	42.57	71.71	37.79	47.11
机械设备	73.20	67.89	-9.43	34.78	51.56	-15.92	3.61	-445.24	-1.12	15.55
软件信息	/	/	/	33.45	67.07	-82.65	61.53	10.36	43.51	38.72
宏观	44.01	53.51	37.48	59.59	42.92	46.14	40.96	36.23	44.40	45.97

注：（1）表中有不少贡献率绝对值畸高，主要原因还在于该年份下增加值的增长率偏小甚至接近于0；（2）年度间的TFP增长波动较大，有时会出现TFP下降，导致一些年份的贡献率为负；（3）由于宏观增长率保持较高水平，加上TFP总体呈提升态势，宏观TFP贡献率畸高和为负的情形较少。

接下来最为关键的环节是估算出ICT协同效应对TFP增长的贡献度。根据前述的理论机制分析，数字技术/ICT协同性特征的核心就在于ICT资本服务的投入使用过程中能够产生大量生产经营数据并从中提取有效信息，减少不同要素、不同环节之间的信息不对称，从而提高各环节各其他要素之间的协同性，进而提升投入产出效率（TFP）。数据信息是协同性和效率提升的源泉，而数字技术/ICT资本则是生成数据和处理数据的物质技术载体，因此，数字技术/ICT资本可以用作数据信息的代理变量，用于分析数据信息对TFP增长（变化）的影响。

根据内生增长理论及创新经济学相关理论，影响 TFP 变化的因素众多。综合 Bartelsman 和 Doms（2000）、Chen 和 Dahlman（2004）、Isaksson（2007）等的研究，可以将相关因素大致分为以下几类：（1）与知识信息传递相关的变量，在支撑知识信息传递过程中提高生产率水平。[①]（2）与知识创造相关的变量，如 R&D 投入、专利申请数量等。这些变量在一定程度上反映出经济体在知识创造方面的能力，对 TFP 增长有着重要影响。（3）与知识运用相关的变量，如劳动者受教育程度等。这些变量决定了新创造的知识能否被劳动者很好地吸收并用于提高生产力。（4）各种制度性变量。这些制度性变量除了通过以上渠道，还从其他方面间接影响 TFP 的变化（Bartelsman & Doms, 2000; Chen & Dahlman, 2004; Isaksson, 2007）。

在上述分类基础上，寻找合适的代理变量，运用面板分析等计量工具，可以从实证角度考察 ICT 资本与 TFP 增长之间的相关关系；并且可以通过其他几类变量的增减进行稳健性检验。如果经过稳健性检验的计量分析结果表明 ICT 资本对 TFP 增长影响具有统计意义上的显著性，那么就可以认为 ICT 资本相关变量能够在一定程度上解释 TFP 增长的变化情况。而 ICT 资本与 TFP 增长间一元线性回归的拟合优度（R^2）则可以直接作为解释度，即 ICT 协同效应对 TFP 增长的贡献。[②] 由于数据的可获得性，我们对上述四类因素的代理变量选取进行了如下处理：（1）考虑到 ICT 协同效应是 ICT 生产性存量资本发挥作用而产生的，因此，选择生产性资本存量中 ICT 资本占比作为 ICT 协同效应的代理变量。（2）选择科学研究和技术服务投入作为知识创造能力的代理变量，以反映知识资本的变化情况；相关数据来源于投入产出表中的研究与试验发展业和专业技术服务业及其在各行业的分布。（3）选取行业进口额作为知识由经济体外部向内传播的代理变量。（4）在知识运用方面，劳动者素质起着决定性作用，因此选择每年的教育投入和就业人数作为代理变量。（5）制度的概念最为宽泛，包括政治制度、法律制度、经济制度、金融制度等，且很

[①] 这里的知识信息不同于数字技术/ICT 衍生出的数据信息，主要是指技术（技能）等知识。知识信息的传递包括创新知识能否在经济体内部各部门之间有效传播或从技术先进的国家向技术相对落后的国家传播，这些最终也会带来生产率水平的提高。

[②] 根据定义，R^2 表示的正是因变量变化中能够由自变量变化所解释的部分。

多都不容易量化；最终，我们从金融制度入手，并借鉴 McKinnon（1991）以广义货币 M2 对 GDP 比值衡量国家金融深化或经济金融化的做法，以金融服务投入/行业增加值作为行业金融化的代理变量，其中金融服务投入来自投入产出表中金融服务在各行业中的分配。据此，可按以下模型开展面板分析。

$$\begin{cases} \Delta TFP_{i,t} = \alpha_0 + \beta_1 ICTrate_{i,t} + \sum_{j=2}^{n} \beta_j X_{i,t}^j + \mu_i + \delta_t + \varepsilon_{i,t} \\ X_{i,t} = [\,\ln education_{i,t}, finance_{i,t}, \ln import_{i,t}, \ln S\&T_{i,t}, \ln employment_{i,t}\,] \end{cases}$$

$$(7-7)$$

式（7-7）中，μ_i 和 δ_t 分别为控制行业和时间（年份）的固定效应，$\varepsilon_{i,t}$ 为误差项，α_0 为常数项；$\Delta TFP_{i,t}$ 表示第 i 个行业第 t 期的 TFP 变化率，$ICTrate_{i,t}$ 表示 ICT 生产性资本存量占总生产性资本存量的比例；$education_{i,t}$、$import_{i,t}$、$S\&T_{i,t}$、$employment_{i,t}$ 则分别为相应行业和年份的教育投入、进口额、科学研究和技术服务投入和就业人员数量，并在面板分析中取自然对数；$finance_{i,t}$ 为相应行业和年份的金融服务投入/行业增加值。

以式（7-7）为基础，采用固定效应面板模型就 $ICTrate_{i,t}$ 与 $\Delta TFP_{i,t}$ 之间的相关关系进行检验；尝试生产性资本存量中 ICT 资本占比代理变量，以 $ICTrate_{i,t}^1$ 表示，并增加生产性资本存量中 ICT 资本占比滞后一期、两期以及 TFP 变化滞后一期作为稳健性检验。面板分析相关结果见表 7.17。

（三）ICT 协同效应增加值估算

从表 7.17 可以看出，生产性资本存量中 ICT 资本占比与 TFP 增长有着显著正向相关关系，从而在实证层面印证了 ICT 协同效应的存在。至于 ICT 协同效应对 TFP 增长的贡献，即 $GC_{i,t}^{CTT}$，不妨统一取值为表 7.17 中模型 1 的调整拟合优度（Adj_ R^2）。[①] 结合前面估算的 TFP 对增加值增长贡献度，可以估算出各行业 ICT 协同效应对增加值增长的贡献度，即式（7-5）中的 $GC_{i,t}^C$。需要特别指出的是，部分细分行业在个别年份 TFP

[①] 一方面，模型 1 中的自变量不只是生产性资本存量中 ICT 资本占比，用调整后的拟合优度更能表示"因变量变动中可以由自变量解释的部分"；另一方面，其他自变量都是虚拟变量，该拟合优度反映的主要是生产性资本存量中 ICT 资本占比的影响。

表7.17 TFP变化影响因素及ICT协同效应的面板分析

解释变量	(1)	(2)	(3)	(4)	(5)	(6)	(7)	(8)
$ICTrate_{i,t}^1$	0.234 (0.086)***	0.256 (0.093)***					0.211 (0.088)**	0.218 (0.093)**
$ICTrate_{i,t-1}^1$			0.262 (0.093)***	0.267 (0.098)**				
$ICTrate_{i,t-2}^1$					0.208 (0.101)**	0.194 (0.107)*		
$TFP_{i,t-1}$							0.145 (0.048)***	0.129 (0.047)***
$\ln education_{i,t-1}$		0.022 (0.010)**		0.022 (0.010)**		0.023 (0.011)**		0.022 (0.01)**
$finance_{i,t-1}$		0.386 (0.13)***		0.39 (0.13)***		0.381 (0.1.35)***		0.374 (0.129)***
$\ln import_{i,t}$		-0.021 (0.007)***		-0.021 (0.007)***		-0.014 (0.007)**		-0.019 (0.007)***
$\ln S\&T_{i,t}$		-0.009 (0.008)		-0.009 (0.008)		-0.01 (0.008)		-0.008 (0.008)

续表

解释变量	(1)	(2)	(3)	(4)	(5)	(6)	(7)	(8)
$\ln employment_{i,t}$		-0.045		-0.044		-0.031		-0.044
		(0.019)**		(0.019)**		(0.02)		(0.019)**
α_0	0.099	0.694	0.001	0.686	0.04	0.489	0.001	0.663
	(0.027)***	(0.249)***	(0.027)	(0.249)***	(0.027)	(0.242)	(0.026)	(0.248)***
观察值	486	468	468	468	450	450	468	468
R^2	0.17	0.214	0.172	0.213	0.17	0.2013	0.1902	0.2278
$Adj-R^2$	0.0871	0.124	0.0876	0.1233	0.0838	0.1079	0.106	0.1373
μ_i	控制	控制	控制	控制	控制	控制	控制	控制
δ_t	控制	控制	控制	控制	控制	控制	控制	控制

注：(1) 括号内为标准差；(2) *、**、***分别表示10%、5%和1%的显著性水平；(3) 计量结果由Stata软件运行得出。

可能会出现负增长，在此情形下如果仍然按照式（7-5）进行测算，则会出现 ICT 协同效应对行业增长贡献为负的结果，显然是不符合正常逻辑的。ICT 协同效应对于增长的贡献至少应该是非负的。① 因此，在 TFP 增长为负的情形下，我们将相应的 ICT 协同效应对增加值增长的贡献度直接设定为 0。

将估算或设定的 ICT 协同效应对增加值增长的贡献度以及前述计算的各细分行业各年份增加值（2012 年不变价）代入式（7-5）、式（7-6），便可以得到各行业各年份 2012 年不变价的 ICT 协同效应增加值，利用 GDP 平减指数又可以进一步换算成各年名义价的 ICT 协同效应增加值。1993 年以来各细分行业部分年份的测算结果见表 7.18。

第三节　数字产业化细分行业及其增加值测算

本章第一部分依据国家统计局《国民经济行业分类（2017）》和《新产业新业态新模式统计分类》，确定数字产业化（数字部门）涵盖范围，并对数字部门以外的传统产业进行分类。在此基础上，综合各种渠道数据、多方校验，估算数字产业化对应的增加值。

一　数字部门细分行业划分

根据《国民经济行业分类（2017）》的中类划分，可将计算机、通信和其他电子设备制造业分为 9 个细分行业：（1）计算机制造；（2）通信设备制造；（3）广播电视设备制造；（4）雷达及配套设备制造；（5）非专业视听设备制造；（6）智能消费设备制造；（7）电子器件制造；（8）电子元件及电子专用材料制造；（9）其他电子设备制造。

综合《国民经济行业分类（2017）》和《新产业新业态新模式统计分类》的分类，将信息传输、软件和信息技术服务业分为 4 个细分行业：（1）电信、广播电视和卫星传输服务，具体包含电信、广播电视传输服务、卫星传输服务三个部分；（2）互联网和相关服务，具体包含互联网接入及相关服务、互联网信息服务、互联网平台、互联网安全服务、互联

---

① 虽然"索洛悖论"中也提到 ICT 的应用可能并不会带来生产率的提升，但是如果长时间出现负贡献情形，企业自然会选择弃用 ICT 资本。

表 7.18 1993 年以来部分年份各细分行业 ICT 协同效应增加值

单位：亿元（名义值）

细分行业	1993年	1995年	2000年	2005年	2010年	2011年	2012年	2013年	2014年	2015年	2016年	2017年	2018年
农林牧渔	0.0	159.2	204.9	528.0	1595.2	2014.6	2250.8	2568.8	2598.3	2601.7	2642.0	2757.6	2858.1
采矿业	17.3	70.6	182.0	406.4	1033.8	1336.5	1367.2	1396.3	1412.4	1414.2	1436.1	1588.2	1646.1
食饮烟	16.5	101.0	121.3	177.5	246.5	275.7	282.0	288.0	296.1	308.5	393.0	410.2	709.6
纺服革	2.8	44.0	181.8	275.2	392.3	424.1	433.9	443.1	448.2	448.8	455.7	475.7	772.4
焦煤油	1.0	6.4	96.7	163.6	325.7	379.6	411.2	461.7	471.8	552.5	660.0	688.9	898.9
化学工业	0.6	12.8	70.0	106.8	204.9	221.5	226.6	231.4	234.1	251.0	346.4	361.5	716.0
非金属矿	1.3	9.7	39.0	140.9	181.5	196.2	200.7	205.0	207.4	207.6	259.7	271.1	411.1
金属矿物	2.1	19.3	23.6	227.0	520.4	617.3	631.4	668.6	732.5	867.5	1097.6	1145.7	1694.8
非ICT机械	0.0	18.3	139.9	163.9	483.4	522.7	534.7	546.1	552.4	553.1	561.7	586.2	632.1
其他制造	0.0	15.6	107.4	173.5	235.4	254.5	412.5	421.3	426.2	426.7	433.3	452.3	577.8
电气水	4.3	14.3	93.7	136.1	197.5	213.5	439.7	449.1	454.3	454.9	461.9	482.1	499.7
建筑业	0.0	76.9	237.0	434.7	1196.3	1293.6	1323.3	1351.5	1717.3	2024.1	2055.4	2500.4	2777.9
交运邮	5.4	7.3	94.3	148.1	208.8	228.5	233.7	238.7	291.1	384.8	487.8	536.8	556.3
商业饮食	0.0	69.9	428.5	798.9	1753.5	1895.9	1939.5	1980.8	2281.2	2807.2	3055.1	3188.8	3305.0
金融保险	0.0	37.8	52.7	81.7	928.8	1173.0	1425.4	2157.8	2438.1	3033.2	3357.8	3586.4	3717.1
房地产业	0.0	6.4	31.4	85.6	494.5	534.7	547.0	558.7	565.1	682.3	1041.7	1087.3	1126.9
其他服务	27.8	95.8	427.0	1091.1	2343.6	3020.8	3552.4	4347.3	4796.6	5641.6	6931.5	7234.8	7498.6
合计	79.1	765.3	2531.2	5139.2	12341.9	14602.8	16212.1	18314.4	19922.9	22659.8	25676.7	27354.0	30398.5

网数据服务、其他互联网服务六个部分；（3）软件和信息技术服务业，具体包含软件开发、集成电路设计、信息系统集成和物联网技术服务、运行维护服务、信息处理和存储支持服务、信息技术咨询服务、数字内容服务、其他信息技术服务业八个部分；（4）数字媒体/数字出版，主要指国家新闻出版广电总局（2010年8月）文件界定的数字出版，即利用数字技术进行内容编辑加工，并通过网络传播数字内容产品的新型出版方式。

二 数字部门增加值估算

（一）计算机、通信和其他电子设备制造业

计算机、通信和其他电子设备制造业增加值数据基本可从中国电子信息产业统计年鉴中直接获取。其中，1990—2009年增加值数据公布于《中国电子信息产业统计年鉴（1949—2009）》；而《中国电子信息产业统计年鉴（2010—2018）》公布了2010—2018年历年增加值增长率，据此可以推算出各年的计算机、通信和其他电子设备制造业增加值。

（二）软件和信息技术服务业

软件和信息技术服务业不同年份（时间段）增加值数据估算存在较大差异。2001—2009年历年增加值数据直接来源于《中国电子信息产业统计年鉴（1949—2009）》；其中，2004年数据与前后两年对比差距很大，我们将其视为异常值，最终以2003年和2005年平均值作为2004年增加值。2010年和2011年增加值数据直接来源于《中国电子信息产业统计年鉴（软件篇）》。2012—2018年各年数据则是参照增加值核算的收入法，在收集行业利润、所得税、工资、折旧等数据基础上估算而得。2000年以前，公开统计资料中没有提供相关数据。从已有年份数据来看，2001—2003年这三年软件和信息技术服务业与计算机、通信和其他电子设备制造业的增加值之比基本稳定在0.4左右。根据行业发展特点，假定2000年之前二者间比例关系具有阶段性，按照移动平均方式向前推算出1996—2000年各年比例（维持在0.4左右），1990—1995年假定为0.2，据此估算相应年份的软件和信息技术服务业增加值。

（三）电信业

2008年电信改革之后电信业包括中国移动、中国联通、中国电信三家企业。根据公开年报中披露的员工薪酬、税费缴纳、固定资产折旧、企业利润等数据，可以用收入法核算各企业历年增加值；三家加总便得到2008—2018年历年电信业增加值。国家统计局公布了2002年后各年电信业收入数据。考虑到行业增加值率通常比较稳定，以2008—2016年电信业增加值率为基础可大致估算出2002—2007年各年电信业增加值。2001年之前，根据国家统计局和工信部网站公布数据，以电信业收入在邮电业收入占比作为邮电业增加值中电信业份额，估算1990—2001年历年电信业增加值。

（四）广播电视传输服务

该行业增加值数据缺失较为严重，通过2017年投入产出表可以得到当年数据。根据国家广播电视总局相关统计可以得到广播电视传输服务（主要是电视传输服务）收入数据，根据已有数据按照增加值率推算得到2007—2018年行业增加值。[1]

（五）数字媒体/数字出版

根据中国新闻出版研究院发布的《新闻出版产业分析报告》，可以收集到数字出版业2006—2018年的营业收入、2009—2012年的增加值数据。根据已有数据得出数字出版在部分年份的增加值率；采用移动平均法对缺失年份的增加值率进行推算；将增加值率与营业收入数据相结合，可以大致估算出2006—2018年各年的数字出版业增加值。

（六）电子商务

由于中国的电子商务直到2007年才正式进入爆发期，之前的规模很小且基本没有公开数据，因此，我们的测算区间为2006—2018年。根据历年的中国统计年鉴，我们可以获取批发和零售额、批发和零售业增加值的相关数据；而从中国软件行业协会发布的《中国软件和信息服务业发展报告》中又可以收集到网上零售额数据，从而得到网上零售额占批发和零售额的比重。假定网上零售额的增加值率与批发和零售业整体增加值率基本一致，依据上述比重与批发和零售业增加值数据便可估算出电子商务历年的增加值规模。[2]

---

[1] 2007年该行业收入为212亿元，可以认为整体规模较小，以前年份测算结果整体影响可忽略不计。

[2] 商品批发和零售业创造价值（增加值）的核心是提供销售服务。增加值率是指"批发零售服务对应增加值/商品批发零售额"。无论是采用传统实体店铺、卖场批发零售，还是基于互联网/电子商务平台，实现单位销售额所创造增加值差距不会太大。

此外，我们比照前述电信业增加值估算中依据主要运营商财务报表数据进行测算的做法，对中国卫星通信集团公司（中国卫通）2014—2018年的企业增加值进行测算，并将其作为卫星传输服务业的增加值。经过上述估算后整理而得的 1990—2018 年各细分行业增加值数据序列见表 7.19。

表 7.19　　1990—2018 年数字部门细分行业增加值估算结果

单位：亿元（当年价格）

年份	ICT制造业	ICT 服务业							数字部门合计
		软件和信息技术服务	电信业	广播电视传输服务	数字媒体/出版	电子商务	卫星传输服务	小计	
1990	203.0	40.6	70.5					111.1	314.1
1991	254.9	51.0	109.8					160.8	415.7
1992	260.4	52.1	150.9					203.0	463.4
1993	470.3	94.1	247.7					341.8	812.1
1994	617.8	123.6	414.5					538.1	1155.9
1995	767.1	153.4	599.1					752.5	1519.6
1996	827.0	340.7	781.3					1122.0	1949.0
1997	1025.8	421.8	1017.4					1439.2	2465.0
1998	1259.9	520.0	1150.6					1670.6	2930.5
1999	1519.2	622.4	1318.7					1941.1	3460.3
2000	2145.9	883.6	1898.4					2782.0	4927.9
2001	2372.2	957.7	2132.4					3090.1	5462.3
2002	2714.9	1161.1	2479					3640.1	6355.0
2003	3545.5	1232.4	2976.2					4208.6	7754.1
2004	5193.0	1369.7	3604.3					4974.0	10167.0
2005	6700.5	1507.0	4295.7					5802.7	12503.2
2006	8155.4	1741.4	4111.2			60.5	35.6	5948.7	14104.1
2007	9947.9	2135.0	4686.0	97.7	102.8	88.5		7110.0	17057.9

续表

年份	ICT制造业	ICT服务业							数字部门合计
		软件和信息技术服务	电信业	广播电视传输服务	数字媒体/出版	电子商务	卫星传输服务	小计	
2008	11407.9	2680.0	4379.2	112.5	150.2	163.5		7485.4	18893.3
2009	12013.5	3792.4	4303.2	132.7	234.6	374.8		8837.7	20851.2
2010	13439.9	5397.7	4640.7	151.3	290.2	665.9		11145.8	24585.7
2011	15312.0	6908.0	4999.6	268.6	389.4	948.5		13514.1	28826.1
2012	16873.0	8284.6	5195.7	299.2	542.3	1590.1		15911.9	32784.9
2013	18272.6	10536.3	5529.4	350.8	719.1	2112.2		19247.8	37520.4
2014	20153.3	12586	5560.3	400.7	950.0	3217.1	20.4	22734.5	42887.8
2015	21913.1	13841.3	6270.7	438.9	1240.0	4977.6	21.0	26789.5	48702.6
2016	23766.9	15248.3	6076.2	459.7	1609.5	6576.5	21.4	29991.7	53758.6
2017	26965.6	18668.3	6498.2	483.1	2174.0	9272.4	21.6	37117.6	64083.3
2018	30040.7	21334.7	6906.2	451.3	2674.4	11576.6	23.2	42966.4	73007.1

注：广播电视传输服务、卫星传输服务规模较小，靠前年份数据没有提供专门的细分统计数据；数字媒体/出版、电子商务属于新兴产业，靠前年份基本没有这些业态，无相关数据。同表7.23。

第四节　中国数字经济规模趋势与结构性特征

一　中国数字经济各组成部分基本状况

将前文估算出的数字产业化、产业数字化及其细分的ICT制造业、ICT服务业、ICT替代效应、ICT协同效应进行整理汇总，可以得到1993年以来各年的数字经济增加值规模；并进一步计算出各年GDP中数字经济增加值占比。相关结果见表7.20、表7.21。

表7.20　1993年以来各年中国数字经济及其各组成部分规模测算

单位：亿元（名义值），%

年份	数字产业化			产业数字化			数字经济规模合计	GDP	GDP中数字经济占比
	ICT制造业	ICT服务业	小计	ICT替代效应	ICT协同效应	小计			
1993	470.30	341.76	812.06	58.89	79.14	138.03	950.09	35673.20	2.66

续表

年份	数字产业化 ICT制造业	数字产业化 ICT服务业	数字产业化 小计	产业数字化 ICT替代效应	产业数字化 ICT协同效应	产业数字化 小计	数字经济规模合计	GDP	GDP中数字经济占比
1994	617.80	538.06	1155.86	218.50	397.34	615.84	1771.70	48637.50	3.64
1995	767.10	752.52	1519.62	553.74	765.27	1319.01	2838.64	61339.90	4.63
1996	827.00	1122.00	1949.00	955.52	1050.66	2006.18	3955.17	71813.60	5.51
1997	1025.80	1439.20	2465.00	1200.00	1409.18	2609.18	5074.17	79715.00	6.37
1998	1259.90	1670.60	2930.50	1317.23	1756.59	3073.82	6004.31	85195.50	7.05
1999	1519.20	1941.10	3460.30	1470.78	2023.35	3494.13	6954.43	90564.40	7.68
2000	2145.90	2782.00	4927.90	1824.07	2531.22	4355.29	9283.19	100280.10	9.26
2001	2372.20	3090.10	5462.30	2433.29	2919.54	5352.83	10815.13	110863.10	9.76
2002	2714.90	3640.10	6355.00	3365.00	3367.02	6732.02	13087.02	121717.40	10.75
2003	3545.50	4208.60	7754.10	4465.75	3721.33	8187.08	15941.18	137422.00	11.60
2004	5193.00	4974.00	10167.00	5872.32	4412.41	10284.73	20451.73	161840.20	12.64
2005	6700.50	5802.70	12503.20	7269.90	5139.22	12409.12	24912.32	187318.90	13.30
2006	8155.40	5948.70	14104.10	8582.16	5920.95	14503.11	28607.21	219438.50	13.04
2007	9947.90	7109.96	17057.86	10544.57	7352.22	17896.79	34954.66	270092.30	12.94
2008	11407.90	7485.42	18893.32	12666.84	8926.29	21593.13	40486.46	319244.60	12.68
2009	12013.50	8837.69	20851.19	14540.63	9631.43	24172.06	45023.25	348517.70	12.92
2010	13439.90	11145.77	24585.67	18621.06	12341.93	30962.99	55548.66	412119.30	13.48
2011	15312.04	13514.06	28826.10	23663.22	14602.75	38265.97	67092.07	487940.20	13.75
2012	16872.99	15911.93	32784.92	27784.84	16212.06	43996.90	76781.82	538580.00	14.26
2013	18272.59	19247.82	37520.41	31456.78	18314.44	49771.22	87291.63	592963.20	14.72
2014	20153.30	22734.52	42887.82	35079.69	19922.91	55002.60	97890.45	643563.10	15.21
2015	21913.10	26789.54	48702.64	38132.78	22659.84	60792.62	109495.26	688858.20	15.90
2016	23766.90	29991.67	53758.57	41420.35	25676.67	67097.02	120855.64	746395.10	16.19
2017	26965.60	37117.63	64083.23	47177.04	27353.99	74531.03	138614.31	832035.90	16.66
2018	30040.70	42966.41	73007.11	54355.95	30398.49	84754.44	157761.53	919281.10	17.16

第七章 产业数字化增加值与数字经济结构性特征　163

表 7.21　1993 年以来不同阶段中国数字经济及其各组成部分增速

单位：%

年份	数字产业化 ICT制造业	数字产业化 ICT服务业	数字产业化整体	产业数字化 ICT替代效应	产业数字化 ICT协同效应	产业数字化整体	数字经济整体	GDP
1993—1995	9.08	26.74	16.84	161.90	165.59	164.02	47.63	12.00
1995—2000	20.94	27.87	24.56	24.95	25.06	25.01	24.77	8.62
2000—2005	21.65	12.22	16.71	27.74	11.62	19.45	18.02	9.78
2005—2010	9.27	8.32	8.83	14.74	13.27	14.14	11.60	11.30
2010—2015	7.34	16.00	11.60	12.35	9.92	11.41	11.49	7.88
2015—2018	7.66	13.44	10.92	9.07	6.89	8.27	9.46	6.70
2010	4.64	17.96	10.28	19.78	19.85	19.81	15.40	10.60
2011	5.37	12.14	8.44	17.53	9.43	14.30	11.70	9.50
2012	7.72	15.10	11.18	14.78	8.53	12.40	11.87	7.90
2013	6.04	18.44	12.06	10.85	10.61	10.76	11.32	7.80
2014	9.04	16.77	13.01	10.25	7.55	9.26	10.87	7.30
2015	8.59	17.68	13.41	8.56	13.59	10.38	11.71	6.90
2016	6.81	10.25	8.70	6.96	11.59	8.69	8.69	6.70
2017	8.70	18.57	14.21	9.12	2.07	6.42	9.89	6.80
2018	7.49	11.69	9.92	11.16	7.22	9.72	9.81	6.60
1993—2018	13.31	16.42	14.87	26.08	21.74	24.04	17.72	9.27

注：表中增速均为按期末期初比值进行几何平均后而得，分阶段 GDP 增速与表 7.9 中取自然对数的计算结果会有细微偏差。

根据表 7.20、表 7.21 和表 7.15、表 7.18 以及其他未完全展示出的测算结果，可以就 1993 年以来中国数字经济基本规模、发展趋势以及数字经济内部结构等方面得到以下几点判断。

第一，数字经济呈持续快速增长势头，已成为中国经济增长重要引擎，在宏观经济中具有举足轻重的地位。1993—2018 年，中国数字经济平均增速为 17.72%，明显高于同期 9.27% 的 GDP 增速，占 GDP 的比重从 1993 年的 2.66% 上升为 2018 年的 17.16%，数字经济增加值规模达到 157761.53 亿元。分阶段来看，2005 年之前年度增速大多在 18% 以上，呈现持续超高速增长，这主要来源于全球互联网大潮的兴起；2005—2010 年，中国数字经济进入较为平稳的快速增速期，而同期中国的要素驱动发展模式又达到顶点，数字经济的平均增速与 GDP 增速基本持平；2010—2015 年，伴随着移动互联网、云计算、大数据等新一代信息技术的爆发，中国数字经济继续保持高速增长，每年增速都在 10.87% 以上，年均增速 11.49%，而同期中国经济逐步进入新常态，年均增速下降为 7.9%。实际上，自 2016 年开始增长率就出现了下降，2016 年增速相较于 2013 年下降 2.63 个百分点左右。2017 年和 2018 年维持在 9.8%—9.9%，低于 2015 年。

第二，产业数字化的增速整体快于数字产业化，2012 年之前产业数字化增速基本上一直高于数字产业化，而在 2012 年后则出现相对增速的逆转。1993 年以来，产业数字化从几乎零起点持续快速增长，特别是在 2003 年之前保持了 20% 以上的增速，明显高于数字产业化增速。这段时间正是互联网的加速推广期，ICT 渗透效应得以更快、更充分发挥；产业数字化的规模也快速追上数字产业化规模。2013 年以后，数字产业化增速的反超，很大原因在于以电子商务、数字媒体/数字出版为代表的新兴数字部门保持 30% 甚至 50% 的超高速增长。

第三，在数字产业化内部，ICT 制造业与 ICT 服务业的增速大体相当，但 2010 年以后 ICT 服务业的增速明显高于 ICT 制造业，在规模上也于 2013 年实现反超。主要原因可能在于，2010 年以后以新一代信息技术为支撑衍生出新兴数字部门归属于 ICT 服务业。在加速演进的"智能时代"，上述趋势预期还将延续。

第四，在产业数字化方面，ICT 替代效应无论从平均增速还是对应的增加值规模来看，都明显大于 ICT 协同效应。这可能源于替代效应与协同效应间作用机制的差异。前者是在价格机制调节下通过投资和资本形成直接发挥作用；而后者是通过影响 TFP 间接发挥作用，即需要其他条件和因素的配合，且效率提升的空间相对有限，所以速度上低于前者。

二　中国数字经济发展的行业结构性特征

前述中国数字经济规模测算的结果是在国民经济划分为 18 个细分行业基础上，自下而上汇总得到的；特别是产业数字化的测算，更是逐个细分行业分别测算。各细分行业 ICT 替代效应、ICT 协同效应测算结果以及数字产业化内部细分行业估算结果，可用于进一步分析中国数字经济的行业性结构特征。有关数据整理后见表 7.22、表 7.23。

表 7.22　各细分行业产业数字化/ICT 渗透效应测算部分结果

单位：%，亿元

行业	ICT 替代效应 2018 年规模（名义）	ICT 替代效应 1995—2018 年增速	ICT 协同效应 2018 年规模（名义）	ICT 协同效应 1995—2018 年增速	2018 年行业增加值中占比 替代效应	2018 年行业增加值中占比 协同效应	合计
农林牧渔	996.66	30.75	2858.10	9.89	1.50	4.31	5.81
采矿业	523.18	16.24	1646.11	11.15	2.48	7.80	10.28
食饮烟	403.91	18.84	709.62	5.50	0.96	1.69	2.65
纺服革	878.58	17.03	772.40	9.78	2.65	2.33	4.98
焦煤油	265.98	20.10	898.87	20.21	1.72	5.82	7.54
化学工业	765.40	21.29	716.03	15.47	1.83	1.71	3.54
非金属矿	580.05	20.06	411.12	14.07	2.62	1.86	4.48
金属矿物	1140.30	17.15	1694.77	17.76	2.27	3.37	5.64
非 ICT 机械	13620.42	13.94	632.12	13.05	28.06	1.30	29.36
其他制造	662.26	16.39	577.78	13.42	3.76	3.28	7.04
电气水	460.02	21.61	499.69	13.12	2.57	2.79	5.36
建筑业	9580.16	23.22	2777.89	13.28	14.91	4.32	19.23
交运邮	1078.43	19.39	556.35	16.99	2.72	1.41	4.13
商业饮食	4225.81	22.43	3305.00	14.62	4.09	3.20	7.29
金融保险	11871.19	20.86	3717.15	18.32	17.13	5.37	22.50
房地产业	334.55	29.44	1126.93	21.37	0.53	1.78	2.31
其他服务	6969.05	24.83	7498.56	17.16	4.54	4.88	9.42
传统整体	54355.95	18.32	30398.49	13.75	6.25	3.49	9.74

表 7.23　数字产业化及其各组成部分增长情况一览

单位：%

年份	ICT 制造业	软件和信息技术服务	电信业	广播电视传输服务	数字媒体/出版	电子商务	卫星传输服务	小计	数字部门合计
1993	56.82	79.71	42.53					49.11	53.63
1994	8.87	-0.36	38.69					30.36	17.49

续表

年份	ICT 制造业	软件和信息技术服务	电信业	广播电视传输服务	数字媒体/出版	电子商务	卫星传输服务	小计	数字部门合计
1995	9.28	19.27	27.21					25.92	16.68
1996	1.20	32.71	22.42					24.01	12.15
1997	22.02	24.77	28.10					27.55	24.96
1998	23.88	26.08	14.07					16.01	19.62
1999	22.17	37.48	16.12					19.87	20.96
2000	38.41	31.76	41.06					39.19	38.82
2001	8.29	31.50	10.04					14.13	11.34
2002	13.73	37.32	15.52					20.31	17.25
2003	27.24	44.64	16.97					23.91	25.41
2004	36.93	3.90	13.22					10.49	22.58
2005	24.19	5.90	14.71					12.28	18.36
2006	17.09	17.33	-7.93					0.23	9.27
2007	13.18	7.78	5.75		57.65	130.65		9.12	11.45
2008	6.43	16.50	-13.27	6.93	35.60	71.46		-2.29	2.80
2009	5.53	41.81	-1.53	18.17	56.52	129.72		18.31	10.60
2010	4.64	33.12	0.87	6.63	15.70	66.18		17.96	10.28
2011	5.37	18.36	-0.36	64.20	24.10	31.73		12.14	8.44
2012	7.72	17.23	1.59	8.92	36.14	63.88		15.10	11.18
2013	6.04	24.53	4.20	14.79	29.83	30.06		18.44	12.06
2014	9.04	18.10	-0.58	12.93	30.61	50.58		16.77	13.01
2015	8.59	9.83	12.63	9.40	30.36	54.52	2.81	17.68	13.41
2016	6.81	8.49	-4.58	3.13	27.82	30.11	0.35	10.25	8.70
2017	8.70	17.30	2.46	0.70	29.41	35.08	-3.30	18.57	14.21
2018	7.49	10.26	2.54	-9.87	18.69	20.46	3.63	11.69	9.92
平均	13.31	20.81	9.61	11.15	32.16	56.07	0.84	16.80	15.02

根据表 7.22、表 7.23 以及前述表 7.19 列示的相关结果，可以就中国数字经济发展呈现的产业结构特征做出以下判断。

第一，传统的 ICT 制造业、软件和信息技术服务始终是构成数字产业化的主体产业,且均保持着高速增长态势。其中,ICT 制造业在数字产业化中的占比稳定在40%—50%,1992—2018 年平均增速为13.31%,略低于数字产业化整体增速;而软件和信息技术服务占数字产业化的比重近年来呈逐步上升趋势,1992—2018 年平均增速为20.81%。由于 ICT 硬件和 ICT 软件是产业数字化的基础,伴随产业数字化的加速发展,未来 ICT 制造业和软件和信息技术服务高速增长的态势还将延续。

第二,传统的电信业已显现出相对衰弱势头,而电子商务、数字媒体/数字出版等新兴行业则呈现迅猛增长势头。从规模上看,2016 年电子商务已经实现对电信业的反超;而在增速方面,近10 年来电信业增速明显放缓甚至出现负增长,而电子商务平均增速高达56.1%,数字媒体/数字出版也高达32.2%。

第三,产业数字化方面,非 ICT 机械、建筑业、金融和保险业三个行业具有非常显著的 ICT 渗透效应。2018 年,它们的增加值中产业数字化占比分别为29.37%、19.23%和22.50%,远高于9.74%的平均水平;在产业数字化对应的增加值中,归属于这三个行业份额合计达到71.1%,或者说产业数字化对应的增加值三分之二以上由这三个行业贡献。与之对比,13 个行业均低于平均水平,其中6 个行业低于5%,食品、饮料制造及烟草制品业和房地产业更是不足3%。

第四,农林牧渔业,采矿业,炼焦、燃气及石油加工业,食品加工业,金属产品制造业和电力、热力及水的生产和供应业的 ICT 协同效应明显大于 ICT 替代效应,与其他行业特别是非 ICT 机械即机械设备制造业(剔除 ICT 制造业)形成鲜明对比。可能的原因在于,这6 个行业都属于连续流程生产,生产上下游各环节关联性强,而且它们的生产工艺流程都相对简单,ICT 生产性资本渗透后更容易发挥协同效应实现效率提升;而其他行业特别是机械设备制造业,模块化程度高、工艺流程更为复杂,要发挥出 ICT 协同效应还需要其他配套的适应性投入。

第八章　制造业数字化转型与高质量发展

　　从 20 世纪 90 年代的信息互联网热潮开始，数字经济经历了从信息互联网到消费互联网的两次持续快速发展，到 2018 年基本进入工业互联网阶段。以工业互联网平台为依托，在既有企业信息化、数字化改造基础上深入推进制造业数字化转型，既是中国制造业转型升级、提高发展质量和竞争力的必由之路，也是加快数字化发展、推动产业数字化向纵深发展的重点方向。从理论上讲，渗透性、协同性等技术—经济特征决定了，加快工业互联网平台建设和制造业数字化转型，有望在更大范围内实现交互、协同，推进经济社会全方位的数字化转型，提升经济社会运行效率，助力宏观经济实现高质量发展。然而，制造业数字化转型能否真正支撑高质量发展，在实践中还受到行业特点、复合型数字人才等诸多制约。为此，本章拟从实证角度，利用 2001—2017 年中国 27 个制造业细分行业的面板数据，以数字技术专利统计量作为技术进步和渗透应用的代理变量，对轻纺制造业、资源加工业、机械设备制造业三大类别进行分组回归，以考察数字化转型对制造业发展质量的影响程度及实现机制。实证结果表明，数字技术对制造业增长的促进作用具有显著的行业异质性特征，集中体现在机械设备制造业，而对轻纺制造业和资源加工业的渗透影响不足。以机械设备制造业为样本的机制检验结果表明，数字技术主要通过提高成本利润率、减少用工数量、降低用工成本等路径提高制造业的增长质量，而在提升产品质量、促进创新等方面的影响有限。

第一节 相关研究及本章思路

一 制造业数字化转型及其行业异质性特征

2010年以来，新一代信息技术/数字技术加速商业化应用，已渗透至生产生活各个方面；其中，数字技术与传统产业，特别是数字技术与制造业的融合发展备受各界关注。与传统的ICT相比，以新一代人工智能为代表的数字技术具有快速识别数据之间的复杂关系、稳定提升数据分析结果、敏捷适应外部变化等优势特征，特别适合应用于生产制造领域（Schuh et al.，2019）。因此，在技术发展的初期阶段，数字技术就获得了较为广泛的关注和应用。早在2015年，《麻省理工斯隆管理评论》（*MIT Sloan Management Review*）与德勤（Deloitte）开展的一项全球企业数字化调研就发现，在超过4800位受访者中76%认为数字技术对其任职企业非常重要，92%相信数字化转型对企业未来三年的发展意义重大。企业数字化转型成熟度的自我评估结果也表明，26%的受访企业处于转型初期，45%处于发展期，而29%已经进入成熟期（Kane et al.，2015）。

为了对技术应用企业和行业提供指导和建议，也对既有数字化转型工作开展评估和考核，国内外学者尝试对数字化转型模式和路径进行归纳提炼，并构建转型成熟度评估模型和数字化指标体系。Oks等（2017）和Jeschke等（2017）在详细阐释工业互联网（IIoT）、信息物理系统（CPS）、网络制造系统（CMS）等相关概念的基础上，指出数字技术的应用需要企业具备相应的技术、组织和人力资源基础，并提出了包含智能工厂、智能产品、智能服务、智能数据等多个模块的数字化转型路线图。许多国外学者以传统的IT系统成熟度模型为理论基础，构建了适用于数字技术的成熟度评估模型，评估维度通常包含战略和组织、产品和服务、生产制造、业务运营、数据资产、人力资源等多个领域（Schumacher et al.，2016；Christian et al.，2016）。国内学者也尝试构建了数字化评估指标体系。万伦等（2020）从价值、要素和能力维度构建了制造业数字化转型参考框架，并基于框架给出了数字化转型评估体系，旨在帮助和指导技术应用企业的数字化转型实践。陈畴镛和许敬涵（2020）从技术变革、组织变革和管理变革三个方面构建了一套制造企业数字化转型能力评价指标体系，对浙江省新昌县的三家轴承制造企业进行了数字化转型能力评价，并基于评估结果提出了相关建议。作为制造业数字化转型的初期探索，上述研究内容和成果为数字化转型实践提供了理论支撑，也为后续研究奠定了基础。

随着研究的逐步深入，学者们发现在制造业内部，不同细分行业、生产类型的制造企业在数字技术应用场景、实施难度、预期收益等方面存在较大差异。例如，汽车制造和家电制造行业都具有生产规模大，对产品质量和生产效率要求高，市场需求向个性化、多样化方向发展等特点（张清郁，2018；Wildgrube et al.，2018）。数字技术在汽车、家电制造行业的应用场景主要包括以数据共享为基础的大规模个性化定制、基于数据分析的产品优化和生产管理优化、供应链和产业生态构建等；数字化转型通常可以带来产品质量提升、成本降低、效率提升等较为直观的技术收益（Dremel et al.，2017；Rachinger et al.，2019；吕文晶等，2019；梁超和祝运海，2019；梁新怡等，2021）。与之类似的行业还包括大型飞机等航空航天设备制造行业，因其具有生产规模小、产品价值高、研制和生产周期长等特点，行业对协同程度有较高要求，数字化应用场景主要是基于机理模型的协同设计、仿真验证和生产工艺优化，同样可以带来效率提升、成本降低等直接收益（于勇等，2009）。然而，以钢铁、冶金等为代表的资源加工型制造业，以及纺织业等轻纺加工型制造业，在行业特征、数字化应用场景和预期收益方面与上述行业存在较大差异。例如，钢铁制造具有连续生产、资产价值高、工艺过程复杂等特点，对安全环保有较高要求（王龙等，2021）。以数字孪生为核心的智能工厂建设和数字化转型，更多关注提高安全生产水平、实现能耗管控、加强风控能力等领域（王春梅等，2018；刘玠，2020；姚林和王军生，2020）。纺织行业的数字技术应用案例以打通供产销的平台化经营案例为主（Jaw et al.，2016），且相关研究数量有限，也反映出轻纺加工型制造业的数字化渗透水平较低、应用场景不明确等问题。

二 数字技术对制造业增长的影响

近年来，数字技术所带来的经济社会影响愈加显著，技术进步对制造业的影响也开始在相关行业统计数据和企业微观数据中有所体现，为该领域实证分析提供了数据基础。越来越多的经济学研究内容转向了数字技术对制造业转型升级、行业增长、效率提升等方面产生的影响，研究方法也从初期的案例学习、成熟度评估等转向了数字化变量构建、计量回归等定量分析。许多国内外学者选择工业机器人数据作为数字技术的代理变量，验证其对于制造业生产效率（即增长质量）的影响。Kromann 等（2011）将国际机器人联合会（International Federation of Robotics，IFR）公布的工业机器人数据和 EU-KLEMS 数据库进行匹配，以每百万工作小时的工业机器人使用数量作为数字技术的衡量指标，对制造业细分行业的生产率进行了面板回归分析。结果显示，无论从长期还是短期而言，数字技术对制造业生产率都具有显著的提升作用。李丫丫和潘安（2017）、李丫丫等（2018）使用中国制造业统计数据和联合国贸发数据库（United Nations Conference on Trade and Development，UNCTAD）数据为样本，验证了工业机器人应用及工业机器人进口贸易对于中国制造业 TFP 的促进作用。

基于企业公开信息或企业调查数据的数字化变量构建和计量分析也取得了显著进展。何帆和刘红霞（2019）基于 46978 份企业公告数据，将企业是否实施数字化转型战略作为核心解释变量，考察了数字化变革对企业总资产收益率与净资产回报率的影响。戚聿东和蔡呈伟（2020）采用文本挖掘方法，构建了中国非高新技术制造业上市公司 2011—2018 年数字化程度指标，并考察了数字化程度对企业绩效的多重影响及作用机理。刘飞（2020）使用中国制造业上市公司 2007—2019 年年报数据，分析验证了制造业数字化转型对生产率的影响机制和效果。赵宸宇等（2021）基于上市公司微观数据，采用文本分析和专家打分相结合的方法构建企业数字化转型指数，从实证角度检验了数字化转型对制造业企业 TFP 的影响。相关实证研究结果基本肯定了数字技术对于制造业企业投资收益、运营管理、市场销售、TFP 等多个方面的提升作用。

也有部分研究使用世界银行企业调查数据，考察互联网技术、数字化转型等对中国制造业企业的影响。王可和李连燕（2018）使用 2012 年世界银行对中国制造业企业的调查数据进行回归分析，认为互联网的应用促进了中国制造业创新活动的发展，提高了供应链上下游企业的信息分享意愿，且其本身也可以作为一种高效的商品销售和市场营销渠道，提升制造企业绩效表现。王莉娜（2020）基于世界银行中国企业调查数据，运用多分格主成分分析法构建了企业层面的数字化指数，并使用基于控制函数的分位数回归方法分析考察了数字化对中国企业的影响。研究发现，中国企业的数字化发展较好，但企业间发展水平不平衡；数字化对企业转型升级具有显著促进作用,但对不同类型的企业具有差异性影响。

三 既有文献评述及后续研究思路

针对数字技术在制造业的应用以及技术对行业增长所产生的影响,既有研究在明确相关概念和内涵的基础上,归纳总结了制造业及其细分行业的数字化转型模式和路径,使用案例分析、指标构建、计量回归等定性和定量方法,梳理刻画了数字技术在生产制造领域的应用现状,分析验证了数字技术对制造业行业及企业的影响效果和机制。这些工作为理解数字技术与制造业发展的关系,从理论和实证上提供了有力支撑。当然,该领域研究还有以下问题亟待深入探讨。

一是实证研究的难点依然在于数字技术代理变量的选取,现有研究大多使用工业机器人数据和企业调查数据表征数字技术的发展和应用。其中,工业机器人仅能代表数字技术的一个分支,难以全面刻画数字技术的发展趋势和影响效果;而企业调查数据多来自走访调研、调查问卷或企业公开信息,受企业主观因素影响较大,影响实证结果的可靠性。

二是针对数字技术在制造业的应用,特别是细分行业之间异质性特征的研究,大多采用了案例学习的方法,归纳总结数字技术在典型企业、典型行业的应用模式,梳理技术进步对制造业的影响路径与机制。多数研究仅专注于某个细分领域,缺少行业之间的横向对比,且相关量化研究结果也十分有限。

三是有关数字技术影响的研究大多集中于数字技术在制造业整体或企业层面的效率促进作用(包括生产效率、投资收益、创新绩效等),而数字技术对制造业高质量发展的传导机制、影响程度等,还需要更加系统的研究和判断。另外,许多关于创新影响的量化研究使用企业自我评估结果作为被解释变量,难以获得客观的研究结论。

基于此,本章拟就数字技术对制造业增长速度及质量的影响,从细分行业异质性特征出发,在实证层面开展相关的分析和检验,具体安排如下。第二节,从行业异质性视角出发,分析检验数字技术对制造业增长产生的影响。选取数字技术专利统计量作为实证分析的核心解释变量,按照数字技术的应用领域,将专利数据与技术应用行业进行匹配,从而获得中国制造业各细分行业数字技术专利应用的面板数据,并对其进行分组回归,据以分析验证数字技术对不同制造业类别带来的异质性影响。第三节，主要关注数字技术对制造业增长质量的影响。在明确数字技术（应用）促进中国机械设备制造业增长的基础上，使用统计数据构建行业绩效指标，验证数字技术对制造业增长质量的影响，进一步梳理数字技术推动制造业高质量发展的影响机制。第四节，归纳总结本章实证分析的主要结果，为继续推动数字技术在中国制造业的应用和行业数字化转型提出建议。

第二节 数字技术对制造业增长的影响及其行业异质性

一 数字技术专利数据特征

本章使用数字技术的专利申请量和授权量作为核心解释变量，用于表征数字技术在中国制造业领域的应用和发展。尽管专利数据本身存在无法涵盖未申请专利保护的技术发明和应用、专利质量参差不齐等弊端（Griliches，1998），但相较于既有文献的变量选择，专利数据能够代表具有商业价值的技术进步，且更加直接地对应数字技术及其应用范围，可以为本章实证研究提供良好的数据支撑，也可以作为既有研究的有益补充。在中汽知识产权运营中心的数据服务支持下[①]，本章按照世界知识产权组织（World Intellectual Property Organization，WIPO）公布的 ICT 国际专利分类号（International Patent Code，IPC），将中国国家知识产权局专利数据中属于 ICT（即数字技术）范畴的相关专利进行提取。然后，基于专利文本分析，按照专利技术的应用领域，筛选出应用于制造业的数字技术专利，并与国民经济行业分类中的制造业细分行业进行匹配，从而得到1985—2018 年应用于 31 个制造业细分行业的数字技术专利申请量和授权量[②]，用于表征各细分行业的数字技术渗透应用及其技术进步状况。

（一）数字技术专利的时间分布

图 8.1 展示了中国制造业数字技术专利申请和授权的逐年统计量。

[①] 中汽知识产权运营中心是一家从事专利数据分析的专业机构，笔者所在课题组向其购买了数据服务。

[②] 中汽知识产权专利数据库仅保留了最新的专利有效量，没有留存相关历史数据。由于不同行业、不同时期的专利有效量变化趋势和特征存在较大差异，很难进行统一推算。因此，为保证核心解释变量的真实可靠，本章选择专利申请量和授权量作为数字技术的代理变量，以期更加准确地反映数字技术在制造业细分行业的应用和发展。

1985—2018 年，中国制造业领域的数字技术专利申请共计 2310639 件、专利授权共计 1281723 件。可以将数字技术在制造业的应用和发展大致划分为三个阶段：（1）2000 年以前，制造业领域的数字技术积累较少且发展速度缓慢，相关专利申请和授权数量都非常有限。（2）2000—2010 年，传统 ICT 在制造业的应用和发展进入稳步提升阶段，相关专利申请和授权量逐步积累至可观规模。（3）2010 年以来，随着大数据、云计算、人工智能等新一代 ICT 的兴起，中国制造业领域的数字技术专利进入快速成长阶段；特别是 2015 年以后，《中国制造 2025》《新一代人工智能发展规划》等国家政策相继出台，以深度学习算法为核心的新一代人工智能技术也进入商业应用爆发期，再次促进了数字技术在制造业领域的应用和发展，相关专利统计量的年度增长速度显著提升。基于上述时间趋势特征，综合考虑数据的可获得性等因素，本章选择 2001—2017 年作为实证分析的时间窗口。该时间段涵盖了制造业数字技术的稳步提升阶段和快速发展阶段，能够较好地反映数字技术在生产制造领域的发展应用及其产生的经济影响。

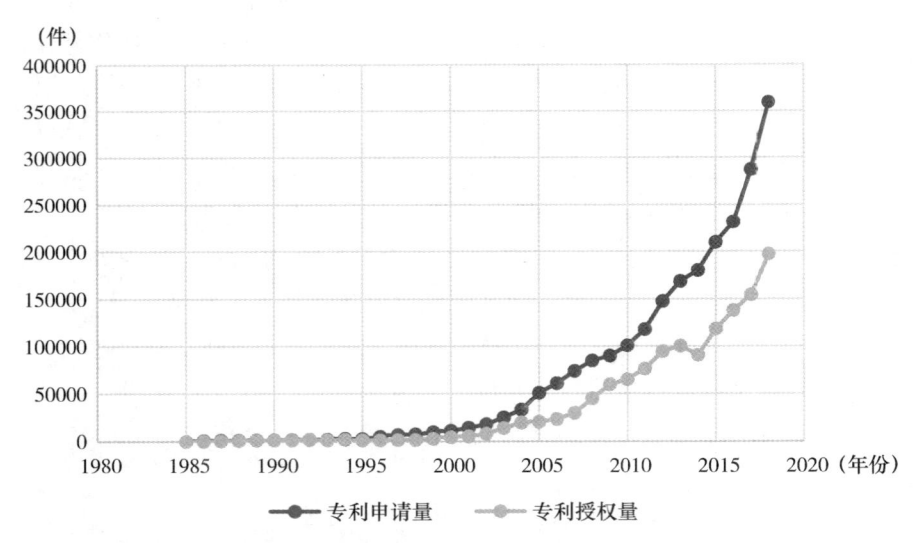

图 8.1　1985—2018 年中国制造业数字技术专利申请和授权逐年统计量

资料来源：国家知识产权局专利数据。

（二）数字技术专利的行业分布

图 8.2 展示了 1985—2018 年中国数字技术专利授权量在 31 个制造业细分行业的分布状况，并按照专利数量进行了行业排序。由图 8.2 可知，数字技术专利在制造业内部的集中程度很高，技术发展的行业不平衡特征突出。其中，计算机、通信和其他电子设备制造业（以下简称 ICT 制造业）专利授权量排名第一，占全产业数字技术专利授权总量的 60.07%；排名前 5 位的行业合计占比 90.80%，前 10 位的合计占比 97.75%；剩余细分行业各自占比不足 0.50%，行业之间差距悬殊。需要特别指出的是，ICT 制造业的专利代表了通用目的型数字技术的发展水平，属于数字产业化范畴，为数字经济整体发展和产业数字化提供了物质基础；而制造业其他细分行业的数字技术专利，则可以看作是与其他行业技术相结合的专属技术，其应用范围更多局限于该细分行业内部，代表了传统产业数字化技术的发展水平。

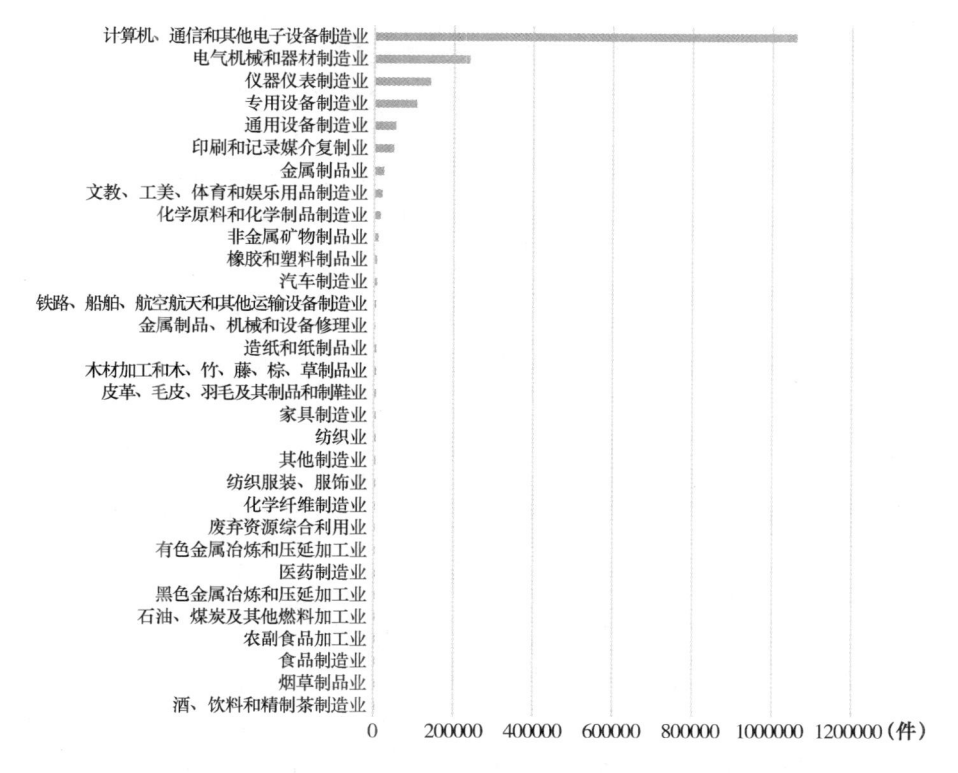

图 8.2　1985—2018 年中国制造业细分行业数字技术专利授权量分布

资料来源：国家知识产权局专利数据。

考虑到数字技术专利在制造业内部悬殊的行业分布，后续实证将在变量描述性统计特征分析的基础上，对制造业面板数据进行分组回归，以提高分析结果的合理性。同时，针对ICT制造业数字技术专利的特殊性，本章在稳健性检验中剔除了ICT制造业，以期验证其他细分行业的数字技术还能否带来制造业的增长促进作用。

（三）数字技术专利应用分类的合理性

首先，本章使用的制造业细分行业数字技术专利，是基于专利文本分析，按照专利应用领域（而非专利申请企业所属行业）作为细分行业划分标准。这样的数据处理方式，一定程度上保证了数字技术与其应用范畴的良好对应。尽管专利从创新产出到技术应用之间还存在不确定性，但相较于企业数字化指标、工业机器人等代理变量，能够申请和获批的数字技术专利可以更加客观、全面地反映制造业细分行业具有商业价值的技术进步。因此，使用数字技术专利数据分析技术进步对制造业增长的影响具有其合理性，也能够为既有实证分析提供有益补充。

其次，数字技术专利与其他专利的增长趋势具有明显差异。图8.3展示了2012—2018年制造业数字技术专利申请量年增长率，及制造业规模以上企业全部专利申请量年增长率。两条曲线的变化方向和幅度都存在显著差异，表明数字技术专利的增长趋势显著区别于专利总量趋势。因此，

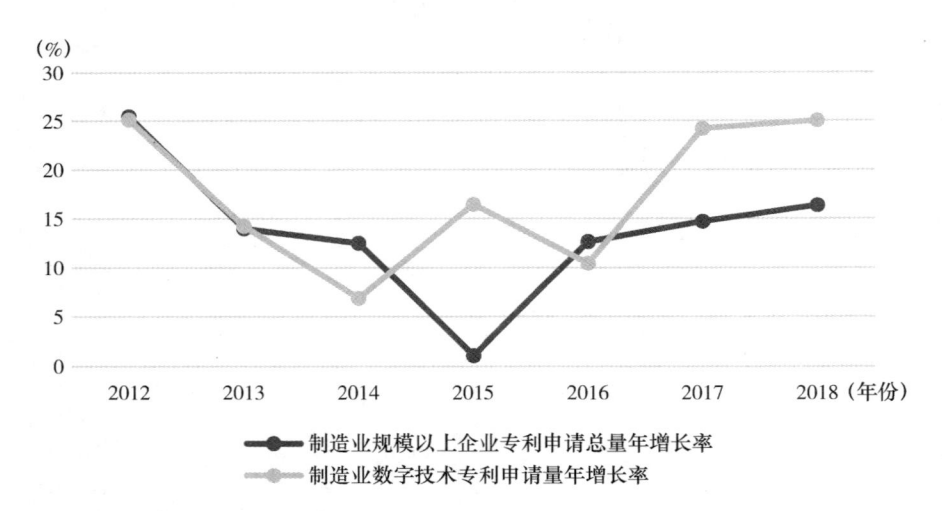

图8.3 制造业数字技术专利申请量与专利申请总量年增长率对比

资料来源：国家知识产权局专利数据；《中国科技统计年鉴（2013—2019）》。

本章使用专利数据进行实证分析，可以有效剥离出数字技术区别于其他技术进步的发展趋势及经济影响。同时，本章在后续的回归分析中，使用细分行业研发投入作为控制变量，进一步控制了各行业研发投入强度等其他技术因素对行业增长的影响。

二 数字技术对制造业增长的影响

（一）制造业细分行业及分类

本章实证分析的主要方法是基于制造业细分行业的面板数据分析，因此需要对中国制造业细分行业及类别的划分标准进行明确和统一。首先，中国制造业细分行业的统计口径经历了多次调整，涉及多个细分行业的合并和拆分。为保证数据延续性，将《国民经济行业分类（2017）》制造业门类下属31个细分行业归并为27个行业（见表8.1），并据此整理2001—2017年行业面板变量。涉及调整的行业包括：将2001—2011年的橡胶制品业和塑料制品业合并为橡胶和塑料制品业；将2012—2017年的汽车制造业与铁路、船舶、航空航天和其他运输设备制造业合并为交通运输设备制造业；另外，各年份其他制造业，废弃资源综合利用业，金属制品、机械和设备修理业三个细分行业因数据缺失较多且行业占比低，不纳入分析样本。

其次，基于文献综述内容可知，制造业不同细分行业或不同类别之间，在数字技术应用、数字化转型领域存在较大差异。本章借鉴孙晓华和辛梦依（2013）的处理方法，将27个制造业细分行业划分为三大类别，其中轻纺制造业包含农副食品加工业等12个细分行业，资源加工业包含石油、煤炭及其他燃料加工业等8个行业，机械设备制造业包含金属制品业等7个行业。

表8.1 制造业细分行业及类别

编号	类别	细分行业
1	轻纺制造业	农副食品加工业
2		食品制造业
3		酒、饮料和精制茶制造业
4		烟草制品业
5		纺织业

续表

编号	类别	细分行业
6	轻纺制造业	纺织服装、服饰业
7		皮革、毛皮、羽毛及其制品和制鞋业
8		木材加工和木、竹、藤、棕、草制品业
9		家具制造业
10		造纸和纸制品业
11		印刷和记录媒介复制业
12		文教、工美、体育和娱乐用品制造业
13	资源加工业	石油、煤炭及其他燃料加工业
14		化学原料和化学制品制造业
15		医药制造业
16		化学纤维制造业
17		橡胶和塑料制品业
18		非金属矿物制品业
19		黑色金属冶炼和压延加工业
20		有色金属冶炼和压延加工业
21	机械设备制造业	金属制品业
22		通用设备制造业
23		专用设备制造业
24		交通运输设备制造业
25		电气机械和通用设备制造业器材制造业
26		计算机、通信和其他电子设备制造业
27		仪器仪表制造业

（二）数据来源、变量选择及模型构建

本章使用《中国工业经济统计年鉴》《中国科技统计年鉴》《中国劳动统计年鉴》《中国统计年鉴》中制造业相关统计数据，与制造业数字技术专利数据进行匹配，最终获得 2001—2017 年制造业 27 个细分行业的面板数据作为实证分析的总样本。变量构建过程和描述性统计特征具体介绍如下。

被解释变量：以细分行业的主营业务收入作为被解释变量，用于表征制造业的行业增长。选取《中国工业经济统计年鉴》2001—2017 年分行业规模以上工业企业主营业务收入数据,作为中国制造业 27 个细分行业主营业务收入的代理变量,再对其取自然对数,生成被解释变量 lnrevenue。

核心解释变量:选取并构建 2001—2017 年制造业 27 个细分行业的数字技术专利申请量和授权量作为核心解释变量,用于表征数字技术在制造业的渗透应用和技术进步。对专利统计量取自然对数后,生产专利申请变量 lnictapply 和专利授权变量 lnictgrant。后续检验中将分别使用专利申请量和专利授权量进行交叉验证,以提高回归结果稳健性。

控制变量:为了控制数字技术进步以外的制造业增长影响因素,基于既有文献从制造业细分行业的资本投入、劳动力投入、研发投入、外资依存度和出口依存度等多个角度选取了控制变量。具体包括:(1)使用《中国工业经济统计年鉴》2001—2017 年制造业分行业规模以上工业企业固定资产合计数据,取自然对数后生成固定资产变量 lncap。(2)使用《中国劳动统计年鉴》2001—2017 年制造业分行业年末就业人员数据,取自然对数后生成就业人数变量 lnlabor。(3)使用《中国科技统计年鉴》2001—2017 年制造业分行业规模以上工业企业内部研发投入数据,取自然对数后生成内部研发投入变量 lnrd。(4)使用《中国工业经济统计年鉴》2001—2017 年制造业分行业规模以上工业企业外商资本金数据,取自然对数后生成外商资本变量 lnfdi。(5)使用《中国工业经济统计年鉴》2001—2017 年分行业规模以上工业企业出口交货值和工业销售产值数据,得到前者与后者的比值,生成出口交货值占比变量 exporate。变量构建过程中遇到的缺失值使用《中国统计年鉴》数据进行补充。以上变量的相关信息,及后续机制分析部分使用的变量定义和描述性统计特征汇总于表 8.2。

表 8.2　　　　　　　　　变量定义和相关信息

变量	定义	观测值	平均值	中位数	标准差	最小值	最大值
lnrevenue	主营业务收入自然对数	459	9.286	9.315	1.202	6.015	11.573
lnictapply	ICT 专利申请量自然对数	459	4.963	5.118	3.216	0.000	12.342
lnictgrant	ICT 专利授权量自然对数	459	4.339	4.615	3.184	0.000	11.728
lncap	固定资产自然对数	459	7.988	7.948	1.104	4.938	10.335

续表

变量	定义	观测值	平均值	中位数	标准差	最小值	最大值
$lnlabor$	年末就业人数自然对数	459	6.956	7.029	0.818	5.084	8.923
$lnrd$	内部研发投入自然对数	459	13.276	13.352	1.651	8.253	16.813
$lnfdi$	外商资本自然对数	459	5.557	5.744	1.607	-4.605	8.394
$exporate$	出口交货值/工业销售产值	459	16.402	9.920	16.402	0.000	69.647
$p2crate$	利润总额/主营业务成本	119	0.845	0.841	0.023	0.796	0.901
$lnwagepc$	人均年工资自然对数	119	10.317	10.292	0.671	9.092	11.986
$lnprofit$	利润总额自然对数	70	7.724	7.768	0.744	5.787	8.991
$newprorate$	新产品收入/主营业务收入	70	20.818	20.501	7.976	4.68	37.54

图 8.4 展示了数字技术专利授权量与制造业细分行业主营业务收入之间的散点图，数字标签代表其所属细分行业，可与表 8.1 进行对照。根据图表信息初步判断，数字技术与行业增长之间的关系存在较大的行业异质性特征。部分行业的主营业务收入与数字技术专利之间呈现明显的正相关关系，较为典型的包括：印刷和记录媒介复制业（11），文教、工美、体育和娱乐用品制造业（12），金属制品业（21），通用设备制造业（22），计算机、通信和其他电子设备制造业（26），仪器仪表制造业（27）等，其中多数属于机械设备制造业。同时，也有部分行业主营业务收入与数字技术专利之间没有展现出正相关关系，甚至可能存在负相关关系，较为典型的包括：农副食品加工业（1）、家具制造业（9）、化学纤维制造业（16）、有色金属冶炼和压延加工业（20）等，以轻纺制造业和资源加工业为主。

基于图 8.4 判断，数字技术专利与行业主营业务增长的关系存在较大的行业异质性，基于总样本的整体回归结果无法准确反映数字技术对制造业增长的影响；同时，轻纺制造业、资源加工业、机械设备制造业所包含的细分行业也展示出了较为明显的类别共性。为此，不妨按照表 8.1 列出的制造业类别划分进行分组回归。

为验证和分析数字技术对中国制造业行业增长的影响，我们构建了如下回归模型：

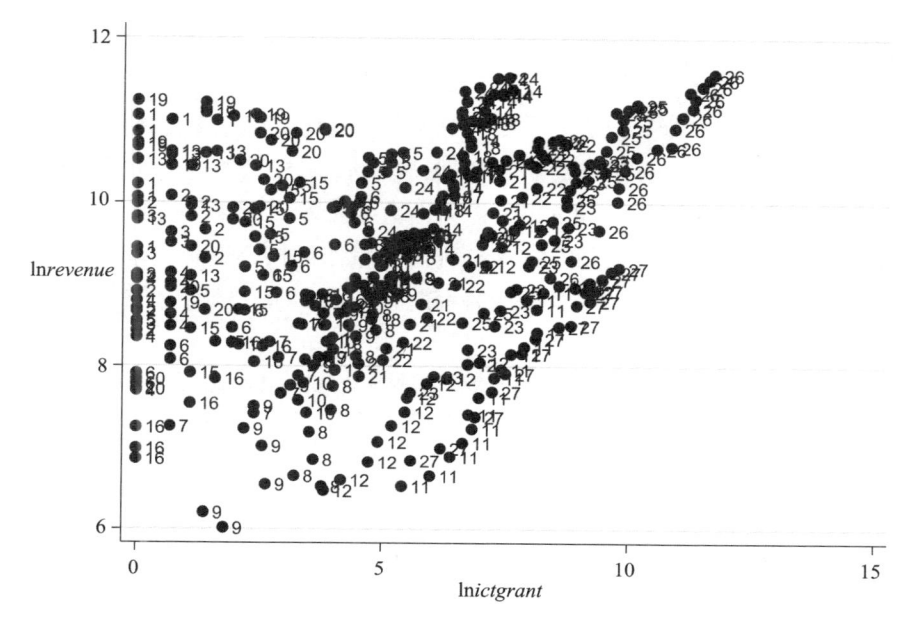

图8.4 制造业主营业务收入与数字技术专利授权量散点图

$$\begin{cases} \ln revenue_{it} = \alpha_0 + \beta_1\, ICTpatent_{it} + \sum_{j=2}^{n}\beta_j X_{it}^{j} + \varepsilon_{it} \\ X_{it} = [\ln cap_{it}, \ln labor_{it}, \ln rd_{it}, \ln fdi_{it}, export_{it}] \end{cases} \quad (8-1)$$

其中，$\ln revenue_{it}$ 表示第 i 行业第 t 年的主营业务收入自然对数，作为模型的被解释变量。$ICTpatent_{it}$ 表示第 i 行业第 t 年的数字技术专利统计量，在实际回归过程中，$ICTpatent_{it}$ 将被分别采用 $\ln ictapply_{it}$、$\ln ictgrant_{it}$，即第 i 行业第 t 年的数字技术专利申请量和授权量自然对数，作为模型的核心解释变量。X_{it}^{j} 表示与行业增长相关的控制变量，包括第 i 行业第 t 年的固定资产变量 $\ln cap_{it}$，从业人员变量 $\ln labor_{it}$，研发投入变量 $\ln rd_{it}$，外商资本变量 $\ln fdi_{it}$ 和出口占比变量 $export_{it}$。另有 α_0 为常数项，ε_{it} 为误差项，β_1 和 β_j 为模型的待估参数。β_1 表示数字技术专利变量对行业主营业务收入的影响程度，是本节实证分析最为关注的影响系数。

（三）回归结果分析

按照式（8-1）分别对2001—2017年轻纺制造业、资源加工业、机械设备制造业三类行业面板数据进行混合回归、固定效应回归和随机效应回归，Hausman 检验结果均支持固定效应模型。因此，对三类行业面板分别进行个体和时间双向固定效应回归，加入与行业增长相关的控制变量。表 8.3 汇总了三类行业面板的主要回归结果。其中，模型 1 至模型 3 使用数字技术专利申请量作为核心解释变量，模型 2 和模型 3 分别使用专利申请量的滞后一期和滞后二期变量，以判断数字技术对行业增长的滞后性影响。模型 4 至模型 6 使用数字技术专利授权量作为核心解释变量，模型 5 和模型 6 分别使用专利授权量的滞后一期和滞后二期变量。

表 8.3　　数字技术专利统计量对制造业行业增长的影响

		模型 1	模型 2	模型 3	模型 4	模型 5	模型 6
		\multicolumn{3}{c}{专利申请量}	\multicolumn{3}{c}{专利授权量}			
		同期	滞后一期	滞后二期	同期	滞后一期	滞后二期
	被解释变量	ln*revenue*	ln*revenue*	ln*revenue*	ln*revenue*	ln*revenue*	ln*revenue*
轻纺制造业	核心解释变量	-0.0458	-0.0222	-0.0251	-0.0102	-0.00898	-0.00332
		(-1.59)	(-0.82)	(-1.24)	(-0.51)	(-0.39)	(-0.12)
	ln*cap*	1.025***	0.975***	0.923***	1.019***	0.977***	0.938***
		(5.18)	(4.57)	(4.03)	(4.96)	(4.49)	(4.01)
	ln*labor*	-0.0833	-0.0143	0.0275	-0.0667	-0.0170	0.0324
		(-0.59)	(-0.08)	(0.14)	(-0.44)	(-0.09)	(0.15)
	ln*rd*	0.00999	0.0102	0.0156	-0.00131	0.00860	0.00868
		(0.30)	(0.29)	(0.44)	(-0.03)	(0.23)	(0.23)
	ln*fdi*	-0.00113	-0.00121	-0.000730	-0.00578	-0.00123	0.0000416
		(-0.09)	(-0.12)	(-0.08)	(-0.38)	(-0.10)	(0.00)
	exporate	0.00389	0.00471	0.00361	0.00566	0.00526	0.00496
		(0.98)	(1.23)	(0.98)	(1.43)	(1.39)	(1.27)
	时间固定	是	是	是	是	是	是
	行业固定	是	是	是	是	是	是
	聚类稳健标准误	是	是	是	是	是	是
	N	204	192	180	204	192	180
	R^2	0.991	0.990	0.988	0.991	0.990	0.988
	Adj-R^2	0.990	0.989	0.987	0.990	0.989	0.987

续表

		模型1	模型2	模型3	模型4	模型5	模型6
		专利申请量			专利授权量		
		同期	滞后一期	滞后二期	同期	滞后一期	滞后二期
资源加工业	被解释变量	$lnrevenue$	$lnrevenue$	$lnrevenue$	$lnrevenue$	$lnrevenue$	$lnrevenue$
	核心解释变量	0.00277	-0.00308	0.0119	0.0196	0.0132	0.0481***
		(0.06)	(-0.10)	(0.87)	(0.79)	(1.00)	(5.62)
	$lncap$	0.773***	0.827***	0.947***	0.782***	0.842***	0.975***
		(4.21)	(4.68)	(6.06)	(4.41)	(4.85)	(6.61)
	$lnlabor$	-0.195	-0.000537	0.207	-0.192	0.00447	0.181
		(-1.38)	(-0.00)	(0.84)	(-1.35)	(0.02)	(0.74)
	$lnrd$	0.178***	0.173***	0.146***	0.178***	0.168***	0.135***
		(4.32)	(4.15)	(3.53)	(4.09)	(3.83)	(3.60)
	$lnfdi$	0.00246	-0.0633	-0.219	0.0175	-0.0542	-0.187
		(0.02)	(-0.48)	(-1.84)	(0.14)	(-0.42)	(-1.82)
	$exporate$	-0.0130	-0.00829	-0.00393	-0.0125	-0.00782	-0.00319
		(-1.38)	(-0.96)	(-0.44)	(-1.33)	(-0.89)	(-0.37)
	时间固定	是	是	是	是	是	是
	行业固定	是	是	是	是	是	是
	聚类稳健标准误	是	是	是	是	是	是
	N	136	128	120	136	128	120
	R^2	0.991	0.991	0.990	0.992	0.991	0.992
	$Adj-R^2$	0.989	0.989	0.987	0.991	0.989	0.990
机械设备制造业	被解释变量	$lnrevenue$	$lnrevenue$	$lnrevenue$	$lnrevenue$	$lnrevenue$	$lnrevenue$
	核心解释变量	0.112**	0.195***	0.216***	0.134***	0.155***	0.117***
		(2.80)	(4.36)	(6.38)	(3.26)	(5.13)	(3.80)
	$lncap$	0.824***	0.822***	0.779***	0.793***	0.780***	0.762***
		(8.59)	(10.92)	(10.69)	(8.66)	(9.24)	(8.59)
	$lnlabor$	-0.119**	-0.0924**	-0.0574***	-0.106**	-0.0547**	-0.0143
		(-2.77)	(-2.87)	(-4.28)	(-3.61)	(-3.18)	(-0.61)

续表

		模型 1	模型 2	模型 3	模型 4	模型 5	模型 6
		\multicolumn{3}{c	}{专利申请量}	\multicolumn{3}{c	}{专利授权量}		
		同期	滞后一期	滞后二期	同期	滞后一期	滞后二期
	被解释变量	lnrevenue	lnrevenue	lnrevenue	lnrevenue	lnrevenue	lnrevenue
机械设备制造业	lnrd	0.0234	0.0169	0.0329*	0.0158	0.0162	0.0217
		(0.80)	(0.70)	(1.99)	(0.56)	(0.83)	(1.28)
	lnfdi	0.155	0.165	0.204	0.148	0.164	0.216*
		(1.49)	(1.68)	(1.87)	(1.44)	(1.70)	(2.22)
	exporate	0.000785	0.00141	0.00193	0.00171	0.00194	0.00111
		(0.16)	(0.34)	(0.46)	(0.37)	(0.48)	(0.29)
	时间固定	是	是	是	是	是	是
	行业固定	是	是	是	是	是	是
	聚类稳健标准误	是	是	是	是	是	是
	N	119	112	105	119	112	105
	R^2	0.996	0.996	0.996	0.996	0.996	0.995
	$Adj-R^2$	0.995	0.996	0.995	0.996	0.995	0.994

注：(1) 括号内为 t 值；(2) *、**、*** 分别表示 10%、5% 和 1% 的显著性水平；(3) 使用行业层面聚类稳健标准误；(4) 计量结果由 Stata 软件运行得出。

根据回归结果可知，数字技术应用对制造业增长的影响存在较强的行业异质性，技术的增长促进作用主要集中在机械设备制造业。基于 12 个轻纺制造行业和 8 个资源加工行业 17 年面板数据的分析结果显示，数字技术专利申请量和授权量，无论是在同期还是滞后期，都没有展现出稳健的增长促进作用。与之对比，在基于 7 个机械设备制造行业 17 年面板数据分析的结果中，数字技术专利申请量和授权量对行业主营业务收入的影响系数分别为 0.112 和 0.134，在 5% 水平下显著，表明数字技术应用对机械设备制造业的增长产生了正向影响。数字技术专利申请量每增长 1%，可带来主营业务收入增长 11.2%；专利授权量每增长 1%，可带来主营业务收入增长 13.4%。同时，滞后一期和滞后二期的专利统计量也都得到了正向回归系数，且全部 4 个系数都在 1% 水平下显著，表明数字技术应用对机械设备制造业增长的促进作用相对稳健，且具有显著的滞后效应。

（四）稳健性检验

表 8.3 结果初步肯定了数字技术的应用和发展对机械设备制造业增长的促进作用及其滞后效应；然而，技术进步与经济增长之间存在因果联立偏误造成的内生性问题。具体而言，数字技术的应用和发展有助于推动制造业细分行业的增长，而行业增长反过来也会为技术研发提供资金、制度、环境等积极因素，从而推动数字技术的进一步发展，由此造成了技术进步与行业增长之间的双向因果关系。为此，我们采用子样本回归和动态面板回归系统 GMM 两个方法进行稳健性检验，以期进一步验证数字技术应用对机械设备制造业增长的促进作用。

1. 剔除特殊行业的子样本回归

由图 8.2 可知，ICT 制造业的数字技术专利数量和占比远高于制造业平均水平，即使在机械设备制造业类别内部，其数字技术专利水平也远高于其他细分行业。为避免极端行业对回归结果的影响，将 ICT 制造业数据样本从机械设备制造业面板中剔除，构成非 ICT 机械设备制造业 2001—2017 年行业面板数据，再按照式（8-1）及相关模型设定进行回归，相关结果汇总于表 8.4。结果表明，子样本回归结果依然支持数字技术应用对行业增长的促进作用及滞后效应。以专利申请量作为核心解释变量时，尽管同期变量回归系数不显著，但滞后一期和滞后二期的专利申请量得到的正向回归系数为 0.167 和 0.201，分别在 10% 和 5% 水平下显著。以专利授权量作为核心解释变量时，同期、滞后一期和滞后二期变量系数分别为 0.122、0.140 和 0.111，在 5% 水平下显著。上述回归结果无论是系数数值，还是显著性水平，都与表 8.3 机械设备制造业回归结果非常相似。这说明，即使不考虑专利水平最高的 ICT 制造业，数字技术的发展和应用依然可以对其他机械设备制造行业带来显著、稳健的增长促进作用。

表 8.4　　　　　非 ICT 机械设备制造业子样本回归结果

	专利申请量			专利授权量		
	同期	滞后一期	滞后二期	同期	滞后一期	滞后二期
被解释变量	ln*revenue*	ln*revenue*	ln*revenue*	ln*revenue*	ln*revenue*	ln*revenue*
ln*ictapply*	0.0933 (1.51)	0.167* (2.45)	0.201** (2.98)			

续表

被解释变量	专利申请量			专利授权量		
	同期	滞后一期	滞后二期	同期	滞后一期	滞后二期
	lnrevenue	lnrevenue	lnrevenue	lnrevenue	lnrevenue	lnrevenue
lnictgrant				0.122**	0.140**	0.111**
				(2.70)	(3.04)	(3.88)
控制变量	是	是	是	是	是	是
时间固定	是	是	是	是	是	是
行业固定	是	是	是	是	是	是
聚类稳健标准误	是	是	是	是	是	是
N	102	96	90	102	96	90
R^2	0.998	0.998	0.998	0.998	0.998	0.997
$Adj-R^2$	0.997	0.997	0.997	0.997	0.997	0.997

注：（1）括号内为 t 值；（2）*、**、*** 分别表示 10%、5% 和 1% 的显著性水平；（3）使用行业层面聚类稳健标准误；（4）计量结果由 Stata 软件运行得出。

2. 动态面板回归

为了进一步验证数字技术应用与行业增长之间的关系，本章又使用了动态面板回归进行稳健性检验，将被解释变量（行业主营业务收入）的滞后项和存在内生性问题的解释变量（数字技术专利统计量）的滞后项，作为解释变量加入回归模型，并使用系统广义矩估计（System General Moment Method，系统 GMM）进行参数估计。这一方法的优势在于能够在部分存在遗漏变量和测量误差等内生性问题的前提下，获得相关参数的一致估计（Blundel & Bond，1998；Roodman，2009；邵小快和胡怀国，2013）。

在模型设定方面，以行业主营业务收入作为被解释变量，数字技术专利授权量作为核心解释变量，加入行业增长相关的控制变量，同时引入被解释变量和专利变量的滞后项，从而构成动态面板；对 GMM 工具变量使用 collapse 选项，以控制工具变量个数。通过核心解释变量滞后项设定，构建模型 1 和模型 2，具体模型设定参见表注释，系统 GMM 估计结果汇总于表 8.5。在模型 1 中，数字技术专利授权量同期的增长影响系数为 0.236，在 5% 水平下显著；在模型 2 中，专利授权量滞后一期的系数为

0.0755，在5%水平下显著。上述模型的 AR（2）和 Hansen 检验的 P 值均大于0.1，表明残差项不再存在自相关，系统 GMM 估计结果较好。回归结果表明，在有效控制遗漏变量、双向因果等内生性问题的前提下，数字技术专利与行业主营业务收入之间的回归结果依然满足因果统计推断的要求，进一步验证了数字技术应用对机械设备制造业产生的增长促进作用，影响效果稳健且具有一定的滞后性。

表 8.5　机械设备制造业动态面板 – 系统 GMM 回归结果

被解释变量	模型 1 lnrevenue	模型 2 lnrevenue
L. lnrevenue	0.412 ***	2.629
	(2.75)	(0.86)
lnictgrant	0.236 **	
	(2.28)	
L. lnictgrant	– 0.0804	0.0755 **
	(– 0.68)	(2.39)
L 2. lnictgrant		– 0.500
		(– 1.18)
lncap	0.289	– 2.113
	(1.03)	(– 0.53)
lnlabor	0.361	0.976
	(1.42)	(0.97)
lnrd	0.0157 *	0.0193
	(1.65)	(0.78)
N	105	98
IV	9	8
AR（2）	0.224	0.645
Hansen	0.257	0.249

注：(1) 括号内为 t 值；(2) *、**、*** 分别表示10%、5%和1%的显著性水平；(3) 计量结果由 Stata 软件 xtabond2 运行得出。其中，模型 1 对被解释变量的工具变量设定为 gmm [l. lnrevenue, lag (0 2) collapse]，对不完全外生解释变量的工具变量设定为 gmm [lnictgrant, lag (0 2) collapse]；模型 2 对被解释变量的工具变量设定为 gmmstyle [l. lnrevenue, lag (2 3) collapse]，对不完全外生解释变量的工具变量设定为 gmm [lnictgrant, lag (0 2) collapse]。

三　数字技术应用对制造业增长影响再分析

通过对制造业细分行业面板数据的分组回归，验证了数字技术应用对中国机械设备制造业增长的促进作用，影响效果稳健且具有至少两年的滞后效应。但是，数字技术专利统计量与轻纺制造业、资源加工制造业的主营业务收入之间并没有展现出稳健的正相关关系。数字技术应用对制造业增长的影响存在较大的行业异质性特征，其原因可能包括以下几个方面。

第一，数字技术对制造业细分行业的渗透应用程度不同。由图8.2可知，数字技术专利授权量排在第一位的是与数字技术直接相关的计算机、通信和其他电子设备制造业，专利授权量在制造业内部占比为60.07%。排名前五位的细分行业都属于机械设备制造业，而轻纺制造业和资源加工业所包含的细分行业大多排名靠后。这一行业差异与蔡跃洲和牛新星（2018）的数字经济测算结果基本一致，即包含ICT制造业的数字产业化是中国数字经济的重要产业构成，而基于数字技术渗透应用的产业数字化更多集中在非ICT机械设备制造业；轻纺制造业和资源加工业细分行业中数字技术的渗透应用仍不够充分，未来存在较大的提升发展空间。

第二，数字技术的应用场景、实施难度等存在较大的行业差异。以ICT制造、汽车制造为代表的机械设备制造业，具有零部件模块化、生产流程标准化水平高等特征，数字化转型场景以生产线机器替代、产品质量检测等为主，应用场景明确且实施难度较低。与之相比，轻纺制造业和资源加工业以长流程制造为主，具有原材料来源多样、成分复杂等特点，且生产过程一般由多个重大装备组合而成，行业机理复杂，难以建模，数字化实施难度较高，据此可以解释轻纺制造业和资源加工业的数字技术应用、数字化转型意愿不强烈，数字技术专利规模较小，增长影响不显著等趋势。

第三，数字技术在不同行业产生的技术收益也存在较大差异。由于机械设备制造业的数字技术应用和数字化转型场景以机器替代、质量检测、成本管控等为主，因而能够获得较为直观的财务收益，直接反映在行业主营业务收入的增长。而轻纺制造业和资源加工业本身的信息化、自动化基础较高，工艺参数也相对成熟，数字技术主要被用于解决生产安全、节能环保等问题，或用于打造产业生态，因而很难带来直接的中短期主营业务收入增长或行业规模扩张。

第三节 数字技术对制造业增长质量的影响及机制分析

在明确了数字技术应用对中国机械设备制造业的增长促进作用后，本部分将以2001—2017年机械设备制造业行业面板数据作为分析样本，使用相关统计数据构建行业绩效指标，考察数字技术对制造业增长质量的影响；并进一步总结数字技术对制造业增长速度和增长质量的影响路径，以分析和判断数字技术对制造业高质量发展的影响机制。

一 数字技术对制造业增长质量的影响分析

既有研究指出，大数据、云计算、人工智能等数字技术对制造业增长质量的影响路径主要包括提升产品质量、改善生产流程、提高生产运营效率、降低生产运营成本、降低经营风险、重塑业务流程、增强创新能力等（Schuh et al.，2019；Parviainen et al.，2017；何帆和刘红霞，2019；戚聿东和蔡呈伟，2020），即通过降本、增效、提质和创新等路径，实现对制造业增长质量的促进作用。目前，相关研究主要通过案例分析、指标构建、微观计量等方法，对上述路径进行了梳理和验证，但行业层面的实证研究还十分有限。为此，本节以2001—2017年机械设备制造业行业面板数据作为样本，构建表征制造业增长质量的绩效指标，即成本利润率、新产品收入、用工数量和用工成本，使用固定效应回归等计量方法，分析检验数字技术对制造业增长质量的影响效果。

（一）变量选择和模型构建

基于行业数据的可获得性，共构建了4个行业绩效指标，用于分析数字技术（应用）对制造业增长质量的影响：（1）使用《中国工业经济统计年鉴》2001—2017年机械设备制造业分行业规模以上工业企业利润总额数据和主营业务成本数据，计算前者与后者的比值，得到成本利润率变量 $p2crate$，用于检验数字技术对行业盈利能力和生产成本的影响；（2）使用《中国科技统计年鉴》2008—2017年机械设备制造业分行业规模以上工业企业新产品收入和主营业务收入数据①，计算前者与后者的比值，得到新产品收入变量 newprorate，用于检验数字技术对行业创新和产品质量的影响；（3）使用《中国劳动统计年鉴》2001—2017 年机械设备制造业分行业年末就业人员数据，取自然对数后，得到用工数量变量 lnlabor，用于检验数字技术对行业用工数量的影响；（4）使用《中国劳动统计年鉴》2001—2017 年机械设备制造业分行业人均年工资数据，取自然对数后，得到用工成本变量 lnwagepc，用于检验数字技术对行业用工成本的影响。

在机制检验部分，增加了控制变量：（1）在分析数字技术对新产品收入的影响时，增加行业利润水平变量 lnprofit，使用《中国工业经济统计年鉴》2001—2017 年机械设备制造业分行业规模以上工业企业利润总额数据，并对其取自然对数，用于控制行业利润水平对新产品收入的影响；（2）在分析数字技术对制造业用工数量的影响时，增加行业用工成本变量 lnwagepc，用于控制行业工资水平对用工数量的影响；（3）在分析数字技术对用工成本的影响时，增加行业主营业务收入变量 lnrevenue，用于控制行业整体收入水平对工资水平的影响。新增变量的定义及描述性统计特征已汇报于表 8.2。

本节为验证数字技术对制造业增长质量的影响，构建如下实证模型：

$$GQ_{it}^{j} = \alpha_1 + \beta_2^{j} ICTpatent_{it} + \sum_{k=2}^{n} \beta_k X_{it}^{k} + \varepsilon_{1it} \qquad (8-2)$$

其中，GQ_{it}^{j} 表示第 i 行业第 t 年的制造业增长质量，即被解释变量，包括成本利润率 $p2crate_{it}$、新产品收入 $newprorate_{it}$、用工数量 $lnlabor_{it}$ 和用工成本 $lnwagepc_{it}$。$ICTpatent_{it}$ 表示第 i 行业第 t 年的数字技术专利统计量，即核心解释变量，在回归分析中，$ICTpatent_{it}$ 被替换为专利申请量 $lnictapply_{it}$ 和专利授权量 $lnictgrant_{it}$。X_{it}^{k} 表示控制变量，将根据后续实证分析的具体内容进行选择。另有 α_1 为常数项，ε_{1it} 为误差项，β_2^{j} 和 β_k 为模型的待估参数。其中，β_2^{j} 表示数字技术专利变量对不同制造业增长质量指标的影响程度，是本节实证分析最为关注的影响系数。

---

① 《中国科技统计年鉴》从 2008 年开始统计分行业规模以上工业企业基本情况，因此新产品收入变量的时间窗口缩短为 2008—2017 年。

(二) 数字技术对成本利润率的影响

针对数字技术对盈利水平和成本效率的影响分析，以细分行业的成本利润率作为被解释变量，使用数字技术专利申请量和授权量进行个体、时间双向固定效应回归，控制了资本投入、劳动投入、研发投入和外商资本变量。根据表8.6回归结果可知，数字技术专利申请的同期、滞后一期和滞后二期变量，都对成本利润率产生了显著的正向影响。其中同期变量的影响系数为0.0162，在5%水平下显著。滞后一期和滞后二期变量的回归系数分别为0.0237和0.0256，在1%水平下显著，滞后期变量系数和显著性都有所提升。专利授权量对成本利润率的正向影响也十分稳健。同期和滞后一期的专利授权量回归系数分别为0.0160和0.0183，均在1%水平下显著。回归结果表明数字技术的应用可以显著提高制造业的成本利润率，影响效果稳健且具有滞后效应。进一步分解来看，数字技术的应用可以提高行业的利润水平（利润总额），同时降低生产成本（主营业务成本），即通过增效、降本提高制造业的增长质量。

表8.6　　　数字技术专利对成本利润率的回归结果

	专利申请量			专利授权量		
	同期	滞后一期	滞后二期	同期	滞后一期	滞后二期
被解释变量	$p2crate$	$p2crate$	$p2crate$	$p2crate$	$p2crate$	$p2crate$
$lnictapply$	0.0162**	0.0237***	0.0256***			
	(3.08)	(4.57)	(4.67)			
$lnictgrant$				0.0160***	0.0183***	0.0133
				(3.77)	(4.26)	(1.93)
控制变量	是	是	是	是	是	是
时间固定	是	是	是	是	是	是
行业固定	是	是	是	是	是	是
聚类稳健标准误	是	是	是	是	是	是
N	119	112	105	119	112	105
R^2	0.808	0.830	0.830	0.813	0.820	0.788
$Adj-R^2$	0.767	0.792	0.792	0.772	0.780	0.741

注：(1) 括号内为t值；(2) *、**、***分别表示10%、5%和1%的显著性水平；(3) 使用行业层面聚类稳健标准误；(4) 计量结果由Stata软件运行得出。

(三) 数字技术对新产品收入的影响

在分析数字技术对新产品收入的影响时,以新产品销售收入在主营业务收入的占比作为被解释变量,使用数字技术的专利申请量和授权量对其进行个体时间双向固定效应回归,并控制行业利润水平、研发投入和外商资本变量对新产品收入的影响。表 8.7 回归结果表明,数字技术专利没有对新产品收入实现促进作用,即数字技术在提升产品质量、促进创新等方面的影响没有得到统计上的支持。

表 8.7　　数字技术专利对新产品收入的回归结果

	专利申请量			专利授权量		
	同期	滞后一期	滞后二期	同期	滞后一期	滞后二期
被解释变量	*newprorate*	*newprorate*	*newprorate*	*newprorate*	*newprorate*	*newprorate*
lnictapply	-3.477** (-2.88)	-5.754 (-1.66)	-6.353 (-1.17)			
lnictgrant				-5.264 (-1.84)	-5.562 (-1.23)	-5.284 (-1.16)
控制变量	是	是	是	是	是	是
时间固定	是	是	是	是	是	是
行业固定	是	是	是	是	是	是
聚类稳健标准误	是	是	是	是	是	是
N	70	63	56	70	63	56
R^2	0.653	0.668	0.775	0.672	0.673	0.777
$Adj-R^2$	0.572	0.588	0.718	0.595	0.595	0.721

注:(1) 括号内为 t 值;(2) *、**、*** 分别表示 10%、5% 和 1% 的显著性水平;(3) 使用行业层面聚类稳健标准误;(4) 计量结果由 Stata 软件运行得出。

(四) 数字技术对用工数量和用工成本的影响

针对数字技术带来的用工影响,分别以从业人数和人均年工资作为被解释变量,使用数字技术专利统计量对其进行个体时间双向固定效应回归,控制了行业资本投入、人均工资水平、研发投入、外商资本对用工数量的影响,以及行业资本投入、人力投入、研发投入、外商资本、利润总额对用工成本的影响。

表 8.8 报告的回归结果表明,数字技术应用对制造业用工数量具有负向影响,但滞后期较长。专利授权量在滞后四期才开始呈现对从业人数的负向影响,滞后五期和滞后六期的回归系数持续显著为负,分别为 -0.319、-0.391 和 -0.395,均在 10% 水平下显著。专利申请量对用工数量的影响滞后效应更长,回归系数在滞后六期才开始显著为负。表明数字技术的应用能够降低机械设备制造业的用工需求,但技术应用所带来的生产自动化、机器替代等效果,需要较长时间的调整和适应。

表 8.8 数字技术专利对用工数量的回归结果

被解释变量	专利申请量 滞后四期 ln*labor*	专利申请量 滞后五期 ln*labor*	专利申请量 滞后六期 ln*labor*	专利授权量 滞后四期 ln*labor*	专利授权量 滞后五期 ln*labor*	专利授权量 滞后六期 ln*labor*
ln*ictapply*	-0.0817 (-1.26)	-0.233 (-1.76)	-0.304* (-2.10)			
ln*ictgrant*				-0.319* (-2.01)	-0.391* (-2.09)	-0.395* (-2.11)
控制变量	是	是	是	是	是	是
时间固定	是	是	是	是	是	是
行业固定	是	是	是	是	是	是
聚类稳健标准误	是	是	是	是	是	是
N	91	84	77	91	84	77
R^2	0.745	0.751	0.772	0.784	0.812	0.832
Adj-R^2	0.685	0.692	0.715	0.733	0.767	0.791

注:(1)括号内为 t 值;(2) *、**、*** 分别表示 10%、5% 和 1% 的显著性水平;(3)使用行业层面聚类稳健标准误;(4)计量结果由 Stata 软件运行得出。

表 8.9 报告了数字技术专利对用工成本的回归结果,数字技术应用对机械设备制造业的人均工资水平具有负向影响,相关影响的滞后期较长。数字技术的专利授权量滞后五期至滞后七期,对行业人均工资产生了显著的负向影响,回归系数分别为 -0.137、-0.194 和 -0.380,均在 1% 水平下显著。专利申请量对用工成本的影响滞后期则更长,在滞后七期以后才呈现显著的负向回归结果。

表 8.9　　　　　　　　数字技术专利对用工成本的回归结果

	专利申请量			专利授权量		
	滞后七期	滞后八期	滞后九期	滞后五期	滞后六期	滞后七期
被解释变量	lnwagepc	lnwagepc	lnwagepc	lnwagepc	lnwagepc	lnwagepc
lnictapply	-0.159**	-0.396**	-0.513***			
	(-2.97)	(-3.42)	(-4.38)			
lnictgrant				-0.137***	-0.194***	-0.380***
				(-4.64)	(-4.27)	(-4.17)
控制变量	是	是	是	是	是	是
时间固定	是	是	是	是	是	是
行业固定	是	是	是	是	是	是
聚类稳健标准误	是	是	是	是	是	是
N	70	63	56	84	77	70
R^2	0.942	0.944	0.955	0.962	0.954	0.958
$Adj - R^2$	0.926	0.928	0.941	0.952	0.942	0.947

注：(1) 括号内为 t 值；(2) *、**、*** 分别表示10%、5%和1%的显著性水平；(3) 使用行业层面聚类稳健标准误；(4) 计量结果由 Stata 软件运行得出。

在分析数字技术专利申请量与机械设备制造业人均工资之间的关系时，我们发现数字技术应用与行业用工成本之间的关系存在先正向后负向的趋势转变。图 8.5 展示了数字技术专利申请量同期 (lag 0) 至滞后九期 (lag 9) 的回归系数变化趋势。其中，仅滞后五期 (0.167) 和滞后六期 (-0.00455) 两个系数的统计显著性较低，其余系数均在5%水平下显著。根据图表信息和相关回归结果可知，数字技术与机械设备制造业人均工资之间存在较强的相关关系，数字技术在应用前期可以显著提升行业平均工资水平，而后期则会降低工资水平。这可能是因为数字技术作为一种技能偏向型技术进步（Skill-Biased Technological Change），在应用前期与劳动技能之间的互补效应占主导，提高了技术应用行业和企业对高技能水平、高学历劳动力的用工需求，带来了劳动技能的溢价，行业工资水平随之提高；随着技术应用逐渐成熟，企业完成了生产和业务流程、岗位设置和组织架构等一系列配套机制的调整和适应，此时，技术进步的替代效应开始发挥主导作用，传统制造行业的生产类岗位被大规模替代，用工需求下降，行业整体用工成本随之下降（Acemoglu & Restrepo，2020；Autor，2014；蔡跃洲和陈楠，2019）。

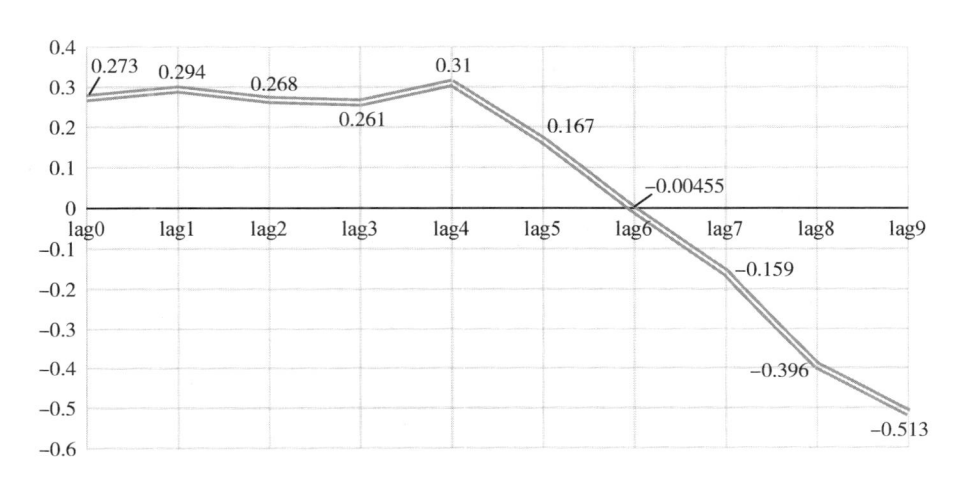

图8.5　数字技术专利申请量对用工成本的系数变化趋势

二　数字技术对制造业增长的影响机制分析

基于实证检验结果，可以就数字技术对制造业增长质量的影响效果得到如下结论。首先，数字技术的应用可以有效提高成本利润率，一方面有助于提高行业利润水平；另一方面有助于降低生产成本，从而带来降本、增效的数字化收益。其次，数字技术没有展现出对新产品收入的正向影响，技术进步在提高产品质量、增强创新能力等方面的影响没有得到行业统计数据的支持。最后，在用工影响方面，数字技术对机械设备制造业的用工数量和用工成本都具有负向影响，表明数字技术作为新一代自动化技术，可以通过机器替代实现对劳动力的替代效应，减少制造业用工需求，降低劳动收入占比，但技术进步的用工影响滞后期较长。

图8.6进一步梳理了数字技术对制造业高质量发展的影响机制。基于本章统计分析和计量回归结果可知，现阶段数字技术在中国制造业的应用可以有效促进机械设备制造业的行业增长速度，并且通过提高成本利润率、减少用工数量、降低用工成本等路径，实现降本、增效等数字化转型成效，实现增长质量的提升，进而推动制造业高质量发展。然而，数字技术通过提高新产品收入等路径实现高质量增长的影响机制，没有得到行业

统计数据的支持，技术进步在"提质""创新"等方面的影响潜力还有较大发展空间。

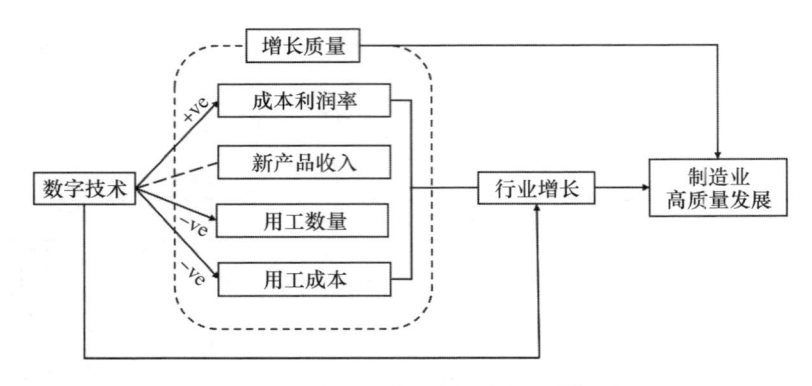

图 8.6　数字技术对制造业高质量发展的影响机制

第四节　本章小结及建议

基于 2001—2017 年中国制造业 27 个细分行业的面板数据，本章首先以数字技术的专利申请量和授权量作为核心解释变量，对轻纺制造业、资源加工业和机械设备制造业进行了分组回归，从行业异质性的角度分析验证了数字技术应用对制造业增长的影响。再以机械设备制造业面板数据为样本，选取成本利润率、新产品收入、用工数量和用工成本等行业绩效指标，分析验证了数字技术应用对制造业增长质量的影响，并进一步厘清了数字技术通过影响增长速度和增长质量，推动制造业高质量发展的路径机制。本章的主要研究结论包括：第一，数字技术应用发展对中国制造业增长的影响存在较为显著的行业异质性，对行业增长的促进作用主要体现在机械设备制造业；而对轻纺制造业和资源加工业的渗透应用不足。第二，数字技术主要通过提高成本利润率、减少用工数量、降低用工成本等路径促进制造业质量的提升。第三，数字技术对制造业用工数量和用工成本具有显著的负向影响，但相关影响的滞后期较长。

基于以上实证分析结果，本章就继续推动数字技术在中国制造业的应用和制造业数字化转型提出如下建议。

第一，加强数字技术与传统制造行业的融合发展，特别关注数字技术在轻纺制造业和资源加工业的应用。受行业特征、技术应用场景、实施难度和预期收益等多方面的影响，数字技术的应用和影响主要集中在包含ICT制造业的机械设备制造领域，而对轻纺制造业和资源加工业的技术渗透较低。未来，应继续推动数字技术在制造业的应用和产业数字化转型，针对技术应用难度较高的行业和企业，可以通过行业协会、工业互联网平台等渠道降低数字化转型门槛，帮助企业挖掘数字化场景、识别转型配套机制，实现数字技术在制造业领域更加广泛的应用和收益。

第二，加强数字技术在新产品研发、生产流程和业务模式创新等方面的发展和应用，充分挖掘数字技术的创新潜力。目前，企业数字技术应用大多集中在办公自动化、生产制造自动化、市场营销数字化等领域（马晔风等，2020），因而数字化成效也主要体现在降本、增效等方面。数字技术在创新领域的应用和收益还非常有限。然而，以新一代人工智能为代表的数字技术，在颠覆创新流程、实现突破性技术变革和产品创新方面具有独特优势，是数字技术支撑长期经济增长的重要途径之一（Aghion et al.，2017；Agrawal et al.，2018；蔡跃洲和陈楠，2019）。为此，应加强引导数字技术在制造业产品、技术和模式创新领域的理论和实践探索，持续追踪人工智能在新药研发、新材料研发、基因组学等领域的国际学术和产业前沿，挖掘数字技术的潜在长期收益。

第三，充分利用数字技术对用工影响的滞后期，更好地应对机器替代所带来的就业和收入冲击。数字技术作为新一代自动化技术，对制造业的从业人员数量和人均工资具有显著的负向影响，可能带来较为严重的劳动就业和收入分配风险。但是，根据本章的实证分析结果，数字技术对制造业就业岗位和收入水平的负向冲击，即机器替代效应存在4—7年的滞后期。因此，相关行业和企业应充分利用技术影响的滞后期，有计划地做好被替代员工的培训和安置工作，通过员工数字化技能培训、内部转岗等方式，在企业内部吸收技术进步带来的劳动技能溢价，最大限度地降低"机器替代"的负面影响。

第九章　新冠疫情冲击与数字化发展

2020年初新冠疫情暴发，对经济社会运行造成了重大负面冲击。在线下活动普遍受到抑制的情况下，数字经济逆势而上，为疫情防控和稳定经济社会运转发挥出重要支撑作用。在疫情防控方面，物联网、大数据、5G、人工智能、机器人等前沿数字技术被应用于病患诊疗、人口流动管理、资源配置、危机沟通等各个环节，发挥了重要的决策支持作用。在复工复产方面，以在线办公、在线教育、互联网医疗为代表的数字产业和数字服务迎来逆势增长，而制造业企业则凭借数字化智能化手段快速转产医疗物资、保障产业链供应链安全。从某种意义上讲，新冠疫情冲击在客观上引发了全社会对数字化转型的广泛关注。

然而，人们对疫情期间数字化建设积极作用的认识和讨论更多是停留在数字技术的具体应用场景和典型事例上。数字化转型和数字化建设在支持企业应对新冠疫情这样的突发事件和外部冲击中究竟发挥了多大作用，还存在哪些不足和短板，现阶段推进数字化建设面临的主要障碍是什么？对此，国内无论是学界，还是决策部门都缺少定量的实证分析。这其中很重要的原因在于，数字经济作为新型经济形态，代表了新一轮科技革命和产业变革基本特征和发展方向，而现有的官方统计核算和国民经济行业分类体系则是两次工业革命的产物，不能反映数字经济特征，也无法为考察数字经济在疫情中的作用提供直接的数据支持。为了更准确地把握企业数字化建设/转型对疫情的对冲作用，以及对未来产业转型升级和经济高质量发展的影响，本章基于对福建、广东两地制造业企业的问卷调查，开展相关的定量分析。

第一节 概念界定及相关研究

一 数字化转型的内涵与价值

在探讨数字化转型及其价值之前，有必要对数字化转型的内涵进行界定。关于数字化转型的讨论最早集中在制造业企业生产流程的数字化，尤其是"智能制造""工业4.0"等概念的兴起引发了学术界和业界对数字化转型的广泛关注。Bogner 等（2016）认为数字化转型不应局限于单一领域，而应当包括企业的全部领域和职能，这一理念目前已经成为行业共识。新一代数字技术作为一种颠覆性创新力量，是推动企业数字化转型最重要的因素（肖静华，2020）。随着新一代数字技术的发展渗透，数字化转型的概念和内涵也在不断拓展延伸。何帆和刘红霞（2019）从中国政策话语体系角度，将企业的数字化变革定义为移动互联网、物联网、大数据、云计算、人工智能等与实体企业的深度融合，代表了数据要素驱动的新经济形态和产业发展规律。

国内外学者对企业推进数字化转型的动机、模式、经验以及面临的挑战等问题开展了大量研究，数字化转型为企业带来的价值和影响也受到越来越多的关注。Liere-Netheler 等（2018）通过对16家制造企业的深度调研访谈，识别出制造企业进行数字化转型的12项收益，包括流程改进、工作环境提升、纵向集成、管理支持、横向集成、成本降低、客户需求、供应链管理、创新驱动、市场竞争压力、法律/政府监管、员工支持。Bogner 等（2016）建立了两个企业数字化指数来分别描述企业完整价值链的数字化水平和生产流程的自动化水平，并基于此考察了数字化转型对生产率和客户满意度的影响。何帆和刘红霞（2019）使用2012—2017年沪深两市主板上市公司数据，考察了企业数字化变革的业绩提升效应，研究表明数字化变革通过降本、提效、创新等渠道，显著提升了变革企业的经济效益。

二 数字化应对新冠疫情冲击相关研究

2020年2月下旬以来，新冠疫情在全球范围内暴发蔓延，对世界经济造成巨大的冲击，有经济学家指出，此次疫情对世界经济造成的负面冲击超过以往任何一次流行性疾病，甚至可能造成"大萧条"以来最为严重的全球经济冲击（Hassan et al.，2020）。Fairlie（2020）通过分析 2020 年 4 月美国当前人口调查（Current Population Survey，CPS）统计数据发现，当年 2—4 月美国活跃小企业数量减少了 330 万家（或 22%），是有史以来企业数量减少最多的一次，几乎所有行业都受到了影响。对中国经济而言，疫情以及严格的防控措施带来了产出下降、消费减少、投资下降、外贸受阻、产业发展损失重大、金融机构风险增加等一系列严重损失（何诚颖等，2020）。疫情冲击波及大多数行业和企业，餐饮、旅游、交通运输、影视文娱等服务行业因人口聚集特征受到了最直接冲击，民企、小微企业、弹性薪酬员工和农民工群体的受损程度更大（罗志恒，2020）。

尽管疫情带来的经济影响以负面为主，但也有部分行业和企业借助线上销售、远程办公等数字化手段，尽可能缓解疫情期间的经济损失，有些甚至实现了逆势增长。Chang 和 Meyerhoefer（2020）基于中国台湾最大的农副食品电子商务平台数据的实证检验发现，每增加一例 COVID-19 确诊病例，该平台销售额增长 5.7%，客户数量增长 4.9%，其中谷物、新鲜水果、蔬菜和冷冻食品的需求增长最快。在中国，大批量的教育和工作被迫转移至线上进行，为远程教育、远程办公等相关行业带来了新的发展契机。此外，疫情期间民众的网购需求也促使企业优化线上销售模式，为物流行业的数字化转型提供了动力（何诚颖等，2020）。人们普遍感受到疫情为数字经济发展带来的新机遇，包括线上服务的需求激增、公共卫生领域智能化加速、企业数字化转型加快、政府治理智慧化提速等（樊自甫、程姣姣，2020）。但与此同时，数字鸿沟的问题也进一步凸显，Brynjolfsson 等（2020）的研究显示，平均受教育水平较高、薪资水平较高的行业更容易实现远程办公，且数字化办公手段有助于缓解疫情带来的经营压力；然而，无法实现远程办公比例越高的部门，就业人数和预期收入降幅更大，股票市场表现更差，并更有可能发生违约。

总体来看，新冠疫情引发的不只是短期内的经济冲击，也是一场经济社会全方位的深刻变革；而数字化转型既是适应新冠疫情冲击、对冲负面影响的有效途径，更代表新一轮科技革命下经济社会组织模式的演进趋势。当前，无论是企业数字化转型的现状描述，还是疫情期间数字化应对的成效分析，国内相关研究都缺少实证数据支撑，因此本章后续研究将从定量实证分析的角度提供有益补充。

第二节 数据来源与样本情况

一 数据来源

本章数据来源于"关于企业数字化建设与疫情应对情况的问卷调查",该调查由中国社会科学院数量经济与技术经济研究所数字经济研究室设计并实施,旨在了解新冠疫情防控期间企业运营受到的影响,以及企业数字化、智能化建设在应对疫情中发挥的作用。问卷调查于 2020 年 2 月 24 日至 3 月 4 日通过网络调查平台实施,主要面向福建泉州和广东佛山两地发放,共收集到 142 份受访企业数据,经过数据清理后最终获得有效样本 126 份。需要特别说明的是,问卷数据并非来源于随机抽样调查,但考虑到疫情初期开展随机抽样的不可行性和时间滞后性,本章研究的调查样本仍然具有重要的学术价值。

二 样本构成情况

本次问卷调查获取的 126 份企业数据涵盖大、中、小、微各类型企业,其中大型企业占比为 11.11%,中型企业占比为 30.16%,小微企业占比为 58.73%。企业以民营企业为主,占比为 73.81%,国有企业占比为 17.46%,外资企业占比为 8.73%。调查企业涵盖农林牧渔业、制造业、建筑业、批发零售业、住宿餐饮业、信息传输业、软件和信息技术服务业等诸多行业,具体行业分布见图 9.1。

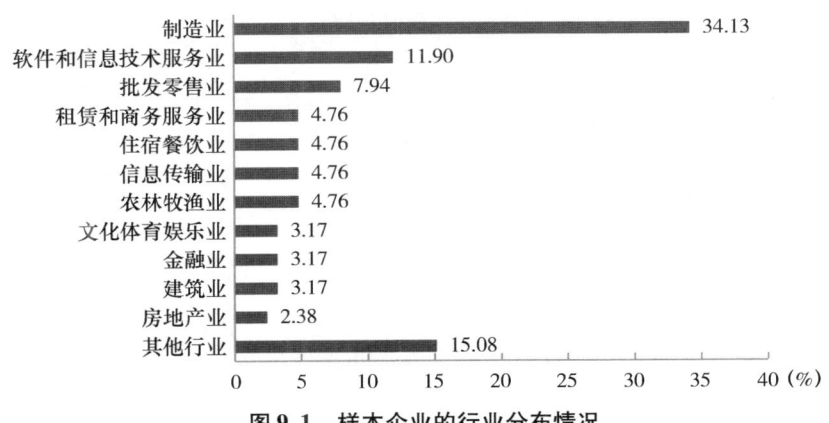

行业	占比(%)
制造业	34.13
软件和信息技术服务业	11.90
批发零售业	7.94
租赁和商务服务业	4.76
住宿餐饮业	4.76
信息传输业	4.76
农林牧渔业	4.76
文化体育娱乐业	3.17
金融业	3.17
建筑业	3.17
房地产业	2.38
其他行业	15.08

图 9.1 样本企业的行业分布情况

第三节 疫情防控初期企业受到的影响与冲击

一 疫情对企业营收的影响

2020年2月底至3月初，中国大部分地区处于重大公共卫生突发事件一级响应状态，因疫情防控造成经济活动的系统性停摆，企业面临巨大的经营压力。本次问卷调研结果显示，高达89%的企业反映第一季度的营收比上年同期减少，且企业对第二季度及2020年下半年的营收也持较为悲观的态度，46%的企业预计2020年全年营收都将低于上年同期（见图9.2）。

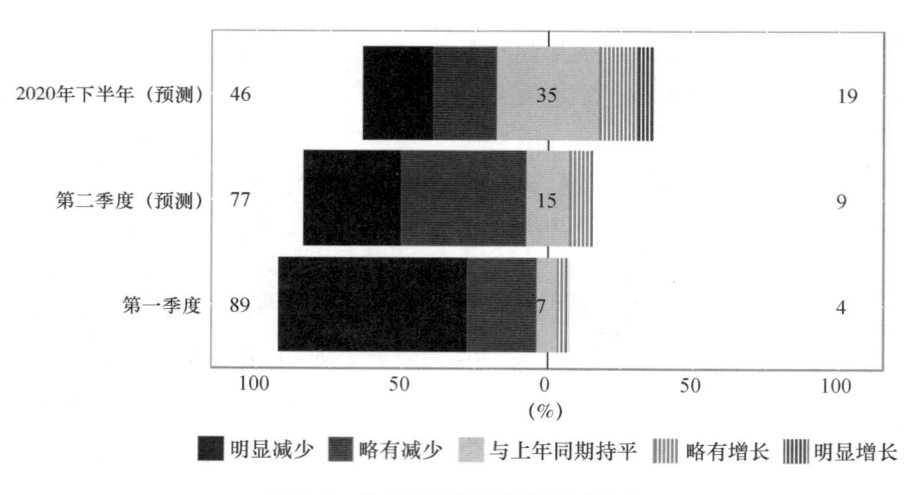

图9.2 企业营收受疫情的影响情况

从行业来看（见表9.1），制造业企业中有67.44%的企业表示第一季度营收受到重度负面影响，农林牧渔业、建筑业、批发零售业、租赁和商务服务业的这一比例均在60%以上。住宿餐饮业、文化体育娱乐业、房地产业这一比例为100%，即所有受访企业均表示第一季度营收受到重度负面影响。与以上行业相比，软件和信息技术服务业受到的影响更小，约47%的企业表示第一季度营收受到重度负面影响。金融业受到的冲击最小，受访企业表示第一季度营收受到轻度负面影响或没有影响。企业对第二季度营收的预期整体好于第一季度，大多数企业认为与上年同期相比第二季度营收将受到轻度负面影响,但不同行业的预期存在较大差异,住宿餐饮业、文化体育娱乐业、房地产业、批发零售业、建筑业对第二季度的营收预期仍然很不乐观。企业对 2020 年下半年的营收预期普遍转好,大多数行业认为到 2020 年下半年企业营收能恢复到上年同期水平,其中住宿餐饮业、文化体育娱乐业和建筑业的预期最低,认为疫情对营收的负面影响将一直持续到年底。

表 9.1　　　　　　　不同行业企业营收受疫情影响情况　　　　单位:%

行业	第一季度营收重度负面影响	第二季度营收重度负面影响	2020 年下半年营收重度负面影响
农林牧渔业	66.67	50.00	16.67
建筑业	75.00	50.00	50.00
制造业	67.44	23.26	16.28
信息传输业	50.00	33.33	0
软件和信息技术服务业	46.67	26.67	33.33
批发零售业	70.00	40.00	10.00
文化体育娱乐业	100.00	50.00	50.00
住宿餐饮业	100.00	83.33	66.67
金融业	0	0	0
房地产业	100.00	66.67	0
租赁和商务服务业	66.67	33.33	0
其他行业	57.89	42.11	42.11

从企业规模和企业所有制类型来看(见表 9.2),三类企业中,国有企业第一季度营收受到的负面影响小于民营企业和外资企业,民营企业对第二季度和 2020 年下半年的营收预期最差;从企业规模来看,大、中、小微企业第一季度的营收均受到严重负面影响,大型企业受到的负面影响比中型和小微型企业更大,但是大型企业对第二季度和 2020 年下半年的营收预期明显好于中型和小微型企业。

表 9.2　不同所有制类型和不同规模企业营收受疫情影响的情况

单位：%

		第一季度营收重度负面影响	第二季度营收重度负面影响	2020 年下半年营收重度负面影响
企业类型	国有	45.45	18.18	18.18
	民营	67.74	38.71	25.81
	外资	72.73	18.18	18.18
企业规模	大	78.57	28.57	14.29
	中	65.79	31.58	27.03
	小微	60.81	35.14	21.05

二　疫情对企业经营活动的影响

本研究从企业复工、订单履行、新增交易、客户回款、原材料采购、现金流周转等 17 个维度对企业经营活动受疫情影响的情况进行了调查。问卷结果显示（见表 9.3），80% 以上的企业反映在企业复工、订单履行、商务交流、新增交易、市场拓展等方面受到疫情的负面影响，其中最为严重的负面影响主要表现在新增交易、企业复工、客户回款、产品运输、订单履行和原材料采购六个方面。

本章进一步运用因子分析法对企业经营活动受到的影响进行评价和解释，通过因子分析法在 17 个与经营活动相关的变量中找出隐藏的具有代表性的因子。首先，确定变量之间的相关性，对原始数据进行 KMO 检验和 Bartlett 球形检验。本研究中 KMO 取值为 0.915，高于 0.7，可以接受。Bartlett 球形检验统计量的 Sig < 0.001，各变量之间存在显著的相关性，可以采用因子分析法进行数据分析。其次，采用主成分分析法确定公因子个数，为了简化对因子的解释，采用最大方差法对因子进行旋转。通过因子分析提取了 2 个公因子，前两个公因子的累计方差贡献率达到 62.25%。由表 9.4 可知，第一主因子在现金流周转、新增交易、客户回款、产品/服务创新、客户忠诚、员工稳定性、员工招聘、商务交流、广告宣传、市场拓展 10 个维度上有较大载荷，这些维度反映了为企业运行提供支撑的软实力，可以解释为软实力因子；第二主因子在订单履行、原材料采购、产品运输、产品出口、产品销售、业务管理 6 个维度上有较大载荷，这些维度是企业日常经营状况和绩效的直接体现，可以解释为硬实力因子。从问卷

调查结果来看，疫情对企业负面影响主要体现在对硬实力的冲击。

表 9.3　　　　　　　　　疫情对企业经营活动的影响

单位：%

经营活动维度	重度负面影响	轻度负面影响	没有影响	轻度正面影响	重度正面影响
新增交易	37.50	42.97	10.94	5.47	3.13
企业复工	35.16	53.13	4.69	5.47	1.56
客户回款	33.59	44.53	14.84	5.47	1.56
产品运输	31.25	46.09	18.75	3.91	0.00
订单履行	28.91	55.47	10.16	3.13	2.34
原材料采购	28.13	47.66	17.19	5.47	1.56
市场拓展	26.56	53.91	10.16	6.25	3.13
产品销售	26.56	53.13	10.94	6.25	3.13
现金流周转	25.78	51.56	13.28	7.03	2.34
商务交流	20.31	60.94	14.06	3.13	1.56
员工招聘	18.75	53.91	18.75	7.81	0.78
产品/服务创新	17.19	42.97	27.34	9.38	3.13
产品出口	16.41	39.06	42.97	1.56	0.00
广告宣传	15.63	51.56	28.13	3.91	0.78
员工稳定性	13.28	46.09	31.25	7.81	1.56
业务管理	12.50	60.94	17.97	8.59	0.00
客户忠诚	6.25	50.78	32.03	10.94	0.00

表 9.4　　　　　　　　　企业经营活动因子分析结果

经营活动维度	因子载荷		共同度
	第一主因子	第二主因子	
企业复工	0.566	0.579	0.656
订单履行	0.511	**0.611**	0.635
原材料采购	0.519	**0.607**	0.639
产品运输	0.147	**0.807**	0.673
产品出口	0.051	**0.789**	0.625
产品销售	0.569	**0.600**	0.684

续表

经营活动维度	因子载荷		
	第一主因子	第二主因子	共同度
业务管理	0.500	**0.624**	0.639
现金流周转	**0.632**	0.454	0.606
新增交易	**0.681**	0.445	0.662
客户回款	**0.648**	0.556	0.728
产品/服务创新	**0.648**	0.241	0.478
客户忠诚	**0.636**	0.396	0.561
员工稳定性	**0.768**	0.210	0.634
员工招聘	**0.623**	0.287	0.471
商务交流	**0.679**	0.283	0.542
广告宣传	**0.767**	0.141	0.609
市场拓展	**0.854**	0.115	0.743
累积解释方差	37.15%	62.25%	—
Cronbach's alpha	0.962		

注：因子载荷＞0.6的维度加粗显示。

第四节 企业数字化建设现状及在疫情应对中的作用

一 企业数字化建设情况

本次调查对企业价值链各环节（研发、采购、生产制造、运营管理、销售、物流运输、售后服务、广告宣传）的数字化建设程度进行了评估，受访企业基于五级李克特量表对其数字化建设程度进行评价：未开展数字化建设、30%业务数字化、50%业务数字化、70%业务数字化和100%业务数字化。问卷调查结果显示，整体来看企业在运营管理、售后服务和销售环节的数字化建设程度最高，在生产制造环节的数字化建设程度最低（见图9.2）。从企业规模来看，大型企业的数字化建设程度明显高于中型、小微型企业，中型和小微型企业数字化建设程度差距不大，但是小微企业之间的数字化建设程度表现出更大的差异（见图9.4）。从企业类型来看，国有、民营和外资企业的整体数字化建设程度没有表现出明显的差距，三类企业的数字化建设程度均在40%左右，外资企业比国有和民营企业略高。三类企业分别来看，民营企业的数字化建设程度表现出更大的差异，外资企业的差异最小。但是不同价值链环节的数字化建设程度存在较大差异，民营企业数字化程度较高的环节主要是运营、销售和售后服务，其生产制造环节的数字化程度低于国有企业和外资企业，外资企业在研发环节的数字化程度高于国有和民营企业（见图9.5）。

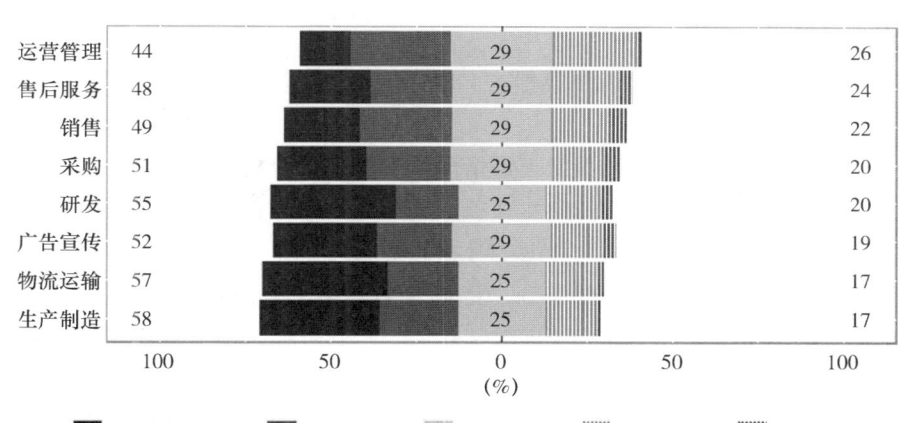

图9.3　数字化转型程度

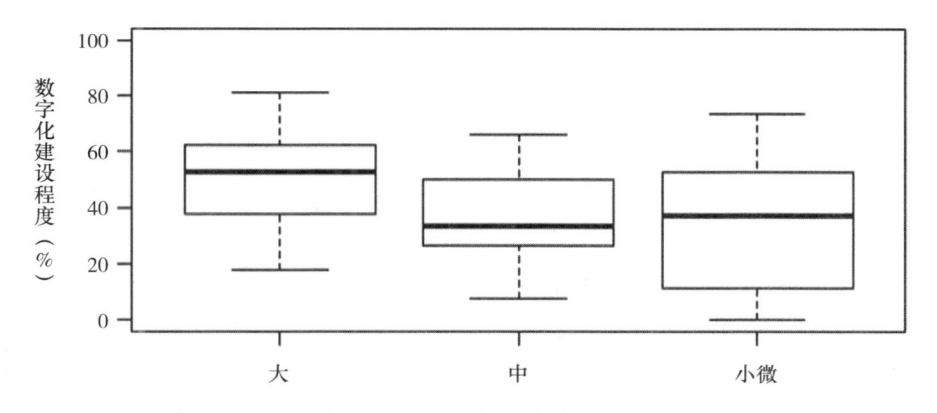

图9.4　大、中、小微型企业数字化建设程度

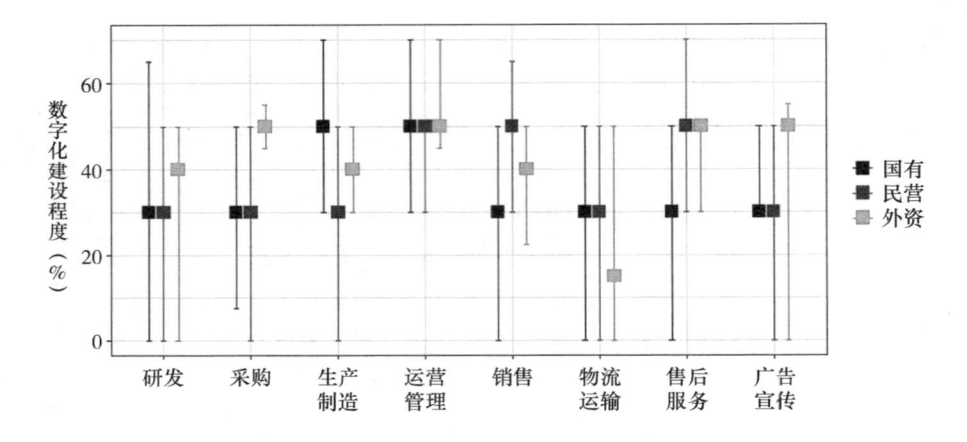

图 9.5　不同所有制类型企业价值链各环节数字化建设程度

二　企业数字化建设程度与疫情影响的描述性分析

数字化建设程度不同的企业在疫情中受到的影响是否存在差异？我们基于前文对企业数字化建设程度的分析，综合考虑企业在研发、采购、生产制造等环节的数字化程度评分，将企业的数字化建设程度分为三类：0表示企业未在任何一个环节开展数字化建设；1表示各环节算术平均后的数字化程度评分在 0—50%，即较低程度的数字化建设；2 表示各环节算术平均后的数字化程度评分在 50%—100%（包含 50%），即较高程度的数字化建设。我们分析了三类企业在疫情防控初期的营收表现及预期，如图 9.6 所示。从第一季度营收来看，三类企业并没有表现出显著差异。疫情初期由于经济系统性停滞的影响，企业第一季度营收普遍受到巨大冲击。从第二季度和 2000 年下半年的营收预期来看，数字化建设程度较低的企业比未开展数字化建设和数字化建设程度较高的企业表现出更低的营收预期。

我们进一步考察了三类企业经营活动所受影响的差异，基于前述的因子分析，我们对企业硬实力因子和软实力因子的李克特评分进行算数平均，得到企业在硬实力和软实力上所受影响的综合评分，并将该评分定义为硬实力影响和软实力影响。我们对比了三类企业的硬实力影响和软实力影响，如图 9.7 所示，不同数字化程度企业在硬实力影响上表现出与营收预期相似的趋势，即数字化建设程度较低的企业在硬实力方面受到的负面影响整体上比其他两类企业更高。三类企业在软实力影响上

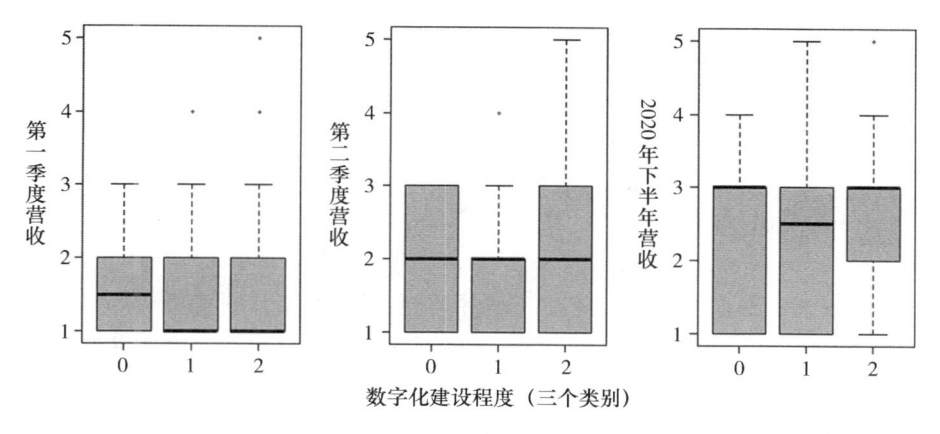

图 9.6　不同数字化建设程度企业的营收评价与预期

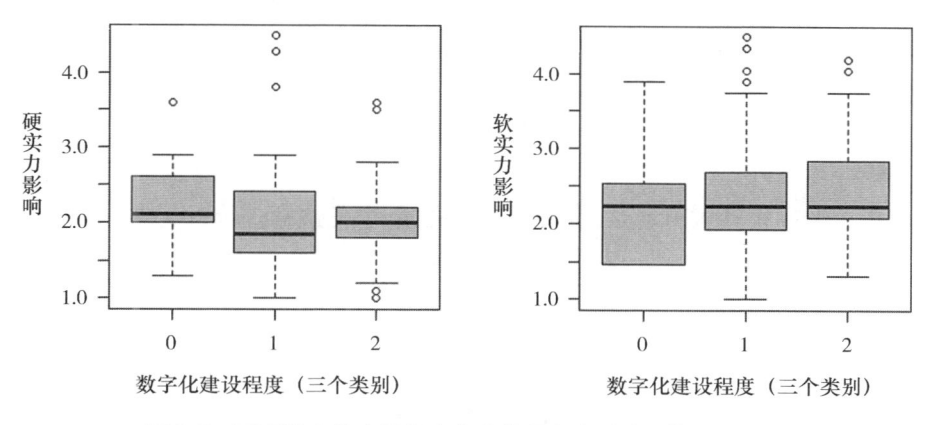

图 9.7　不同数字化建设程度企业的硬实力影响和软实力影响

的差别不大，但表现出随着数字化程度的升高，软实力受到的影响越小的趋势。

就应对疫情冲击来看，企业数字化建设的收益并没有表现出完全的单调趋势，数字化建设水平和收益之间更像是一种分段函数的关系。具体来说，数字化程度在 50% 以上的企业比数字化程度低于 50% 的企业在疫情中受到的负面影响越小；而数字化程度低于 50% 的企业与未开展数字化的企业相比，数字化程度的提高并没有带来明显的改善。这说明数字化建设的收益可能存在"门限效应"，即只有当数字化建设达到一定水平时，企业才能获得可观的回报。

三　疫情防控初期企业采用的数字化措施及效果

疫情防控初期，企业经营活动面临不同程度的抑制，停工停产和资金压力是多数企业面临的主要问题，一些企业借助远程办公、网络销售、自动化生产等措施缓解疫情带来的负面影响，取得一定效果。问卷调查结果显示，80%以上的受访企业对数字化、智能化建设在疫情应对中的作用整体上持积极态度，认为数字化建设在协调上下游产销计划和降低人工依赖方面发挥了积极作用。部分制造企业反映，生产环节的数字化建设有助于企业快速调整产线，转产抗疫物资。16%的企业认为数字化、智能化建设没有作用，3.2%的企业认为起到负面作用。本次疫情一定程度上提高了企业对数字化建设的重视，对于疫情之后是否会提高数字化、智能化投入，68.25%的企业表示会，30.16%的企业表示不确定，只有1.59%的企业明确表示不会提高投入。

本研究进一步调查了企业对四项数字化措施（在线办公、网络销售、自动化生产线、机器替代）的采用情况和实际效果，如图9.8所示。在线办公和网络销售渠道是企业采用最多的数字化措施，受访企业中分别有81%和75%的企业表示采用这两项措施。但是企业对两项措施实际效果

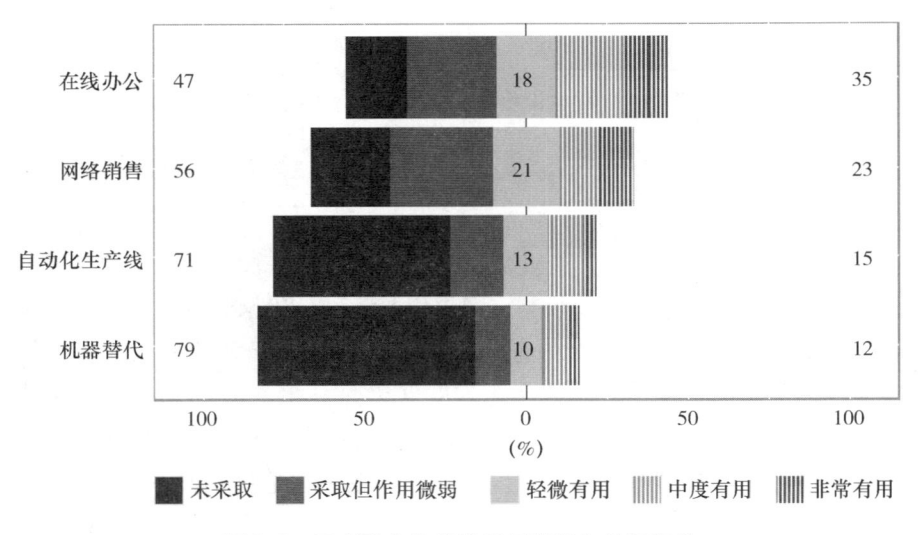

图9.8　四项数字化措施采用情况与效果评价

的认可度较低，表示中度或非常有用的企业比例分别为 35% 和 23%。从整体来看，企业对自动化生产线和机器替代两项数字化措施的采用比例均不高，且对这两项措施的效果评价也较低。后续也将就制造业企业这两项措施的使用情况作进一步分析。

首先，我们考察了不同规模和不同所有制类型企业对在线办公和网络销售的采用情况，如表 9.5 所示，在线办公方面，国有、外资企业的使用比例高于民营企业；从企业规模来看，中型企业的使用比例最高，且中型和小微企业的使用比例高于大型企业，表现出更高的灵活性。网络销售方面，国有和民营企业的使用比例均高于外资企业，一定程度上反映了国有、民营企业与本地网络销售平台具有更好的融合性；大型企业拓展网络销售渠道的比例明显高于中、小微企业。

表 9.5　　　　　　不同类型和规模企业的数字化措施使用情况

单位：%

数字化措施		在线办公	网络销售
企业类型	国有	90.91	77.27
	民营	78.49	76.34
	外资	81.82	63.64
企业规模	大	78.57	85.71
	中	84.21	76.32
	小微	79.73	72.97

其次，我们考察了制造业企业对自动化生产线和机器替代措施的使用情况，企业对两种措施的使用比例分别为 47.62% 和 40.48%。受访制造业企业中民营企业占比很高（约为 80%），这可能源于民营企业对于控制人力成本较为敏感，更倾向于通过自动化改造和机器替代的方式去应对近年来不断提升的劳动力成本。另外，我们还从企业规模考察企业在两种措施使用上的差异。如表 9.6 所示，无论是自动化生产线，还是机器替代措施，大型企业的使用比例显著高于中、小微型企业，小微企业的使用比例远远低于平均值，一定程度上反映了小微企业普遍不具备自动生产线和机器替代的基础。

表 9.6　　　　　　　　制造业企业的数字化措施使用情况

单位：%

企业规模	自动化生产线	机器替代
大	66.67	66.67
中	55.56	44.44
小微	33.33	27.78
所有企业	47.62	40.48

第五节　本章小结及建议

一　企业数字化建设在应对疫情冲击中的作用

疫情对微观经济运行带来巨大负面冲击，企业第一季度营收普遍受到重创，经营活动也受到不同程度的影响。基于本章的调查结果，虽然并未发现企业数字化建设对企业营收的显著促进作用，但是数字化建设对于减轻经营活动所受负面冲击具有一定效果。80%以上的受访企业对于采用数字化措施持有积极态度，总体来看，数字化建设在疫情应对中起到的作用主要有以下几个方面。

第一，就应对疫情冲击来看，企业数字化建设的收益不是一种单调趋势。对于已开展数字化建设的企业来说，数字化程度高于50%的企业在营收和运营方面受到的疫情负面影响更小，即数字化建设程度高的企业在疫情应对中表现出更强的抗逆力。而数字化程度低于50%的企业与未开展数字化的企业相比，数字化程度的提高并没有带来明显的改善。侧面反映了数字化建设的收益可能存在门限效应，即只有当数字化建设达到一定水平时，企业才能获得可观的回报。

第二，数字化建设在对抗疫情直接冲击上的作用有限（企业营收、经营活动），其积极作用主要体现在对企业软实力的影响上，软实力主要包括产品/服务创新、客户忠诚、员工稳定性、员工招聘等内容，企业的数字化建设程度越高，软实力受到的影响越小。

第三，数字化措施的关键性作用主要表现在两个方面：一是迅速协调上下游产销计划、降低损失；二是对人工依赖降低，加快实现复工复产。除此之外，部分制造企业还反映，生产环节的数字化建设有助于企业快速调整产线，转产抗疫物资。

第四，运营管理和销售相关数字化措施的积极作用最为显著。疫情在企业复工、订单履行、商务交流和产品销售方面带来的负面影响最大。调研反映企业采取最多的措施是使用在线办公和在线网络销售，相关数字化平台的使用在一定程度上减轻了疫情的负面影响。

另外，从行业层面来看，ICT行业整体受到负面冲击较小，甚至有的还逆势而上。虽然ICT企业短期也普遍面临着较大的下行压力，但数字化建设带来的对冲作用对企业渡过难关起到了一定积极作用，企业对未来预期整体呈现较为乐观态度。除ICT行业外，金融业也有着较为乐观的预期；农林牧渔业、制造业、批发零售业、租赁和商务服务业等绝大多数行业企业预期在2020年下半年恢复到上年同期营收程度；住宿餐饮业、建筑业和文化体育娱乐业企业预期最差，对2020年全年营收预期持悲观态度。

二 企业数字化建设状况及疫情中暴露的短板

我们的调查问卷在相当程度上反映出当前企业数字化建设的基本状况，特别是在疫情期间暴露出的数字化建设短板，大致有以下三点。

第一，微观层面的数字化转型存在明显的结构性差异。从企业数字化发展现状来看，民营企业数字化建设程度的差异性更大，未开展数字化建设的企业仍占有较大比重，疫情之后这种结构性差异有可能进一步提高，呈现"马太效应"的趋势。从价值链环节来看，企业数字化转型整体上处于初级阶段，以运营、销售环节的数字化建设为主，其他环节的数字化程度较低。

第二，资金是中小微民营企业数字化建设的重要约束。与国有企业相比，民营企业在生产环节的数字化建设水平更低，根本原因可能是资金问题，因为生产环节的数字化建设投资规模更大。大型企业数字化水平明显高于中型企业和小微企业，也进一步印证资金是数字化建设的重要约束。

第三，企业普遍不具备机器替代的基础，工业互联网推进任重道远。疫情中制造业企业对机器替代措施的采用率不高，一定水平上反映了企业普遍不具备机器替代的基础。生产环节数字化水平最低，短期内工业互联网的推进和落地仍将面临较大阻力；主要原因在于网络通信基础设施、平台软件、网络安全、数字人才等配套环境和条件尚不成熟。

三 对策建议

此次疫情是对经济运行及社会治理的一次全方位考验,虽然在中短期对经济增长和社会发展带来巨大挑战,但也给中国经济的数字化转型带来前所未有的机遇。疫情应对中数字化建设的积极作用表明,提升企业全价值链数字化水平、推动传统产业数字化转型对于抵抗非常规突发事件对经济运行的冲击具有重要意义。现阶段中小企业数字化水平不高、生产环节数字化改造不足等问题的核心在于,数字化建设的成本和门槛过高。当前,国内疫情蔓延势头已经基本得到遏制。在恢复经济运行秩序中,各级政府应加强对传统产业数字化转型的政策支持力度,着力扶持中小企业数字化建设,把握疫情带来的数字经济发展机遇。

第一,提高对传统产业数字化转型的政策支持力度。整合财税、金融、科技等方面的政策力量,鼓励企业和相关机构在疫情之后继续推进数字化建设的投入和运营,防治疫情之后出现"数字化倒退"。财税方面,强化财政专项资金统筹,引导各级财政资金加大对数字化转型的投入,在不同领域加强对试点示范项目的支持;探索成立企业数字化转型发展基金,推广传统产业数字化转型相关技术、平台的商业化应用。

第二,在保持数字化建设水平不倒退的前提下,将数字化建设工作在经济社会各行业中全面推进,在条件允许的前提下,尽可能提高数字化建设水平,使各行业都能尽早跨越数字化建设约束门限,发挥出数字化建设在产业链协同、效率提升方面的积极作用,增强应对外部冲击的能力和韧性。为此,通过普惠性的数字化建设专项补贴、税收减免等手段,切实加大数字化建设支持力度、扩大支持范围。

第三,提高企业特别是中小企业数字化建设水平,切实缓解企业资金不足的矛盾。中小企业资金实力原本有限,而现行支持工业互联网发展的政策大多向大型企业倾斜,中小企业并没有获得相应的资金或资源。可以借鉴当年美国"中小企业创新研究计划"(SBIR)模式,专门针对中小企业数字化转型,综合运用数字化建设专项信贷、数字化改造后补贴、数字化支出税前加计扣除等普惠性措施手段,降低中小企业数字化建设门槛。

第四,加大 5G 通信、窄带物联网(NB-IoT)、云平台等数字基础设施投入,既提振短期内投资需求,也为企业生产环节数字化转型提供配套的物质技术支撑。一是继续加快 5G 网络及窄带物联网的商用部署,由工信部统筹规划，协调网络运营商及各地政府创新投资运营模式，构造起超高速、低时延、万物互联的泛在网络环境，为企业生产环节和工业应用层面的联通接入提供便利；二是支持各类云平台、云存储数据中心建设，在建设用地、电价等方面给予倾斜，通过广泛可得的云计算、云存储服务，降低企业数字化转型后的数据处理存储成本；三是培育工业互联网平台及工业 App 龙头企业，综合运用用户补贴、政府采购等手段助力平台企业服务推广，并降低客户企业的接入成本。

第十章　新人工智能技术对增长就业的影响

数字经济作为一种新经济形态，其各类新模式、新业态得以涌现的源泉是互联网/物联网、大数据、云计算、人工智能、移动通信等新一代信息技术的大规模应用。新一代信息技术的应用，对信息收集、处理、分析、传输等各环节都带来革命性变化，数据信息成为生产经营的新关键要素，数字基础设施成为经济社会运行的物质技术新支撑。为此，本章和后续的第十一章、第十二章将着眼于更为基础的动力源泉，从新技术、新要素、新基建三个维度，分析数字经济对经济发展的影响。

本章主要从新技术角度，以（新）人工智能技术为具体考察对象，分析其对增长、就业进而对整个经济社会高质量发展的影响机制，并就人工智能热潮下中国增长和就业的演进趋势进行展望，给出应对思路和建议。本章的研究表明：人工智能的渗透性、替代性、协同性和创造性四项技术—经济特征，能推动国民经济各领域各部门高质量增长，其自身规模壮大也有助于增长质量提升。人工智能及自动化推进中，替代效应与抑制效应作用下就业总量将保持基本稳定，但结构性冲击不可避免，中间层岗位容易被替代，就业结构将呈两极化趋势；伴随结构调整，初次分配中劳动收入份额将降低，被替代行业中教育和技能水平较低、年龄偏大人群所受损失最大，并扩大收入分配差距。劳动成本攀升将加速人工智能在中国的推广应用，有力支撑未来中国经济高质量增长，但岗位结构与年龄构成错配和整体受教育程度偏低相叠加，可能在中短期内造成较为严重的结构性失业，扩大不同群体间的收入差距。

第一节 人工智能技术—经济特征与增长作用机制

一 人工智能演进历程及其技术本质

1956年8月，约翰·麦卡锡（John McCarthy）、马文·闵斯基（Marvin Minsky）、克劳德·香农（Claude Shannon）、艾伦·纽维尔（Allen Newell）、赫伯特·西蒙（Herbert Simon）等科学家齐聚美国达特茅斯学院，探讨如何用机器模仿人类智能，并正式提出人工智能的概念；1956年也因此被称为人工智能元年（集智俱乐部，2015）。在达特茅斯会议之前，香农完成了三大通信定律、图灵提出了图灵机和图灵测试，为人工智能的产生奠定了理论基础；达特茅斯会议之后，伴随（电子）计算机的发展，纽维尔和西蒙开发出机器定理证明程序，闵斯基制造出第一台神经网络计算机（集智俱乐部，2015；李彦宏，2017）。可以说，计算机技术的发展是人工智能发展的基础，而人工智能从一开始就是一种ICT。

达特茅斯会议带来了人工智能发展的第一次热潮，但从20世纪60年代中期开始，人工智能先后在机器定理证明、机器翻译等领域遭遇瓶颈，并于20世纪70年代中期陷入第一次低潮；20世纪80年代，专家系统、知识工程等引发了人工智能的第二次热潮，但于20世纪90年代又陷入第二次低潮；2010年以后，随着移动互联网和云计算的兴起，深度学习方法取得快速突破，人工智能发展开始迎来了第三次热潮（集智俱乐部，2015；李彦宏，2017；朱松纯，2017）。人工智能发展兴衰起伏的背后是其赖以支持的技术基础发生了重大变化。从1956年至20世纪80年代中后期，人工智能发展以数理逻辑的表达与推理为主，机器任务的完成都是在规则设定基础上实现的，也被称为旧式人工智能（Old-Fashioned AI）；而20世纪90年代以后的人工智能则主要建立在概率统计的建模、学习和计算基础上，第三次人工智能热潮的出现完全是深度学习推动的结果（朱松纯，2017；Taddy，2018）。

深度学习所包含的很多统计学习/机器学习算法早在20世纪90年代甚至更早时期便已提出，但深度学习技术应用直到2012年前后才呈现爆发式发展态势；其根本原因在于，2010年以后移动互联网、云计算等新一代信息技术加速商业化应用，为深度学习技术的优化迭代提供了充足的数据基础（训练样本）和强大的算力支撑。相比早期的通过模拟人类逻辑推理和行为规则来实现特定功能的旧式人工智能，第三次热潮中的新式人工智能（如无特别说明，后续均简称"人工智能"）是一个更为庞大的复杂系统，其构成包括三大支柱（模块），即通用目的机器学习（General Purpose ML）、数据生成（Data Generation）和领域知识结构（Domain Structure）（Taddy，2018）。

包括深度神经网络在内的每一种机器学习算法，本质上都是一个模式识别（Pattern Identification）工具，其核心（甚至是唯一）功能就是对特定事件的可能结果进行预测，其预测依据的信息基础则是已经发生的同类事件，即训练样本。通常，训练样本越丰富预测结果越准确，为达到较好的预测效果往往需要喂食大量的训练数据样本，由此对数据生成和收集提出了很高的要求；而且处理更大规模的数据需要更强的计算能力与之匹配。当下的人工智能系统能够解决那些以往专属人类的复杂问题，其实现途径（或基本思路）就是将特定问题分解为一组相对简单的预测任务，每一项任务分配给某个机器学习算法来处理，由此相当于将各种机器学习算法（算力）组合成一个庞大的复杂系统；而不同算法及对应任务的有机组合则需要依赖复杂问题所属领域知识（Domain Knowledge）（Taddy，2018）。2010年以前，移动互联网尚未正式兴起，音频、图像、视频等非传统、非结构化数据的采集还处于起步阶段，收集存储、数据处理等技术也未实现大规模商业化应用，无论是数据规模，还是计算能力都不足以支撑各种机器学习算法实现高精度预测。而2012年前后，以Hadoop分布式系统架构、MapReduce并行运算编程模型、4G移动通信网络等技术的大规模商业化应用推广为标志①，海量数据的生成（收集）、存储、处理等问题在几乎同一时期内得到有效解决，机器学习算法的预测效果也得以大幅提升，从而推动各种人工智能系统的快速发展。

如图10.1所示，海量数据下机器学习预测效果能够大幅提升的内在机制在于，机器学习方法完成任务的方式是纯粹的数据驱动模式，而非传

---

① 2013年12月4日，工信部正式向三大运营商发布4G牌照，中国移动、中国电信和中国联通均获得TD-LTE牌照；截至2013年底，已有北京、上海、广州、深圳等16个城市可享受4G服务。4G的商业化应用在为用户带来便利的同时也带来数据生成量的井喷，以往停留在实验室的Hadoop、MapReduce也有了用武之地。

统以规则设定和逻辑推理为基础的理论驱动；其背后则涉及人类认知方面的所谓"波兰尼悖论"（Polanyi's Paradox）及其破解。1966 年，英国著名物理化学家、哲学家迈克尔·波兰尼（Michael Polanyi）发现："我们知道的可能比我们能够明确说出来的要多"；比如，司机的驾驶技能，除了汽车原理和驾驶原理方面的显性知识（Explicit Knowledge Codified Knowledge，也称编码知识）外，还包含大量默会知识（Tacit Knowledge），仅靠驾校的理论学习是无法掌握的（Autor，2014）。旧式人工智能的规则设定和逻辑推理依据的是各种显性知识，一旦遭遇需要默会知识的场景，其识别或预测就容易出错。以椅子的识别为例，椅子的特征通常包括腿、扶手、座位、靠背等，以这类显性知识作为规则进行编程来进行物体识别，则很有可能将没有扶手和靠背的椅子识别为小桌子；而一个正常三岁儿童能轻松辨认出哪个是椅子哪个是桌子，也就是说我们并不能完全清晰地描述出三岁儿童能识别出的物体的所有信息/知识（Autor，2015）。可以说，默会知识的存在是旧式人工智能功能受限、两次遇冷的重要原因。显性知识对应于规则、逻辑、推理，属于人类的高阶智慧；而默会知识则更多对应于无意识的直觉，属于人类进化过程中更早拥有的感官运动性低阶技能（Low-Level Sensorimotor Skills）。

在人工智能和机器人领域，高阶智慧的实现只需要少量的计算能力，而低阶技能的实现却需要极大的运算能力，这就是人工智能实现认知功能过程中存在的莫拉维克悖论（Moravec's Paradox）。莫拉维克悖论在 20 世纪 80 年代由汉斯·莫拉维克（Hans Moravec）、罗德尼·布鲁克斯（Rodney Brooks）、马文·闵斯基等人共同提出并阐释[①]。正是莫拉维克悖论的存在使得旧式人工智能在计算能力有限的条件下仍能实现诸如跳棋、数学定理证明等属于高阶智慧的功能；而波兰尼悖论的存在则是旧式人工智能功能单一、无法完成那些看似基本却包含众多默会知识任务的根本原因。事实上，罗德尼·布鲁克斯根据莫拉维克悖论，跳出原有的旧式人工智能框架，建造了一种没有（逻辑）辨识能力只有感知和行动能力的机器，由此直接影响到后续机器人和人工智能研究的进展。当下基于数据驱动的新式人工智能，其运行机制就是运用数据和计算能力优势，提炼出各种隐含的默会知识，进而实现更为通用和复杂的功能。无论是旧式人工智能还

[①] 关于莫拉维克悖论更为详细的说明可以参考维基百科词条 "Moravec's Paradox"。

是新式人工智能，其本质都是 ICT；当然，新式人工智能的实现需要依托移动互联网、云存储、并行计算等实现海量数据的生成处理，可以算是新一代信息技术的集成，同时也是新一代信息技术的组成部分。

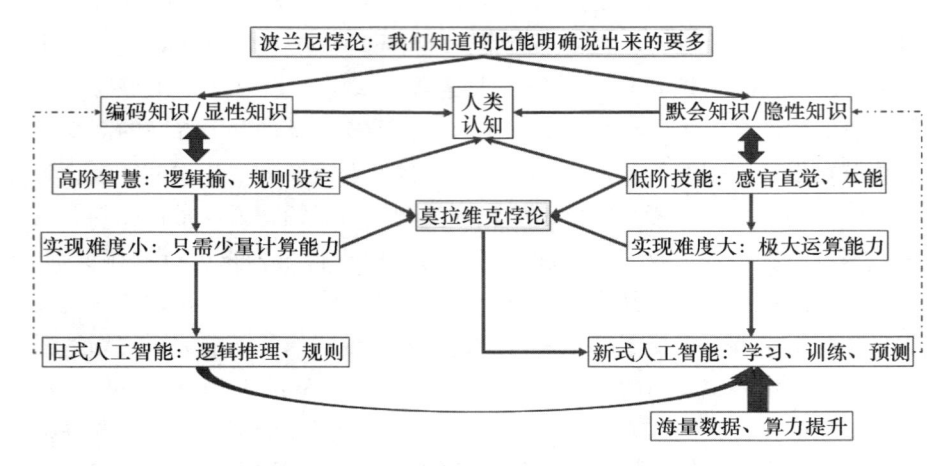

图 10.1　波兰尼悖论、莫拉维克悖论与新旧人工智能内在关联

二　人工智能技术—经济特征与影响宏观增长机制

人工智能作为新一代信息技术理所当然具有一般 ICT 的基本技术—经济特征，即渗透性、替代性和协同性（蔡跃洲、张钧南，2015；蔡跃洲，2017）。渗透性是指某项技术所具备的能够与经济社会各行业、生产生活各环节相互融合并带来经济运行方式改变（的一种潜能）（Bresnahan & Trajtenberg, 1995）。渗透性可以算作是通用目的技术（General Purpose Technology, GPT）最基本的技术—经济特征，也是 GPT 领域出现激进式创新后能够引发技术革命，带来技术—经济范式转换的技术基础。人工智能是新一代信息技术的重要组成部分，而 ICT 又是典型的通用目的技术，因此，渗透性也自然应是人工智能的技术—经济特征①。ICT 的替代性通常是指 ICT 作为一种资本要素对其他非 ICT 资本要素不断替代的事实，该现象出现的根本原因在于以芯片为代表的 ICT 硬件多年来一直遵循摩尔定律（Moore's Law）呈现实际价格持续下降的趋势（Jorgenson & Stiroh,

---

① 李彦宏（2017）在人工智能分类时，明确提出"通用目的人工智能"，以区别于那些只能完成诸如下棋等单一任务的专用人工智能。

1999；Jorgenson，2001）。人工智能的替代性与其他 ICT 的替代性似乎还略有不同，不仅体现为资本要素内部 ICT 资本对非 ICT 资本的替代，更体现为人工智能对劳动要素的直接替代①。协同性更多是指生产过程中 ICT 产品的应用能够提升其他要素间衔接配合的契合度，降低摩擦成本，从而提高运行效率（David & Wright，1999；Bartel et al.，2007；Ketteni，2009）。另外，人工智能对于劳动要素的替代不仅在于体力，更在于脑力或者说创造性活动的替代；由此引出人工智能专属的第四项技术—经济特征——创造性。

  人工智能渗透性、替代性、协同性、创造性这四项技术—经济特征，在很大程度上决定了其影响宏观经济增长的作用机制。首先，渗透性决定了人工智能对经济增长影响的广泛性和全局性；即便人工智能当下所产生的影响还仅仅是局部性的，但渗透性特征也意味着人工智能具备全局性影响的潜力。其次，替代性的发挥将是人工智能资本作为一种独立要素不断积累并对其他资本要素、劳动要素进行替代的过程；从生产函数和增长核算视角来看，伴随人工智能资本的积累，其对经济增长的支撑作用也将不断提升②。再次，协同性带来的（生产活动）投入产出效率或者说 TFP 的提升，在微观层面将体现为企业利润盈余的增加，并最终转化为宏观经济 GDP 的增长。最后，创造性将通过知识生产促进技术进步，从生产函数和增长核算视角来看，最终也将体现为 TFP 的增长。当前，人工智能创造性促进技术进步的核心在于提高研发效率。在基因组学、药物发现、材料科学、量子物理等领域，研发过程具有"大海捞针"的特点，即能够确定创新存在于已有知识的某种有用组合，但是有用知识范围却广泛复杂，要找出来极不容易；而人工智能技术的突破性进展，则使得研究人员能够大大提高识别效率，找出那些最有价值的组合（Agrawal，McHale，Oettl，2017）。比如在生物医药领域，应用深度学习技术和已有的数据，可以较为准确地预测出药物试验的结果；对于早期的药物筛选（Early Stage Drug Screening）来说，便可以减少一些不必要的检验，从而提高筛

---

  ① 严格来说，资本要素对劳动要素的替代是一种长期趋势，ICT 资本替代非 ICT 资本的同时也间接加速了资本要素对劳动要素的替代。

  ② 马克珀迪、邱静和陈笑冰（2017）明确主张，人工智能不仅是生产率提升工具，更是一种新生产要素。

选效率，识别出那些成功概率更大的候选分子；人工智能技术也因此被称作是一种发明方法的发明（Invention of a Method of Invention，IMI）（Cockburn et al.，2017）。

另外，人工智能技术作为新一代信息技术的集成，是由数据生产、算法及软件开发、芯片、存储器、其他硬件设备等技术和产品共同支撑而形成的复杂系统。系统内各环节对应的产品及服务已经形成了一个较为独立的产业生态体系。人工智能技术对经济社会各领域的不断渗透，将带来各关联环节产品服务需求的上升，进而引致对应细分行业规模的扩大；而人工智能产业体系的不断壮大，将对宏观经济增长形成直接支撑①。

从图 10.2 及前述机制分析可以看出，人工智能可以通过两种途径影响宏观经济增长：一是借助其作为新一代信息技术所具备的渗透性、替代性、协同性、创造性四大技术—经济特征，通过增加要素贡献、提高投入产出效率、加快知识创造等机制，推动国民经济各领域各部门增长，进而影响宏观经济增长；二是人工智能技术所涵盖的产业生态体系在渗透影响国民经济各领域的同时，自身规模也将随之壮大，进而助力宏观经济增长。第一种途径下，投入产出效率、知识创造都将带来宏观经济 TFP 的

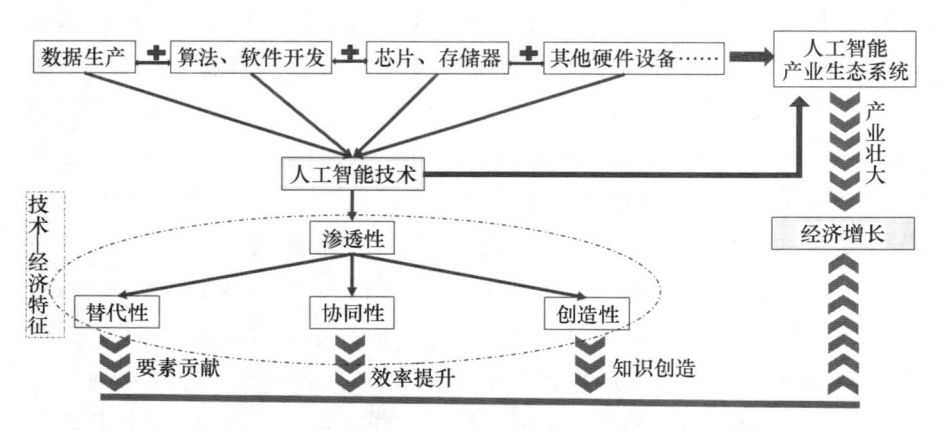

图 10.2 人工智能技术—经济特征与影响增长作用机制

---

① 从增加值的支出法核算角度来看，人工智能技术对经济社会的渗透表现为人工智能资本的不断积累；而积累过程必然带来人工智能产品需求的增加，从而引致相应产业规模的不断壮大。

提升，这样的增长显然是我们所追求的高质量增长①；而第二种途径下，人工智能及其他新一代信息技术产业的壮大，意味着高技术含量部门的壮大，完全符合产业结构优化升级的方向。据此，我们可以认为，发挥人工智能对宏观经济的支撑作用，有利于实现高质量增长。

三 新索洛悖论与人工智能支撑增长的前提

尽管人工智能在理论上具有支撑宏观经济增长的多重机制，但经济运行的实践往往与理论预期存在较大偏差；其中，争议最大的就是人工智能在提升生产率方面的作用。Brynjolfsson et al.（2017）利用图像识别率提升、投资增加等方面的零星数据展示了 2010 年以来人工智能领域的快速发展，并将其与 2005 年以后美国乃至全球（劳动）生产率增速显著下降的现实相对比，据此提出新索洛悖论（Modern Solow's Paradox）。Gordon（2018）对比美国经济增长和专利增长数据发现，2006—2016 年类似新索洛悖论的现象存在于整个创新活动；一方面技术创新的部分似乎在不断加快；另一方面生产率提升放缓趋势也非常明显。统计数据上表现出的新索洛悖论及创新增长悖论，一定程度上源于测算方面的误差（或低估）；举例而言，诸如智能手机、社交平台、网络视频等基于新一代信息技术的产品和服务，能够给使用者带来更多的消费者剩余，但在现行的国民经济统计核算体系下却不能反映在 GDP 上，进而低估了生产率提升的程度（Brynjolfsson, Rock & Syverson, 2017；Gordon, 2018）。与此同时，新一轮科技革命加速演进背景下媒体的集中关注也让人们对人工智能在生产率提升方面的作用产生了过高的预期，某种意义上放大了新索洛悖论的程度。

尽管存在生产率提升预期过高、实际增速低估的情况，但现阶段人工智能在提升生产率方面的作用尚不显著仍是客观事实；而其背后的根本原因在于技术突破应用与生产率效应显现之间往往存在较长的时滞。一方面新技术对应的存量资本积累到具有全局影响的规模是需要一定时间的；另一方面重大技术发挥作用还需要互补性技术（Complementary Technology）、基础设施、人员素质、制度环境等多种因素与之相匹配（Brynjolfsson,

---

① 在"提高全要素生产率"正式写入党的十九大报告之前，习近平总书记于 2016 年 1 月在省部级主要领导干部学习贯彻党的十八届五中全会精神专题研讨班上便明确指出："供给侧结构性改革的主攻方向是减少无效供给，扩大有效供给，提高供给结构适应性和灵活性，提高全要素生产率。"

Rock & Syverson，2017）。Brynjolfsson & Hitt（2003）针对企业层面的实证研究表明，ICT 投资一年后会对生产率发挥较小的促进作用，滞后越长作用越大，大约 7 年达到顶峰；原因在于企业组织、流程再造、员工培训甚至企业文化，都需要围绕 ICT 资本的应用做出适应性调整。Fueki & Kawamoto（2009）利用 1975—2005 年日本分行业数据的实证结果表明，生产率提升不仅存在于 ICT 生产部门，同样也广泛存在于 ICT 使用部门；由于互补性人力资本积累需要时间，ICT 使用部门生产率的提升在时间上有着 5—10 年的滞后。我们针对中国的实证研究也表明，ICT 资本增长对滞后 5 期的 TFP 增长有显著的促进作用[①]。事实上，类似的悖论早在电气化革命时代就曾经发生过。19 世纪 70 年代，电力已经开始进入生产领域，而截至 1919 年，美国至少还有一半的制造业没能实现电气化；但此后，电气化"中心化能源供给使得工厂可以重新组织生产流程""每台机器都可以有专属电机使得工厂选址和生产线设计变得更有弹性"等优势充分显现出来，并带来生产率的提升（David，1991；David & Wright，1999）。

无论是从作用机制，还是从历次技术革命和自动化推进的经验来看，人工智能作为一项革命性的通用目的技术，其应用推广必将带来 TFP 提升，支撑宏观经济高质量增长。当然，要充分发挥出人工智能技术在提升生产率方面的潜力，必须从互补性技术、人员素质、组织架构、行业规制等多方面完善配套条件。而这也必将是一个相对较长的渐进过程。

第二节 人工智能对就业及收入分配的影响

工业革命以来历次技术革命的经验表明，每一次技术革命推动经济增长的过程从来都是偏向性而非中性的。这种偏向性既体现在资本与劳动之间，也体现在劳动就业内部不同群体之间，由此引发了就业总量、就业结构及收入分配的调整。

一 人工智能影响就业的作用机制

渗透性和替代性特征决定了，伴随人工智能技术在某个行业领域的应用推广，人工智能资本要素的积累不仅会替代其他非人工智能（或非

[①] 笔者在蔡跃洲、张钧南（2015）基础上做了进一步的计量分析，初步得到上述结果。

ICT）资本要素，更能直接对劳动要素进行替代，从而带来部分既有劳动就业岗位的直接消失；这就是人工智能对就业岗位的替代效应（Acemoglu & Restrepo，2016，2017，2018；Gregory，Salomons & Zierahn，2019）。事实上，自工业革命以来，与历次技术革命相伴随的自动化进程，每一次都会引发就业方面的替代效应，导致部分就业岗位的直接消失。然而，从就业总量来看，在过去的一个多世纪里各国就业人数基本保持着不断增长的态势（Bessen，2018）。就业岗位消失与就业人数增长并存的根本原因在于，自动化推进也能产生正向的溢出效应，间接创造出新的就业岗位，抵减替代效应对就业的负面影响，也被称为抑制效应（Acemoglu & Restrepo，2018；Autor & Salomons，2017，2018）。

抑制效应可以进一步分为补偿效应和创造效应（Acemoglu & Restrepo，2018；Bessen，2018；Furman & Seamans，2018）。补偿效应主要是人工智能替代性带来的效率提升将引致相关产业规模的扩大，通过规模扩大弥补单位产出就业岗位的减少，具体又可细分为三种情形：（1）生产线上不易被人工智能替代的任务和环节，需要增加就业岗位数量才能对接匹配生产率大幅提升的可替代环节；（2）效率提升带来的成本下降，使得企业有条件扩大再生产，增加生产线或经营单元，这两种情形下的就业岗位增加本质上是由社会对被替代行业产品需求所引致的，可以称为（产品）需求效应；（3）效率提升带来的成本和产品价格下降，客观上增加了居民收入，引致对其他行业需求的增加，从而推动其他行业规模的扩大和就业岗位的增加，该情形也被称为溢出效应（Autor & Salomons，2017；Acemoglu & Restrepo，2018；Gregory，Salomons & Zierahn，2019）。如果仅有补偿效应，即使发挥再充分，持续的自动化还是会降低劳动在国民收入中的份额，甚至是绝对的就业数量。然而，Acemoglu 和 Restrepo（2018）在分析工资收入的历史数据后发现，尽管自工业革命以来自动化替代劳动的进程在不断推进，但劳动收入占国民收入份额在（20 世纪 80 年代以前）的很长时间里都保持相对稳定；这是因为还存在另外一种更有力的抑制效应，那就是创造效应（或称复原效应）。工业革命以来，新工种、新岗位的创造始终伴随着自动化进程的推进；19 世纪、20 世纪，纺织、冶炼、农业及其他产业中的各种任务被自动化替代的同时也衍生出工程师、维修工、后台保障、管理、财务等一系列新工种、新岗位；人工智能作为当下最重要的自动化技术，（至少在近期）同样有望创造出诸多新的工种和岗位（Acemoglu & Restrepo, 2018; Furman & Seamans, 2018）。

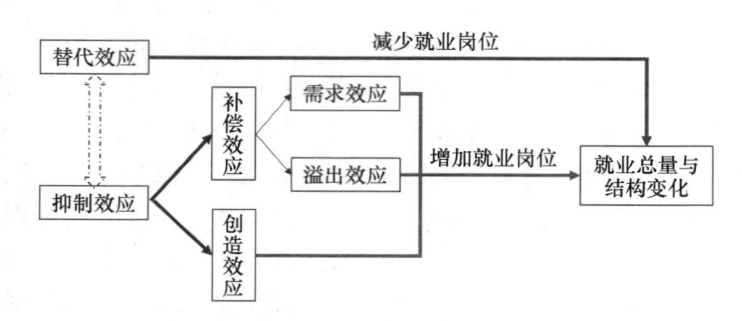

图 10.3　人工智能影响就业岗位的作用机制

需要特别指出的是，在自动化推进过程中，发挥抑制效应（特别是补偿效应）作用，实现就业总量的稳态增长，隐含了两个前提条件。一是补偿效应（特别是需求效应）的发挥在很大程度上取决于自动化替代行业产品的供需状况；如果某个行业产品的需求已接近饱和，行业没有扩大规模的空间，自然也就无法发挥出补偿效应；在开放经济条件下，由于部分需求可以被国外厂商满足，也会削弱补偿效应的作用（Autor & Salomon, 2017; Bessen, 2018）。考虑到人类需求所具备的非餍足性特征，需求饱和的情形并不多见；而且即便存在某些低端产品服务需求饱和的情形，也会衍生出更多高端产品服务的需求。二是自动化技术替代的有限性，即无法对所有现存就业岗位进行替代，这是抑制效应发挥作用更为根本的前提。补偿效应的实现本质上就是通过不可替代岗位的增加对可替代岗位的减少进行补偿，如果所有的就业岗位在技术和经济层面上都可替代或者说都被自动化技术所替代，那么任何需求都无须由人来满足，需求也不会对就业岗位产生任何影响，相应的补偿效应及创造效应也都不复存在（Bessen, 2018）。

二　人工智能对就业总量的潜在影响

根据前述机制分析，人工智能技术的应用推广，既有直接减少就业岗位的替代效应，也有间接增加就业岗位的抑制效应；因此，有关人工智能对就业总量的影响存在两种截然不同的观点。一种较为普遍的观点主张，人工智能作为一项重大技术变革，本质上是人类自动化进程的延续（或新阶段），其对人的替代只能是部分功能或任务上的替代；而历史经验也表明，有关重大技术变革带来负面影响的悲观预测从未真正成为现实；人工智能技术的兴起固然会带来很多职业和就业岗位的消失，但也会衍生和创造出很多新的就业岗位，并最终达到总量上的平衡甚至稳步增长（Acemoglu & Restrepo, 2018; Trajtenberg, 2018; Aghion & Jones, 2017; Bessen, 2018）。Holford（2018）还从认识论层面探讨了人工智能的本质及其对人的替代。在 Holford（2018）看来，人工智能更多是以统计算法将所有人类行为和活动通过分割进行模拟、预测进而决策，依赖的主要还是编码知识，在认识论层面还属于还原论，而人类的认知具有整体论和系统论特性；因此，人工智能无法（完全）认识人类与生俱来的复杂性、创造性及关联的默会知识，也无法完全替代人。根据前面的机制分析，只要人作为劳动者的作用无法被完全替代，就有可能通过补偿效应和创造效应平衡替代效应减少的就业岗位，实现就业总量的稳态均衡。

与多数学者持有的较为乐观的"影响中性"观点相对比，也有一些学者持有相对悲观的观点，或者至少对人工智能热潮下"自动化进程就业总量影响中性"的历史能否重演提出了质疑。虽然 Autor & Salomon（2017）的实证分析支持了现阶段"影响中性"的判断，但对于此次人工智能应用为核心的自动化究竟会带来怎样的后果，Autor（2015）也是存有疑虑的。毕竟，以往的机器替代人力带来的就业岗位减少，能够通过办公室岗位的增加进行抵消；然而，现在的问题似乎是办公室工作也开始被替代了（Autor, 2015）。事实上，18 世纪中后期工业革命以来，自动化进程的推进在大多数时候都表现为机器对人类体力的不断替代，而每一次体力替代的同时也留下或衍生出大量只能由人去完成的工作；然而，人工智能技术出现后，机器学习算法能够在很大程度上实现对人类智力的替代，完成很多以往只有人类才能完成的工作，因此，人工智能技术可能不是自动化进程的简单延续，而很可能是人类技术进步的顶峰（Korinek & Stiglitz, 2017; Furman & Seasman, 2018）。Furman & Seasman（2018）还明确表达了对人类作为劳动者命运的担忧，并援引特斯拉创始人埃隆·马斯克（Elon Musk）关于"人工智能是威胁人类生存的最大威胁"（fundamental risk）的论断作为警示。

当然，从既有的实证研究来看，近期的实证研究基本都支持"就业总量影响中性"的主张。Dauth、Findeisen 等（2017）对德国数据的分析也表明，每增加 1 台工业机器人会带来两个制造业就业岗位的消失，但是在服务业会出现足够多的新增就业岗位，从而抵消了制造业领域就业净减少的趋势。Autor & Salomon（2017）从宏观、行业和不同技能水平的劳动者群体三个层面对自动化技术和人工智能的替代效应和抑制效应进行了检验。Autor & Salomon（2017）基于 35 年数据的实证分析表明，尽管生产率上升的行业呈现劳动力占比下滑趋势，但宏观就业增长趋势依然成立，即技术进步没有威胁劳动就业总量。而 Graetz & Michaels（2015）的实证甚至发现自动化对应用行业本身的影响也是不确定的。据此，我们主张，就业总量基本稳定的趋势还将延续一段时间；在中短期内，人类作为劳动者完全被替代的极端情形应该还不会出现。

三　人工智能对劳动就业结构的影响

近期内，虽然无须过度担忧就业岗位总量的大幅减少，但是人工智能还是会对劳动力市场和就业结构带来重大甚至是破坏性的冲击（Korinek& Stiglitz，2017；Bessen，2018；Betsey，2018）。Frey & Osborne（2016，2017）将社交智慧（Social Intelligence）、创造力（Creativity）、感知和操作能力（Perception and Manipulation）作为评价某项职业是否易于被人工智能替代的衡量标准，并对美国 702 项职业的自动化替代风险进行分析，结果表明 47% 的职业都面临被人工智能和自动化替代的风险；其中，交通运输、物流、办公室和行政支持等都属于高替代风险行业。根据图 10.3 的机制分析，人工智能及其他自动化技术的推广应用，在消灭一部分就业岗位的同时会衍生（创造）出新的就业岗位；伴随就业岗位的消失和新增，劳动力要素重新配置并最终达到就业总量的稳态均衡。然而，劳动者个人在新旧职业岗位间的转换通常不大可能实现无缝对接，而劳动力要素的大范围重新配置更不可能在短时间内无摩擦实现，相反需要承担大量的社会成本（Acemoglu & Restrepo，2018）。

从职业的技术含量和劳动者素质来看，收入水平处于底层的低技能岗位相比高收入高技能岗位，通常被认为更容易为人工智能所替代（Acemoglu & Restrepo，2017；Seasman，2018）。不过劳动力市场结构变化的相关实证研究却显示，中间层就业岗位更容易被替代。Michaels 等（2013）运用美国、日本和 9 个欧盟国家 1980—2004 年的行业数据对 ICT 投资与劳动力结构变化情况进行分析，结果表明：那些 ICT 投资增长快的行业部门对高等教育水平劳动力的需求迅速增长，而对中等教育水平劳动力的需求则大幅下降。Goos 等（2009、2016）对 16 个欧洲（西欧）国家的实证研究则发现，这些国家劳动力就业结构变化呈现两极化趋势（或简称"极化现象"），即高收入、高技能岗位与低收入、私人服务型岗位的比重同步上升，制造业工人和程式化办公室职员等中间层岗位的比重不断下降。包括人工智能在内的 ICT，既能替代中等技能水平劳动者规律性、程序化的工作，也能辅助高技能（教育水平）劳动者完成分析类工作，而对于那些劳动力市场中的非程序化低端就业岗位（如园丁、厨师、手工工匠等）的影响则较小；因此，随着 ICT 应用范围的扩大，必然会带来劳动力就业结构的极化现象（Autor et al.，2003）。另外，随着自动化进程的推进，第三产业就业岗位所占比重将不断上升，而服务业的劳动力技能水平恰恰呈双峰分布，即绝大部分劳动力集中分布在高端和低端两极，从而强化了就业结构的极化现象（Autor & Salomon，2017）。

当然，可能由于媒体报道的渲染作用，在自动化推进过程中，我们往往夸大了机器对人的替代作用而忽略了机器与人之间的互补作用；考虑到人工智能及其他自动化技术对劳动力的辅助作用，劳动力就业市场的两极化趋势或许并不会持续很久，未来仍将有大量中层工作岗位被保留，而岗位性质将适应技术变革需求而变得更加多元，由机器完成程式化任务、劳动者完成非程式化任务（Autor，2014；Autor，2015）。

四　人工智能对收入分配格局的影响

人工智能及其他 ICT 推动的自动化进程，在形成劳动力就业结构两极化趋势的同时，必然会带来收入分配格局的重大调整。在经济增长过程中，劳动与资本的相对回报以及劳动报酬占国民收入的比重历来是学界和决策部门关注的焦点。在 20 世纪的大部分时间里，资本和劳动在国民收入中的份额都表现出基本稳定的状态，这与卡尔多典型事实（Kaldor Typical Facts）也是相符的（Aghion & Jones，2017；Kaldor，1961）。进入 21 世纪后，伴随着劳动回报的下降，上述稳态开始被打破；以美国为例，1947—2000 年，劳动报酬在国民收入中的平均占比为 64.3%，而此后的 10 年持续下降，到 2010 年第 3 季度已降至 57.8%（Fleck et al.，2011）。在美国之外，其他主要经济体甚至从 20 世纪 80 年代便出现了劳动报酬占比下滑的势头；与之相对，资本回报在全世界范围内则呈现上涨趋势，更多的收入和财富向少数资本所有者聚集，加剧了分配的不平等（Karabarbounis & Neiman, 2013; Piketty, 2014）。人工智能应用带来的生产效率提升，将会继续提高资本要素回报率，扩大劳动要素与资本要素的回报差距（Autor, 2014）。与此同时，人工智能技术的应用推广也是资本深化的过程，将进一步降低劳动报酬在国民收入中的比重，加剧资本和劳动两种要素在国民收入（初次分配）中的占比差距。

在劳动者群体内部，人工智能带来的就业结构变化则会转化为不同群体之间收入差距的扩大。一方面，劳动就业市场的两极化趋势下，原本处于中层收入岗位的劳动者，或者失业或者向低端岗位下滑，从而扩大了劳动者内部的收入差距。另一方面，就业结构调整后，低技能岗位的就业人数增长，竞争更加激烈，工资下行压力持续加大，导致高技能人群与低技能人群之间的工资差距不断扩大，最终表现为收入分配上对高学历、高技能劳动者群体的不断倾斜（Autor & Salomons, 2017; Aghion et al., 2017）。自动化推进过程中，劳动者内部不同群体间的收入分化（极化）现象在实证层面得到了多方印证。Acemoglu & Autor（2011）利用1963—2008年美国劳动力市场数据，在将劳动者按学历划分为高中肄业、高中毕业、接受过高等教育、本科毕业、研究生毕业五个群体的基础上，分析了不同教育水平群体间收入差距变化，结果表明：20世纪80年代以后，本科以上学历群体收入不断增加，其中研究生群体的收入涨幅最大；本科学历以下劳动群体的收入水平则陷入停滞，高中肄业群体的收入甚至开始下降。Katz & Autor（1999）对美国和多个OECD国家的工资结构变化的研究也表明：虽然技术进步不会威胁劳动力就业岗位的总数量，但是许多与自动化技术高度互补的高薪职位对于未受过高等教育的劳动者群体来说却是遥不可及的；美国及其他很多发达经济体的收入分配都明显偏向于受过高等教育的精英群体。而Brynjolffson & McAfee（2014）的研究表明，美国中层收入群体的实际收入水平在1999年达到峰值（54932美元）后持续下降，2011年跌至50054美元，跌幅近10%，而同期美国GDP始终保持增长。

1980年以来收入差距不断扩大的趋势在很大程度上表明，自动化推进和技术进步带来的效率提升及相应的经济收益并没有让大多数劳动者群体从中受益（Betsey, 2018）。当前，以人工智能技术应用为核心的自动化进程同样将为全社会带来巨大经济收益，但如果缺乏有效再分配机制必然会导致收入分配差距扩大,且注定有部分群体会成为利益受损者。其中,具有良好教育背景和技术专长的青年人有望从中受益,而那些身处被替代行业、受教育程度低于平均水平且中年人群则会面临巨大福利损失(Trajtenberg, 2018; Betsey, 2018)。

第三节 人工智能热潮下中国增长与就业前景展望

一 ICT与人工智能有望提升效率支撑高质量增长

中国作为世界第二大经济体、全球第一人口大国和第一制造业大国,拥有人工智能技术最广阔的应用市场。根据第二节的机制分析,新一代信息技术所具备的渗透性、替代性、协同性等技术—经济特征决定了,其推广应用对于提升TFP、实现经济高质量增长具有重要支撑作用。在过去20年时间里,互联网、移动通信的推广普及在中国本土催生了以BAT为代表的全球互联网巨头,并极大地提升了经济社会运行效率;而相关的实证研究也能从定量角度对此进行佐证。

从表10.1可以看出,2010—2014年,中国经济增长中TFP的贡献相比此前10年出现明显下降;其中,2010—2012年、2012—2014年的贡献率分别为28.2%和33.1%,远低于2000—2005年、2005—2010年两期的平均贡献率,也低于改革开放以来的平均贡献率。从中折射出的经济增长质量下降,一个可能的解释是应对2008年国际金融危机的4万亿投资效率低下(蔡跃洲、张钧南,2015)。2014年以后,TFP对中国经济增长的贡献率明显提升,这很大程度上源于新一代信息技术的大范围推广应用。而相应的计量检验也表明,ICT资本积累推动了TFP的提升,ICT的这种支撑作用存在一定的滞后期(蔡跃洲、张钧南,2015;蔡跃洲、牛新星,2018)。

表10.1 1977年以来不同阶段中国经济增长来源分解

单位:%

年份	宏观增长来源分解					不同因素增长贡献度				
	GDP	TFP	ICT资本	非ICT资本	劳动	GDP	TFP	ICT资本	非ICT资本	劳动
2000—2005	9.32	4.97	0.81	4.58	-1.04	100	53.3	8.7	49.1	-11.1

续表

年份	宏观增长来源分解					不同因素增长贡献度				
	GDP	TFP	ICT资本	非ICT资本	劳动	GDP	TFP	ICT资本	非ICT资本	劳动
2005—2010	10.70	4.52	0.56	6.16	-0.54	100	42.3	5.3	57.5	-5.1
2010—2012	8.34	2.35	0.69	6.24	-0.95	100	28.2	8.3	74.9	-11.4
2012—2014	7.28	2.41	0.60	5.13	-0.86	100	33.1	8.2	70.5	-11.8
2014—2016	6.58	4.41	0.38	2.67	-0.88	100	67.1	5.7	40.5	-13.4
1977—2016	9.16	4.03	0.54	5.02	-0.43	100	44.0	5.9	54.8	-4.7

资料来源：根据蔡跃洲、牛新星（2018），蔡跃洲、付一夫（2017）及蔡跃洲、张钧南（2015）计算整理。

人工智能技术代表着新一代信息技术的前沿方向，并且与大数据、云计算、宽带移动通信等其他新一代信息技术形成了互为支撑、协同演进的技术体系。新一代信息技术之间的协同加上人工智能技术在知识生产方面所具备的创造性特征，将为中国经济提高 TFP、实现高质量增长提供更为有力的支撑。另外，从劳动生产率来看，人工智能及其他自动化技术的应用必然带来更多资本积累，伴随资本深化，劳动生产率也会得到进一步提升。考虑到中国老龄化进程加速和消费升级的客观现实，未来以老年康养为代表的高端服务业既面临需求快速增长的机遇，但也存在劳动力短缺的现实风险，而劳动生产率的提升将有利于应对上述矛盾，支撑这部分行业的健康快速发展。

二 劳动成本攀升加速人工智能技术推广应用

2012 年末，中国 15—59 岁劳动年龄人口为 93727 万人，首次出现下降，比 2011 年下降 0.6 个百分点，劳动力供给充裕的局面不复存在。与此同时，伴随着宏观经济的持续快速增长，中国的人均 GDP 也不断攀升，至 2018 年已接近 1 万美元，由此推高劳动用工成本。在这种背景下，采用人工智能及其他自动化技术对人工进行替代正成为中国企业降低成本、提高效率的必然选择。

我们从 IFR World Robotics 2018、《2018 机器人产业发展研究报告》、中国机器人产业联盟网站等渠道收集了一些有关机器人销售量、应用领域分布等零星数据，并整理了《中国统计年鉴》《中国劳动统计年鉴》中制造业劳动就业的公开数据。这些数据虽不足以支撑开展严密的计量分析，但可以大致反映 2012 年以来中国制造业领域机器替代人工的基本情况。

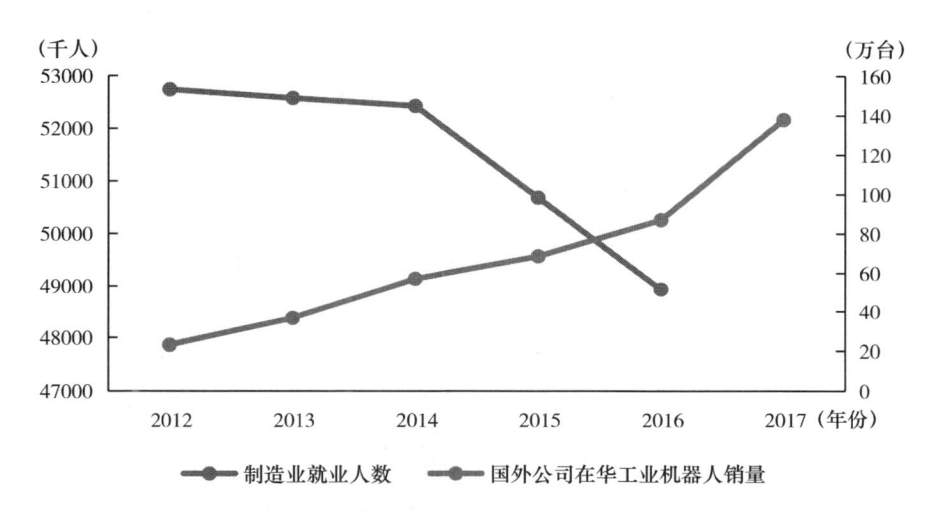

图 10.4　2012 年以来中国制造业就业人数与工业机器人销量对比

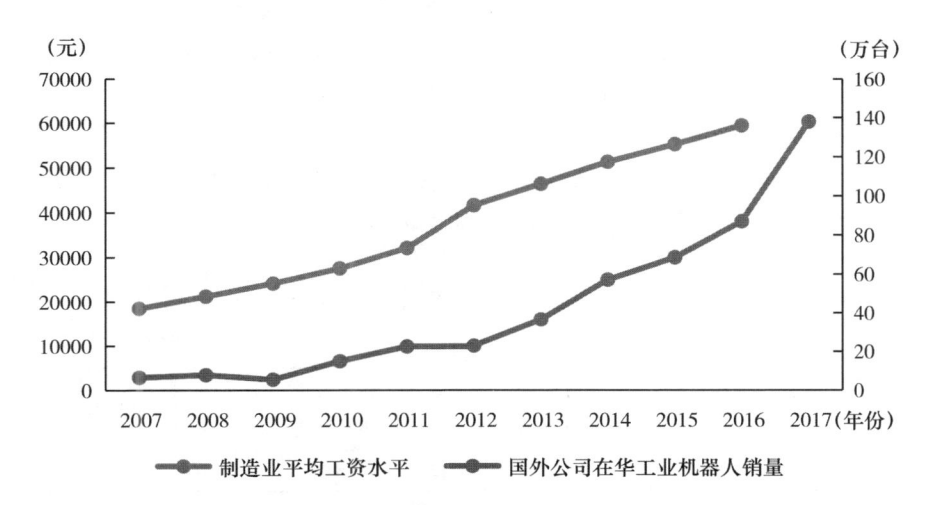

图 10.5　2007 年以来中国制造业平均工资水平与工业机器人销量对比

从图 10.4、图 10.5 可以看出，2012 年以来，中国制造业就业人数呈现明显的下降趋势，由 2012 年的 5274 万人下降到 2016 年的 4893.8 万人,其中,2014年以后下降幅度明显增大,2015年和2016年的降幅均超过3%[①]。同期,国外公司在华工业机器人销量则呈现持续快速增长,由2012年的2.3万台增加到2017年的13.8万台,增长5倍。另外,近年来中国制造业平均工资水平也呈现快速增长势头,年工资由2007年的18482元逐步攀升至2016年的59470元,增长2.2倍。三个指标短期内所表现出的上述趋势,在很大程度上佐证了关于"制造业用工成本攀升,推动企业机器换人"的基本判断。

上述判断还可以通过制造业细分行业的相关数据得到进一步佐证。表10.2、表10.3是不同机构给出的工业机器人销售、应用细分行业分布状况。尽管在行业划分标准上存在一定差异,但从中不难看出,工业机器人(销售)应用的重点领域涉及汽车制造业、计算机通信和其他电子设备制造业、电气机械和器材制造业、金属制品业、化学原料和化学制品制造业、食品制造业6个制造业细分行业。从表10.4中列示的这6个细分行业相关数据可以看出,2012—2016年,6个细分行业的产业规模和平均工资均保持连续增长;其中,汽车制造业的产值和平均工资的增幅都是最大的,2016年相比2012年分别增长60.9%和53.9%。与此同时,计算机通信和其他电子设备制造业、电气机械和器材制造业、金属制品业、化学原料和化学制品制造业的就业人数(年末人数)从2014年以后连续2年都出现下降。其中,化学原料和化学制品制造业的累计降幅达到8.7%;食品制造业的就业人数则呈现基本稳定,略有下降的态势,2016年相比2013年下降0.5%;汽车制造业就业人数虽有增加,但2016年仅比2014年增加2.2%,而同期产值规模增幅则达到21.3%。

表10.2　　　　2016—2017年中国工业机器人分行业销量情况

单位:台,%

年份	电气电子设备和器材制造	汽车制造业	金属加工业	塑料及化工用品制造业	食品制造业	其他行业
2016	30750	26691	9713	5472	1773	14740

---

① 《中国劳动统计年鉴》中公布的制造业就业人员数据,2012年为4262.2万人,2013年为5257.9万人,据此计算出的2013年就业人数增长23.4%,显然存在数据口径调整问题。为了尽可能保持数据的一致性,我们利用《中国统计年鉴》中第二产业的就业人数以及2013年以后制造业就业占比,重新推算了2012年数据。

续表

年份	电气电子设备和器材制造	汽车制造业	金属加工业	塑料及化工用品制造业	食品制造业	其他行业
2017	50000	43000	21000	5800	2000	19000
增速	62.6	61.1	116.2	6.0	12.8	28.9

资料来源：中国信息通信研究院。

表 10.3　　2017 年中国工业机器人应用行业分布状况

单位：%

年份	汽车制造业	3C 电子	金属加工业	塑料及化学品	食品烟草饮料	其他
2017	33.3	27.7	10.8	7.9	2.3	18.2

资料来源：前瞻产业研究院：《2018 机器人产业发展研究报告》。

表 10.4　　2012—2016 年工业机器人重点应用行业产值人员及工资状况

单位：亿元，千人，元

年份	汽车制造业 产值	就业人数（年末人数）	平均工资	计算机通信和其他电子设备制造业 产值	就业人数（年末人数）	平均工资	电气机械和器材制造业 产值	就业人数（年末人数）	平均工资
2012	49986.6	2702	49247	69480.9	5128	45467	54195.5	2734	41966
2013	58552.7	3193	57331	78318.6	7433	50143	61442.1	3991	47436
2014	66342.1	3339	64155	84408.9	7506	57123	66921.6	4016	52355
2015	70225.4	3345	69408	91378.9	7216	62432	69558.2	3866	57161
2016	80440.4	3411	75807	98457.2	7064	67763	74163.8	3803	61729

年份	金属制品业 产值	就业人数（年末人数）	平均工资	化学原料和化学制品制造业 产值	就业人数（年末人数）	平均工资	食品制造业 产值	就业人数（年末人数）	平均工资
2012	28970.6	1491	39101	66432.9	2547	43258	15573.5	1064	40004

续表

年份	金属制品业			化学原料和化学制品制造业			食品制造业		
	产值	就业人数（年末人数）	平均工资	产值	就业人数（年末人数）	平均工资	产值	就业人数（年末人数）	平均工资
2013	33207.4	1849	44145	75771.1	2883	49089	18039.2	1244	43956
2014	36612.5	1838	48637	82352.9	2861	54085	19914.0	1231	46086
2015	37671.7	1759	51667	83256.4	2758	58630	21871.6	1248	49053
2016	39335.0	1731	54882	86789.6	2613	62324	23544.4	1238	52823

资料来源：《中国工业统计年鉴》《中国劳动统计年鉴》。

需要指出的是，当下中国制造业中的机器替代人工并不完全是人工智能技术对人的替代，而是人工智能与其他自动化技术共同替代的结果。从工业革命的角度来看，此次以大数据、人工智能等新一代信息技术为核心的重大技术变革对应于第四次工业革命，前三次可分别称之为机器与蒸汽革命、钢铁与电力革命、信息化革命（克劳斯·施瓦布，2016；Gordon，2012；Mokyr，2017）。每一次工业革命本质上都是自动化进程推进的新阶段，借助技术变革不断实现机器对人工的替代。中国的工业化进程起步较晚，不同领域、不同区域、不同企业所处的自动化阶段存在较大差别。在少数发达地区和先进企业拥抱人工智能热潮的同时，更多的企业和地区尚未完成前几次的自动化改造，正在加速追赶落下的进度。当然，在人均GDP持续增长、人口老龄化加速推进、劳动力成本不断攀升的背景下，中国企业所面临的机器替代人工的趋势不仅不会改变，而且将伴随人工智能技术的推广而不断加速。

三 中国劳动就业面临比美欧更大的结构性冲击

前述机制分析及部分发达经济体的实证结果表明，人工智能及自动化技术的推广应用会引发就业（岗位）结构的重大调整。通常，被替代就业岗位对应于一些比较简单的程式化任务，而重新改造或衍生出的新就业岗位则往往对应于较为复杂的创造性任务。2013年以来，中国行业就业数据已经初步显露出这种结构性调整的端倪。从表 10.5 可以看出，2013 年以来，三次产业合计的就业人口规模始终保持了略微增长的态势，但第一产业和第二产业的就业人口则呈现明显下降趋势，而第三产业就业人口保持着较快的增长势头。在第二产业内部，制造业就业人数以快于第二产业整体的速度下降；而第三产业内部，交通运输仓储和邮政业、批发和零售业的就业人数也呈现较为明显的下降。

表 10.5 2013—2016 年三次产业及部分行业就业人口/年末就业人数

单位：万人，%

年份	三次产业合计	第一产业	第二产业	制造业	第三产业	交通运输仓储和邮政业	批发和零售业	信息传输、计算机服务和软件业
2013	76977	24171	23170	5257.9	29636	890.8	304.4	846.2
2014	77253	22790	23099	5243.1	31364	888.6	289.3	861.4
2015	77451	21919	22693	5068.7	32839	883.3	276.1	854.4
2016	77603	21496	22350	4893.8	33757	875.0	269.7	849.5
年均增速	0.27	-3.83	-1.19	-2.36	4.44	-0.59	-3.95	0.13

资料来源：三次产业就业人口数来自《中国人口和就业统计年鉴》，其余数据来自《中国劳动统计年鉴》。

在就业结构转换过程中，只有那些具备更高教育水平或特定技能的劳动者，才有更多机会在创造性要求更强的岗位上重新实现就业。这也意味着，宏观层面的结构性失业比例将取决于劳动者整体的受教育程度（或技能水平）。从 20 世纪 90 年代中后期开始，中国政府便致力于推动高等教育由精英教育走向大众化教育，并取得了巨大成就；高等教育毛入学率已由 1978 年的 1.55% 上升为 2017 年的 42.7%，2018 年高校毕业生人数更是创纪录地达到 820 万人。然而，由于以往的欠账，全国范围内就业人口的平均受教育程度仍然偏低。对照表 10.6、表 10.7 数据可以看出，美国、英国、德国三个发达国家就业人口（劳动人口）中高等教育人数比例比中国高出至少 15 个百分点，其中，美国、英国的比例都是中国的 2 倍以上。因此，面对自动化加速推进过程中有利于高等教育人群的结构性变化，中国受影响人群的比例将远高于美欧发达国家。

表 10.6　　　2010—2016 年中国就业人员受教育程度分布状况

单位：%

年份	未上小学	小学	初中	高中	大专	本科	研究生
2010	3.4	23.9	48.8	13.9	6.0	3.7	0.4
2011	2.0	19.6	48.7	16.7	7.6	4.9	0.4
2012	2.0	19.0	48.3	17.1	8.0	5.2	0.5
2013	1.9	18.5	47.9	17.1	8.5	5.5	0.5
2014	1.8	18.1	46.7	17.2	9.3	6.2	0.6
2015	2.8	17.8	43.3	12.5	10.6	7.5	0.7
2016	2.6	17.5	43.3	12.3	10.9	7.7	0.8

资料来源：《中国人口和就业统计年鉴》、中国经济与社会发展统计数据库。

表 10.7　2009—2014 年美、英、德各国劳动人口受教育程度分布状况

单位：%

年份	美国 小学教育	美国 中学教育	美国 高等教育	英国 小学教育	英国 中学教育	英国 高等教育	德国 小学教育	德国 中学教育	德国 高等教育
2009	2.70	59.70	30.90	8.60	56.70	33.70	15.50	58.10	26.20
2010	2.60	59.70	31.20	7.70	55.80	35.50	14.90	58.50	26.50
2011	2.40	59.30	31.80	7.50	54.60	36.60	13.80	58.20	27.60
2012	2.20	58.90	32.50	6.80	53.90	38.10	13.50	57.90	28.30
2013	2.10	58.50	33.20	6.70	52.80	39.10	13.40	57.80	28.50
2014	1.80	58.00	33.80	16.70	41.90	40.00	13.20	59.70	27.00

资料来源：World Bank Open Data-Education Statistics。

除了教育和技能水平外，年龄也是影响劳动者再就业的重要因素。在劳动力要素的重新配置过程中，年轻的劳动者个体在职业转换中往往更具优势，而中国日益加深的老龄化状况恰恰增加了平稳转换的难度。从表10.8 可以看出，2010 年以来，中国就业人口中 40—64 岁人员占比呈持续攀升态势，2015 年已经达到 49.6%；而 16—39 岁人员占比则持续降低，2015 年为 46.4%，相差 3.2 个百分点。随着时间的推移，上述两部分占比的差距将进一步扩大，就业岗位结构与人员年龄结构之间的错配将不断

加剧。年龄结构错配与整体教育水平偏低的劣势叠加，很可能在中短期内造成较为严重的结构性失业，进而会衍生出不同群体间收入差距的扩大，其中，那些年龄偏大、学历偏低的劳动者将成为福利损失最大的群体。

表10.8　　　2010—2015 年中国就业人口不同年龄段分布状况

单位：%

年份	16—19岁	20—24岁	25—29岁	30—34岁	35—39岁	16—39岁	40—44岁	45—49岁	50—54岁	55—59岁	60—64岁	40—64岁
2010	3.2	11.1	11.1	11.0	13.7	50.1	14.7	12.2	8.0	7.4	4.0	46.3
2011	2.5	10.9	11.3	11.6	13.4	49.7	15.2	13.0	6.9	7.4	4.1	46.6
2012	2.0	10.0	11.2	12.2	12.1	47.5	15.3	13.2	7.5	7.5	4.8	48.3
2013	2.0	9.4	11.6	12.3	11.4	46.7	14.9	13.1	8.4	7.7	5.1	49.2
2015	1.6	8.1	13.1	12.3	11.3	46.4	14.8	13.0	10.4	6.3	5.1	49.6

资料来源：中国经济与社会发展统计数据库，其中，2014 年数据缺失。

第四节　本章小结及建议

前述各部分依托既有的理论经验和研究文献，从人工智能的技术本质和技术—经济特征出发，系统梳理了人工智能影响经济增长、劳动就业及收入分配的作用机制。在此基础上，收集整理散落于各种研究报告或文献中有关中国人工智能及 ICT 应用的零星数据，并结合官方公布的就业结构、年龄结构、受教育程度等数据，就人工智能及自动化技术推进对中短期内中国经济增长和就业分配可能带来的影响进行展望。根据前述分析，可以得出以下几点结论或判断。

第一，2017 年兴起的人工智能商业化应用可以算作是 1956 年以来出现的第三次人工智能热潮；其本质是以（通用目的）机器学习算法为核心，以芯片、存储器等硬件设备和互联网、云存储、云计算等海量数据生成、存储、处理技术为基础，结合特定专业领域知识后可部分实现人类认知功能或人类智慧的一种新一代信息技术，或新一代信息技术集成系统。

第二，人工智能可以通过两条途径支撑宏观经济高质量增长。一是人工智能所具备的渗透性、替代性、协同性和创造性四项技术—经济特征，使其能够与经济社会各领域相结合，通过增加要素贡献、提高投入产出效率、加快知识创造等机制，推动国民经济各领域各部门高质量增长；二是人工智能技术背后涵盖了一个庞大的产业生态体系，在渗透影响国民经济各领域的同时，其自身规模的壮大也有助于提升宏观经济增长质量。

第三，人工智能技术的推广应用是人类自动化进程的新阶段，在替代劳动减少部分就业岗位的同时，还会通过补偿效应和创造效应增加部分就业岗位，从而对其替代效应形成抑制作用。从中短期来看，只要人工智能技术尚无法完全替代人类劳动，上述抑制效应将不断发挥作用，就业岗位总量也将基本保持稳定平衡。

第四，人工智能及自动化技术冲击下，就业结构将发生重大调整，以往处于中间层的程式化岗位更容易被替代，就业结构可能呈现高收入、高技能岗位与低收入、私人服务型岗位比重同步上升的两极化趋势。伴随就业结构的调整，初次分配中劳动收入所占份额将进一步降低，被替代行业中教育和技能水平较低、年龄偏大人群将遭受更大的福利损失，最终带来全社会范围内的收入分配差距扩大。

第五，中国具有人工智能技术最为广阔的应用市场和发展空间，现阶段老龄化加速和收入水平提高所引致的劳动成本攀升将加速人工智能及其他自动化技术在中国推广应用的步伐。人工智能技术在提高劳动生产率和TFP方面的作用，将有力支撑未来中国经济的高质量增长；但就业人口整体受教育水平偏低、年龄构成偏大的现实国情决定了，中国在人工智能技术推广过程中将面临比美欧发达国家更为严峻的结构性冲击。岗位结构与年龄构成错配和整体受教育程度偏低的劣势相叠加，很可能在中短期内造成较为严重的结构性失业，进而会衍生出不同群体间收入差距的扩大。

未来，人工智能对经济社会的渗透将不断加速，需要从产业政策、行业规制、社会保障、教育培训等方面出台相应的政策措施，以便充分发挥人工智能在支撑经济高质量增长方面的积极作用，同时有效应对就业及分配领域可能出现的结构性冲击。具体有以下建议。

一是加大对新一代信息技术领域关键核心技术研发的支持力度。人工智能是诸多ICT或新一代信息技术的集成，诸如高端芯片、操作系统等最为关键的核心技术是人工智能技术实现的物质基础，需要综合运用财税、信贷、金融、保险等政策工具，支持领军企业和高校院所开展这方面的技术攻关和成果转化。

二是适时调整行业监管规则，为人工智能技术的应用推广营造宽松的市场环境。近年来新一代信息技术推动了经济社会运行模式的巨大变革，伴随人工智能技术对传统领域的渗透，新业态、新模式还将不断涌现，并带来各种新业态与既有规则之间的冲突，各行业监管部门需要密切关注这种变化，及时消除制约产业发展的制度藩篱。

三是健全完善社会保障制度，特别是加强失业救济方面的保障力度。政府部门可以从失业保险、家庭最低收入保障等方面入手，为那些在就业结构调整中所受冲击最大的群体提供最终的生活保障。

四是尽快建立起再就业培训和终身学习的职业教育体系，为结构性失业群体提供尽可能多的再就业培训。各级劳动和人力资源行政主管部门、工会应结合当地就业结构调整的现实情况，通过发放技能培训券等方式，对广大结构性失业群体进行更具针对性的技能培训，提高其再就业的能力。

五是深化教育改革特别是高等教育改革。一方面应继续扩大高等教育覆盖范围，具体可以依托高等职业技术学院，为更多的适龄青年提供两年低价的高等教育；另一方面要着手改革现行的教学理念及培养模式，将学生创造力的开发和培养作为教育的首要目标，以适应人工智能技术对人类能力素质提出的新要求。

第十一章 数据要素对经济发展的影响

新一代信息技术的大规模商业化应用,使得数据的生产逼近零边际成本,数据资源也变得日益丰富,数据成为数字经济时代的新关键要素,成为新业态、新模式得以运转的燃料和基石。为此,本章将从数据要素内涵出发,归纳其基本特性和主要技术—经济特征,提炼其影响经济发展的传导机制;考察数据流动状况,分析制约因素,就促进数据有序流动、支撑高质量发展给出建议。

本章的机制梳理和实证分析表明:比特数据是数字经济时代的新生产要素,具备关键要素低成本、大规模可获得的基本特性和非竞争性、低复制成本、非排他性、外部性、即时性等技术—经济特征。这些基本特性和技术—经济特征是数据要素提升企业生产经营效率、实现价值创造能力倍增、增加消费者剩余和福利、支撑高质量发展的微观基础,也衍生出隐私泄露、数据垄断等问题,对增长和福利造成负面影响。中外数据流动共享现状不尽如人意,存在权属关系、权益分配、价值评估、隐私保护等制约因素,根源也来自数据要素的技术—经济特征。跨境数据流动涉及数据主权和国家安全,欧美之间长期博弈,情形复杂;2017年后欧美日又加强合作对华压制,使中国面临巨大挑战。应做好价值评估、权属界定、隐私和数据安全边界、跨境流动国际协作等基础性工作,促进数据充分有序流动。

第一节 数据要素内涵与技术—经济特征

一 数据要素概念辨析与内涵

广义的数据原本是指基于测度或统计产生的可用于计算、讨论和决策的事实或信息；而数字经济时代，作为新生产要素的狭义数据则专指被编码为二进制"0""1"字符串，以比特形式被计算机设备进行存储和处理的信息（Farboodi & Veldkamp，2019）。[①] 从内涵来看，无论是广义的还是狭义的数据都被看作是一种信息（或事实），特别是在数字经济语境中"数据"基本等同于"信息"。不过严格来讲，无论是广义的数据，还是狭义的数据同信息都还是有着细微区别，信息是关于人员、事物、现象等具体细节的事实，或者说可观察的表征；而（广义的）数据是可以被描述出来的那部分信息（王维嘉，2019）。至于狭义的比特数据则可以看作（部分被描述）信息的载体，而这部分信息则构成比特数据的内容，这也正是本研究所考察数据要素的内涵所在。[②]

（比特）数据是计算机和现代 ICT 的产物，从 1946 年世界第一台电子计算机 ENIAC 在美国宾夕法尼亚大学诞生起算，至今已有七十多年的历史。然而，直到 2008 年国际金融危机后的十多年时间里，数据才真正算得上在生产经营过程中发挥起广泛且关键性作用，并逐步成为社会各界普遍认同的新生产要素。而这背后的主要动力则是新一轮科技革命和产业变革的加速演进。

根据创新经济学相关理论，新生产要素的确立通常是技术革命的产物。技术创新可分为渐进式创新（Incremental Innovation）和激进式创新（Radical Innovation）。前者是既有技术体系和技术轨迹（Technological Trajectory）下的一种改进和延伸，是技术创新（技术变化）的一种常态，新古典增长模型对技术进步的处理其实就是以渐进式创新作为隐含的假设前提；而后者是指技术变化在与以往截然不同的技术轨迹上展开（Dosi，1982；Perez，2010）。[③] 激进式创新意味着对以往技术轨迹的颠覆，当多个相互关联通用目

[①] 牛津英汉双解词典、朗文当代英语词典、韦伯氏词典（Merriam-Webster's Collegiate Dictionary）对"data"（数据）词条都给出了两种类似的解释：一是用于分析、决策的信息或事实；二是计算机存储处理的信息。前者属于一般意义上的数据，而后者则是电子计算机和ICT技术的产物。

[②] 信息也有广义和狭义两种含义。根据朗文当代英语词典、韦伯氏词典，广义的信息是指关于某个人、某件事、某种状态的事实或细节。而在计算机、ICT相关特定语境中，狭义的信息指的就是"0""1"比特（字符串），等同于狭义的数据。如无特殊说明，本研究后续各部分出现的数据均指比特数据。

[③] 作为商学院教授的克里斯滕森对创新有过类似的划分，即分为持续性性创新（Sustaining Innovation）和颠覆性创新（Disruptive Innovation）。

的技术（General Purpose Technology，GPT）都出现激进式创新时，就会形成新的技术体系，引发技术革命，进而改变经济社会运行模式（Bresnahan & Trajtenberg，1992；Lipsey et al.，2005；Dosi，1982；Perez，2010）。

按照佩雷兹、弗里曼等新熊彼特创新学派学者的划分，工业革命以来已经确定发生过的技术革命有 5 次。从历次技术革命的经验来看，得益于新技术体系下特定通用目的技术领域的激进式创新，每一次技术革命都会衍生出 1—2 种具有广泛用途、可低成本大规模获取的关键要素，并带来经济社会组织模式的重构和技术—经济范式的转换（Perez，2010；Freeman & Perez，1988）。例如，在第一次技术革命中，生铁冶炼技术突破后带来生铁成本的大幅下降和广泛应用，由此促成机器生产对手工劳动的替代；在第三次和第四次技术革命中，钢铁、电力、石油作为新的关键要素，大幅降低了生产中的能源和材料投入成本，共同支撑起工业化条件下大规模、标准化、低成本的生产组织模式。

2010 年前后，以互联网（物联网）、3G/4G/5G 通信、云计算、大数据（分析）、人工智能等为代表的新一代信息技术陆续开启了大规模商业化应用的进程。[①] 数据的收集、传输、存储、处理、分析成本大幅降低，数据资源得以大量积累，并支撑电子商务、网约租车、互联网金融等新经济、新业态、新模式快速发展，推动新一轮科技革命和产业变革加速演进（Goldfarb & Tucker，2019；蔡跃洲，2016）[②]。如果延续创新经济学的划分，可以把新一轮科技革命和产业变革看作是 18 世纪 60 年代以来的第六次技术革命。[③] 在此轮技术革命中，新一代信息技术在其对应的主导技术

[①] 2009 年 1 月，工业和信息化部发放 3G 牌照，移动互联网由此兴起；2010 年，英国《经济学人》杂志（The Economist）出版名为"无处不在数据"（Data, Data Everywhere）的专刊，首次提出大数据的概念。2010 年 10 月，国务院出台《关于加快培育和发展战略性新兴产业的决定》，提出培育和发展七大战略性新兴产业，定位于"抢占新一轮经济和科技发展制高点"；从后续相关规划来看，新一代信息技术在战略性新兴产业七大领域中排在首位。

[②] Goldfarb 和 Tucker（2019）认为数字技术带来五种成本的大幅下降，即搜索成本、复制成本、传输成本、追踪成本和验证成本，由此带来微观运行基础的诸多显著变化。

[③] 也有不少研究从产业革命的角度对新一轮科技革命和产业变革进行划分。Schwab（2016）主张，进入 21 世纪后，人类便逐步进入第四次工业革命，它以此前的数字革命为基础，以智能革命为核心，并将横跨物理世界、数字世界及生物世界的边界。因此，从产业革命角度来看，新一轮科技革命和产业变革基本对应于第四次工业革命，也被称为新工业革命（谢伏瞻，2019）。

体系中处于核心地位，而数据则成为新的关键要素（蔡跃洲，2016）。

二 数据要素的技术—经济特征

低成本、大规模可得是数据能够被广泛使用并成为关键要素的前提，也是历次技术革命中新关键要素所普遍具备的基本特性。而非竞争性、低复制成本、非排他性/部分排他性、外部性以及即时性等技术—经济特征则是数据要素同资本、劳动、土地等其他传统有形生产要素的根本区别，也是近年来各种新经济、新业态、新模式得以涌现和运行的基础。

非竞争性是数据要素最为基本和突出的技术—经济特征。经济社会中，大多数资源（商品/资产）都是竞争性的，即在同一时点不能被多个主体所同时使用，其（使用）价值在使用后很容易消失或发生转移；例如，一千克大米被某个家庭所食用后就会因为被消耗而无法为其他家庭所消费。而数据要素不仅能够被不同主体在多个场景下同时使用，更能在被使用后保持数据（使用）价值不被削弱甚至实现增值（Jones & Tonetti，2019；Bourreau et al.，2017；Carrière-Swallow & Haksar，2019）。比如说，一百万张带标签的人类基因组图像或一万辆汽车各行驶一万英里所产生的数据集合，可以被任意数量的公司或数据分析师运用不同的机器学习算法同时使用；而且使用过程中，新产生数据的收集或其他来源数据的匹配，大概率能提升原有数据集的价值。需要特别指出的是，非竞争性原本属于公共经济学的研究范畴，数据要素的非竞争性同传统公共经济学意义上的非竞争性还有些许差异。一方面，经济学中竞争性和非竞争性最早是用来区分私人物品和公共物品的重要标准之一，非竞争性被看作是公共物品的重要属性，而数据要素从权属上显然不能直接划为公共物品。另一方面，公共物品的非竞争性体现在使用环节，而数据要素的非竞争性还体现在数据的生产环节，特定场景下同一种行为数据往往可以被不同的数据收集方所收集（Jones & Tonetti，2019）。例如，很多手机应用（App）都具有定位数据收集功能，使得不同 App 发布者有机会同时收集到手机用户的行动轨迹数据，类似的场景还有健康数据、运动数据等。

易复制性，或者说低成本/零成本复制的特性，是数据要素第二项突出的技术—经济特征。以"0""1"比特形式存在的数据，其生产收集过程相对复杂，前期需要较大的硬件和软件（应用）投入，而收集完成后的复制则简单很多，除去存储介质和复制过程中少量电力耗费外，复制成本接近于零（Shapiro & Varian，1999）。事实上，得益于各种新一代信息技术的大规模商业化应用，数据的生产收集虽然需要大量一次性投入，但其边际成本也已经接近于零，从而呈现低成本、大规模可得的特性。易复制性极大地降低了数据要素被不同主体使用的门槛，是数据要素非竞争性特征得以存在和发挥作用的隐含前提。

非排他性/部分排他性也是数据要素区别于传统要素的一项重要技术—经济特征。同非竞争性一样，非排他性也源自公共经济学，与排他性一道用于区分公共物品和私人物品。其中，排他性是指排斥他人消费的可能性，即当某主体能完全拥有一件产品的所有权（或使用权）时，其他人便不能（同时）拥有；而非排他性则是针对公共产品这种产权不归私人所有的物品，某个人在消费这类物品时无法排除他人也同时消费的这种特性。对于公共物品来说，非竞争性是由产品的物理或技术特征所决定的，而非排他性则更多源自产权归属方面的制度安排。数据要素并非典型的公共物品（政府部门公共数据除外），本应具备排他性。然而，生成过程的技术特点和比特这种特殊物理形态决定了，数据要素具备非排他性特征或者说仅仅具有部分排他性。数据（信息）生成过程中往往涉及多个主体，包括产品服务的供需双方、第三方平台、网络电信运营商等，使得数据信息自生成之时起就同时栖息于多个不同主体；同时掌握数据资源的不同主体，加上比特形式易于在互联网传播的物理特性，极大地增加了数据资源的扩散范围，形成了数据要素使用过程中非排他的客观现状（丁文联，2018；Varian，2018；Jones & Tonetti，2019）。严格来说，数据要素的非排他性还不是彻底的非排他性，因为通过加密技术便可以将很多用户排除在外；网络环境下为应对黑客和数据泄露而采用的各种加密手段可以实现部分排他，但为此需要在软硬件和系统建设方面进行持续大量的投入（Jones & Tonetti，2019；Carrière-Swallow & Haksar，2019）。

外部性是数据要素第四项重要的技术—经济特征。经济学中的外部性最早是指个体或特定群体的决策或行为会让其他个体或群体（被动地）受益或受损，却不用为此付出成本或不能得到补偿；比较典型的例子有污染排放、私人花园等。传统意义上的外部性也被看作是公共物品或准公共物品的特有属性，是非竞争性和非排他性共同作用的结果，而且外部性的方向或者为正，或者为负，很少兼而有之。相比之下，数据要素的非竞争性、非排他性特征只是为其外部性的出现提供了前提条件，但外部性的产生还需要同各种数据分析工具手段相结合，同其他数据进行匹配对接；如果没有对获取数据的处理分析，也就不会对其他个体带来收益或损害。同其他传统领域一样，数据要素的外部性也有正负之分，但都源于数据要素经过匹配和处理后产生的额外有效信息，而这些有效信息的用途决定了外部性的最终方向。数据收集分析的初衷基本都是用于优化企业生产流程、降低运营成本，由此带来效率提升形成正外部性。在网络平台环境下，产品和服务优化形成的正外部性通过网络效应（梅特卡夫法则）还能得到放大形成所谓网络外部性和网络价值性，即网络平台用户越多，运营方能够获取的数据信息越多，越容易提升产品服务质量，从而吸引更多用户获取更多数据进一步提升产品服务质量，形成良性循环格局（Shapiro & Varian, 1999；Carrière-Swallow & Haksar, 2019）。然而，平台（机构）用于改善经营的数据收集处理活动，客观上以客户的隐私泄露作为代价；平台与客户在技术能力、市场定位等方面事实上处于严重不平等状况，平台通常都会按照对其有利的方式开展数据的收集、处理和使用，导致数据的过度收集和客户隐私保护的严重不足，进而形成负向的隐私外部性（Carrière-Swallow & Haksar, 2019）。另外，由于个体（客户）的行为、习惯、偏好等数据通常也包含有其关联个体以及具有相似性格特征人群的相关数据信息，因此，特定个体（客户）在数据权利和自身隐私方面的让步行为也会牺牲其他人员的隐私，增加隐私外部性（Acemoglu et al., 2019）。

即时性是数据要素在数字经济时代所具备的一项技术—经济特征。移动互联网、3G/4G/5G通信、云计算、机器学习、人工智能等新一代信息技术的应用，在带来数据要素成本全方位下降的同时，数据生成（收集）、传输、处理、分析的速度也全面大幅度提升。在既有研究中，即时性往往被忽略，但在应用实践中，即时性却往往发挥着决定性作用。例如，当前以网约租车为代表的即时服务平台，要求司乘双方定位时滞在秒级，如果移动通信技术还停留在2G时代根本无法实现。当下已逐步进入示范应用阶段的无人驾驶、远程医疗（手术）等所要求的毫秒级时延更是数据要素即时性特征的体现；而近年来经济预测中的现时预测利用的也是当下数据要素所具备的即时性特征。

第二节 数据要素影响高质量发展的作用机制

党的十九大报告指出，"我国经济已由高速增长阶段转向高质量发展阶段"，明确了当前中国经济发展的主攻方向。尽管报告并未给出高质量发展的定义，但综合相关表述可以从供给侧和需求侧两方面对其进行理解。其中，供给侧方面，"推动经济发展质量变革、效率变革、动力变革"，强调的是提高效率（或 TFP），寻找宏观经济增长的新动能；需求侧方面，则应该是更好地满足"人民日益增长的对美好生活的需要"。数据作为新一轮科技革命和产业变革的新关键要素，其基本特性和技术—经济特征在提升效率、支撑增长、满足需求等方面都有望发挥积极的正向促进作用。当然，在此过程中也会伴生诸如隐私泄露、信息安全等负面效应。本部分将综合运用微观经济学、公共经济学、增长经济学、福利经济学等相关原理，围绕上述特性和技术—经济特征，就数据要素提升微观企业运行效率、提高宏观增长潜力和供需匹配度、造成潜在的个人及社会福利损失等问题逐一剖析，厘清并提炼其背后的作用机制及可能的传导路径。

一 微观运行效率提升机制

数据要素在生产中发挥的核心作用就是利用其承载的有价值信息，提高劳动、资本等其他要素之间的协同性，这也是数据要素提升微观运行效率最为典型的作用机制。20 世纪末，David & Wright（1999）在研究 ICT 与生产率之间关系时就指出，ICT 在信息产生、存储和传递方面发挥着重要作用，能够增强生产过程中要素间的协同性，降低信息不对称带来的市场失灵，应该有助于使用 ICT 部门 TFP 的提升。而 ICT/数字技术协同性效应的发挥，本质上就是数据能够即时地进行生产、传输、处理、分析，从中挖掘出有效信息后作用于其他要素。在一些新兴的行业或场景中，数据要素在生产或服务提供过程中的独立性或重要性程度会更高一些。例如，在自动驾驶中，多方积累的道路路况、驾驶行为等数据信息是支撑车辆安全行驶的关键（Jones & Tonetti，2019）。当然，从自动驾驶背后人工智能、深度学习的技术原理来看，数据要素发挥作用的主要机制还在于提炼有效信息后做出准确的即时预测，只是预测的准确性极大地依赖于所积累的训练数据集（Taddy，2018）。数据要素的低成本及大规模可获得，使得数据要素能够在生产活动中被广泛使用；而数据要素的即时性特征则是其他要素间协同性得以提升的隐含前提。数字经济时代，上述基本特性和技术—经济特征是数据要素通过增加其他要素协同性进而提升微观企业运行效率的基础。

基于数据要素信息价值利用的微观运行效率提升，其提升速度可能会呈现先升后降的变化趋势。在初期，数据要素的外部性特别是网络外部性，通过规模经济和范围经济能够实现更多的数据积累和有价值信息提取，在一定阶段内加速微观主体运行效率的提升；在数据驱动的双边或多边服务平台中，基于网络外部性形成的规模经济和范围经济尤为明显，特定阶段数据要素在效率提升和价值创造方面可能出现边际报酬递增的情形（OECD，2014；Goldfarb & Trefler，2018）。然而，从长期来看，数据要素对企业运行效率的提升及对企业成长的支撑，同其他要素类似也会遵循边际收益递减规律，即新增加或积累的数据要素对效率提升的作用越来越小（Varian，2018；Farboodi & Veldkamp，2019）。数据要素内在有效信息的提取和利用能够降低企业运行的不确定性，是数据要素实现效率提升的源泉。由于不确定性状态有其上限，数据积累引致的效率提升幅度也存在上限，因此，随着数据积累规模的增大，效率提升的速度将不断下降（Varian，2018；Farboodi & Veldkamp，2019；Carrière-Swallow & Haksar，2019）。尽管数据要素在效率提升和价值创造方面所发挥的作用同其他要素一样最终会遵循边际报酬递减规律，但这种效率提升却能在一定程度上使其他要素呈现边际报酬递增或者边际报酬非递减。在传统的新古典增长经济学框架下，这相当于通过数据要素作用的发挥寻找实现内生增长的新途径。

需要特别强调的是，数据成为生产要素并得以提升微观运行效率，核心在于其所包含有价值信息的有效提取及应用。因此，拥有数据资源仅仅只是具备了将其转化为生产要素的潜在可能，而企业自身的数据分析能力、配套的 ICT 基础设施等则是数据发挥生产要素作用，改善微观运行效率和企业创新绩效的必要条件（谢康等，2020）。

近年来，随着深度学习和人工智能技术的不断进步，数据要素在知识创造中发挥越来越重要作用，进而衍生出提升微观运行效率的一种新机制。在很多研发活动中，数据要素同深度学习等人工智能方法结合，能够提高研发效率；例如，在生物医药领域深度学习技术同已积累数据相结合，可以较为准确地预测药物试验结果，减少早期药物筛选中一些不必要的检测，提高筛选效率（Cockburn et al.，2017）。在材料科学、量子物理等领域，科研活动也具有同生物医药类似的"大海捞针"特点，即能够确定创新（药物、材料）是某些元素（材料）的某种特定组合，但由于可能的组合方式太多，要想找出需要耗费大量人力、物力、财力，而数据资源和人工智能技术相结合则能大大提高识别效率，迅速找出那些最有价值的组合（Agrawal et al.，2018）。数据要素配合 AI 技术形成的研发效率提升，意味着知识创造效率的提升；而从增长经济学角度来看，知识创造又是生产效率（TFP）提升的重要原因之一。发挥数据要素在知识创造方面的作用，同样需要企业（或研发机构）具备强大的数据分析能力。不过，由于外部性特征的存在，数据要素有可能通过规模经济或范围经济效应，实现知识创造的边际产出非递减。

二 宏观高质量发展促进机制

数据要素非竞争性、非排他性和低成本复制三项技术—经济特征，使得微观层面的运行效率提升在宏观层面得以放大，成为提高宏观 TFP 和增长潜力，促进高质量发展的重要途径（见图 11.1）。

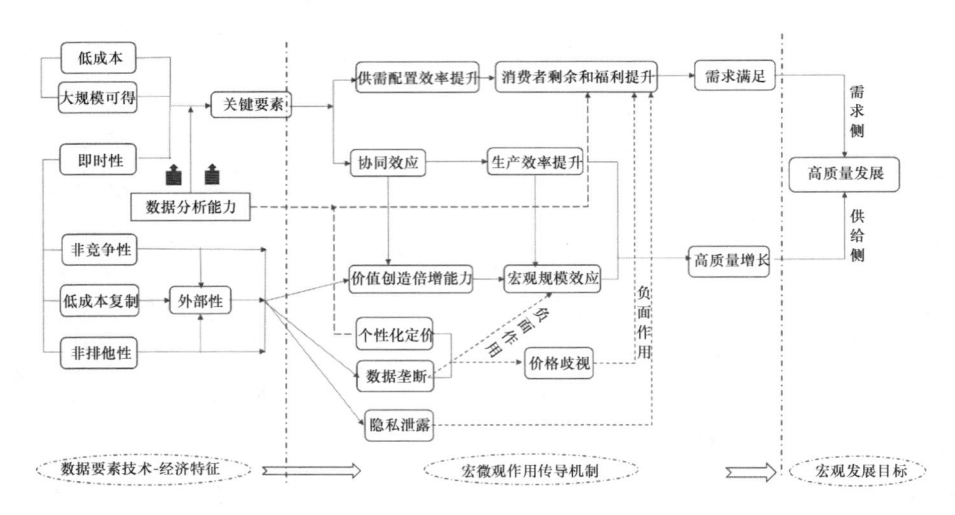

图 11.1 数据要素影响高质量发展作用机制

（一）发挥规模效应提升增长潜力

公共经济学中，公共物品或公共资源所具备的非竞争性、非排他性很大程度上也是"公地悲剧"的根源（Hardin，1968）。毕竟普通公共物品或公共资源在物理上都具备实物形态，在生产过程中需要耗费可观的成本，在使用过程中往往具有一定的拥挤性，即其非竞争性限定在一定用户数量范围内，一旦用户数量突破拥挤点，竞争性就会出现，而产权或使用权限上的非排他性则会导致公共资源被过度使用，最终形成"公地悲剧"的局面。

相比之下，数据要素的非竞争性、非排他性同低成本复制特征相叠加，不仅没有发生资源性公共产品经常出现的"公地悲剧"，反而能够形成有利于宏观经济增长的"公地喜剧"格局（OECD，2014）。由于比特形式的数据要素，除了作为载体的存储介质外，并不存在物理上的具体实物形态。理论上，数据要素可以低成本无限复制，从而可以同时在多个微观应用场景中与其他各种要素进行组合、重复使用，使其在宏观层面的价值创造能力实现倍增。Jones & Tonetti（2019）将这种价值创造倍增看作是由数据要素非竞争性特征实现的规模效应，并构造包含不同种类产品的不变替代弹性（CES）生产函数对该机制进行刻画。可以说，数据要素的非竞争性和低成本复制等技术—经济特征使得微观效率提升机制在更大范围内和更多场景下同时生效，进而体现为宏观 TFP 和增长潜力的提升。

（二）支撑模式创新促进供需匹配

数据要素非竞争性、非排他性和低成本复制等技术—经济特征，通过微观应用场景的不断拓展，有望在较长时间内实现劳动、资本等传统要素的边际报酬递增或边际报酬非递减。然而数据要素自身边际报酬递减规律决定在特定时间段内其对宏观经济增长的支撑作用终归有一定限度。数据要素支撑高质量发展的另一条重要途径还在于推动以数据信息为基础的模式创新，提升资源产品配置效率，更好地实现供需匹配（Farboodi 和 Veldkamp，2019）。数字经济实践中，随着数据资源的激增和机器学习算法的优化，更多有效信息和洞见得以挖掘提炼，为开发新产品、新服务，解决各种复杂问题提供支持，数据已成为很多领域新产品开发和生产的必要投入（Jones & Tonetti，2019）。

从宏观视角来看，由于数据要素的非竞争性、非排他性和低成本复制等特性，以数据分析挖掘为基础的各种新模式、新业态、新服务得以在全社会范围内涌现推广，能够通过减少信息不对称产生的市场失灵，提高市场整体运行效率，降低金融市场融资成本，实现供需双方更为有效精准的匹配（Carrière-Swallow & Haksar，2019）。

从微观视角来看，以数据分析为基础的各种创新产品或服务，如淘宝、京东等购物网站，微信、脸书等社交平台，抖音、YouTube 等视频应用，等等，能够更好地满足消费者需求，带来更多消费者剩余（Veldkamp & Chung，2019；Gordon，2018）。而消费者需求更好满足，正是高质量发展在需求侧的重要体现。在资金等要素资源方面，数据要素同样有利于促进供需匹配，提高配置效率。在金融市场中，依靠大数据分析，可以更好地预测企业价值，既减少金融机构由于对企业信息掌握不充分而衍生的信贷投资风险，又能降低融资企业的资金成本，从而提高资金要素配置效率（Begenau et al.，2018）。当然，各种新经济、新业态、新模式给消费者带来的需求满足或者说增加的消费者剩余，其价值往往无法直接体现在 GDP 核算中。Byrne & Corrado（2019）的间接估算表明，其折算的货币价值还是相当可观的，包括融资服务在内的各种线上消费服务 2017 年给每个（美国）消费者带来大约 1800 美元的消费者剩余，在 2017 年之前的 10 年里每年对美国 GDP 的贡献超过 0.5 个百分点。Cohen 等（2016）利用优步（Uber）的算法及数据对 2015 年 UberX 服务的消费者剩余进行估算，结果表明，消费者每消费 1 美元，会获得约 1.6 美元的消费者剩余，全年在美国共带来消费者剩余约 68 亿美元。

三　数据要素对经济发展的负面影响

数据要素的非竞争性、非排他性、低成本复制、即时性等技术—经济特征，在提高微观运行效率、宏观增长潜力，更好地匹配供需的同时，也会衍生出个人隐私泄露、数据垄断等问题，进而对微观个体权益乃至宏观发展带来负面影响。

（一）隐私外部性对微观个体权益及福利的损害

数据要素非竞争性、非排他性、低成本复制、即时性等技术—经济特征客观上放大了隐私外部性，为隐私泄露提供了便利；既可能直接损害数据当事人（被泄露者）的隐私权，也增加了数据当事人个人福利（消费者剩余）被损害的风险，给经济社会有效运转带来负面影响，其大致的作用机制如下。

第一，高度连通的网络环境下，数据要素必然会在较大范围内流动和使用。一是数据要素的非排他性、易复制性特征决定了，在技术上很难限制数据的扩散；二是现行法律框架下，同一行为或活动可以为多方主体所同时记录，并开展合法的交易和流动，客观上形成数据信息普遍存在多个实际持有者的局面；三是数据要素的非竞争性特征又决定了，其所对应数据当事人的特定信息（片段）能够且大概率会被多个实际持有者应用于不同的现实场景中（Varian，2018；Jones & Tonetti，2019）。

第二，数据挖掘分析技术能高效提取数据当事人的个人隐私信息，侵犯数据当事人基本权益。日益成熟的数据匹配、集成、挖掘技术使得个人（数据当事人）在不同场景下留下的数据足迹通过整合加总，能够大致再现个体活动全景，并对个体性格特征进行准确画像；由于不同场景、不同来源的数据信息可以相互印证，互相解释，得到的精准画像有时比当事人对自身的了解还要更为全面，而且现有的大数据分析技术即便缺失部分数据资料也能通过对相似人群的特征分析加以推断（Branscomb，1994；涂子沛，2012；OECD，2014；Acemoglu et al.，2019；张莉，2019）。而数据当事人的隐私信息被他人（数据持有者）以法律明确规定以外的方式所掌握，本身就是对数据当事人隐私权的一种侵犯。

第三，数据持有者对隐私信息的使用很多时候会直接损害数据当事人个人权益。现实中，基于数据挖掘得到的个人隐私信息通常都会被过度使用，较为普遍的情况是用于精准营销等有助于企业盈利的商业活动，更有甚者直接对数据当事人的经济利益甚至人身安全造成直接的损害或威胁。价格歧视/价格操纵是数据当事人受损的最直接和常见形式，即根据消费者的画像估计其对商品的支付意愿（保留价格）并据此对不同消费者要价充分榨取消费者剩余，近年来频繁曝光的"大数据杀熟""千人千价"就是价格歧视的通俗表达；至于基于隐私信息而实施的诈骗等非法行为，则会对数据当事人造成更为严重的损失和伤害，甚至危及其生命安全（Acquisti et al.，2016；Jones & Tonetti，2019；张莉，2019）。

第四，黑客入侵等违法行为则会大幅增加数据合法持有者的安全和维护成本。为防范黑客攻击所造成的数据信息泄露，数据企业通常需要在网络安全方面持续进行大量软硬件投资，从全社会范围来看这也是一笔可观的社会成本（Carrière-Swallow & Haksar，2019；Abowd & Schmutte，2019；张莉，2019）。

需要特别指出的是，隐私泄露（或隐私保护）对于个人和社会福利，既存在损害的情形，也存在增加的情形（Acquisti et al.，2016）。在数字经济条件下，上述以榨取消费者剩余为目的的价格歧视行为只是更为广义和中性的个性化定价行为的一部分；以数据分析和消费者画像为基础的个性化定价，给消费者带来的也不一定就是福利损失，有时厂商为了吸引低支付意愿消费者购买而给出的低价，最终还会增加此类消费者的剩余和福利（Bourreau et al.，2017）。另外，精准定位的广告投放也会减少消费者的搜寻成本。

（二）数据垄断对宏观增长潜力及社会福利的损害

数字经济实践中，数据要素网络外部性特征带来的正反馈马太效应会强化互联网头部企业既有优势，加上企业间频繁的并购，导致大多数领域出现寡头垄断的市场格局，数据要素也随之集中并客观上形成数据垄断（Shapiro & Varian，1999；OECD，2014；陆峰，2018）。

由于数据要素在经济活动中所表现出的巨大市场价值，私人部门（企业）都有过度收集并垄断数据的主观意愿；在取得一定的数据垄断地位后则倾向于囤积数据、减少共享，既可以凭借垄断地位获取超额利润，又能巩固其对数据要素资源的垄断（Carrière-Swallow & Haksar，2019）。数据垄断将阻碍数据合理流动和共享，导致数据要素非竞争性特征带来的价值创造倍增能力无法充分发挥，进而降低微观运行效率和宏观增长潜力。

更为重要的是，具备数据垄断地位的企业往往会借助其垄断优势对消费者的福利造成实质性损害，其中最为常见的情形就是价格歧视。个性化定价并不一定损害消费者福利，但是如果厂商具有垄断地位，则在进行个性化定价时，通常会抬高整体价格，降低消费者剩余和总福利；数字经济实践中，部分大型企业利用数据垄断地位破坏市场竞争规则，挤压竞争对手、损害消费者福利的情形并不鲜见（Bourreau et al.，2017；陆峰，2018）。如果厂商（平台）之间存在较为激烈的竞争，单个厂商虽然掌握丰富数据要素但不具备垄断地位，那么为了扩大自身市场份额，便可通过较低的个性化定价吸引更多消费者，这部分消费者的福利反而会因为个性化定价得到提升（Bourreau et al.，2017）。

第三节　数据要素流动状况与影响因素

数据要素的基本特性和技术—经济特征决定了，要充分发挥数据要素提高微观效率、支撑宏观增长、促进供需匹配的作用，必须在保障和维护数据当事人隐私权等基本权益前提下，在尽可能大的范围内实现数据要素的有序流动和充分共享。实践中，数据要素流动涉及多种类别或情形，受到很多因素的制约，还远未达到有序和充分共享的状态。这其中，既有法律层面隐私保护与企业收益的权衡，也有跨境数据流动中数据主权及国家安全的考虑，更需要建构一套合理的数据价值评估体系及收益分配机制。

一　数据流动方式与基本状况

从涉及的数据主体来看，数据要素可以分为公共部门数据和私人部门数据；前者是指政府部门或公用事业部门形成的各种数据信息资源，后者又可细分为对企业生产经营各环节、各流程状况进行监测记录的生产运营数据和互联网平台实时记录用户浏览、搜索、互动、交易等活动形成的个人行为数据。无论是公共部门数据，还是私人部门数据，其充分流动共享对于支撑高质量发展都有重要作用。另外，从涉及的地理空间来看，数据要素流动还可以分为境内数据流动和跨境数据流动。

数据要素流动大致有三种实现方式，即数据开放、数据交易和数据交换（张莉，2019）。公共部门数据的流动主要采用数据开放的方式，通常由掌握公共数据资源的政府机构，在充分评估数据安全等因素前提下，有选择地向社会公众开放数据。私人部门数据则由掌握数据资源的微观企业通过数据交易和数据交换的方式实现流动，其中，数据交换本质上也是数据交易的一种特殊形式，类似于商品交易中的"物物交换"。尽管尚无公认权威的数据流动状况评价指标，但从不同渠道/机构提供的零星信息大致可以间接推断，当前国内外数字经济实践中数据要素流动似乎还远未达到充分共享的状态。

从私人部门间的数据交易来看，全球范围内的正规数据市场交易规模相比存量数据来说还很小。表 11.1 和表 11.2 分别整理了 Wikibon、Statistica 2020 和 OnAudience.com 三个不同来源的全球数据市场规模估算值。从 2017—2019 年的估算结果来看，三种来源大体相吻合。以 2019 年为例,全球数据要素市场规模在 182 亿—260 亿美元,其中美国的规模大约为 150 亿美元。考虑到上述三个机构是从数据交易服务角度进行估算,估算值基本对应于数据交易服务佣金。如果将数据交易服务佣金率设定为成交额的 5%—10%,那么 150 亿美元对应的数据交易规模在 1500 亿—3000 亿美元。《欧洲数据市场监测工具报告》(*European Data Market Monitoring Tool Report*)对 2016—2018 年美国数据市场价值的估算分别为 1292 亿欧元、1470 亿欧元和 1622 亿欧元,与上述推算基本吻合(Gabriella Cattaneo et al., 2019)。虽然尚无关于全球存量数据资源价值的估算数据,但互联网公司市值与其总资产之间的差额能在一定程度上反映数据资源的价值。以脸书(Facebook)为例,2011 年上市时总资产为 63 亿美元,市值高达 1040 亿美元,近 980 亿美元的差额有很大一部分是由无形的数据价值所贡献(Li, Nirei & Yamana, 2019)。2019 年底,脸书总资产为 973 亿美元,市值 5880 亿美元,差额超过 4900 亿美元,其数据价值若仅占 30%,也接近 1500 亿美元,接近全美数据交易规模。需要指出的是,脸书仅仅是美国互联网巨头之一,而且市值同亚马逊、苹果、微软、谷歌等相比还有较大差距。据此,我们可以判断,现有的数据市场规模远小于数据要素价值。

表 11.1　　　　2011—2019 年全球大数据市场收入规模估算

单位:十亿美元,%

年份	Statista 2020	Wikibon		
		总规模	专业服务规模	专业服务占比
2011	7.6			
2012	12.25	n.a.	n.a.	n.a.
2013	19.6	n.a.	n.a.	n.a.
2014	18.3	18.3	7.6	41.53
2015	22.6	22.6	9.1	40.27
2016	28	27.3	11.1	40.66
2017	35	33.5	13.4	40.00
2018*	42	40.8	15.8	38.73
2019*	49	49	18.2	37.14

资料来源:(1) Statista 2020;《全球大数据市场收入预测 2011—2027》,刘善红;(2) Wikibon: 2016-2026 Worldwide Big Data Market Forecast;(3) 这里的大数据市场是一个非常广义的大数据产业市场,既包括大数据相关的硬件、软件,也包括大数据专业服务,后者主要是数据交易服务。

表 11.2　　　　2017—2019 年全球及前五大数据要素市场规模

单位：百万美元，%

市场	2017 年 规模	2017 年 占比	2018 年 规模	2018 年 占比	2019 年 规模	2019 年 占比
全球	15533.3	100	20571.7	100	26035.8	100
美国	9782.3	63.0	12341.0	60.0	15209.0	58.4
英国	1452.4	9.4	1882.1	9.1	2354.9	9.0
中国	747.2	4.8	1460.6	7.1	3292.6	12.6
加拿大	453.7	2.9	588.7	2.9	768.8	3.0
法国	232.0	1.5	340.7	1.7	469.5	1.8

资料来源：OnAudience.com。

就中国而言，数据交易规模偏小的问题相比美国甚至更为突出。由表11.2 可知，2019 年中国数据要素市场（交易服务）的规模约为 33 亿美元，按 5%—10% 的佣金率推算对应的交易规模为 330 亿—660 亿美元，仅相当于美国的 1/5。而 IDC 研究报告《数据时代 2025》的估算表明，2010 年以来全球每年新产生数据资源规模以年均 27% 左右的速度增长；2018 年全球新产生的数据总量大约为 33ZB，其中，中国新产生数据（7.6ZB）超过美国（6.9ZB）成为全球第一大数据资源生产国。

另外，中国在公共数据开放方面也有待加强。从国际组织 Open Data Barometer 发布的世界各国公开数据得分来看，2017 年中国在全球 115 个参与评分的国家中排名第 71 位，综合得分仅为 20 分；而排名第一的英国为 100 分。从数据应用和影响力两个子项来看，得分更是仅有 10 分和 11 分，同排名前列国家相去甚远；数据完备性方面得分略好，为 46 分（见表 11.3）。这样的分值结构也从侧面印证了，中国相对丰富的公共数据资源尚未得到充分开放和利用。

表 11.3　　　　2017 年公开数据得分前十位国家及中国情况

排名	综合得分	国家	完备性（Readiness）	数据应用（Implementation）	影响力（Impact）
1	100	英国	99	100	94
2	90	加拿大	96	87	82

续表

排名	综合得分	国家	完备性（Readiness）	数据应用（Implementation）	影响力（Impact）
3	85	法国	100	71	88
4	82	美国	96	71	80
5	81	韩国	95	59	100
5	81	澳大利亚	85	78	78
7	79	新西兰	92	58	99
8	75	日本	84	60	89
8	75	荷兰	94	64	68
10	74	挪威	77	71	73
71	20	中国	46	10	11

资料来源：Global Report Fourth Edition（115 个国家和地区）。

公共数据实际持有者开放意愿不足严重削弱了数据开放效果，甚至影响和制约国家大数据相关战略规划的实时推进。在公共数据开放上，党中央、国务院及相关部门，先后印发多个决定和意见，从宏观层面进行了细致完备的顶层设计；但执行过程中"重形式、轻效果"的状况仍较为普遍。各地虽然能积极响应中央的要求迅速搭建统一的公共信息平台，而且各类政务统一信息平台确实也多方集成了不同部门的数据信息；但关键数据信息缺失、数据更新严重滞后等现象也普遍存在。表 11.3 中中国的公开数据得分在全球 115 个被评价国家和地区中排名靠后的结果，也在很大程度上说明中国的公共数据开放实际效果并不理想。针对不同部门数据口径的差异，需要制定公共标准来增强跨平台数据的可移植性和互操作性（Carrière-Swallow & Haksar，2019）。

二 制约数据流动的主要因素

低生产成本加上非竞争性、非排他性、低成本复制、外部性等技术—经济特征，虽然是数据要素影响经济增长和社会福利产生的源泉，但也增加了权属关系、权益分配、价值评估、隐私保护、国家安全等方面的复杂性。这些也成为制约数据流动的重要因素。

第一，在权属关系上，相比土地、资本等传统生产要素，比特形式的数据要素所涉及的（民事）主体及其关系远为复杂。传统的有形要素作为民事客体通常具有明确的所有权归属，虽然也有所有权与使用权分离的情形，但有形要素使用的竞争性决定其仅涉及所有人和使用人两类民事主体。而对于数据要素来说，则至少涉及数据当事人、数据收集者和数据使用者（或访问者）三类民事主体，其中，数据当事人是数据所记录活动指向的具体个人，数据收集者通常为数据当事人提供服务的企业；而且数据收集者和数据使用者往往不止一个，且无法控制数据使用者的二次传播（Acquisti et al., 2016；Carrière-Swallow & Haksar, 2019；程啸，2018）。实践中，数据收集者往往通过向数据当事人提供服务的方式获得数据采集权、控制权等权益，并以法律条款的形式予以明确；然而，面对专业烦琐的法律条款，数据当事人很多时候并不完全清楚自己同意的具体内容（Carrière-Swallow & Haksar, 2019）。

第二，数据要素相关权益在主体之间的分配直接影响着其流动。相比本应拥有数据所有权的数据当事人，数据收集者通常才是数据要素事实上的控制者。如果数据当事人被赋予绝对的数据所有权（或控制权），则可能会限制数据的收集和使用；如果数据收集者被赋予过多的数据控制权或拥有数据所有权，出于独占垄断收益和害怕竞争等原因，他们可能也会倾向于囤积而非分享数据（Jones & Tonetti, 2019；Carrière-Swallow & Haksar, 2019）。欧盟提出的强制许可，即强制（数据/信息）所有权人在收取法定费用后分享其数据信息，或许是破除上述困境扩大数据使用范围的一条有效途径，一些司法实践也在尝试建立某种形式的数据分红计划，将数据收集者或使用者获得的收益与数据当事人自动分享；这类做法的本质就是借助合理的分配机制，引导数据收集和使用范围能尽可能地接近社会最优水平（Branscomb, 1994；Acquisti et al., 2016）。

第三，数据价值测算评估存在的诸多挑战也是制约数据流动特别是数据交易的现实障碍。无论是交易过程中的数据定价，还是数据处理使用过程中的收益分配，都需要以数据要素价值或其价值创造能力的合理准确估算作为前提，然而这并非易事。不同于有形要素资源，数据要素基本不会产生有形损耗。虽然搜索、实时广告竞价等时效性较强的数据，其价值也具有很高的折旧率，但更多的数据如姓名、性别、出生年月等能够较长时间不贬值；即便是时效性很强的实时数据，在信息价值以外还有着训练和优化算法的额外价值，而且数据要素还能通过聚合、重组挖掘出更多信息，实现价值增值（Bourreau et al.，2017；Farboodi & Veldkamp，2019；Li et al.，2019）。另外，数据要素能够在不同场景下同时发挥价值创造的作用，即宏观上表现得价值创造倍增能力。然而，现实中很难预先设想出特定数据要素的所有潜在应用场景，并对其逐一加总后进行准确估算。而且数据种类之间的互补性或可替代性程度也会影响其价格（Carrière-Swallow & Haksar，2019）。

第四，个人隐私保护是规范境内数据流动交易需要权衡的最重要因素。数据流动的终极目的是对数据进行处理后提取有价值信息并加以利用。同那些在提高效率、支撑增长方面发挥作用的信息一样，隐私信息也是数据处理分析的结果，甚至也有利于特定场景的效率提升，只是在使用目的上存在差异并可能给个人和社会带来经济、福利等方面的潜在损失。在境内数据流动中，以匿名化为代表的数据脱敏处理是保护个人隐私的常见做法，但在很多场景下匿名化后无法有效降低信息不对称，导致数据价值降低，相当于以效率损失换取隐私保护；为了最大限度地获取数据价值，需要精准设定隐私保护程度，但隐私估值本身也很困难，不同场景下存在较大差异，甚至连数据当事人自己也无法准确估计（Acquisti et al.，2016；Carrière-Swallow & Haksar，2019）。

三 跨境数据流动与数据主权

在跨境数据流动中，相比境内流动关注的个人隐私保护，数据主权及国家安全是更为重要的考量。从技术角度来看，基于互联网平台的跨境贸易和服务、数据生成与存储的跨境分离等活动所形成的数据流动同境内数据流动并无差别。然而，边界线的存在带来了跨境数据控制权和日常管理权等问题。特定场景下，实际控制方对数据的挖掘利用可能会生成一些敏感信息，不仅可能侵犯数据当事人个人隐私，还对数据来源国的经济利益、国家主权等产生潜在威胁，由此便衍生出数据主权及相应的国家安全问题。

美国在信息领域绝对优势地位而使其他国家主权和安全受到潜在威胁的事实，是数据主权以及早期信息主权概念产生的源头。互联网诞生以来，全球共有 13 台用于管理域名目录的根服务器，其中 10 台在美国境内，由美国商务部建立并控制。这种格局难免让其他国家感到担忧。2013 年 6 月"斯诺登事件"发生后，美国政府轻易收集监控全球网民电子邮件、聊天记录、照片等隐私数据的做法被曝光，引发国际社会对数据处理权的激烈争论，数据主权的提法也由此兴起。数据主权的本意是国家作为数据主权主体具有独立自主管理和利用本国数据的权利，但现实中没有哪个国家能够真正做到独立自主掌控本国数据。从涉及内容来看，数据主权可以划分为个人数据主权和国家数据主权，前者源自数据当事人对其拥有数据的相关权利，也是规范境内数据流动需要妥善解决的问题；后者则是一国政府对本国数据的使用权和监管权，是数据跨境流动中数据企业、各国政府所关注的焦点（张莉，2019）。各国对数据主权的关注和主张，固然有个人隐私保护的考虑，但更核心的诉求还是维护国家安全和争夺数据资源，希望在数据要素全球流动的过程中赢得主动权或主导权。

在跨境数据流动监管实践中，国与国之间的博弈及合作激烈而又复杂。美欧之间的相关博弈甚至可以追溯到 20 世纪 70 年代。当时，IBM 等公司的计算机自动化处理技术应用所产生的大量数据主要存储在美国企业的服务器中。在经合组织（OECD）内部，出于对数据可能被美国政府所控制的担忧，欧洲各国同美国进行谈判，于 1980 年 9 月通过《OECD 隐私保护于个人数据跨境流动指南》。1995 年，欧盟借助 WTO《服务贸易总协定》的隐私例外和安全例外机制，通过《个人数据保护指令》，要求第三方国家对个人数据提供相当于欧盟的保护水平。由于美国对个人数据所采取的行业分散保护机制无法满足欧盟充分保护要求，美欧双方于 2000 年达成折中的《安全港协定》；加入该协定并得到欧盟认可的美国企业被允许实施数据跨境流动。2013 年"斯诺登事件"后，美欧双方重新谈判并于 2016 年 2 月达成新的《隐私盾协定》。与此同时，欧盟在《个人数据保护指令》基础上扩大数据跨境流动限制的适用范围，拓展个人数据权利，形成《通用数据保护条例（GDPR）》，并于 2018 年 5 月正式生效（The European Parliament 和 The Council of EU，2016；王融，2016；何波，2018）。美国方面在 GDPR 生效后，不仅没有积极履行《隐私盾协定》，还悄然通过了《明确境外数据合法使用法案》（Clarify Lawful Overseas Use of Data，简称"CLOUD 法案"），赋予美国执法部门不受（数据）管辖权的限制，可以随意从全球各地调取美国服务提供商所控制的任何数据（The House of Representatives，2018）。

相比欧盟限制数据出境、美国扩大数据收集权限，日本似乎更多在扮演美欧之间沟通桥梁的角色，并主动调整自身个人信息保护和数据跨境流动规则以适应美欧要求。2011年美国在APEC推出《跨境隐私保护规则》（Cross Border Privacy Rules，CBPR）时，日本是第一个响应的国家；2018年7月，欧盟和日本共同宣布互相将对方的数据保护系统视为同等有效。2017年12月，日本还同美国、欧盟一道联合70个WTO成员提出了所谓"WTO电子商务联合声明"，并在会议间隙宣布欧盟、美国和日本建立所谓"新联盟"。考虑到中国作为WTO最为重要的成员国之一，却没有出现在70个发起成员名单中，可见欧美日通过上述合作抢夺全球数据资源、压制中国数字经济发展的意图非常明显。

相比欧美日等发达经济体，中国隐私保护和数据安全方面的立法相对滞后。在跨境数据流动方面，缺乏对境外关键信息的处理能力和安全情况评估，也无法实施数据出境后的全程追踪和评估，仅在《网络安全法》第三十七条规定"因业务需要，确需向境外提供的，应当按照国家网信部门会同国务院有关部门制定的办法进行安全评估"；个人信息保护水平离欧盟GDPR充分保护标准还有较大差距。要在跨境数据流动中切实保障自身的数据主权和数据安全、促进数据合理有序流动，中国正面临巨大挑战。

第四节　本章小结及建议

一　总结性评论

本章前述各部分着眼于世界新一轮科技革命和产业变革的时代背景，从创新经济学和技术革命史的视角出发，对数字经济时代数据要素的内涵进行辨析，将其界定为"0""1"比特形式的信息载体，归纳其主要技术—经济特征。在综合既有文献相关讨论和主张基础上，以技术—经济特征为切入点，系统分析数据要素影响宏观高质量发展的各种微观机制，进而厘清并刻画出整体的作用传导路径。围绕发挥技术—经济特征优势、扩大使用范围，考察数据要素流动共享状况和特点，并进一步分析制约数据流动的相关因素。据此，我们可以得到以下相关判断及主张。

第一，比特数据成为数字经济时代的新生产要素乃至关键要素，是全球新一轮科技革命和产业变革加速演进的产物。一方面，数据要素具备低成本、大规模可获得等关键要素的基本特性，这得益于2010年以后新一代信息技术大规模商业化应用，数据在收集、传输、存储、处理、分析等几乎所有环节的成本中都大幅度下降。另一方面，相比传统的有形要素，数据要素所具备的非竞争性、低复制成本、非排他性、外部性、即时性等技术—经济特征，也是各种新业态、新模式运行的基础。

第二，低成本及大规模可获得的基本特性叠加即时性等技术—经济特征，使得数据要素能够在微观层面广泛提升企业生产经营效率。企业生产经营中，数据要素所包含的有价值信息能够提高劳动、资本等其他要素之间的协同性。低成本、大规模可获得，使得数据要素在企业生产经营中能够被广泛使用；即时性则确保数据要素及其内在有价值信息能够被及时提取并反馈于相应的生产经营环节，增强其他要素之间的协同，进而提高企业运行效率。当然，发挥数据要素微观效率提升作用还需要企业具备相应的数据分析能力和 ICT 基础设施。

第三，非竞争性、非排他性和低成本复制三项技术—经济特征，使微观运行效率提升机制在宏观层面得以放大，提高宏观 TFP 和增长潜力，促进供需匹配增加消费者剩余和福利，支撑高质量发展。在供给侧，数据要素可以低成本无限复制，同时在多个微观场景中与其他各种要素进行组合，进而在宏观层面表现出价值创造能力的倍增。在需求侧，数字经济中以数据支撑各种新模式，通过消除信息不对称，提高产品配置效率，更好地满足需求，带来更多消费者剩余和福利。

第四，非竞争性、非排他性、低成本复制、外部性等技术—经济特征也会衍生出个人隐私泄露、数据垄断等问题，从增长和福利损失两方面带来一定的负面效应。在增长方面，网络外部性会强化头部企业既有优势形成数据垄断，进而减少数据流动共享，抑制数据要素提升微观运行效率和宏观增长潜力的作用。在社会福利方面，具有数据垄断优势的企业进行歧视定价往往会倾向于抬高价格，从而导致消费者剩余和福利的下降。

第五，发挥数据要素对高质量发展的支撑作用需要在保障数据当事人基本权益的前提下实现数据的有序流动和充分共享，但中外数据流动共享的现状不尽如人意，正规的数据市场交易规模远小于数据要素价值。就中国而言，数据交易规模偏小的问题相比美国更为突出，且公共数据开放也有待加强。制约数据要素流动的主要因素包括权属关系、权益分配、价值评估、隐私保护及国家安全等，而这些因素产生的根源恰恰也来自其基本特性和非竞争性、非排他性、低成本复制、外部性等技术—经济特征。

第六，跨境数据流动还面临数据主权和国家安全的约束，各国出于维护国家安全、争夺数据资源的目的展开了激烈博弈；欧盟与美国之间的争夺可追溯到20世纪70年代，其中，欧盟致力于限制数据出境，美国则不断扩大数据收集权限，日本则主动适应欧盟和美国相关规则充当美欧桥梁。2017年以来，欧美日三方加强合作，对华压制意图明显，考虑到隐私保护和数据安全方面立法相对滞后的现实，中国在跨境数据流动中保障数据主权和数据安全、促进数据合理有序流动面临巨大挑战。

二　建议与展望

随着数字经济和数字化转型的加速推进，全社会范围内积累的数据资源将愈发丰富，数据要素在经济社会发展中的重要性也将继续提升。要充分发挥数据要素非竞争性、易复制性、外部性、即时性等技术—经济特征对经济高质量发展的支撑作用，必须以数据要素的安全有序流动和充分共享为前提。为此，需要产学研各界围绕数字经济运行实践中影响数据安全和制约数据流动的突出问题和因素，从理论研究和政策引导等多方面入手完善各项基础性工作和制度环境。

第一，加强数据价值评估方面的学理性研究。合理公允的价值评估方法及定价机制是要素充分流动的前提，数据要素的技术—经济特征决定了其价值评估和定价的复杂性，对学术界探索要素价值评估新方法提出了很大挑战，也为我们后续开展数字经济相关研究给出了重要的前沿方向。深入开展这方面的理论方法探索，有利于合理确定数据交易价格，为促进数字经济新业态快速有序成长提供学理方面的有力支撑。

第二，完善境内数据要素交易活动规制及交易市场建设。政府相关部门和立法机构应通力合作，在吸收学术界相关理论成果并尊重数据交换流动既有实践的基础上自上而下推进相关制度建设。一是通过法律法规或政府条例等方式，对不同情形下的数据权属边界及收益分配原则予以明确规定；二是推动数据交易的标准化工作，对数据质量、交易合同文本、数据定价机制等制定统一的技术标准或参考规范；三是加强数据交易市场监管，建立起数据溯源追踪机制，加大对非法数据交易的查处打击。

第三，进一步规范提升公共数据开放水平。一方面，要做好顶层设计，着力完善公共数据基础共享协同机制，统一跨部门数据交换共享技术标准，消除公共数据集成的制度和技术壁垒；另一方面，建立起公共数据开放制度，对数据开放申请人、数据用途、后续追踪等做出安排，明确各方权利责任，从制度上保障公共数据使用的安全性。

第四，加快完善个人隐私、数据信息安全法律法规及制度体系建设。结合相关实践，确定数据要素流动中保护个人隐私、维护国家网络数据安全的边界和尺度，并制定相应的法律和制度予以明确。在继续推进《个人信息保护法》制定的同时，应针对跨境数据流动，结合相关国际规制对《网络安全法》中涉及数据跨境流动的条款进行细化。加强数据流动实践中的安全制度建设，由国家网信主管部门牵头成立数据信息安全评估机构，建立数据信息跨境流动安全审查机制。

第五，加强跨境数据流动国际合作，积极主动地参与相关的多边协商谈判。一方面，就个人信息保护和跨境数据流动同美国、欧盟、日本等主要数据资源大国分别开展双边协商，为维护数据主权和网络安全尽可能争取更多回旋空间。另一方面，要利用好 WTO、G20、APEC 等多边合作平台，积极开展国际合作，推动建立多赢的数据跨境流动机制。在数据跨境流动国际合作中倡导公开、透明、包容的原则，争取更多欠发达国家的支持；充分发挥中国的先发优势和市场规模优势，为欠发达国家发展数字经济提供技术援助并分享经验。

第十二章 5G数字新基建对经济发展的影响

进入21世纪以来,世界正在进入以信息产业为主导的经济发展时期。移动通信技术经历了从1G到5G的演进,相继开启了模拟通信、数字通信、移动互联、"互联网+"和万物互联时代。3G之后的移动ICT物化为新一代移动通信网络基础设施,是数据要素的快速传输、交换的物质技术载体,更通过其技术—经济特征支撑国民经济各领域高质量增长,而其自身规模壮大也有助于经济增长质量的提升。

为此,本章从移动通信技术的技术特性和演进脉络出发,以前沿文献和创新经济学理论为基础,运用归纳演绎的方法对5G渗透性、替代性、协同性、(高)连通性和实时性五项技术—经济特征逐一梳理,厘清其对宏观经济增长影响机制。中国经过14G时代的追赶,5G时代终获领先优势。"十四五"时期,发挥5G对增长的支撑作用,既有技术优势带来的发展机遇,也面临美欧压制的挑战。在着力壮大自身技术和产业实力的同时,应积极向"一带一路"沿线亚非拉国家拓展空间,并尽可能保持同美欧之间的交流及合作。

第一节 移动通信与经济增长关系研究

在过去的几十年里,移动通信技术发展迅速。到2002年,移动电话用户数量已经超过了固定电话数量。与发达国家相比,在撒哈拉以南非洲、拉丁美洲和亚洲部分地区等发展中国家,移动通信增长迅速。随着移动通信服务普及率的快速增长,移动通信技术的重要性及其对经济增长的影响引起了研究者的广泛关注。但是,由于缺乏全面的国家级移动通信技术数据，只有少数研究提供了移动通信技术对生产率影响的综合证据。

Jensen（2007）、Muto（2009）和 Commander（2011）研究考察了移动电话的经济影响，特别是在巴西、印度、乌干达和埃塞俄比亚等发展中国家的小公司层面。这些研究表明，移动电话对消费者和生产者福利、农业生产和营销决策、价格差异的降低以及公司生产力都有积极影响。另一系列研究证明了移动通信技术普及率与生产力之间的正相关关系，Cleeve（2014）、Lee（2011）、Edquist（2011）、Wamboye（2016）和 Waverman（2007）将重点放在撒哈拉以南非洲的发展中国家，这些国家移动 ICT 迅速普及，固定 ICT 基础设施不发达，都表现出移动电话对增长有显著的积极影响。

最近的研究开始提供更全面的跨国证据。J. C. Aker（2010）的研究使用了 2010 年之前的移动电话用户数据，发现发展中国家对移动通信技术的投资对经济增长和生产效率产生了巨大影响。Gruber & Koutroumpis（2011）分析了来自 192 个国家 1990—2007 年的数据，发现移动电话对 GDP 和生产率增长有显著影响。Jinho Kim 等（2021）考察了移动通信技术对国家生产力的影响，利用全球固定和移动互联网速度的数据集，发现移动通信技术在提高发展中国家的国家生产力方面发挥着重要作用，发达国家则不明显。

总的来说，尽管移动通信技术有了巨大的发展，但文献中仍有空白，没有系统的证据表明移动通信技术在多大程度上促进了全球经济增长。现有的研究，从时间节点对 2010 年之前情况关注更多，并未充分考虑到新一代移动通信技术的特殊的技术—经济特征，来研究其对经济增长的作用机制与路径。因此，无论是理论层面还是实证环节，既有的文献中有关 ICT 影响经济增长的机制、论断都需要结合新一代移动信息技术的新特征进行适应性调整。

第二节　移动通信技术演进及中国的发展历程

一　移动 ICT 的演进脉络

从 20 世纪 80 年代第一代移动通信技术商用开始，全球移动通信每十年出现一代技术革新，历经了 1G 到 5G 的演进。

(一) 1G：模拟通信——开启移动通信时代

1G（模拟通信—语音通话）：20世纪60年代，美国贝尔实验室等研究机构提出移动蜂窝系统的概念和理论，也就是第一代移动通信的理论雏形。第一代移动通信网络在20世纪80年代初投入使用，它具备语音通信和有限的数据传输能力（早期能力约为2.4Kbps），实现了移动接打语音电话的梦想。由于采用模拟技术，所以其容量十分有限，一般只能传输语音信号，且存在语音品质低、信号不稳定、保密性差和抗干扰能力弱等问题。

(二) 2G：数字通信——香农开启通信数字时代

2G（数字通信—消息传递）：1991年，欧洲开通了第一个基于TDMA（时分多址）技术的GSM系统，以数字通信为核心的2G时代的到来。由1G时代的模拟信号转换为数字信号，提高了语音质量、数据安全性和数据容量，支持文本和语音通信，传输速度提升至64Kbps。2G主要核心为数字语音传输技术，就是用简单的"1"和"0"来表示复杂的信息，用数字信号作为载体来传输消息。香农作为数字通信时代的奠基人，最大的贡献就是提出了信息论和信息熵的概念，他将千百年来定义模糊的"信息"进行了量化，使其成为一种可以度量的值，并进一步给出了信道能够传输的信息量上限，在通信领域具有划时代的意义。2G技术标准以欧洲提出的GSM（全球移动通信系统时分多址）和美国提出的CDMA（码分多址）最具代表性，但CDMA起步晚于GSM。

(三) 3G：移动互联——开启移动互联网新阶段

3G（移动互联—多媒体、互联网）：国际电信联盟（ITU）在2000年5月确定WCDMA、CDMA2000和TD-SCDMA三大主流无线接口标准。2000年12月，日本首先发放了3G牌照，全球进入3G时代。3G时代主要是提升手机上网信息传输速度和稳定性，又创造了多个全新的应用场景。3G被视为移动通信新纪元的关键，3G通信技术通过应用展步频谱等处理技术，能够支持前两代技术无法提供的同时传送声音及数据信息服务，实现无线通信和互联网等多媒体通信相结合。视频电话和手机娱乐变得更加普遍；办公方式也发生了变化，人们可以随时随地收发邮件、查阅文件，极大地提升了办公的效率；一大批互联网企业迅速兴起，电子商务成了最流行的业务。

(四) 4G："互联网+"——4G改变生活

4G（移动宽带—4G改变生活）：国际标准组织3GPP（第三代合作伙伴

计划）2005年开始关于LTE（4G）标准的研究。2007年11月，3GPP接受了中国移动、大唐移动等27家公司提出的LTE TDD融合的技术提案。2009年，瑞典电信运营商Telia率先完成了4G网络的建设，这也是全球正式商用的第一个4G网络，开启了"互联网+"时代。LTE是3GPP基于2004年开发的UMTS（通用移动通信系统）技术标准的长期演进，LTE标准分为FDD（频分双工）和TDD（时分双工）两种制式，主要区别在于使用了不同的双工模式。FDD在分离的两个对称频率信道上接收和发送信道，而TDD在一个频率使用时间来分离接收和发送信道。4G网络应用全IP组网，引入了诸如OFDM（正交频分复用）和MIMO（多输入多输出）等关键技术，显著提高了频谱效率和数据传输速率，传输速度是3G的10倍，峰值下载速度高达299Mbps，峰值上传速度高达75Mbps。4G时代实现智能手机、平板电脑等无线终端设备的普及，孕育了直播、移动购物、手游、移动社交、共享单车、移动支付、智能家居等应用场景和行业。

（五）5G：万物互联——5G改变社会

5G（改变社会—连接万物）：5G无线通信技术全面颠覆了4G技术标准，技术更加庞大。为积极推动5G的标准化进程，国际电信联盟于2015年明确了全球5G工作时间表，随后3GPP在其框架下也紧锣密鼓地开展了相关的标准化工作。2019年4月3日韩国5G商用服务正式启用，全球开启了5G时代。5G技术是对4G技术的一次全面革新，在速率、连接数、时延八个方面有巨大改善（见图12.1）。

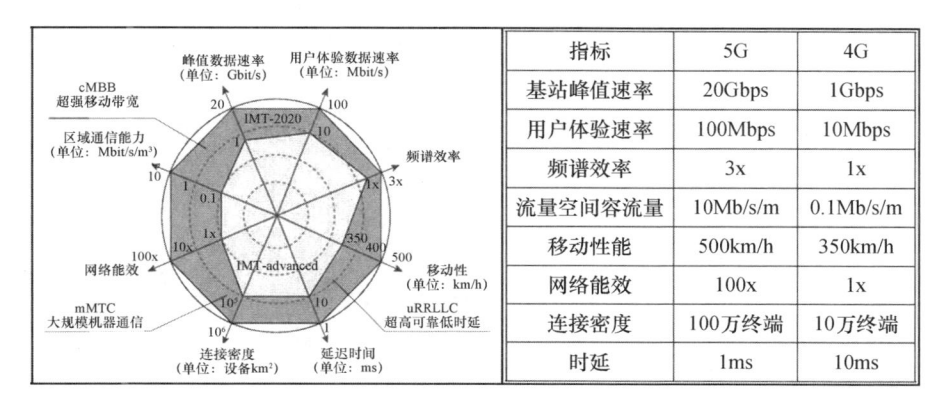

指标	5G	4G
基站峰值速率	20Gbps	1Gbps
用户体验速率	100Mbps	10Mbps
频谱效率	3x	1x
流量空间容流量	10Mb/s/m	0.1Mb/s/m
移动性能	500km/h	350km/h
网络能效	100x	1x
连接密度	100万终端	10万终端
时延	1ms	10ms

图12.1 5G与4G关键性能比较

资料来源：ITU。

国际电信联盟（ITU）为 5G 定义了三大应用场景，包括增强移动宽带（eMBB）、海量机器通信（mMTC）和超高可靠低时延通信（URLLC），见图 12.2。

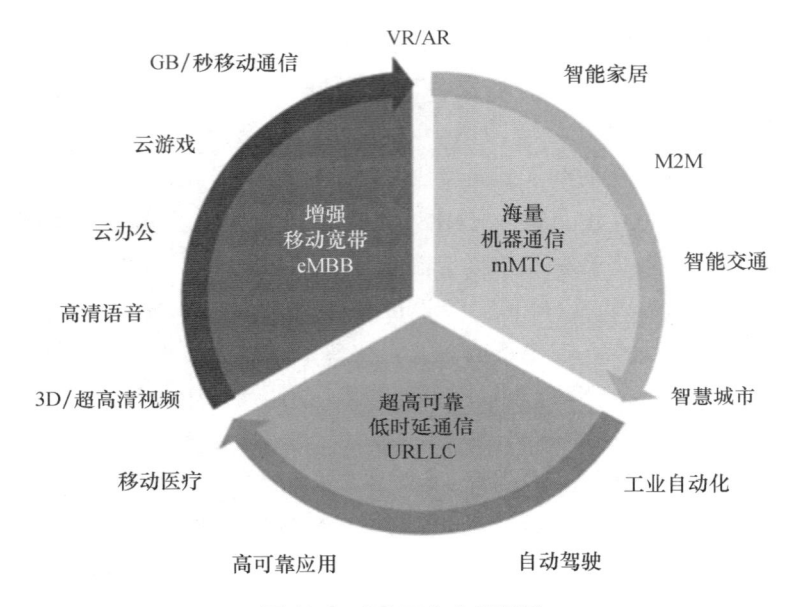

图 12.2　5G 三大应用场景

资料来源：ITU。

增强移动宽带（eMBB）：增强移动宽带主要带来的改进是移动连接速率的大幅改善，峰值速率（从 1Gbps 提升到 10Gbps–20Gbps）和用户体验速率（从 10Mbps 提升到 100Mbps–1Gbps），在保证广覆盖和移动性的前提下为用户提供更快的数据速率。频谱效率提升 3—5 倍，降低了运营商提供流量的单位成本。

海量机器通信（mMTC）：5G 网络每平方公里百万级的连接数使万物互联成为可能。5G 主要针对传输速率较低、时延容忍度高、成本敏感且待机时间超长的海量机器类通信，是当下物联网的进化版本。连接密度每平方公里超过 100 万，电池寿命超过 10 年，为今后大规模的物联网发展提供可能性。

超高可靠低时延通信（uRLLC）：5G 支持单向空口时延最低 1ms 级别、高速移动场景下可靠性 99.999% 的连接。主要针对特殊的应用场景，这些场景对网络的时延和可靠性有着特殊的要求，如工业控制、车联网等。在 5G 的技术标准下，用户层面的时延要控制在 1ms 之内，这样才能满足特殊场景作业的需求。

5G 从移动互联网扩展到移动物联网领域，服务对象从人与人通信拓展到人与物、物与物通信，从 2C 到 2B，它要解决物联网、车联网和工业互联网的应用，将与经济社会各领域深度融合，引发生产生活方式的深刻变革。

（六）移动通信技术主导企业及国家的格局变化

总结半个多世纪以来移动通信技术的发展历程，可以发现，每一代移动通信技术及产业演进主导了企业及国家的格局变化，见表 12.1。（1）都开启新的技术特性，1G 是模拟通信，2G 是语音通信，3G 是数据通信，4G 是移动通信网络和传统电信网络的融合，5G 是移动互联网和有线互联网的彻底融合。（2）出现新的主导型公司，1G 是摩托罗拉，2G 是爱立信、诺基亚，3G 是高通，4G 是苹果、谷歌、Facebook 等互联网公司，而 5G 是华为及物联网公司。（3）形成新的主导业务/产业，1G 是语音、2G 是短信、3G 是移动互联网、4G 是"互联网+"、5G 是万物互联。（4）达成不同的国家竞争格局，2G 是欧洲主导、3G 是日本主导、4G 是美国主导、5G 有可能会中国主导。

表 12.1　　　　1G—5G 移动通信技术及产业的演进

技术	1G	2G	3G	4G	5G
发展时间	1980 年代	1990 年代	2000 年代	2010 年代	2020 年代
制式	NMT/TACS/AMPS	GSM/CDMA	WCDMA/CDMA2000/TD-SCDMA	LTE \ LTE Advanced	5GNR
体验速率	2.4Kbps	64Kbps	2—10Mbps	10—100Mbps	1Gbps
应用场景	音频	音频、文字	音频、文字、图片、视频	高清视频、物联网	无人驾驶、智慧城市、AR/VR
代表公司	摩托罗拉	爱立信、诺基亚	高通、三星	高通、三星、华为	华为、高通
产业变化	模拟时代	数字时代	移动互联网时代	"互联网+"	万物互联时代

续表

技术	1G	2G	3G	4G	5G
国家格局	分散	欧洲主导	日本主导	美国主导	中美主导
中国位置	空白	跟随	突破	同步	引领

资料来源：美国国防部、中国工信部、ITU、3GPP。

二 中国移动通信技术的发展历程

1G 空白：1987 年，中国开启移动通信时代，已经落后于时代。由于采取全盘引进策略，中国的通信市场全部被国外垄断，因为 1G 模拟时代并没有形成统一的标准，所以各个国家都推出了自己的通信系统，总共有来自七个国家的八种制式的机型或网络垄断了中国的通信市场。中国没有相关专利和技术，处于一片空白阶段，无法参与国际竞争。

2G 跟随：2G 以欧洲提出的 GSM 和美国提出的 CDMA 最具代表性。通信技术不断更新的同时，中国的通信行业也在发生变化。国家推进体制改革，开始实施"邮电分营"，中国吉通、中国联通、中国移动以及中国电信于 1993—1995 年相继成立。1995 年，中国移动开始使用 GSM 技术建立 2G 网络，由爱立信提供设备。1999 年，中国联通开始与高通谈判引进 CDMA 技术的 2G 网络，直到 2001 年落定，国内的 2G 网络全程建设都大幅依赖国外设备进口。

3G 突破：3G 时代，中国开始登上全球移动通信技术舞台。中国于 1998 年 6 月提出了自己的 TD-SCDMA 标准。在信息产业部的全力支持下，2000 年 5 月终于得到国际电信联盟（ITU）的批准，挤进了三代移动通信的标准，和 WCDMA、CDMA2000 一起，成为第三个三代移动通信标准。虽然技术不成熟，国际通信设备供应商不合作，设备供应难，但 TD 产业联盟秘书长杨骅也坚持认为，TD-SCDMA 改变了世界通信业的格局，使中国在全球通信业的技术标准里有了发言权。

4G 同步：4G 时代，2008 年 2 月，在 TD-LTE 标准达成一致之后，中国移动宣布加入英国沃达丰及美国 Verizon 的联盟，共同研究 LTE4G 技术。2013 年 12 月 4 日，工信部向三大运营商各发出一张 TD-LTE 标准的 4G 牌照，中国主导的 TD-LTE 成为主流标准；2015 年 2 月 27 日，电信、联通又分别获发了 FDD-LTE 标准的 4G 牌照。华为、中兴等移动设备企业技术积累雄厚，成为全球顶尖的通信设备制造商，4G 基站建设规模从

2014年的85万个迅速增加到2016年的263万个，再到2019年的544万个。在4G时代，中国不仅建成了全球规模最大的4G网络，也是全球最大的4G用户市场，截至2019年5月，中国4G用户规模已超过12亿人。庞大的4G用户数带来了超过万亿元级的市场规模，超大市场规模孕育大产业，形成了包括系统设备、芯片及关键器件、终端、测试仪表等完整的产业链，系统厂家在全球4G领域处于优势地位，终端芯片企业突破了5模10频、28纳米芯片工艺。4G的经济和社会效益十分显著。2013—2015年，直接产值累计达1.29万亿元。尤其在2015年经济下行压力加大的情况下，TD-LTE爆发式增长，带动产业上下游及移动互联网新兴应用快速发展，经济总贡献8210亿元，占GDP增长的9.6%。

5G引领：5G时代，中美为第一梯队，日韩欧紧随其后。2019年美国无线通信和互联网协会（CTIA）发布了《5G全球竞争》报告，根据对频谱可用性、5G部署进度、政府扶持、行业企业投入情况、市场空间等多方面因素对比，中美处于领先地位（见图12.3）。根据其评分，中美并列第一（19分），韩国第二（18分），日本第三（17分）。美国国防部2019年发表了《5G生态系统：对美国国防的风险与机遇》报告，认为："中国通过一系列积极的投资和频谱分配举措，在5G发展方面处于领先的地位。"而在5G发展上，中国、美国、韩国和日本是第一梯队，英国、德国和法国为第二梯队，世界上的其他国家为第三梯队。德国专利数据公司IPlytics的报告认为，位于前10位的拥有5G技术专利的公司是三星、华为、中兴、爱立信、高通、LG、英特尔、夏普、中国电信科学技术研究院、诺基亚（含阿朗）、交互数字技术公司。虽然这些报告数据并不完全一致，但都显示出中国的5G技术至少与美国处于相同水平或略有优势，因此网络领域的中美两极化趋势将会进一步加强，中美竞争也将会更加激烈（CTIA，美国国防部，2019）。

中国在各方面准备均较为充分，美国由于缺乏丰富的Sub-6频段，在频谱资源可用性上较落后。韩国对于5G的重视程度高，在5G的研发投入、技术储备、商用部署上均较为领先，然而受到自身人口的限制，韩国5G市场空间较小，不足以培育5G广阔的应用场景。日本在标准贡献、企业及商用进度上落后于中美韩，5G研究上重点针对eMBB为主的应用研究。欧盟区的目标不是赢得5G竞争，而只是力求保持竞争力。在欧盟区内部，5G战略主要基于国家层面，欧盟只能扮演一种协调角色。各成员国 5G 建设参差不齐，整体进度较慢。

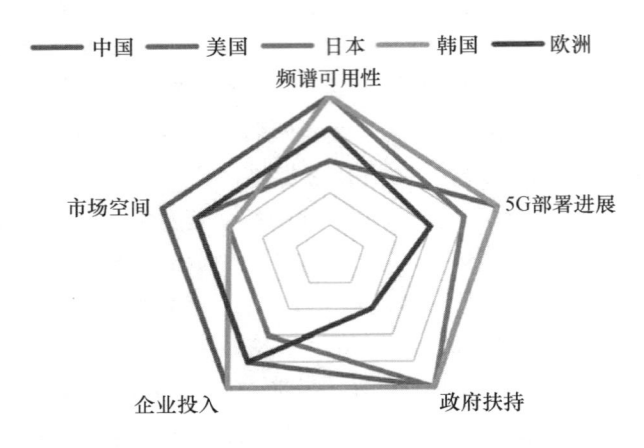

图 12.3　全球 5G 竞赛国家排名

中国经过 1G—4G 时代的追赶，5G 时代终获领先优势。2019 年 6 月 6 日，工信部正式向中国电信、中国移动、中国联通、中国广电发放 5G 牌照，标志着中国进入 5G 元年。工信部部长苗圩表示，中国移动通信产业历经"2G 跟随、3G 突破"，实现了"4G 同步""5G 引领"的历史性跨越，5G 标准必要专利数量全球第一。2020 年初，中国电信、中国移动、中国联通宣布计划投资 1800 亿元，建设 55 万个基站，覆盖全国所有地级以上城市。2021 年初，中国已建成 5G 基站超过 70 万个，占全球 5G 基站的 60% 以上，5G 用户达到 1.04 亿人，占全球 5G 用户的 80% 以上。

第三节　5G 技术—经济特征与增长作用机制

以 5G 为代表的新一代移动通信技术作为新一轮科技革命（第六次科技革命）的核心技术支撑，根据技术革命与经济长周期相互耦合以及主导产业接续更替的内在规律，以新一代信息技术为代表的战略性新兴产业，应成为中国乃至全球的接续主导产业，并为中国经济增长提供新动能。

一　5G 的技术—经济特征分析

同以往历次技术革命中的关键领域重大技术进步相比，5G 有其独特的技术—经济特征。这些独特技术—经济特征决定了5G对产业结构和经济增长的影响将呈现新的特点。本部分的研究就是要从创新经济学和通用目的技术的视角，结合经济社会运行实践中涌现出的新产业、新业态、新模式，提炼出5G独有的技术—经济特性及其影响产业结构转换和经济增长的特殊作用机制，进而为充分发挥新一代移动通信技术特性和优势、加快实现增长"质量变革、效率变革、动力变革"，提供理论基础和实现路径。

5G是新一代ICT的重要组成部分，而ICT又是典型的通用目的技术，渗透性作为通用目的技术首要的技术—经济特征，是指某项技术与经济社会相互融合并带来经济发展方式改变的一种潜能。因此，渗透性也是5G的技术—经济特征。

同时5G作为新一代ICT具备不同于其他通用目的技术的技术—经济特征，这些技术—经济特征对产业结构和经济增长有特殊影响机制。ICT不同于其他GPT的技术—经济特征主要是其替代性和协同性。替代性最早源于芯片制造一直遵循摩尔定律呈现硬件生产成本持续下降，导致ICT产品对其他产品的替代；新一代ICT涌现后，软件产品及服务也呈现成本快速下降的趋势，从而强化了ICT所具备的替代性特征。协同性则是指ICT资本作为一种特殊要素在经济运行过程中，特别是在生产过程中，能够提高其他要素之间的协同性，提高投入产出效率。替代性有助于从产品和需求侧推动5G相关产业的发展壮大，而协同性则有助于提高TFP，两者最终都将转化为宏观经济增长的动力支撑。从理论层面对上述传导机制进行深入挖掘，本质就是要基于ICT的独特技术—经济特征探寻产业结构转化和增长动力变革新路径。

综上，5G作为新一代ICT必然具备一般ICT的基本技术—经济特征，即渗透性、替代性、协同性。

在ICT集合内部，5G不同于其他ICT技术—经济特征，5G有着独特技术—经济特征对经济增长的作用机制。5G增强移动宽带（eMBB）主要满足移动互联网流量爆炸式增长的需求，为用户带来超高清、全息的视觉体验，显著提升用户的剩余价值。超高可靠低时延通信（uRLLC）主要满足智能制造、智慧医疗、无人驾驶、无人机等对时延和可靠性具有极高要求的垂直行业应用的需求；海量机器通信（mMTC）主要面向智慧城市、智能家居、智慧农业等以传感和数据采集为目标的应用需求。5G的技术独特性在于开启产业互联网时代,具有万物互联、超低时延的特殊特征,由此引出 5G 专属的两项技术—经济特征:(高)连通性、实时性。从理论上厘清 5G 的特有技术—经济特征及其对 TFP 变化的作用机制,同样为转换宏观经济增长动力提供了新的实现路径。

二 5G 影响增长的作用机制

5G 五项技术—经济特征决定了其对宏观经济增长的作用机制。首先,渗透性特征是 5G 其他技术—经济特性发挥的前提,决定了 5G 对经济增长影响的全方位的,即便 5G 还处于基站建设阶段,业务还处于消费互联网为主,但渗透性特征也意味着 5G 具备全局性影响的潜力。其次,5G 替代性的发挥将是 5G 资本作为独立生产要素对其他资本要素进行替代的过程,伴随着 5G 资本的积累,其对经济增长的带动作用也将不断提升。再次,5G 协同性特征带来 TFP 的提升,在微观层面将体现为企业规模和利润的增加,最终将转化为 GDP 的增长。最后,5G 的(高)连通性特征将通过大连接建立起万物互联的社会形态,如智慧城市、智能交通、智能家居等。5G 实时性,将开拓全新的经济形态,如工业实时控制、无人驾驶、远程医疗,最终也将体现为 TFP 的增长。

从图 12.4 可以看出,5G 可以通过两种途径影响宏观经济增长:一是借助 5G 作为新一代移动通信技术所具备的五大技术—经济特征,通过增加 TFP,提升投入产出效率等推动国民经济各行各业和生产生活各环节增长,进而影响国家层面宏观经济增长;二是 5G 产业生态自身规模不断发展壮大,进而助力国家宏观经济增长。在第一种途径下,投入产出效率将

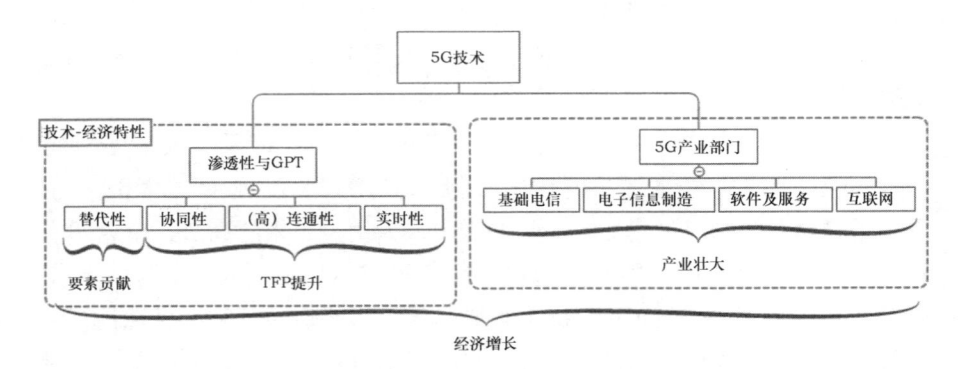

图 12.4 5G 技术—经济特性与影响经济增长作用机制

带来宏观经济 TFP 的提升，这显然是"十四五"规划中所追求的高质量发展之路；而在第二种途径下，5G 产业的壮大，意味着战略性新兴产业部门的壮大，有助于持续推进产业结构优化升级。因为，发挥 5G 对宏观经济的支撑作用，有利于实现高质量发展、高品质生活、高水平治理。

三　5G 对经济影响的测算思路

（一）5G 直接经济贡献

5G 的直接经济贡献为带动基础电信业、电子信息制造业、软件和服务业及互联网行业这些 5G 产业部门的快速增长。运用国民经济核算法的生产法可以测算出 5G 产业部门的增加值。这些部门划分比较明确，确定产业边界后便可以对其增加值进行准确核算。对于基础电信业，主要考虑其移动通信服务收入。对于互联网企业，主要考虑其信息服务收入。对于电子信息制造业，主要考虑移动网络设备收入以及手机等泛智能终端的收入。

（二）5G 间接经济贡献

5G 的间接经济贡献主要为 5G 经过渗透效应对传统产业的改造所带来的增加值。在生产法下，这部分增加值将被核算到被改造的产业。例如，制造业应用 5G 等智能技术，智能化程度越来越高，生产效率不断提升。然而从生产法角度核算，智能技术提升的生产率所产生的额外的增加值，都将被统一划归为制造业，无法拆分到 5G 经济领域。

利用增长核算法可以较好地实现这一目标。由于直接测算 5G 渗透效应产生的增加值有难度，可以先测算 5G 对经济增长的贡献度。通过增长核算，可以将 GDP 增长分解为资本要素增长、劳动要素增长和 TFP 三部分，计算各部分对经济增长的贡献。资本可以分为 ICT 资本和非 ICT 资本，并且从 ICT 资本中剥离出 5G 资本，从而计算 5G 资本要素增加对于 GDP 的贡献，5G 资本对应的是替代效应，这部分是 5G 替代效应对 GDP 增长的贡献。增长核算也可以测算 TFP 对于 GDP 增长的贡献度，而 TFP 有一定部分是 5G 渗透性、协同性、（高）连通性、实时性特征而引致的效率提升贡献，对应渗透性。使用计量经济学方法，可以测算出 TFP 增长与 5G 渗透率之间的关系，从而测算 5G 渗透效应对 GDP 增长的贡献率。加上替代效应对 GDP 增长的贡献，可推算出特定时间的 5G 对经济增长的贡献率。5G 对经济影响测算思路见图 12.5。

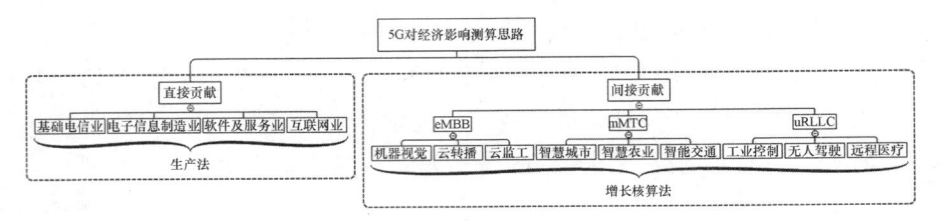

图 12.5　5G 对经济影响测算思路

第四节　5G 时代中国面临的机遇和挑战

一　5G 技术助力开辟移动通信发展"新时代"

从 1G 到 2G（含 2.5G），实现从模拟通信到数字通信的转变，除语音业务之外，可以支持文本和低速数据业务（峰值速率 384kbps）。从 2G 到 3G，传输速率实现突破，峰值速率可达数十 Mbps，开启了移动互联网时代。4G 传输速率进一步提升，峰值速率 100Mbps—1Gbps，开启"互联网+"时代。与 4G 相比，5G 在速率、连接密度、时延等方面具备明显优势。速率上，峰值速率和用户体验速率达到 20Gbps、100Mbps，分别为 4G 的 20 倍、10 倍；连接密度可达 100 万终端/平方千米，为 4G 的 10 倍；时延可达 1ms，为 4G 的 1/10。5G 最大的变化是不仅解决人与人的通信，还能满足人与物、物与物的通信，将开启万物互联、人机交互的新时代，这是一场重大的全方位技术革命。

作为数字经济时代的基础设施，5G 将对全球增长产生深远且持久的影响。未来 20 年 5G 将在全球经济中广泛普及，成为对全球经济扩展的重要贡献因素之一，同时也是决定中国在全球新一代信息技术竞争地位的关键。根据高通的行业报告显示，到 2035 年 5G 相关产品和服务将高达 12 万亿美元，全球 5G 价值链将创造 3.5 万亿美元产出，同时创造 2200 万个工作岗位。中国信通院报告显示，2030 年 5G 直接贡献的总产出、经济增加值分别为 6.3 万亿元、2.9 万亿元；间接贡献的总产出、经济增加值分别为 10.6 万亿元、3.6 万亿元。

二　5G 网络将构筑万物互联"新基建"

预计 2020—2025 年，5G 网络总投资额在 1.5 万亿元，是 4G 网络的两倍左右。5G 网络引入 IT 化技术实现网络功能的灵活高效和智能配置，通过采用网络功能虚拟化（NFV）和软件定义网络（SDN）技术，5G 网络将形成由接入平面、控制平面和转发平面构成的 IT 化新型扁平平台。5G 网络的开放性使其成为普适性的网络基础设施，通过引入网络切片技术和移动边缘计算，可以对第三方开放基础网络能力，实现按需定制和交互。5G 基础设施是"互联网＋""智能＋"等新技术、新模式落地必要的通用平台，将有效促进云计算、大数据、人工智能、虚拟现实等领域的前沿技术创新成果与实体经济深度融合，推动供给侧结构性改革，支撑服务高质量发展。

5G 助力新基建建设，为数字经济增长筑强基。以 5G 为首的新一代 ICT 之所以能够发展成为新基建，一个重要的原因在于它是典型的通用目的技术（GPT）。5G 与云计算、大数据、人工智能、AR/VR 等技术的深度合，将连接人和万物，成为各行各业数字化转型的关键基础设施。2018 年 12 月中央经济工作会议首次提出了新基建概念，提出"加快 5G 商用步伐，加强人工智能、工业互联网、物联网等新型基础设施建设"。2020 年 3 月中央政治局常务委员会会议明确了新基建包含的七大领域，即 5G、特高压、城际高速铁路和城际轨道交通、充电桩、大数据中心、人工智能、工业互联网。新基建战略自一提出，就承担着对冲新冠疫情影响下的经济下行风险、"六稳""六保"的特殊任务和使命。面向中短期，5G 的投资建设和应用创新将产生巨大的经济效益和社会效益，在助力经济平稳健康发展和稳就业、稳投资、稳信心，以及引领国内信息通信产业加快全球布局等方面做出积极贡献；面向中长期，5G 发展将成为中国经济动能转换、产业结构升级、社会转型发展的重要驱动力，助力中国率先成为新一轮工业革命的领先推动者，助力中国实现两个一百年的伟大梦想。

三　5G 应用是加速社会数字化转型"新引擎"

"4G 改变生活，5G 改变社会"，5G 最大的价值在于加速各行各业的智能化进程。5G 作为新一代信息技术的重要领域，是一种新型的通用目的技术，具有渗透性特征，能够应用于经济社会方方面面，成为各行各业数字化转型的关键使能器。一是增强移动宽带场景，主要是现有移动互联网的升级，为用户提供更加极致的应用体验，如超高清视频、下一代社交网络、浸入式游戏，促进人类交互方式再次升级。二是物联网场景，5G

将支持海量的机器通信，将促进以智慧城市、智能家居为代表的应用场景进一步发展。三是工业互联网场景，5G将以其超高可靠性、超低时延的卓越性能，开拓如车联网、移动医疗、工业互联网等垂直行业应用。与4G相比，5G应用将与更广泛的实体经济领域相结合，极大地推动产业互联网的发展壮大，形成支撑经济社会数字化转型的关键基础设施，促进实体经济转型升级。

5G助力经济社会数字化转型，为数字经济发展开新局。数字经济上半场以消费互联网为特征，下半场以工业互联网为特征。未来5G应用场景80%在工业互联网，高带宽、大连接、低时延的特性让5G可以满足工业互联网的需求。一方面，5G将支持海量的机器通信，以智慧城市、智能家居、智能交通等为代表的典型应用场景与移动通信深度融合，预期千亿量级的设备将接入5G网络。另一方面，5G的超高可靠性、超低时延的特性，将引爆如无人驾驶、远程医疗、工业控制等垂直行业应用。5G是工业互联网网络演进升级的关键技术，工业互联网是5G最主要的应用场景，彼此融合发展对中国经济社会影响重大，将助推制造强国、网络强国建设。

四　中美博弈下面临的竞争压力

2019年拉开了中美两国竞争格局的序幕，技术优势是中美竞争的核心，而中国在5G技术领域与美国并驾齐驱。大国权势变迁的背景下，数字技术被霸权国家有意识地政治化，造成数字技术应用牵涉了过多的战略竞争、地缘政治等因素。加之5G通信技术和设备影响范围广、渗透性强，可能获取涉及国家安全的信息和情报，这种行业特点使得电信类企业在很多国家都成了接受审查率最高的外资行业。5G的技术特征也使这一项目容易被政治化和安全化。

数字技术政治化主要表现为美国强化对华"科技脱钩"。特朗普政府在继续限制对华高技术出口的基础上，加大了对中国数字企业投资审查和打压的力度。美国及其部分盟国以"威胁国家安全"为由，与华为中止5G合作或禁止其参与5G竞标。2018年7月，"五眼联盟"（Five Eyes）国家对华为展开了"密集封锁"，不仅致力于将华为从本国5G合作名单中剔除，还决议共同阻止华为在其他西方国家建设5G。2018年8月，美国总统特朗普签署了美国《2019财年国防授权法案》，其中第889条禁止所有美国政府机构从华为购买设备和服务。2018年12月，美国要求加拿大政府逮捕中国科技巨头华为公司的首席财务官孟晚舟。2019年5月，白宫以所谓"威胁国家安全"为由，正式禁止美国公司使用国外的电信设备，矛头直指华为。随后，美国又加紧向其盟友施压，以网络安全风险为由敦促盟国停止采购华为设备、禁用华为建设5G，这场封锁华为的行动迅速由美国扩展到其联盟体系。华为事件更像是一场守成大国美国与新兴大国中国为争夺5G领导权而展开的竞争，美国的目的是阻止中国在先进技术领域赶超自身，从而实现绝对安全，完成霸权护持。

5G技术被广泛应用于国民经济、军事等各领域，5G产业安全与国家总体安全联系越来越密切，5G安全对国家安全具有重要意义。我们要牢牢把握《中共中央关于制定国民经济和社会发展第十四个五年规划和二〇三五年远景目标的建议》提出的新发展阶段、新发展理念、新发展格局这条未来十五年的发展红线。发挥超大规模市场优势，包括经济总量巨大、市场需求旺盛、产业门类齐全、人力资源丰厚，从需求端和供给端建立起5G安全体系，确保5G产业链安全、信息安全和网络安全。

第五节　本章小结及建议

一　总结评述

前述各章在回顾移动通信技术演进发展历程基础上，从技术—经济特征出发，结合创新经济学、增长经济学等相关理论，分析5G影响宏观增长的作用机制，据此有以下四点主张。

第一，移动通信技术发展经历的5个技术世代，每一代都开启新的技术特性，形成新的主导业务/产业、主导企业和新的国际竞争格局。从1G到4G，主导业务由语音到多媒体，逐步演变为"互联网+"，催生出摩托罗拉、爱立信、诺基亚、高通、谷歌等主导企业，欧洲、日本、美国等在国际竞争中先后占据优势地位。

第二，中国经过"2G跟随、3G突破、4G同步"后，实现了"5G引领"的历史性跨越。万物互联的5G时代，华为公司已经成为全球的技术引领者和主导企业。伴随着5G网络（基站）在国内的大规模建设和全域覆盖，中国大概率主导着5G的国际竞争格局。

第三，5G除了具备ICT普遍具备的渗透性、替代性、协同性三项技术—经济特征外，还具备（高）连通性、实时性两项专属特征。这些技术—经济特征通过提高投入产出效率、增加 5G 贡献度等支撑宏观增长。与此同时，5G 技术所形成产业链自身规模的壮大，也能有力支撑宏观经济增长。

第四，5G 时代，中国既有的技术和产业优势为 5G 关联产业发展、支撑经济社会数字化转型提供了良好的发展机遇。与此同时，5G 技术优势也引发了美欧对中国的技术打压和封锁，加剧了中美大国博弈，不仅影响中国 5G 技术在国际上的应用推广，更影响到中国正常的国际科技合作。

二 政策建议

基于 5G 的增长作用机制及中国面临的机遇和挑战，就"十四五"时期发挥 5G 技术优势，切实支撑现代化国家建设有以下建议。

一是加强 5G 新基建。继续推进国内 5G 网络建设，加快 5G 相关技术的商业化应用，特别是在制造业数字化转型和工业互联网建设中的应用，培育壮大国内 5G 产业生态，壮大 5G 产业链规模的同时为传统产业数字化转型改造有力支撑。要发挥中国经济总量巨大、市场需求旺盛、产业门类齐全、人力资源丰厚等超大规模市场优势，从需求端和供给端建立起 5G 安全体系，确保 5G 产业链安全、信息安全和网络安全。

二是助力 5G 相关技术企业"走出去"。以 5G 基站和通信网络建设为切入点，支持或援助"一带一路"沿线亚非拉国家数字基础设施建设，在改善其落后状况、缩小数字鸿沟的同时，为中国企业"走出去"开辟新的拓展空间。

三是保障数字技术领域"不脱钩"。继续推动同美欧日等主要经济体的在数字技术领域的交流合作，在大国博弈背景下尽可能争取回旋余地。一方面，对美国既要放弃幻想，也不放弃沟通；另一方面，要更加注重同欧盟、日本、韩国的交流合作。

第十三章 结语

第一节 总结性评论

本书围绕数字经济与经济发展这一主题，结合新时代构建新发展格局、推动中国经济高质量发展的现实需要，着眼于数字产业化、产业数字化、新技术新要素新基建三个不同视角，就数字经济对经济发展质量的作用机制、中国数字经济发展状况及其对经济发展带来的影响，从理论机制和中国实证两方面进行较为系统全面的论述。本研究的主要贡献及主张大致有以下几点。

第一，在理论方法上进行了相关探索。一是从数字技术的技术——经济特征入手厘清其价值创造机制，为确定数字经济范围边界、划分数字产业化和产业数字化提供理论依据。二是以数字技术价值创造机制为基础，综合国民经济核算、增长核算和计量分析等工具，构建数字经济增加值规模测算方法框架。三是以马克思政治经济学的经济循环理论为基础，从生产、分配、交换（流通）、消费四个环节，系统梳理数字经济影响经济发展（高质量发展）的作用机制。四是分别针对新人工智能、数据要素和5G移动通信网络，就新技术、新要素和新基建对经济发展的影响机制进行逐一梳理。

第二，从定量角度，就中国数字经济发展状况及其对经济发展影响进行了较为全面的实证分析。一是围绕数字产业化，从行业效率、区域效率、国际竞争力等不同维度，以定量分析为基础，全面展示21世纪以来中国数字部门的发展状况（质量），并从实证层面分析新一代信息技术在提供经济增长新动能方面发挥的作用。二是基于产业数字化和整个中国数字经济增加规模测算，对中国数字经济整体状况和呈现的行业结构性特征进行全面展示。三是基于专利数据，就制造业数字化转型对中国宏观经济高质量发展的影响进行实证分析。四是基于问卷调查数据，分析企业数字化转型在应对新冠疫情冲击中发挥的作用。五是就新人工智能技术对就业分配可能的冲击、数据要素市场与数据流动的大致情况进行了简要的分析和测算。

第三，基于相关章节的理论机制研究，就数字经济与经济高质量发展关系得到以下几点主张：（1）数字经济作为一种新经济形态，从价值创造机制角度可以划分为数字产业化和产业数字化，数字产业化规模的壮大本身就是高质量发展的表现，而产业数字化/数字化转型则可以从生产、分配、交换（流通）、消费四个环节影响经济发展质量。（2）以（新）人工智能为代表的新一代信息技术虽有助于提高经济增长质量，但不可避免地对就业带来结构性冲击，特别是替代中间层岗位，造成就业和分配的两极化趋势。（3）数据要素低成本、大规模可获得的基本特性和非竞争性、低复制成本、非排他性、外部性、即时性等技术—经济特征，是提升企业生产经营效率、实现价值创造能力倍增、增加消费者剩余和福利、支撑高质量发展的微观基础，但也会衍生出隐私泄露、数据垄断等问题，对增长和福利造成负面影响。

第四，基于相关章节的定量实证分析，就中国数字经济发展状况及其对中国经济发展质量的影响，形成几点主要结论：（1）1995年以来ICT制造业和ICT服务业都实现了高速增长，前者要素和投资规模驱动特征较为突出，后者增长质量较高；分区域看，2005年以后梯度转移让中西部欠发达省份获得较大技术和效率提升，但北京、上海、广东三地ICT制造业整体的TFP都出现明显的负向增长。（2）国际竞争力方面，ICT制造业具有显著比较优势，ICT服务业则处于比较弱势地位，两者比较优势都有强化趋势。与国内部分制造业和服务业相比，ICT产业在国内技术含量指数上存在显著差距，但ICT服务业显著高于制造业，在高端技术环节具有一定的竞争优势。（3）1993—2018年，中国数字经济增加值年均增长17.72%，是中国经济增长的重要支撑。其中，新一代信息技术已成为促进中国经济发展动力变革的重要支撑，但主要是通过产业机制实现的，在提升TFP方面并不明显。（4）数字技术对制造业增长的促进作用具有显著的行业异质性特征，集中体现在机械设备制造业，且主要通过提高成本利润率、减少用工数量、降低用工成本等路径实现的，而在提升产品质量、促进创新等方面的作用有限；在新冠疫情中，企业数字化建设在企业营收方面的作用虽不显著，但是对于减轻经营活动所受负面冲击具有一定效果。（5）劳动成本攀升将加速人工智能在中国的推广应用，支撑中国经济高质量增长，但岗位结构与年龄构成错配和整体受教育程度偏低相叠加，可能在中短期内造成较为严重的结构性失业，扩大不同群体间的收入差距。（6）中外数据流动共享的现状并不尽如人意，正规的数据市场交易规模远小于数据要素价值，就中国而言，数据交易规模偏小的问题更为突出，且公共数据开放也有待加强；至于跨境数据流动还面临数据主权和国家安全的约束；新基建方面，中国经过1G—4G时代的追赶，5G时代终获领先优势，发挥5G对经济增长的支撑作用，既有技术优势带来发展机遇，也面临美欧压制的挑战。

第二节 后续研究展望

"十四五"时期，随着新一轮科技革命和产业变革深入发展，数字技术自身将不断迭代优化并加快商业化应用，数字经济在构建新发展格局、支撑高质量发展中，特别是在提高微观运行效率、提升TFP方面，也有望发挥更为重要的作用。与此同时，数字经济相关理论方法也将迎来更多拓展空间，要更好地发挥数字经济/数字技术对高质量发展的支撑作用，需要深化相关的理论方法研究，结合本研究至少在以下几方面亟须深入探索。

第一，数字经济测算理论方法研究。一方面，可以在数字经济增加值规模测算框架下，对现有测算中产业数字化规模测算中协同效应的剥离做进一步探讨。本书做法是从产业整体层面的一种尝试。如果能从微观层面对各行业企业进行数字技术渗透与数字未渗透对照分组，且能收集两组企业生产率变化数据，则可通过对照组之间效率对比直接剥离出数字技术协同效应对效率提升的贡献度。当然，寻找对照组面临较大的现实困难。另一方面，数字经济作为一种新的经济形态，其网络性、复杂性特征所带来的消费者效用提升等，很多无法体现在增加值中。全面刻画数字经济发展状况，需要超越增加值核算，在就上述特征进行理论探讨的基础上，尝试新的测度衡量方式，特别应注意基于网络复杂度衍生出的效用、使用价值等的刻画。

第二，数据要素定价及交易研究。尽管数据要素作为数字经济时代最重要的新关键要素已经成为各方共识，然而有关数据要素的权属界定、交易模式、要素定价等重要问题，还没有形成统一完备的理论或政策框架，相关产业实践缺乏标准和依据。其难点在于数据要素的权属界定、价值估算、收益分配等问题，且与数据要素应用场景、数字经济发展规划密切相关。数字经济实践中面临的上述难点，也为我们的理论探索开辟了更多有待拓展的空间。

第三，数字时代的发展与安全研究。构建新发展格局需要统筹发展和安全。数字经济/数字技术与安全有着千丝万缕的关联，既能为保障安全提供基础性支撑，如保障产业链供应链安全；又能衍生出各类安全问题，包括个人隐私保护、企业生产经营安全、国家信息安全等。这些主题都需要从理论层面进行深入探讨。

第四，新一代信息技术下共同富裕研究。同历史上任何重大技术革命一样，新技术本身并不会自动解决分配问题，技术冲击下的分配格局重构是必然。而数字技术特别是新人工智能技术所具备的智能化特征，使得此次技术冲击对经济社会的影响将不同于以往。在此过程中，如何在顺应技术演进趋势的同时满足中国特色社会主义现代化国家建设对共同富裕的要求，是一项重大的理论课题。

参考文献

集智俱乐部：《科学的极致：漫谈人工智能》，人民邮电出版社 2015 年版。

李彦宏：《智能革命：迎接人工智能时代的社会、经济与文化变革》，中信出版集团 2017 年版。

陆峰：《2018 年中国数据治理研究报告》，载《中国互联网经济发展报告 2019》，社会科学文献出版社 2019 年版。

涂子沛：《大数据——正在到来的数据革命》，广西师范大学出版社 2012 年版。

王维嘉：《暗知识：机器认知如何颠覆商业和社会》，中信出版集团 2019 年版。

王阳元：《集成电路产业全书》（上），电子工业出版社 2018 年版。

张莉：《数据治理与数据安全》，人民邮电出版社 2019 年版。

［德］克劳斯·施瓦布：《第四次工业革命——转型的力量》，李菁译，中信出版社 2016 年版。

［美］克雷顿·克里斯滕森：《创新者的窘境》（中译本），吴潜龙译，江苏人民出版社 2000 年版。

［美］罗斯托：《经济增长的阶段：非共产党宣言》（中译本），郭熙保等译，中国社会科学出版社 2001 年版。

［美］西蒙·库兹涅茨：《现代经济增长》（中译本），戴睿等译，北京经济学院出版社 1989 年版。

北京师范大学经济与资源管理研究所课题组：《信息技术产业对国民经济影响程度的分析》，《经济研究》2001 年第 12 期。

蔡跃洲、陈楠：《新技术革命下人工智能与高质量增长、高质量就业》，《数量经济技术经济研究》2019 年第 5 期。

蔡跃洲、付一夫：《全要素生产率增长中的技术效应与结构效应》，《经济研究》2017 年第 1 期。

蔡跃洲：《"互联网+"行动的创新创业机遇与挑战——技术革命及技术-经济范式视角的分析》，《求是学刊》2016 年第 3 期。

蔡跃洲：《数字经济增加值及贡献度测算：历史沿革、理论基础与方法框架》，《中国社会科学（内部文稿）》2018 年第 5 期。

蔡跃洲、张钧南：《信息通信技术对中国经济增长的替代效应与渗透效应》，《经济研究》2015 年第 12 期。

陈畴镛、许敬涵：《制造企业数字化转型能力评价体系及应用》，《科技管理研究》2020 年第 11 期。

陈立敏、侯再平：《融入技术附加值的国际竞争力评价方法——基于电子通讯设备产业的实证分析》，《中国工业经济》2012 年第 3 期。

程啸：《论大数据时代的个人数据权利》，《中国社会科学》2018 年第 3 期。

戴翔：《中国服务出口竞争力：增加值视角下的新认识》，《经济学家》2015 年第 3 期。

戴翔：《中国制造业出口内涵服务价值演进及因素决定》，《经济研究》2016 年第 9 期。

戴翔：《中国制造业国际竞争力——基于贸易附加值的测算》，《中国工业经济》2015 年第 1 期。

丁文联：《数据竞争的法律制度基础》，《财经问题研究》2018 年第 2 期。

董晓辉、原毅军：《基于 Malmquist 指数法的我国电子信息产业全要素生产率增长分析》，《工业技术经济》2010 年第 3 期。

樊自甫、程姣姣：《新冠肺炎疫情下的数字经济发展机遇与对策研究》，《重庆邮电大学学报》（社会科学版）2020 年第 3 期。

房建奇等：《大数据背景下制造业转型升级的思路与对策研究》，《福建师范大学学报》（哲学社会科学版）2019 年第 1 期。

关志雄：《从美国市场看"中国制造"的实力——以信息技术产品为中心》，《国际经济评论》2002 年第 4 期。

国家发展和改革委员会宏观经济研究院课题组等：《我国电子信息产业现

状与安全问题测度》,《改革》2009年第8期。

何波:《欧盟〈通用数据保护条例〉简史》,《中国电信业》2018年第6期。

何诚颖等:《新冠肺炎疫情对中国经济影响的测度分析》,《数量经济技术经济研究》2020年第5期。

何帆、刘红霞:《数字经济视角下实体企业数字化变革的业绩提升效应评估》,《改革》2019年第4期。

黄永明、张文洁:《出口复杂度的国外研究进展》,《国际贸易问题》2012年第3期。

贾军、刑乐成:《信息通信技术与中小企业融资约束——基于金融制度边界的分析框架》,《中国经济问题》2016年第3期。

江小涓:《服务业增长:真实含义、多重影响和发展趋势》,《经济研究》2011年第4期。

姜建强等:《信息技术革命与生产率悖论》,《中国工业经济》2002年第12期。

蒋为等:《全球制造业生产分工的演变、分布与贸易效应》,《数量经济技术经济研究》2018年第9期。

李平等:《生产性服务业能成为中国经济高质量增长新动能吗》,《中国工业经济》2017年第12期。

李双杰、颜伦琴:《中国电子行业上市公司效率的数据包络分析》,《数量经济技术经济研究》2003年第3期。

李丫丫等:《工业机器人对省域制造业生产率的异质性影响》,《中国科技论坛》2018年第6期。

李丫丫、潘安:《工业机器人进口对中国制造业生产率提升的机理及实证研究》,《世界经济研究》2017年第3期。

梁超、祝运海:《美的智造:传统制造业的数字化转型》,《清华管理评论》2019年第9期。

梁新怡等:《家电制造企业数字化转型的现状和策略研究——以美的集团为例》,《当代经济》2021年第6期。

刘飞:《数字化转型如何提升制造业生产率——基于数字化转型的三重影响机制》,《财经科学》2020年第10期。

刘玠:《人工智能推动冶金工业变革》,《钢铁》2020年第6期。

刘芹、陈玉璞:《电子及通讯设备制造业集聚对其全要素生产率影响研究》,《物流科技》2018 年第 1 期。

吕铁:《传统产业数字化转型的趋向与路径》,《人民论坛·学术前沿》2019 年第 18 期。

吕廷杰:《5G 与产业互联网:重构数字经济生态》,《新经济导刊》2019 年第 3 期。

吕文晶等:《工业互联网的智能制造模式与企业平台建设——基于海尔集团的案例研究》,《中国软科学》2019 年第 7 期。

罗志恒:《新冠疫情对经济、资本市场和国家治理的影响及应对》,《金融经济》2020 年第 2 期。

马建堂:《拥抱数字经济的伟大时代》,《中国经济时报》2018 年 4 月 16 日。

马克珀迪等:《埃森哲:人工智能助力中国经济增长》,《机器人产业》2017 年第 4 期。

马晔风等:《企业数字化建设对新冠肺炎疫情应对的影响与作用》,《产业经济评论》2020 年第 5 期。

明文彪、吕淼:《新冠肺炎疫情对浙江经济运行的影响分析》,《浙江经济》2020 年第 3 期。

穆荣平:《中国通信设备制造业国际竞争力评价》,《科学学研究》2000 年第 3 期。

倪红福:《中国出口技术含量动态变迁及国际比较》,《经济研究》2017 年第 1 期。

牛新星、蔡跃洲:《中国信息通信技术产业的全要素生产率变化与发展模式——基于 ICT 细分行业增长来源核算的实证分析》,《学术研究》2019 年第 11 期。

逄健、朱欣民:《国外数字经济发展趋势与数字经济国家发展战略》,《科技进步与对策》2013 年第 8 期。

裴长洪等:《数字经济的政治经济学分析》,《财贸经济》2018 年第 9 期。

浦正宁等:《信息产业行业内生产率变动及影响因素德差异探究——基于中国上市公司公开数据的实证》,《审计与经济研究》2014 年第 6 期。

戚聿东、蔡呈伟:《数字化对制造业企业绩效的多重影响及其机理研究》,《学习与探索》2020 年第 7 期。

乔小勇等:《我国服务业及其细分行业在全球价值链中的地位研究——基于"地位—参与度—显性比较优势"视角》,《世界经济研究》2017年第2期。

乔小勇等:《中国制造业、服务业及其细分行业在全球生产网络中的价值增值获取能力研究:基于"地位—参与度—显性比较优势"视角》,《国际贸易问题》2017年第3期。

渠慎宁:《ICT与中国经济增长:资本深化、技术外溢及其贡献》,《财经问题研究》2017年第10期。

邵小快、胡怀国:《经济增长实证研究中的内生性》,《经济学动态》2013年第3期。

沈玉良、彭羽:《全球价值链视角下中国电子产品的技术复杂度提升了吗?:以智能手机为例》,《世界经济研究》2018年第6期。

孙琳琳等:《信息化对中国经济增长的贡献:行业面板数据的经验证据》,《世界经济》2012年第2期。

孙浦阳等:《服务业开放、管理效率与企业出口》,《经济研究》2018年第7期。

田杰等:《信息通信技术、金融包容与农村经济增长》,《中南财经政法大学学报》2014年第2期。

田开兰等:《中国出口比较优势分析——基于不同贸易方式生产异质性的研究》,《中国管理科学》2017年第9期。

万伦等:《基于价值视角的制造业数字化转型策略》,《中国高新科技》2020年第3期。

王春梅等:《综述钢铁行业智能制造的相关技术》,《中国冶金》2018年第7期。

王宏伟:《信息产业与中国经济增长的实证分析》,《中国工业经济》2009年第11期。

王开良、秦慧:《我国省域电子信息制造业效率测算及影响因素分析——基于DEA和面板Tobit模型》,《工业技术经济》2017年第6期。

王康周等:《新一代信息通信技术在装备制造业服务化中的作用:基于我国4家企业的案例研究》,《中国机械工程》2018年第18期。

王可、李连燕:《"互联网+"对中国制造业发展影响的实证研究》,《数量经济技术经济研究》2018年第6期。

王莉娜：《数字化对企业转型升级的影响——基于世界银行中国企业调查数据的实证分析》，《企业经济》2020年第5期。

王礼恒等：《产业成熟度评价方法研究与实践》，《中国工程科学》2016年第4期。

王龙等：《人工智能在钢铁工业智能制造中的应用》，《钢铁》2021年第4期。

王融：《〈欧盟数据保护通用条例〉详解》，《大数据》2016年第4期。

王树柏、张勇：《外贸企业数字化转型的机制、路径与政策建议》，《国际贸易》2019年第9期。

王直等：《总贸易核算法：官方贸易统计与全球价值链的度量》，《中国社会科学》2015年第9期。

吴静等：《抗疫情助推我国数字化转型：机遇与挑战》，《中国科学院院刊》2020年第3期。

吴灼亮、穆荣平：《中国通信设备制造业竞争力态势分析》，《科学学与科学技术管理》2005年第3期。

肖静华：《企业跨体系数字化转型与管理适应性变革》，《改革》2020年第4期。

肖岳峰、李德春：《基于DEA的电子信息企业业绩评价》，《生产力研究》2006年第3期。

谢伏瞻：《论新工业革命加速拓展与全球治理变革方向》，《经济研究》2019年第7期。

谢康等：《大数据成为现实生产要素的企业实现机制：产品创新视角》，《中国工业经济》2020年第5期。

谢康等：《中国工业化与信息化融合质量：理论与实证》，《经济研究》2012年第1期。

徐升华、毛小兵：《信息产业对经济增长的贡献分析》，《管理世界》2004年第8期。

徐盈之、赵豫：《中国信息制造业全要素生产率变动、区域差异与影响因素研究》，《中国工业经济》2007年第10期。

徐盈之、赵玥：《中国信息服务业全要素生产率变动的区域差异与趋同分析》，《数量经济技术经济研究》2009年第10期。

杨飞等：《技术赶超是否引发中美贸易摩擦》，《中国工业经济》2018年第 10 期。

杨国梁等：《数据包络分析方法（DEA）综述》，《系统工程学》2013 年第 6 期。

杨廷干、吴开尧：《服务业全要素生产率变化及其驱动因素——基于细分行业的研究》，《统计研究》2017 年第 6 期。

姚林、王军生：《钢铁流程工业智能制造的目标与实现》，《中国冶金》2020 年第 7 期。

姚洋、张晔：《中国出口品国内技术含量升级的动态研究——来自全国及江苏省、广东省的证据》，《中国社会科学》2008 年第 2 期。

于勇等：《大型飞机数字化设计制造技术应用综述》，《航空制造技术》2009 年第 11 期。

余东华、信靖：《信息技术扩散、生产性服务业集聚与制造业全要素生产率》，《经济与管理研究》2018 年第 12 期。

袁晓玲等：《通信设备制造业全要素生产率增长与技术进步》，《经济管理》2009 年第 1 期。

原毅军等：《中国生产性服务业全要素生产率测度——基于非参数 Malmquist 指数方法的研究》，《中国软科学》2009 年第 1 期。

张杰等：《中国出口国内附加值的测算与变化机制》，《经济研究》2013 年第 10 期。

张清郁：《基于人工智能平台的汽车制造技术发展探析》，《中国设备工程》2018 年第 17 期。

张之光、蔡建峰：《信息技术资本、替代性与中国经济增长——基于局部调整模型的分析》，《数量经济技术经济研究》2012 年第 9 期。

张之光等：《信息技术投资与中国经济增长：基于向量自回归模型的分析》，《系统工程》2014 年第 5 期。

赵宸宇等：《数字化转型如何影响企业全要素生产率》，《财贸经济》2021 年第 7 期。

郑世林、张美晨：《科技进步对中国经济增长的贡献率估计：1990—2017 年》，《世界经济》2019 年第 10 期。

周勤等：《信息技术对经济增长的影响——一个新古典微观模型》，《贵州社会科学》2012 年第 12 期。

朱明：《服务投入与中国农业劳动生产率的追赶进程——对中国农业劳动

生产率阶段性特征的新解释》,《财经研究》2016 年第 7 期。

邹昭晞:《我国三类制造业发展战略匹配:进口替代型与出口导向型》,《改革》2014 年第 10 期。

蔡跃洲、牛新星:《数字产业化与产业数字化视角的中国数字经济测算——基于 ICT 特征和增长核算的理论方法及实证分析》,中国社会科学院数量经济与技术经济研究所工作论文,北京,2018 年 11 月。

朱松纯:《浅谈人工智能:现状、任务、构架与统一》,中国科学院自动化研究所"人工智能人机交互讲习班"讲稿,北京,2017 年。

Abowd, J. M., I. M. Schmutte, "An Economic Analysis of Privacy Protection and Statistical Accuracy as Social Choices", *American Economic Review*, Vol. 109, No. 1, 2019.

Acemoglu, D., D. Autor, "Skills, Tasks and Technologies: Implications for Employment and Earnings", *Handbook of Labor Economics*, Vol. 4 (B), 2011.

Acemoglu, D., A. Makhdoumi, A. Malekian, A. Ozdaglar, "Too Much Data: Prices and Inefficiencies in Data Markets", NBER Working Paper, No. 26296, 2019.

Acemoglu, D., P. Restrepo, "Artificial Intelligence, Automation and Work", NBER Working Paper, No. 24196, 2018.

Acemoglu, D., P. Restrepo, "Robots and Jobs: Evidence from US Labor Market", NBER Working Paper, No. 23285, 2017.

Acemoglu, D., P. Restrepo, "The Race Between Machine and Man: Implications of Technology for Growth, Factor Shares and Employment", NBER Working Paper, No. 23077, 2016.

Acemoglu, D., P. Restrepo, "Unpacking Skill Bias: Automation and New Tasks", *AEA Papers and Proceedings*, Vol. 110, May 2020.

Acquisti, A., Taylor C., L. Wagman, "The Economics of Privacy", *Journal of Economic Literature*, Vol. 54, No. 2, 2016.

Acs, Zoltan, J., William Parsons and Spencer Tracy, *High Impact Firms: Gazelles Revisited*, Washington, DC: US Small Business Administration Office of

Advocacy, No. 328, 2008.

Agrawal, A., J. McHale, A. Oettl, "Finding Needles in Haystacks: Artificial Intelligence and Recombinant Growth", NBER Working Paper, No. 14024, 2018.

Agrawal, A., J. Mchale, A. Oettl, "Finding Needles in Haystacks: Artificial Intelligence and Recombinant Growth", NBER Working Paper, No. 24541, 2018.

Ahmad, N., and E. Gonnard, "High-Growth Enterprises and Gazelles", in International Consortium on Entrepreneurship (ICE) Meeting, Copenhagen: ICE, February 1 – 11, 2007.

Aigner, D. J., C. A. Lovell, and P. Schmidt, "Formulation and Estimation of Stochastic Frontier Production Function Models", *Journal of Econometrics*, Vol. 6, No. 1, 1977.

Aizcorbe, A., "Moore's Law and the Semiconductor Industry: A Vintage Model, Scandinavian", *Scandinavian Journal of Economics*, Vol. 107, No. 4, 2010.

Aizcorbe, A., "Moore's Law, Competition, and Intel's Productivity in the Mid – 1990s", *American Economic Review*, Vol. 95, No. 2, 2005.

Aizcorbe, A., "Why are Semiconductor Prices Falling so Fast? Industry Estimates and Implications for Productivity Measurement", Finance and Economics Discussion Series (FEDS) Working paper, April 2002.

Aker, J. C., I. M. Mbiti, "Mobile Phones and Economic Development in Africa", *Journal of Economic Perspectives*, Vol. 24, No. 3, 2010.

Anselmo, D., H. Ledgard, "Measuring Productivity in the Software Industry", *Communications of the ACM*, Vol. 46, No. 11, 2003.

Arduini, Davide, Leopoldo Nascia, et al., "A Sectoral Approach to the Diffusion of ICT: Empirical Evidence on Italian Firms", Paper Delivered to the DRUID Summer Conference 2007 on "Appropriability, Proximity, Routines and Innovation", Copenhagen, CBS, Denmark, June 18 – 20, 2007.

Asian Productivity Organization, *APO Productivity Databook*, Keio University Press Inc, 2014.

Autio, Erkko, Pia Arenius and Hannele Wallenius, "Economic Impact of Gazelle Firms in Finland", Institute of Strategy and International Business, Helsinki University of Technology, Working Paper Series, No. 3, 2000.

Autor, D. H., "Polanyi's Paradox and the Shape of Employment Growth", NBER Working Paper, No. 20485, 2014.

Autor, D. H., "Skills, Education, and the Rise of Earnings Inequality among the Other 99 Percent", *Science*, Vol. 344, No. 6186, 2014.

Autor, D. H., "Why Are There Still So Many Jobs? The History and Future of Workplace Automation", *Journal of Economic Perspectives*, Vol. 29, No. 3, 2015.

Autor, D., F. Levy, R. Murnane, "The Skill Content of Recent Technological Change: An Empirical Exploration", *Quarterly Journal of Economics*, Vol. 118, No. 4, 2003.

Autor, D., A. Salomons, "Is Automation Labor-Displacing? Productivity Growth, Employment, and the Labor Share", NBER Working Paper, No. 24871, 2018.

Autor, D., A. Salomons, "Robocalypse Now: Dose Productivity Growth Threaten Employment?", Paper Prepared for the ECB Forum on Central Banking: Investment and Growth in Advanced Economie, June 2017.

Balassa, B., "Trade Liberalization and Revealed Comparative Advantage", *Manchester School*, Vol. 33, No. 2, 1965.

Banker, R. D., A. Charnes and W. W. Cooper, "Some Models for Estimating Technical and Scale Inefficiencies in Data Envelopment Analysis", *Management Science*, Vol. 30, No. 9, 1984.

Barefoot, Kevin, Dave Curtis, et al., Nicholson, Robert Omohundro, *Defining and Measuring the Digital Economy*, Washington, D. C.: Economic Analysis, March 15, 2018.

Barringer, R. Bruce, F. Foard Jones and Donald O. Neubaum, "A Quantitative Content Analysis of the Characteristics of Rapid-Growth Firms and Their Founders", *Journal of Business Venturing*, Vol. 20, No. 5, 2005.

Barro, R. J. Lee, J. W., "A New Data Set of Educational Attainment in the World, 1950 – 2010", *Journal of Development Economics*, Vol. 104, 2013.

Bartel, A., C. Ichniowski, K. Shaw, "How Does Information Technology Affect Productivity? Plant-Level Comparisons of Product Innovation, Process Improvement, and Worker Skills", *The Quarterly Journal of Economics*, Vol. 122, No. 4, 2007.

Bartel, Ann, Casey Ichniowski and Kathryn Shaw, "How Does Information Technology Affect Productivity? Plant-Level Comparisons of Product Innovation, Process Improvement, and Worker Skills", *The Quarterly Journal of Economics*, Vol. 122, No. 4, 2007.

Bartelsman, J. Eric, and Mark Doms, "Understanding Productivity: Lessons from Longitudinal Microdata", *Journal of Economic Literature*, Vol. 38, No. 3, 2000.

Basu, S. J. G. Fernald, N. Oulton, "The Case of the Missing Productivity Growth, or Does Information Technology Explain Why Productivity Accelerated in the United States but Not in the United Kingdom?", *Nber Macroeconomics Annual*, Vol. 18, 2004.

Bessen, J., "AI and Jobs: The Role of Demand", NBER Working Paper, No. 24235, 2008.

Betsey, S., "AI, Income, Employment, and Meaning", NBER Working Paper, No. 14026, 2018.

Birch, D. L., and J. Medoff, *Labor markets, Employment Policy, and Job Creation*, in L. C. Solmon and A. R. Levenson (Edited), Gazalles, Boulder: Westview, 1994.

Birch, D. L., *Job Generation in America*, New York, Free Press, 1987.

Bjuggren, Carl Magnus, Sven-Olov Daunfeldt, and Dan Johansson, "Ownership and High-Growth Firms", Ratio Working Paper, 2010.

Blundell, R. & S. Bond, "Initial Conditions and Moment Restrictions in Dynamic Panel Data Models", *Journal of Econometrics*, Vol. 87, No. 1, 1998.

Bogner, E., T. Voelklein, Schroedel O., et al., "Study Based Analysis on the Current Digitalization Degree in the Manufacturing Industry in Germany", *Procedia Cirp*, Vol. 57, 2016.

Bourreau, M., A. De Streel, Graef I., "Big Data and Competition Policy: Market Power, Personalised Pricing and Advertising", SSRN Working Paper, February 16, 2017.

Branscomb, A. W., "Public and Private Domains of Information: Defining the Legal Boundaries", *Bulletin of the American Society for Information*, Vol. 21, No. 2, 1994.

Bresnahan, T. F., M. Trajtenberg, "General Purpose Technologies: 'Engines of Growth'?", *Journal of Econometrics*, Vol. 65, 1995.

Bresnahan, T. F., M. Trajtenberg, "General Purpose Technologies: Engines of Growth", NBER Working Paper, No. 4148, 1992.

Brynjolfsson, E., A. Collis, W. E. Diewert, F. Eggers, J. Fox K., "GDP-B: Accounting for the Value of New and Free Goods in the Digital Economy", NBER Working Paper, No. 25695, 2019.

Brynjolfsson, E. L. Hitt, "Computing Productivity: Firm-Level Evidence", *Review of Economics and Statistics*, Vol. 85, No. 4, 2003.

Brynjolfsson, E., J. J. Horton, A. Ozimek, et al., "Covid-19 and Remote Work: An Early Look at US Data", NBER Working Paper, No. 27344, 2020.

Brynjolfsson, E., A. McAfee, *The Second Machine Age: Work, Progress, and Prosperity in a Time of Brilliant Technologies*, WW Norton & Company, 2014.

Brynjolfsson, E., D. Rock, C. Syverson, "Artificial Intelligence and the Modern Productivity Paradox: A Clash of Expectations and Statistics", NBER Working Papers, No. 14007, 2017.

Byrne, D. B., C. Corrado, "Accounting for Innovation in Consumer Digital Services: IT Still Matters", NBER Working Paper, No. 26010, 2019.

Carrière-Swallow, Y., V. Haksar, "The Economics and Implications of Data: An Integrated Perspective", *IMF Departmental Papers / Policy Papers*, September 23, 2019.

Castellacci, Fulvio, "A Neo-Schumpeterian Approach to Why Growth Rates Differ", *Revue Economique*, Vol. 55, No. 6, 2004.

Cattaneo, G., G. Micheletti, C. Pepato, *The European Data Market Monitoring Tool Report*, D2.5 Second Report Policy Conclusions, 2019.

Caves, D. W., L. R. Christensen and W. E. Diewert, "The Economic Theory of Index Numbers and the Measurement of Input, Output, and Productivity", *Econometrica: Journal of the Econometric Society*, Vol. 50, No. 6, 1982.

Chang, D. S., Y. C. Kuo, and T. Y. Chen, "Productivity Measurement of the Manufacturing Process for Outsourcing Decisions: the Case of a Taiwanese Printed Circuit Board Manufacturer", *International Journal of Production Research*, Vol. 46, No. 24, 2008.

Chang, H., C. Meyerhoefer, "COVID – 19 and the Demand for Online Food Shopping Services: Empirical Evidence from Taiwan", NBER Working Paper, No. 27427, 2020.

Charnes, A., W. W. Cooper, E. Rhodes, "Measuring the Eficiency of Decision Making Units", *European Journal of Operational Research*, 1978.

Chen, Derek HC, and Carl J. Dahlman, "Knowledge and Development: A Cross-Section Approach", World Bank Policy Research Working Paper, No. 3366, 2004.

Chen, Xiaohong, Xiaoding Wang, Desheng Dash Wu, et al., "Analyzing Firm Performance in Chinese IT Industry: DEA Malmquist Productivity Measure", *Information Technology and Management*, Vol. 10, No. 1, June 6, 2011.

Chou, Yen-Chun, and Shao, Benjamin B. M., "Total Factor Productivity Growth in Information Technology Services Industries: A Multi-Theoretical Perspective", *Decision Support Systems*, Vol. 62, 2014.

Christensen, L. R., D. W. Jorgenson, *Measuring Economic Performance in the Private Sector*, *The Measurement of Economic and Social Performance*, New York: Columbia University Press, 1973.

Christian, L., S. Thomas, B. Katja, et al., "SIMMI 4.0: A Maturity Model for Classifying the Enterprise-Wide IT and Software Landscape Focusing on Industry 4.0", *Annals of Computer Science & Information Systems*, Vol. 37, No. 4, 2016.

Chun, H., M. I. Nadiri, "Decomposing Productivity Growth in the U. S. Computer Industry", Working Papers, Vol. 90, No. 1, 2008.

Cleeve, E., Z., Yiheyis, "Mobile Telephony and Economic Growth in Africa", *Thunderbird International Business Review*, Vol. 56, No. 6, 2014.

Coad, Alex and Werner Holzl, "Firm Growth: Empirical Analysis", Papers on Economics and Evolution, No. 1002, 2010.

Cockburn, I. M., Henderson, R., Stern S., "The Impact of Artificial Intelligence on Innovation", NBER Working Papers, No. 14006, 2017.

Coelli, T. J., D. S. PC. Rao, J. O'Donnell, G. Battese, *An Introduction to Efficiency and Productivity Analysis (Second Edition)*, New York: Springer Science & Business Media Inc, 2005.

Cohen, P., R. Hahn, J. Hall, S. Levitt, R. Metcalfe, "Using Big Data to Estimate Consumer Surplus: The Case of Uber", NBER Working Paper, No. 22627, 2016.

Colecchia, Alessandra, and Paul Schreyer, "ICT Investment and Economic Growth in the 1990s: Is the United States a Unique Case? A Comparative Study of Nine OECD Countries", *Review of Economic Dynamics*, Vol. 5, No. 2, 2002.

Commander, S., R. Harrison, N. Menezes-Filho, "ICT and Productivity in Developing Countries: New Firm-Level Evidence from Brazil and India", *Review of Economics and Statistics*, Vol. 93, No. 2, 2011.

Daunfeldt, Sven-Olov, Niklas Elert and Dan Johansson, "The Economic Contribution of High-Growth Firms: Do Definitions Matter?", Ratio Working Paper, Vol. 151, 2010.

Dauth, W., S. Findeisen, J. Südekum, N. Wößner, "German Robots: The Impact of Industrial Robots on Workers", IAB Discussion Paper, 2017.

David, A. Paul., "Computer and Dynamo: The Modern Productivity Paradox in a Not-Too-Distant Mirror", *Technology and Productivity: The Challenge for Economic Policy*, Paris: OECD, 1991.

David, Paul, A., G. Wright, "General Purpose Technologies and Surges in Productivity: Historical Reflections on the Future of the ICT Revolution", University of Oxford Discussion Papers in Economic and Social History, No. 031, 1999.

Davidsson, Per and Magnus Henrekson, "Determinants of the Prevalence of Start-Ups and High-Growth Firms", *Small Business Economics*, Vol. 19, No. 2, 2002.

Delmar, Frédéric and Roslagsvägen, "Measuring Growth: Methodological Considerations and Empirical Results", in Donckels, R. & A. Miettinen (eds.), *Entrepreneurship and SME Research: On its Way to the Next Millennium*, Aldershot, England: Ashgate, 1997.

Deschryvere, Matthias, "High-Growth Firms and Job Creation in Finland", Keskusteluaiheita-Discussion Papers, No. 1144, 2008.

Diewert, W. E., "Exact and Superlative Index Numbers", *Journal of Econometrics*, Vol. 4, No. 2, 1976.

Dosi, G., "Technological Paradigms and Technological Trajectories: A Suggested Interpretation of the Determinants and Directions of Technical Change", *Research Policy*, Vol. 11, 1982.

Dremel, C., H. M., W. J., et. al., "How AUDI AG Established Big Data Analytics in its Digital Transformation", *MIS Quarterly Executive*, Vol. 2, No. 16, 2017.

Erumban, A., D. K. Das, "Information and Communication Technology and Economic Growth in India", *Telecommunications Policy*, Vol. 40, No. 5, 2016.

Fairlie, R. W., "The Impact of Covid–19 on Small Business Owners: Evidence of Early-Stage Losses from the April 2020 Current Population Survey", NBER Working Paper, No. 27309, 2020.

Farboodi, M., L. Veldkamp, "A Growth Model of the Data Economy", Columbia Business School Working Paper, 2019.

Fare, Rolf, Shawna Grosskoft, and Mary Norris, "Productivity Growth, Technical Progress, and Efficiency Change in Industrialized Countries: Reply", *American Economic Review*, Vol. 87, No. 5, 1997.

Fare, Rolf, Shawna Grosskoft, Mary Norris, and Zhongyang Zhang, "Productivity Growth, Technical Progress, and Efficiency Change in Industrialized Countries", *American Economic Review*, Vol. 84, No. 1, 1994.

Farrell, M. J., "The Measurement of Productive Efficiency", *Journal of the Royal Statistical Society*, Series A (General), Vol. 3, 1957.

Fischer, Eileen, A. Rebecca Reuber, Moez Hababou, W. Johnson, S. Lee, "The Role of Socially Constructed Temporal Perspectives in the Emergence of Rapid-Growth Firms", *Entrepreneurship Theory and Practice*, Vol. 22, No. 2, 1997.

Fleck, S., J. Glaser, S. Sprague, "The Compensation-Productivity Gap: A

Visual Essay", *Monthly Labor Review*, Vol. 134, January 2011.

Freeman C., "Continental, National and Sub-National Innovation Systems—Complementarity and Economic Growth", *Research Policy*, Vol. 31, 2002.

Freeman, C., Perez, Carlota, "Structural Crises of Adjustment, Business Cycles and Investment Behavior", in G. Dosi, R. R. Nelson, G. Silverberg and L. L. G. Soete (eds.), *Technical Change and Economic Theory*, Pinter, London, 1988.

Frey, C. B., M. A. Osborne, "The Future of Employment: How Susceptible are Jobs to Computerisation?", *Technological Forecasting & Social Change*, Vol. 114, 2017.

Fueki, T., T. Kawamoto, "Does Information Technology Raise Japan's Productivity?", *Japan and the World Economy*, Vol. 21, No. 4, 2009.

Furman, J., R. Seamans, "AI and the Economy", NBER Working Paper No. 24689, 2018.

Gallego, Juan, M., H. Luis Gutierrez, and Sang H. Lee, "A Firm-Level Analysis of ICT Adoption in an Emerging Economy: Evidence from the Colombian Manufacturing Industries", *Industrial and Corporate Change*, Vol. 24, No. 1, 2015.

Gangnes, B., A. Assche, "Electronics Production Upgrading: Is China Exceptional?", *Applied Economics Letters*, Vol. 17, No. 5, 2010.

Garnsey, E., E. Stam, P. Heffernan, "New Firm Growth: Exploring Processes and Paths", *Industry and Innovation*, Vol. 13, No. 1, 2006.

Goldfarb, A., D. Trefler, "AI and International Trade", NBER Working Paper, No. 24254, 2018.

Goldfarb, A., C. Tucker, "Digital Economics", *Journal of Economic Literature*, Vol. 57, No. 1, 2019.

Goos, M., A. Manning, A. Salomons, "Explaining Job Polarization: Routine-Biased Technological Change and Offshoring", *American Economic Review*, Vol. 104, No. 8, 2014.

Goos, M., A. Manning, A. Salomons, "Job Polarization in Europe", *American Economic Review Papers and Proceedings*, Vol. 99, No. 2, 2009.

Gordon, R. J., "Is U. S. Economic Growth Over? Faltering Innovation Confronts the Six Headwinds", NBER Working Paper, No. 18315, 2012.

Gordon, R. J., "Why has Economic Growth Slowed when Innovation Appears to be Accelerating?", NBER Working Paper, No. 24554, 2018.

Graetz, G., G. Michaels, "Robots at Work", Centre for Economic Performance Discussion Paper, No. 1335, 2015.

Gregory, T., A. Salomons, U. Zierahn, "Racing with or Against the Machine? Evidence from Europe", ZEW-Centre for European Economic Research Discussion Paper, July 15, 2016.

Griliches, Z., "Patent Statistics as Economic Indicators: A Survey", in *R&D and Productivity: the Econometric Evidence*, University of Chicago Press, 1998.

Griliches, Z., "Productivity, R&D, and the Data Constraint", *American Economic Review*, Vol. 84, No. 1, 1994.

Gruber, H., P. Koutroumpis, "Mobile Telecommunications and the Impact on Economic Development", *Economic Policy*, Vol. 26, No. 67, 2011.

Haller, A. Stefanie, and Iulia Siedschlag, "Determinants of ICT Adoption: Evidence from Firm-Level Data", *Applied Economics*, Vol. 3, 2011.

Harald Edquist, "Parallel Development? Productivity Growth Following the Diffusion of Electric Motors and ICT", *Scandinavian Economic History Review*, Vol. 59, No. 1, 2011.

Hardin, G., "The Tragedy of the Commons", *Sciences* (AAAS), Vol. 162, No. 3859, 1968.

Hassan, T. A., S. Hollander, van L. Lent, et al., "Firm-Level Exposure to Epidemic Diseases: Covid-19, SARS, and H1N1", NBER Working Paper, No. 26971, 2020.

Hausmann, R., J. Hwang, D. Rodrik, "What you Export Matters", *Journal of Economic Growth*, Vol. 12, No. 1, 2007.

Holford, W. D., "The Future of Human Creative Knowledge Work within the Digital Economy", *Futures*, Vol. 105, 2018.

Hollensteina, Heinz, "Determinants of the Adoption of Information and Communication Technologies (ICT): An Empirical Analysis Based on Firm-Level Data for the Swiss Business Sector", *Structural Change and Economic Dynamics, Vol. 15, 2004.

Holzl, Werner and Klaus Friesenbichler, "High-Growth Firms, Innovation and the Distance to the Frontier", *Economics Bulletin*, Vol. 30, No. 2, 2010.

Hoy, F., P. P. McDougall, and D. E. Dsouza, "Strategies and Environments of High Growth Firms", in Sexton, D. L., J. D. Kasarda (eds.), *The State of the Art of Entrepreneurship*, Boston: PWS-Kent Publishing, 1992.

Hulten, C. R., "Divisia Index Numbers", *Econometrica*, Vol. 41, 1973.

Hulten, C. R., "Total Factor Productivity: A Short Biography", NBER Working Paper, 2000.

Isaksson, Anders, "Determinants of Total Factor Productivity: A Literature Review", Research and Statistic Branch, UNIDO, Staff Working paper, Febraury 2007.

Jaw, Yi-Long, Chen, et al., "Effect of Digital Transformation on Organizational Performance of SMEs Evidence from the Taiwanese Textile Industry's Web Portal", *Internet Research: Electronic Networking Applications and Policy*, Vol. 26, No. 1, 2016.

Jensen, R., "The Digital Provide: Information (Technology), Market Performance, and Welfare in the South Indian Fisheries Sector", *The Quarterly Journal of Economics*, Vol. 122, No. 3, 2007.

Jeschke, S., C. Brecher, Meisen T., et al., "Industrial Internet of Things and Cyber Manufacturing Systems", *Springer International Publishing*, 2017.

Johnson, R., G. Noguera, "Accounting for Intermediates: Production Sharing and Trade in Value Added", *Journal of International Economics*, Vol. 86, 2012.

Jones, C. I., C. Tonetti, "Nonrivalry and the Economics of Data", NBER Working Paper, No. 26260, 2019.

Jorgenson, D. W., and K. Vu, "Information Technology and the World Economy", *Journal of Economics*, Vol. 107, No. 4, 2005.

Jorgenson, D. W., and Z. Griliches, "The Explanation of Productivity Change", *The Review of Economic Studies*, Vol. 34, No. 3, 1967.

Jorgenson, D. W., "Capital Theory and Investment Behavior", *American Economic Review*, Vol. 53, No. 2, 1963.

Jorgenson, D. W., "Information Technology and the U. S. Economy", *American Economic Review*, Vol. 90, No. 1, 2001.

Jorgenson, D. W., P. Schreyer, "Industry-Level Productivity Measurement and the 2008 System of National Accounts", *Review of Income & Wealth*, Vol. 59, No. 2, 2013.

Jorgenson, D. W., K. J. Stiroh, "Information Technology and Growth", *American Economic Review*, Vol. 89, No. 2, 1999.

Kaldor, N., "Capital Accumulation and Economic Growth", Lutz, F. A. and D. C. Hague (eds.), *The Theory of Capital*, New York: St. Martins Press, 1961.

Kane, G. C., D. Palmer, A. P. Nguyen, et al., *Strategy, Not Technology, Drives Digital Transformation*, MIT Sloan Management Review and Deloitte University Press, July 2015.

Karabarbounis, L., B. Neiman, "The Global Decline of the Labor Share", *Quarterly Journal of Economics*, Vol. 129, No. 1, 2014.

Katz, L. F., D. H. Autor, "Changes in the Wage Structure and Earnings Inequality", *Handbook of Labor Economics*, Vol. 3 (A), 1999.

Ketteni, E., "Information Technology and Economic Performance in U. S. Industries", *The Canadian Journal of Economics*, Vol. 42, No. 3, 2009.

Kim, J., J. C. Park, T. Komarek, "The Impact of Mobile ICT on National Productivity in Developed and Developing Countries", *Information & Management*, Vol. 58, No. 3, 2021.

Kondratiev, N. D., "The Long Waves in Economic Life", *Review of Economics and Statistics*, No. 17, 1935.

Koopman, R., Z. Wang, S. Wei, "Tracing Value-Added and Double Counting in Gross Exports", *American Economic Review*, No. 2, 2014.

Korinek, A., J. E. Stiglitz, "Artificial Intelligence and Its Implications for Income Distribution and Unemployment", NBER Working Paper, No. 24174, 2017.

Kromann, L., J. R. Skaksen, A. Sorensen, "Automation, Labor Productivity and Employment—A Cross Country Comparison", Copenhagen Business

School Working Paper, 2011.

Lall, S., J. Weiss, J. Zhang, "The 'Sophistication' of Exports: A New Trade Measure", *World Development*, Vol. 34, No. 2, 2006.

Lee, Chia-Yen and Johnson, L. Andrew, "A Decomposition of Productivity Change in the Semiconductor Manufacturing Industry", *International Journal of Production Research*, Vol. 49, No. 16, 2011.

Leonard Waverman, "The Economics of Mobile Telecommunications, By Harald Gruber", *Economica*, Vol. 74, No. 296, 2007.

Liere-Netheler, K., K. Vogelsang, S. Packmohr, "Drivers of Digital Transformation in Manufacturing", Proceedings of the 51st Hawaii International Conference on System Sciences, 2018.

Lipsey, R. G., K. I. Carlaw, C. T. Bekar, *Economic Transformations: General Purpose Technologies and Long Term Economic Growth*, New York: Oxford University Press, RePEc, 2005.

Li, W. C. Y., M. Nirei, K. Yamana, "Value of Data: there's no such Thing as a Free Lunch in the Digital Economy", RIETI Discussion Paper Series 19-E-022, 2019.

Lu, W. M. and S. W. Hung, "Assessing the Performance of a Vertically Disintegrated Chain by the DEA Approach——A Case Study of Taiwanese Semiconductor Firms", *International Journal of Production Research*, Vol. 48, No. 4, 2010.

MacKinnon, G. James, "Critical Values for Cointegration Tests", Technical Report, Queen's Economics Department Working Paper, No. 1227, 2010.

Malecki, Edward and Bruno Moriset, *The Digital Economy: Business Organization, Production Processes and Regional Developments*, London: Routledge, 2007.

Margherio, Lynn, Dave Henry, Sandra Cooke, et al., *The Emerging Digital Economy 1998*, Washington, D. C.: Secretariat on Electronic Commerce, April 1998.

Mather, Somesh, "Financial Analysis of the ICT Industry: A Regulatory Perspective", *Journal of Infrastructure Development*, Vol. 1, No. 1, 2009.

Mather, Somesh, "Indian IT and ICT Industry: A Performance Analysis Using

Data Envelopment Analysis and Malmquist Index", *Global Economy Journal*, Vol. 7, No. 2, 2007.

Mathews, John, A., "The Renewable Energies Technology Surge: A New Techno-Economic Paradigm in the Making?", *Future*, December 1, 2013.

Md Shahiduzzaman, Khorshed Alam, "Information Technology and its Changing Roles to Economic Growth and Productivity in Australia", *Telecommunications Policy*, Vol. 38, No. 2, 2014.

Meeusen, W., J. van Den Broeck, "Efficiency Estimation from Cobb-Douglas Production Functions with Composed Error", *International Economic Review*, No. 18, 1977.

Mesenbourg, L. Thomas, *Measuring the Digital Economy* 2001, U. S. Bureau of the Census, 2001.

Michaels, G., A. Natraj, J. V. Reenen, "Has ICT Polarized Skill Demand? Evidence from Eleven Countries over Twenty-Five Years", *Review of Economics and Statistics*, Vol. 96, No. 1, 2013.

Mokyr, J., "The Past and the Future of Innovation: Some Lessons from Economic History", NBER Working Paper, No. 100966, 2017.

Moulton, R. Brent, "GDP and the Digital Economy: Keeping up with the Changes", in Erik Brynjolfsson & Brian Kahin Ed., *Understanding the Digital Economy: Data, Tools, and Research*, Cambridge, MIT Press, 2000.

Muto, M., T. Yamano, "The Impact of Mobile Phone Coverage Expansion on Market Participation: Panel data evidence from Uganda", *World development*, Vol. 37, No. 12, 2009.

Niebel, Thomas, "ICT and Economic Growth—Comparing Developing, Emerging and Developed Countries", ZEW Discussion Paper, No. 14 – 117, 2014.

Oks, S. J., A. Fritzsche, K. M. Möslein, "An Application Map for Industrial Cyber-Physical Systems", In Jeschke, S., Brecher, C., Song, H., Rawat, D. (eds.), *Industrial Internet of Things, Springer Series in Wireless Technology*, Springer, Cham, 2017.

Oliner, S. D., D. E. Sichel, "The Resurgence of Growth in the Late 1990s: Is Information Technology the Story", *Journal of Economic Perspectives*,

Vol. 14, No. 4, 2000.

Oliner, S. D., D. E. Sichel, et al., "Computer and Output Growth Revisited: How Big is the Puzzle?", *Brookings Papers on Eco. Activity*, 1994.

Olley, G. S., A. Pakes, "The Dynamics of Productivity in the Telecommunications Equipment Industry", *Econometrica*, 1996.

Perez, Carlota, "Microelectronics, Long Waves and World Structural Change: New Perspectives for Developing Countries", *World Development*, Vol. 13, No. 3, 1985.

Perez, C., "Technological Revolutions and Techno-Economic Paradigm", *Cambridge Journal of Economics*, Vol. 34, No. 1, 2010.

Philippe A., B. F. Jones, C. I. Jones, "Artificial Intelligence and Economic Growth", NBER Working Paper, No. 14015, 2017.

Piketty, Thomas, *Capital in the Twenty-First Century*, Belknap Press, March 10, 2014.

Päivi Parviainen, Maarit Tihinen, Jukka Kääriäinen, Susanna Teppola, "Tackling the Digitalization Challenge: How to Benefit from Digitalization in Practice", *International Journal of Information Systems and Project Management*, Vol. 5, No. 1, 2017.

Rachinger, M., R. M. C. Rauter, W. Vorraber, et al., "Digitalization and its Influence on Business Model Innovation", *Journal of Manufacturing Technology Management*, Vol. 30, No. 8, 2019.

Reinsdorf, Marshall and Gabriel Quirós, *Measuring the Digital Economy*, IMF Staff Report, Washington D. C.: IMF, February 28, 2018.

Rodrik, D., "What's so Special about China's Exports?", *China & World Economy*, Vol. 14, No. 5, 2006.

Roodman, D., "How to Do Xtabond2: An Introduction to 'Difference and System' GMM in Stata", *The Stata Journal*, Vol. 9, No. 1, 2009.

Schreyer, Paul, *High-Growth Firms and Employment*, OECD Publishing, March, 2000.

Schuh, G. & P. Scholz, "Development of a Framework for the Systematic Identification of AI Application Patterns in the Manufacturing Industry", In Portland International Conference on Management of Engineering and Technology

(PICMET), August, 2019.

Schumpeter, J. A., *Business Cycles: A Theoretical, Historical, and Statistical Analysis of the Capitalist Process*, New York: McGraw-Hill Press, 1939.

Schwab, K., "The Fourth Industrial Revolution: What it Means, How to Respond?", Geneva: World Economic Forum, Janauary 14, 2016.

Shao, Benjamin B. M., and Wesley S. Shu, "Productivity Breakdown of the Information and Computing Technology Industries across Countries", *Journal of the Operational Research Society*, Vol. 55, No. 1, 2004.

Shapiro, C., H. R. Varian, *Information Rules: A Strategic Guide to the Network Economy*, Harvard Business School Press, Boston, Massachusetts, 1999.

Shepherd, Dean and Johan Wiklund, "Are we Comparing Apples with Apples or Apples with Oranges? Appropriateness of Knowledge Accumulation Across Growth Studies", *Entrepreneurship Theory and Practice*, Vol. 33, No. 1, 2009.

Solow R. Merton, "Technical Change and the Aggregate Production Function", *Review of Economics and Statistics*, Vol. 39, No. 3, 1957.

Stiroh, Kevin J., "Computers, Productivity, and Input Substitution", *Economic Inquiry*, Vol. 36, No. 3, 1998.

Stiroh, Kevin J., "Information Technology and the U. S. Productivity Revival: What Do the Industry Say?", *American Economic Review*, Vol. 92, No. 5, 2002.

Syverson, Chad, "What Determines Productivity?", *Journal of Economic Literature*, Vol. 49, No. 2, 2011.

Taddy, M., "The Technological Elements of Artificial Intelligence", NBER Working Paper, No. 24301, 2018.

Tapscott, Don, *The Digital Economy: Promise and Peril in the Age of Networked Intelligence*, New York: McGraw Hill Press, 1996.

Timmer, M. P., E. Dietzenbacher, B. Los, R. Stehrer, "An Illustrated User Guide to the World Input-Output Database: The Case of Global Automotive Production", *Review of International Economics*, Vol. 23, No. 3, 2016.

Trajtenberg, M., "AI as the Next GPT: A Political-Economy Perspective", NBER Working Paper, No. 24245, 2018.

Triplett Jack, E., B. Bosworth, and I. Ebrary, *Productivity in the U. S. Services*

Sector: New Sources of Economic Growth, Brookings Institution Press, 2004.

U. S. Department of Defense. , "The 5G Ecosystem: Risks & Opportunities for DoD", *National Defense*, Vol. 103, No. 786, 2019.

Vanacker, Tom, Financing Unquoted High-Growth Companies: From Extending Existing Finance Theory Towards and Evolutionary Theory of the Finance Process, Ph. D Dissertation, Ghent University, Belgium, 2009.

Van Ark, Bart, "The Productivity Paradox of the New Digital Economy", *International Productivity Monitor*, No. 31, 2016.

Varian, H. R. , "Artificial Intelligence, Economics, and Industrial Organization", NBER Working Papers, No. 24839, 2018.

Veldkamp, L. , C. Chung, "Data and the Aggregate Economy", Paper Delivered to Annual Meeting Plenary, Spnsored by the Society for Economic Dynamics, October 30, 2019.

Vu, K. M. , "ICT and Singapore's Economic Growth", *Information Economics and Policy*, Vol. 25, No. 4, 2013.

Wamboye, E. , A. Adekola, B. Sergi, "ICTs and Labour Productivity Growth in Sub-Saharan Africa", *International Labour Review*, Vol. 155, No. 2, 2016.

Welfens, J. J. Paul, K. Jens Perret, "Information & Communication Technology and True Real GDP: Economic Analysis and Findings for Selected Countries", *Int Econ Policy*, Vol. 11, No. 1, 2014.

Wildgrube, M. , Schaupensteiner N. and Wehinger J. , "Volkswagen Education Lab: Accelerating the Digital Transformation of Corporate Learning", In Urbach N. & Röglinger M. (eds.), *Digitalization Cases, Management for Professionals*, Springer, Cham, 2019.

Xing, Y. , N. C. Detert, "How the iPhone Widens the United States Trade Deficit with the People's Republic of China", Adbi Working Papers, 2010.

后　　记

　　本人对数字技术与中国经济发展关系的思考始于 2010 年。彼时，为应对 2008 年金融危机的冲击，世界主要经济体采取短期刺激措施，对冲宏观经济下滑，学术界特别是经济学界则开始反思危机爆发的根源。其中，上一轮技术革命的增长支撑潜力耗尽被看作是经济脱实向虚，进而引发房地产泡沫和次贷危机的重要原因。为此，各国着眼于正孕育兴起的新科技革命，纷纷出台各种战略规划，旨在抢占未来发展和国际竞争制高点。2009 年，中国借助四万亿投资计划迅速实现了宏观经济增速的"V"形反转。2010 年，有关部门着眼于中国经济的中长期发展潜力，围绕已初显端倪的新科技革命，开始制定和出台相关措施，培育和发展新一代信息技术产业等战略性新兴产业。本人有幸参与了早期相关工作，开始将注意力更多投向信息通信技术（数字技术）与经济增长关系的研究。2013 年，鉴于当时中国经济进入新常态后增长乏力的现实，本人接受有关部门委托就信息经济对中国经济增长的贡献开展测算，并形成学术论文《信息通信技术对中国经济增长的替代效应和渗透效应》，发表于《经济研究》2015 年第 12 期。

　　2016 年，G20 杭州峰会重新激活了"数字经济"这个语汇，并迅速成为学界、业界关注的焦点。2018 年，国家社科基金重大项目招标专门设置了"数字经济影响经济发展及经济学的理论机制研究"。本人参与该项目招标，最终获批重大转重点课题"数字经济对中国经济发展的影响研究"。此后，本人结合该课题研究任务，带领团队从数字产业化和产业数字化对经济增长的影响、数字经济价值创造机制及规模测算等方面，开展数字经济与经济发展关系的相关研究工作。该课题于 2022 年 5 月正式结题，并有幸获评优秀。本书正是在该课题相关成果基础上形成的，是本人研究团队成员合作的结晶。其中，第二章由蔡跃洲完成，部分内容已在《中国社会科学》《求是学刊》等期刊发表；第三章由牛新星、蔡跃洲完成，部分内容已在《学术研究》发表；第四章由陈楠、蔡跃洲完成，部分内容已在《中国社会科学院研究生院学报》发表；第五章由蔡跃洲、牛新星完成，部分内容已在《改革》发表；第六章由蔡跃洲、马文君完成，部分内容已在《改革》发表；第七章由蔡跃洲、牛新星完成，部分内容已在《中国社会科学》发表；第八章由陈楠、蔡跃洲完成，部分内容已在《产业经济评论》发表；第九章由马晔风、蔡跃洲、陈楠完成，部分内容已在《产业经济评论》发表；第十章由蔡跃洲、陈楠完成，部分内容已在《数量经济技术经济研究》发表；第十一章由蔡跃洲、马文君完成，部分内容已在《数量经济技术经济研究》发表；第十二章由薛竟、蔡跃洲完成，部分内容已在《数量经济技术经济研究》发表；在读博士生刘悦欣、李翔宇、林靖玲等在本书的文字校对排版方面也承担了大量工作。感谢团队过去几年的共同努力和付出，后续将与大家一道百尺竿头，在数字经济领域持续深耕。

本书最终获得中国社会科学院创新工程出版资助，并有幸入选中国社会科学院文库，仰赖于科研局和我所在数量经济与技术经济研究所有关领导同事的支持，仰赖于院内外专家和数字经济领域同仁的指点帮助。第十三届全国人大农业与农村委员会副主任委员、中国社会科学院国家高端智库首席专家蔡昉教授提携后进，再次于百忙中欣然作序，感激之情，无以言表。凡此种种，在此一并谨致谢忱！

蔡跃洲
2023 年 2 月 13 日
于北京海淀